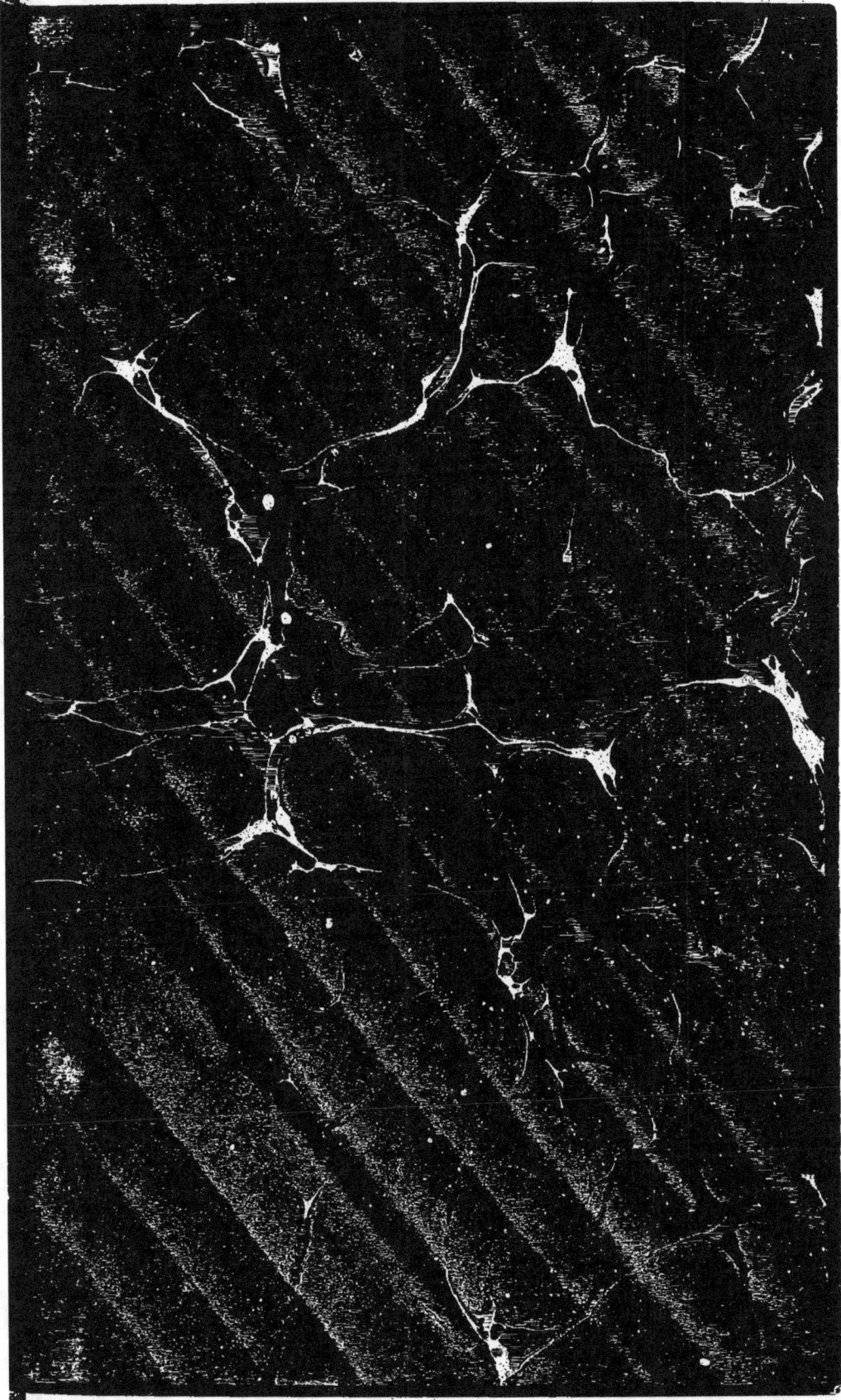

P.x
6

VOYAGES

DANS

L'INTÉRIEUR DU BRÉSIL.

TROISIÈME PARTIE.

Toutes les fois que l'image de ce nouueau monde que Dieu m'a fait voir se représente deuant mes yeux, et que je cōsidères la serenité de l'air, la diuersité des animaux, la variété des oyseaux, la beauté des arbres et des plantes, l'excellence des fruicts et, brief en général, les richesses dont ceste terre du Brésil est décorée, incontinēt ceste exclamation du Prophète, au Psau. 104, me vient en mémoire :

  O Seigneur Dieu, que tes œuures diuers
  Sont merueilleux par le monde uniuers
  O que tu as tout fait par grand' sagesse !
  Bref la terre est pleine de ta largesse.

(LERY, Hist., 3e édit., 194.)

IMPRIMERIE DE Mme Ve BOUCHARD-HUZARD, RUE DE L'ÉPERON, 7

VOYAGE

AUX SOURCES

DU RIO DE S. FRANCISCO

ET DANS LA

PROVINCE DE GOYAZ

PAR

M. AUGUSTE DE SAINT-HILAIRE,

MEMBRE DE L'ACADÉMIE DES SCIENCES DE L'INSTITUT DE FRANCE,
PROFESSEUR A LA FACULTÉ DES SCIENCES DE PARIS,
CHEVALIER DE LA LÉGION D'HONNEUR, DES ORDRES DU CHRIST ET DE LA CROIX DU SUD,
DES ACADÉMIES DE BERLIN, S. PÉTERSBOURG, LISBONNE, C. L. C. DES CURIEUX DE LA NATURE,
DE LA SOCIÉTÉ LINNÉENNE DE LONDRES, DE L'INSTITUT HISTORIQUE
ET GÉOGRAPHIQUE BRÉSILIEN, DE LA SOCIÉTÉ D'HISTOIRE NATURELLE DE BOSTON,
DE CELLES DE GENÈVE, BOTANIQUE D'ÉDIMBOURG,
MÉDICALE DE RIO DE JANEIRO, PHILOMATHIQUE DE PARIS,
DES SCIENCES D'ORLÉANS, ETC.

TOME PREMIER.

PARIS,

ARTHUS BERTRAND, LIBRAIRE-ÉDITEUR

LIBRAIRE DE LA SOCIÉTÉ DE GÉOGRAPHIE

RUE HAUTEFEUILLE, 23.

1847.
1848

PRÉFACE.

J'avais trop présumé de mes forces : quand je revins du Brésil, elles étaient épuisées, et bientôt je fus obligé d'interrompre mes travaux. Quinze années environ que je leur aurais consacrées m'ont été enlevées, à trois différentes reprises, par des souffrances cruelles, et, par conséquent, il ne faut pas être surpris que j'aie mis de si longs intervalles entre mes diverses publications.

Lorsque j'ai commencé à me rétablir de la longue maladie à laquelle je viens d'échapper encore, je me suis mis à rédiger la relation de mon voyage à Goyaz. J'écartais l'idée du présent, si douloureux pour moi, en me transportant en imagination sous le beau ciel du Brésil, et à une époque où, avide de savoir, je parcourais les déserts de cette vaste contrée, à peu près aussi peu soucieux de l'avenir que les Indiens eux-mêmes.

Je publie aujourd'hui ce travail, encouragé par les suffrages des voyageurs de toutes les nations, encouragé surtout par les Brésiliens, meilleurs juges de ce qui les regarde que les Européens, surpris trop souvent, il faut le dire, de ne pas trouver, dans un pays qui commence, les ressources sans nombre que leur offre leur patrie. En redoublant, s'il est possible, de soin et d'attention pour être toujours exact jusque dans les moindres détails, j'ai tâché de prouver que je n'étais pas indigne de l'indulgence que l'on m'a témoignée.

Lorsque je commençai mon voyage à Goyaz, je jouissais d'un grand avantage, celui de trouver, dans mes souvenirs, des objets de comparaison autres que ceux qu'auraient pu me fournir l'Allemagne et la France, pays portés au plus haut degré de splendeur par les efforts d'une longue suite de générations. J'avais non-seulement parcouru le littoral du Brésil, mais encore j'avais passé quinze mois dans la partie la plus civilisée de la province de Minas Geraes, accueilli avec tant de bienveillance, que je m'étais identifié avec les intérêts de ses habitants. Je me trouvais presque dans la position où aurait été un Mineiro qui, après avoir étudié son pays, aurait voulu connaître aussi les autres parties du Brésil. La province de Minas est une sorte de type en regard duquel je place, pour ainsi dire, chacune des provinces que j'ai parcourues plus tard, et de ces rapprochements il résulte qu'en décrivant celles-ci je complète encore mes relations précédentes.

Malheureusement, je dois le dire, la comparaison ne sera pas favorable à Goyaz, ce pauvre pays si longtemps livré à une administration presque toujours imprévoyante, souvent spoliatrice, et je trouverai plus de différence encore, quand je comparerai la partie orientale de Minas Geraes avec la partie tout à fait occidentale qui, en général, a été peuplée par le rebut des *comarcas* les plus anciennes.

On sera peut-être tenté de croire que mes descriptions, se rapportant à une époque déjà assez éloignée, ne conviennent plus au temps actuel. Qu'on ne juge point, par l'Europe, de l'intérieur de l'Amérique. Dans les pays déserts, les choses ne changent qu'avec une lenteur extrême; les éléments des grandes améliorations y manquent; une rare population disséminée sur une surface immense, à peu près livrée à elle-même, énervée par un climat brûlant, sans émulation, presque sans besoins, ne change rien, ne veut et ne sait rien changer. Le botaniste George

Gardner a parcouru, en 1840, une petite partie du désert que j'avais visité en 1818; il y a vu ce que j'avais vu moi-même et rien de plus.

Au reste, non-seulement j'ai rattaché mes récits aux temps antérieurs à mes voyages par l'histoire des lieux où j'ai passé, mais encore je les ai rattachés à des époques plus récentes, en citant les auteurs qui ont indiqué quelques faibles changements. Cet ouvrage pourra donc être considéré comme une sorte d'ébauche de la monographie des contrées que j'ai décrites.

Pendant bien longtemps encore, monté sur le sommet des Pyreneos, on ne découvrira, dans un espace immense, aucune trace de culture; pendant bien longtemps, le S. Francisco sera tout au plus effleuré par quelques légères pirogues; mais ces beaux déserts contiennent les germes d'une grande prospérité; un temps viendra où des cités florissantes auront pris la place des misérables chaumières dans lesquelles je pouvais à peine trouver un abri, et alors les habitants jouiront d'un avantage que l'on a rarement en Europe; ils sauront avec certitude, par les écrits de quelques voyageurs, quels furent les premiers commencements non-seulement de leurs villes, mais de leurs moindres bourgades. « Les voyages, a dit Chateaubriand, sont une des sources de l'histoire (1). » Aujourd'hui nous puisons des documents précieux pour celle de Rio de Janeiro dans les récits naïfs du véridique Lery, qui, le premier parmi les hommes un peu instruits de notre nation, a visité la côte du Brésil : aucun Français, avant moi, n'avait parcouru Minas Geraes, Goyaz, S. Paul, etc. ; si quelques exemplaires de mes relations échappent au temps et à l'oubli, un jour on y trouvera aussi sur ces vastes provinces, devenues peut-être des empires, des renseignements qui peut-être ne seront pas sans intérêt. On s'étonnera d'apprendre que, là où seront alors des villes riches et peuplées, il n'y eut d'abord qu'une ou deux maisonnettes presque semblables à la hutte du sauvage ; qu'où l'air retentira du bruit des marteaux et des machines les plus compliquées on entendait à peine le coassement de quelques batraciens et le chant des oiseaux ; qu'avant les nombreuses plantations de maïs, de manioc, de cannes à sucre et d'arbres fruitiers qui couvriront la terre, elle offrait une végétation brillante, mais inutile ; à la vue des campagnes sillonnées par des chemins de fer, peut-être même

(1) Préface du *Voyage en Amérique*.

par des véhicules plus puissants que nos locomotives, on sourira en lisant qu'il fut un temps où le voyageur s'estimait heureux, lorsque, dans sa journée, il était parvenu à faire 4 à 5 lieues.

Toutes les fois que j'ai emprunté quelque chose aux écrivains qui m'ont précédé ou suivi, je les ai cités avec le plus grand soin, et, lorsque la connaissance que j'ai des lieux ne m'a pas permis d'adopter entièrement leurs opinions, j'ai rendu compte des motifs qui m'ont déterminé.

Un auteur brésilien a dit (1) que, par la rectification des nombreuses erreurs qui se sont répandues dans les livres sur la géographie et l'etnographie du Brésil, on rendrait plus de services à la science qu'en proclamant quelques vérités nouvelles. Il est impossible de ne point partager cet avis, lorsqu'on retrouve dans des livres classiques les méprises de l'Anglais Mawe, qui, le premier, a écrit sur le Brésil, depuis que cette contrée a cessé d'être une colonie soumise au Portugal. Je me suis donc imposé la pénible tâche de signaler les erreurs que j'ai cru reconnaître dans les ouvrages relatifs aux pays dont je

(1) *Minerva Brasiliense.*

donne la description, et je me suis fait un devoir de rectifier celles qui m'ont échappé à moi-même. Les livres les plus parfaits ne sont point exempts de fautes ; quand des hommes aussi sincèrement amis de la vérité que l'abbé Manoel Ayres de Cazal, monsegnor José de Sousa Pizarro e Araujo, le docteur Pohl, le général Raimundo José da Cunha Mattos se sont quelquefois trompés, qui pourrait se flatter de ne se tromper jamais ?

Des observations critiques auxquelles je me suis livré pour remplir le but que je me proposais, il résulte que cet ouvrage se trouvera chargé d'un très-grand nombre de notes dont la lecture mêlée à celle du texte serait peut-être pénible quelquefois. On fera bien, par conséquent, de lire ce dernier en laissant de côté les notes, et de revenir à celles-ci après avoir achevé chacun des chapitres dont l'ouvrage se compose. Pour faciliter les recherches, j'ai eu soin d'indiquer les notes critiques à la table générale sous le titre de *rectifications*.

Le général Raimundo José da Cunha Mattos a fait sentir (1) combien il est essentiel de conserver soi-

---

(1) *Itinerario.*

gneusement les noms de lieux consacrés, dans les divers cantons, par les habitants du Brésil. Si chaque voyageur était en droit d'écrire à son gré ceux des pays par lesquels il passe, il régnerait bientôt dans la géographie une confusion inextricable. J'ai donc fait des efforts pour n'altérer en rien la nomenclature géographique, et j'ai donné le même soin à l'orthographe des noms d'hommes, de plantes ou d'animaux. Parmi les villages, les habitations et les rivières du Brésil, il en est une foule, je le sais, dont les noms ont été écrits d'une manière fort différente, même par des hommes instruits; en pareil cas, je n'ai pris aucun parti sans consulter les autorités les plus graves, la connaissance des étymologies ne m'a pas non plus été inutile, j'ai cru surtout devoir prendre pour guide l'usage et le bon sens.

Il serait possible que, malgré les efforts que j'ai faits pour réunir les ouvrages publiés sur le Brésil, en diverses langues, plusieurs m'eussent échappé. Malheureusement il n'existe point en France de dépôt où l'on puisse se procurer les livres qui paraissent en Amérique, et sans l'extrême complaisance de M. le chevalier d'Araujo Ribeiro, ministre du Brésil à Paris, de M. le docteur Sigaud, médecin de l'empereur don Pedro II, de M. Ferdinand Denis, l'homme qui, en Europe, connaît le mieux ce qui a été écrit sur l'Amérique portugaise, enfin de mon jeune ami M. Pedro d'Alcantara Lisboa, attaché à la légation brésilienne, je n'aurais pu consulter divers écrits fort importants imprimés à Rio de Janeiro, à Pernambouc et à S. Paul. Qu'ils veuillent bien agréer l'assurance de ma gratitude.

J'ai souvent eu l'occasion d'indiquer, dans cet ouvrage, diverses quantités en poids ou en mesures brésiliennes; mais, à côté de ces indications, on trouvera celle des chiffres équivalents dans notre système métrique. Pour la réduction des valeurs numéraires, j'ai toujours pris pour base le pair, c'est-à-dire 160 reis pour 1 franc. On peut voir, par le tableau synoptique qu'a publié M. Horace Say dans son excellent ouvrage intitulé, *Histoire des relations commerciales entre la France et le Brésil*, que tel était à peu près, à l'époque de mon voyage, le taux de l'argent brésilien.

Une lacune immense restera toujours dans la géographie botanique de l'Europe; c'est à peine si nous pouvons former quelques conjectures plausibles sur la nature des plantes qu'ont remplacées nos champs de céréales, nos vignes et nos plantations d'oliviers. J'ai tâché que cette lacune n'existât pas dans l'histoire naturelle du Brésil; j'ai fait connaître la topographie botanique des divers cantons que j'ai visités, et, lorsqu'un jour la culture les aura envahis, on n'ignorera pas ce que fut leur végétation primitive.

J'aurais désiré faire davantage. J'avais annoncé, dès les premières pages de ce livre, que des numéros renverraient, comme dans mon *Voyage sur le littoral*, aux descriptions des plantes caractéristiques de chaque canton; mais la relation de voyage était achevée; je me voyais forcé, par ma santé, de quitter Paris et de passer l'hiver dans le midi de la France; pour quelques descriptions de plantes, il aurait fallu que je remisse à près d'un an la publication de cet ouvrage : à mon âge et avec une santé délabrée, on ne doit point attendre. La description des plantes caractéristiques de Goyaz se trouvera, j'espère, à la fin de l'ouvrage que j'ai commencé sur S. Paul et Sainte-Catherine.

Un écrivain qui rendit de grands services à son pays, mon ami M. José Feliciano Fernandes Pinheiro, baron de S. Leopoldo, que tout le Brésil a regretté, m'engageait avec instance, il y a bien peu de mois encore, à publier la relation du voyage que j'ai fait dans la province de Rio Grande de S. Pedro do Sul, province où je l'ai connu et dont il a si fidèlement retracé l'histoire. Si un peu de temps m'est accordé, je regarderai comme une sorte de devoir de remplir ses intentions.

La protection que M. le ministre de l'instruction publique veut bien accorder à cet ouvrage est encore un puissant motif pour m'engager à redoubler d'efforts et à continuer mes travaux. Mais je ne saurais me le dissimuler, quelque chose qui arrive, la plus grande partie des recherches que j'ai faites sur le Brésil sera perdue, et je serais presque tenté de m'écrier avec un écrivain célèbre, qui, lui aussi, a longtemps vécu dans des contrées lointaines : « Heureux ceux qui ont fini leur voyage sans avoir quitté le port, et qui n'ont pas, comme moi, traîné d'inutiles jours sur la terre (1). »

Montpellier, 10 janvier 1848.

(1) Chateaubriand.

VOYAGE

AUX SOURCES

DU

RIO DE S. FRANCISCO

ET

DANS LA PROVINCE DE GOYAZ.

CHAPITRE PREMIER.

VOYAGE DE RIO DE JANEIRO A UBA', PAR PORTO DA ESTRELLA
ET LA GRANDE ROUTE DE MINAS GERAES.

L'auteur s'embarque sur la baie de Rio de Janeiro. — La rivière d'*Inhumirim*. — Le village de *Porto da Estrella*. — Détails sur la route de *Minas*. — L'église de *Nossa Senhora da Piedade d'Inhumirim*. — L'habitation de *Mandioca*. — La Serra da Estrella. — *Tamarati*. — Padre *Correa*. — Sécheresse. — Réflexions sur l'agriculture brésilienne. — Réflexions sur l'esclavage. — L'auteur revoit l'habitation d'*Ubá*. — Portrait d'un muletier.

J'ai dit, dans la relation de mon voyage sur le littoral du Brésil, qu'après m'être embarqué à Villa da Victoria j'étais arrivé à Rio de Janeiro au bout de quatre jours. Bientôt je m'occupai à faire de nouveaux préparatifs pour aller visiter les provinces de Goyaz, Saint-Paul, Sainte-Catherine et Rio Grande do Sul. Avant de parcourir la côte, j'avais demandé au ministère portugais un passe-port qui me permît d'étendre mes voyages jusqu'à Matogrosso; mais l'entrée de cette province m'avait été interdite, sans doute par un reste de cette défiance qui avait porté, pendant si longtemps, le gouvernement du Portugal à éloigner les étrangers de sa riche colonie. Au reste, quoiqu'il me fût défendu de franchir les frontières de Goyaz, on laissait encore à mes recherches un champ assez vaste.

Les préparatifs de mon voyage me prirent un temps considérable (1). Il faut avoir habité Rio de Janeiro à cette époque pour se faire une idée de la lenteur avec laquelle y travaillaient les ouvriers; la moindre bagatelle y devenait une affaire interminable. Je surmontai enfin tous les obstacles, et, le 26 janvier 1819, je m'embarquai sur la baie de Rio de Janeiro, pour *Porto da Estrella* (Port de l'Étoile), petit village où vient aboutir la route de Minas Geraes, province dont je devais parcourir la partie occidentale avant d'arriver à Goyaz.

On a vu, par mes deux premières relations (2), qu'à l'endroit appelé Encruzilhada, cette route, venant de la capitale de Minas (Ouro Preto), se divise en deux embranchements, l'un, que l'on nomme le chemin de terre (*caminho da terra*), qui conduit directement à Rio de Janeiro,

(1) J'emballai avec le plus grand soin les nombreuses collections que j'avais formées jusqu'alors et les laissai entre les mains de M. Maller, consul général de France, qui, pendant mon séjour au Brésil, m'a comblé de marques d'amitié et m'a rendu tous les services qui ont dépendu de lui. Qu'il reçoive ici l'expression de ma reconnaissance.

(2) *Voyage dans la province de Rio de Janeiro*, etc., vol. I, p. 60. — *Voyage dans le district des Diamants*, vol. I, p. 281.

et l'autre, qui ne s'étend pas plus loin que Porto da Estrella, où il faut s'embarquer pour se rendre à la capitale du Brésil. Je ne connaissais pas encore ce dernier embranchement; c'est celui que je me proposais de suivre pour entrer dans la province des Mines.

Après une courte navigation, j'arrivai à l'embouchure du *Rio d'Inhumirim* ou *da Estrella*, une des petites rivières, si nombreuses, qui se jettent dans la baie de Rio de Janeiro (1). On sait qu'une chaîne de montagnes s'étend, parallèlement à la mer, dans une grande partie du Brésil, et laisse, entre elle et le rivage, un espace plus ou moins considérable : ici l'intervalle n'est pas même de 5 lieues portugaises. Je commençai à le parcourir en remontant le Rio da Estrella, qui serpente, au milieu des Mangliers (2),

(1) Cette rivière, où pullulent d'innombrables moustiques et d'autres diptères malfaisants, prend sa source dans la chaîne maritime, et elle a, à son embouchure, 50 à 60 pas de largeur; dans son cours, qui est de peu d'étendue, elle reçoit les eaux du *Rio da Cruz* ou de *Santa Cruz*, du *Cayuaba* et du *Saracuruna*; enfin un canal établit une communication entre elle et le *Rio do Pilar* (ESCHW., *Journ.*, II, 66. — CAZAL, *Corog.*, II, 14. — PIZ., *Mem. hist.*, III, 265). Le nom de *Rio da Estrella* est le seul, à ce qu'il m'a paru, par lequel on la désigne aujourd'hui dans le pays; cependant je dois dire que celui de *Rio d'Inhumirim* a été admis par Cazal et son traducteur, Henderson; par Eschwege, Raddi, Pohl, Freycinet, Spix et Martius. Quant à Pizarro, il dit que le mot *Inhumirim* est une corruption d'*Anhum-mirim*, et il adopte ce dernier mot, qui, selon lui, voudrait dire, dans la langue des Indiens, *champ petit*. Eschwege a déjà fait remarquer que Mawe avait, à tort, appelé Moremim la rivière dont il s'agit : ainsi il serait inutile de s'appesantir sur cette erreur.

(2) Avec les colons de Saint-Domingue et même plusieurs naturalistes, Antoine-Laurent de Jussieu et Achille Richard, j'emploie ici le nom de *Mangliers* comme un terme générique applicable à plusieurs végétaux ligneux des plages de l'Amérique équinoxiale. Ce sont des *Rhizophora Mangle*, des *Avicennia*, des *Conocarpus*, que MM. Spix

dans un terrain marécageux. De distance en distance, cette rivière côtoie de petites collines sur lesquelles on aperçoit ordinairement une modeste habitation entourée de Bananiers. Dans le lointain, je voyais s'élever une portion de la chaîne maritime, dont l'aspect varie à mesure qu'on remonte la rivière. Le ciel, parfaitement serein, était de l'azur le plus éclatant; la verdure des Mangliers et des autres arbrisseaux qui bordent le petit fleuve avait cette fraîcheur qu'on ne saurait s'empêcher d'admirer dans tous les environs de Rio de Janeiro, et la vivacité de ces couleurs brillantes formait un agréable contraste avec les teintes vaporeuses des montagnes.

J'étais parti à midi de Rio de Janeiro; j'arrivai à six heures à Porto da Estrella, où déjà la rivière a fort peu de largeur. Ce petit village appartient à la paroisse d'Inhumirim et ne possède qu'une chapelle bâtie sur une hauteur et dédiée à Notre-Dame (1). Depuis que je voyageais dans le Brésil, aucun lieu ne m'avait offert autant de vie et de mouvement que Porto da Estrella. On a peine à se recon-

et Martius indiquent comme croissant à l'embouchure du Rio da Estrella (*Reise in Brasilien*, I, 153). — Il paraîtrait, d'après ce que dit Pizarro (*Memorias histor.*, VII, 19), que la destruction des *mangues* (le *Rhizophora Mangle*, et peut-être d'autres espèces de Mangliers), dont l'écorce est fort utile dans le tannage, donna lieu autrefois à de vives discussions entre les autorités civiles et ecclésiastiques du Brésil. — Très-probablement, dans un but de conservation, les jésuites et l'évêque de Rio de Janeiro s'opposaient à ce qu'on abattît ces arbres; mais un décret (*carta regia*) du 4 décembre 1678 permit qu'on les coupât, sans avoir égard aux censures de l'évêque et des pères de la compagnie de Jésus. Plus tard, cependant, l'administration civile modifia un peu ses idées destructrices; car un *alvará* du 9 juillet 1769 défendit de couper les *mangues*, à moins qu'ils n'eussent été auparavant dépouillés de leur écorce au profit des tanneries.

(1) Piz., *Mem. hist.*, III, 261.

naître au milieu des mulets qui partent ou qui arrivent, des ballots, des muletiers, des marchandises de toute espèce qui encombrent ce village. Des boutiques assez bien garnies fournissent aux nombreux voyageurs ce dont ils ont besoin (1). D'ailleurs il n'existe, autour de Porto da Estrella, aucune habitation considérable (1819); mais on cultive un peu de café dans ses alentours. La première maison qui se présente est le *rancho*, destiné à abriter les caravanes; c'est un bâtiment très-long, divisé en espèces de cellules par des cloisons en terre, et au devant duquel le toit prolongé forme une vaste galerie dont les piliers sont en briques (1819). Chaque caravane s'établit dans une des chambrettes du *rancho*, y arrange son bagage et y fait sa cuisine : là aucune espèce de commodité, pas même une table, pas même un banc, et, lors de mon passage, on voyait le jour à travers les cloisons mal entretenues (2).

Je trouvai à Porto da Estrella mes mulets, que j'y avais fait conduire par terre. Les serviteurs qui devaient m'accompagner étaient le muletier, qui m'avait déjà suivi jusqu'au Rio Doce; l'Indien Firmiano, que j'ai fait connaître

(1) Selon M. Pohl (*Reise*, I, 176), une *venda* serait attachée à chaque maison; MM. Spix et Martius, plus exacts, se bornent à dire, en parlant de Porto da Estrella, qu'il s'y trouve quelques *vendas* (*Reise*, I, 156).

(2) M. J. F. von Weech, qui a passé, quelques années après moi, à Porto da Estrella, confirme ce que je rapporte ici du mouvement qui y règne, et ajoute que continuellement on y construit de nouvelles maisons (*Reise*, II, 138). On m'a même assuré que ce village avait reçu du gouvernement actuel le nom de ville, et c'est effectivement celui que lui donne, dans son livre, le comte de Suzannet (*Souv.*, 259). Je n'ai pas besoin de dire que Porto da Estrella ne porte point le nom d'*aldea*, que lui attribue M. Walsh; c'est seulement aux villages des Indiens que les Brésiliens appliquent ce mot.

dans mes *Relations* précédentes; mon domestique Prégent, dont la santé s'altérait chaque jour davantage, et un autre jeune homme, également Français, Antoine Laruotte, qui devait aider Prégent dans son travail.

Il est difficile de voir une route plus fréquentée que celle de Porto da Estrella à Minas, et, si elle l'était moins lorsque j'y passai en décembre 1816 (1), c'est qu'au temps de Noël, qui est, pour les Brésiliens, l'époque de la réunion des familles, peu de muletiers se mettent en voyage. Cette route, ouverte, il y a environ un siècle et demi, par le *guarda mór* Garcia Rodrigues Paes (2), a surtout acquis de l'importance depuis que l'on cultive le coton à Minas Novas (3), et que l'on a commencé à exporter le café du midi de la province des Mines; ce qui, lors de mon séjour au Brésil, ne datait encore que d'un petit nombre d'années. Le jour où je fis halte au *rancho* de *Boa Vista da Pampulha*, dont je parlerai bientôt, cent trente mulets s'y étaient arrêtés, et ce *rancho* n'est pas un des plus considérables du canton : par là on peut se faire une idée de la quantité prodigieuse de bêtes de somme qui devaient se trouver en marche sur la route tout entière.

Jusqu'à Encruzilhada, lieu où je quittai le grand chemin, se succèdent, à de faibles intervalles, les *fazendas*, les *ranchos*, les *vendas*, les ateliers de maréchaux ferrants. La multiplicité de ces établissements ne surprendra pas : les cultivateurs doivent naturellement se rapprocher d'une

---

(1) *Voyage dans les provinces de Rio de Janeiro et de Minas Geraes*, vol. I.
(2) Piz., *Mem. hist.*, IV, 102, et VII, seconda part., 2.
(3) *Voyage dans les provinces de Rio de Janeiro et de Minas Geraes*, vol. II.

route très-fréquentée, près de laquelle ils peuvent trouver facilement le débit du produit de leurs terres ; les hommes qui tiennent les *vendas* ont l'occasion de se défaire de leur lard, de leur *cachaça*, de leur farine, et, en général, des comestibles qui font l'objet de leur commerce ; enfin les maréchaux ferrants peuvent être souvent appelés à exercer leur industrie. Le maïs est la denrée qui se vend le plus généralement, parce qu'elle fait la nourriture des mulets et que les caravanes n'en portent point avec elles (1).

Quelque fréquentée que soit cette route, il ne faudrait pas que le voyageur anglais, français ou allemand s'attendît à y trouver les ressources que lui offrent, dans sa patrie, les hôtelleries les plus médiocres. Un établissement du genre de nos grandes auberges n'aurait probablement ici aucun succès ; les hommes qui parcourent ce pays sont accoutumés à la frugalité et à des privations continuelles. Les provisions qui leur sont indispensables, ils les chargent sur leurs mulets, et, si les propriétaires des *vendas* les garnissaient moins mesquinement, peut-être auraient-ils le chagrin de voir une partie de leurs marchandises se perdre dans leurs boutiques.

Ce n'est qu'à *Mandioca* (manioc), éloigné de 3 lieues portugaises de Porto da Estrella, que l'on trouve la chaîne

---

(1) On trouvera dans mon *Voyage à Minas Geraes*, etc. (vol. 1, 208, 64, 65, 66), l'explication détaillée des mots *fazendas, ranchos, vendas, cachaça, tropa* ou caravane. Je me bornerai à redire ici qu'une *fazenda* est une habitation rurale de quelque importance, que les *ranchos* sont des hangars destinés à servir d'abri aux voyageurs, que le *cachaça* est le tafia du pays, qu'on appelle *vendas* des cabarets où l'on vend non-seulement de l'eau-de-vie de sucre, mais encore des comestibles ; enfin que les caravanes de mulets (*tropas*) sont divisées en lots (*lotes*) de sept bêtes, conduits chacun par un toucheur (*tocador*).

maritime. Jusque-là le pays est parfaitement plat.

Le chemin que l'on suit en sortant de Porto da Estrella, tortueux, mais assez large, est bordé des deux côtés par de grands taillis (*capoeiras*) qui, sur la droite, laissent, de temps en temps, entrevoir les montagnes, et au milieu desquels croît un nombre infini de ces belles Mélastomées à fleurs violettes qu'on appelle *flor de quaresma* (1). Malgré la poussière qui, lors de mon voyage, s'élevait sans cesse sous les pieds des mulets et des voyageurs, la verdure conservait encore une fraîcheur extrême.

A environ 1 lieue et demie de Porto da Estrella, le chemin aboutit à une place très-grande sur laquelle s'étend un magnifique gazon. C'est là qu'à gauche, au pied d'une colline couverte de taillis, a été bâtie l'église paroissiale de *Nossa Senhora da Piedade d'Inhumirim* (2). Sur la droite sont quelques maisons, et, du même côté, on a devant soi la chaîne maritime. Ce paysage si simple offre quelque chose de riant et de majestueux, et, à l'époque de mon voyage, il empruntait encore des beautés à l'azur brillant

(1) Sous ce nom l'on comprend, comme j'ai eu occasion de le dire ailleurs, plusieurs espèces qui se ressemblent par l'élévation de leur tige et la grandeur de leurs fleurs.

(2) MM. Spix et Martius indiquent cette église comme une simple chapelle (*Reise*, I, 158); mais Cazal, Eschwege et Pizarro disent expressément qu'elle est paroissiale, et le dernier ajoute que ce fut en 1696 qu'elle fut érigée en paroisse. Pendant longtemps, le territoire qui en dépendait s'est étendu, du côté du nord, sur la route de Minas, jusqu'à la *fazenda* de Governo, qui est éloignée du fleuve Parahyba de 2 lieues environ (Eschw.), et où commence la paroisse dite *da Parahyba Velha*. Quoiqu'un assez grand nombre de chapelles se fussent élevées sur ce territoire, on finit par reconnaître qu'il était trop vaste pour une seule paroisse, et, en 1815, on en détacha tout ce qui se trouvait au delà de la chaîne maritime, pour en former une portion de la paroisse nouvelle

du ciel, à la verdure alors si fraîche des gazons et des taillis, au calme profond qui régnait dans toute la nature.

Le jour où je quittai Porto da Estrella, je fis halte à la *fazenda* de Mandioca, située tout à fait au pied des montagnes. Cette *fazenda*, qui appartenait au consul de Russie, M. Langsdorff (1), voyageur instruit et infatigable, ne peut manquer d'être célèbre dans l'histoire naturelle du Brésil; car la plupart des savants qui étaient venus pour visiter cette partie de l'Amérique, à l'époque du premier mariage de don Pedro Ier, passèrent quelques jours à Mandioca, et y recueillirent beaucoup d'objets intéressants (2). Il est impossible, en effet, de rencontrer une localité où le naturaliste puisse faire de plus belles récoltes. A peine s'est-on avancé de quelques pas vers le nord, que l'on trouve les montagnes, qui présentent tantôt des rochers et tantôt des terres excellentes; on est entouré de bois, les uns encore vierges, les

---

de *S. José do Sumidouro*. Avant cette division, la paroisse de Nossa Senhora da Piedade d'Inhumirim comprenait plus de 480 feux et plus de 3,800 adultes (*Mem. hist.*, III, 255 et suiv.). Il serait curieux de connaître d'une manière précise les augmentations que ce canton, si voisin de la capitale et de la mer, a dû éprouver pendant les dernières années, et de les comparer avec les changements qui ont pu avoir lieu dans l'intérieur, à des distances de la côte graduées autant que possible, et sous des influences diverses et bien déterminées.

(1) M. Langsdorff avait accompagné l'amiral Krusenstern dans son voyage autour du monde : on a vu, par ma *première relation*, que nous sommes allés ensemble jusqu'à Itajurú, dans la province des Mines, et, depuis, il a encore parcouru, sous la protection de l'empereur de Russie, une partie de l'intérieur du Brésil.

(2) On trouve des détails sur Mandioca dans les écrits de Pohl et de Spix. Raddi a donné le nom de *Mandiocana* à un *Oxalis* que j'ai décrit, avec détail, dans le *Flora Brasiliæ meridionalis*, I, p. 118.— Mandioca a été acheté par le gouvernement actuel, qui y a établi une fabrique de poudre (GARDN., *Travels*, 524).

autres en taillis, et de tous côtés coulent des ruisseaux qui contribuent à rendre la végétation aussi variée que vigoureuse.

J'ai dit ailleurs (1) qu'une chaîne de montagnes se prolonge le long de la mer dans une partie du Brésil (Serra do Mar), et qu'elle est couverte de bois vierges ; j'ai ajouté qu'une autre chaîne plus élevée (Serra do Espinhaço), s'avançant à peu près du nord-est de la province Saint-Paul, s'étend presque parallèlement à la première et ne laisse qu'une distance de 30 à 60 lieues entre elle et la Cordilière maritime ; j'ai encore ajouté que la chaîne intérieure sépare toute la province des Mines en deux parties fort inégales, qu'elle divise les eaux du Rio Doce de celles du S. Francisco, qu'elle va se perdre dans le nord du Brésil ; enfin que l'espace compris entre les deux chaînes est coupé par d'autres montagnes, et que le pays qui s'étend d'une chaîne à l'autre est généralement couvert de bois comme la chaîne maritime (2). C'est ce réseau de montagnes boisées que j'allais d'abord parcourir. Je devais, me dirigeant vers le septentrion, monter la Serra do Mar, et la descendre ensuite, afin d'entrer dans le bassin du Parahyba ; je devais passer cette rivière, quitter la direction du nord pour suivre celle de l'ouest, traverser la chaîne intérieure, sortir alors de la *région des forêts*, trouver, à l'occident de la dernière

(1) Voyez mon *Voyage dans les provinces de Rio de Janeiro*, etc., vol. I, p. 68.

(2) On verra, par la suite, qu'il y a une exception pour la partie la plus méridionale de l'espace compris entre les deux chaînes, et que, depuis le village appelé *Porto da Cachoeira* jusqu'à la ville de Saint-Paul, on trouve un pays généralement plat ou ondulé, coupé de bouquets de bois, de marécages et de pâturages naturels entièrement découverts.

chaîne, la *région des campos* ou pays découvert, et m'y enfoncer pour me rendre dans la province de Goyaz, après avoir parcouru la partie la plus déserte de celle de Minas Geraes.

A peine a-t-on commencé à monter la Serra do Mar, qu'on voit le pays changer d'aspect. La nature ne perd rien de sa majesté, mais elle emprunte un caractère âpre et sauvage de l'élévation des montagnes, de leurs anfractuosités, des rochers nus qui s'y montrent au milieu des forêts, enfin de la verdure foncée du feuillage des arbres ; elle paraîtrait ossianique sans l'éclat brillant de l'azur des cieux.

La partie de la Serra do Mar au pied de laquelle est située Mandioca s'appelle *Serra da Estrella*, nom sans doute emprunté à une montagne du Portugal située dans la province de Beira (1). Dans une étendue de 1 lieue et demie, depuis le bas de la Serra da Estrella jusqu'à son sommet, et sur une partie de ce sommet lui-même, le chemin présente une véritable rareté pour le pays (1819) : il a été pavé, et, qui plus est, il ne l'a point été mal. Cependant, quoique ses sinuosités aient été ménagées avec assez d'art, il ne laisse pas d'être difficile pour les hommes et pour les animaux. Lorsqu'on est arrivé à une certaine hauteur, on découvre une grande partie de la plaine allongée que l'on a parcourue en venant de Porto da Estrella, et qui, couverte de gazon, serpente entre des collines boisées comme un ruban ondulé et d'un vert tendre. Parvenu au point culminant, je me trouvais à 3,607 pieds anglais (1,099^m,55) au-dessus du niveau de la mer (2), entre les eaux qui se jettent dans la baie de Rio de Janeiro et celles qui grossis-

(1) Voyez ESCHWEGE, *Journ. von Bras.*, II, 71.
(2) Mesure empruntée à von Eschwege.

sent le Parahyba. Alors je commençai à descendre pour me rendre dans la vallée où coule ce fleuve, et après avoir fait 3 lieues environ, depuis Mandioca, je m'arrêtai au *rancho* de la *fazenda* de Tamaratí (1), que je trouvai encombré de muletiers et de marchandises.

Cette *fazenda*, située à une hauteur encore très-considérable, mais dans un enfoncement, est entourée par des montagnes arrondies à leur sommet et couvertes de bois. L'une d'elles se termine par une croupe taillée à pic où le rocher nu et noirâtre présente à peine, çà et là, quelques plantes grasses ; au-dessous du rocher, sur une pente très-roide, on voit un taillis, et c'est au bas de cette pente qu'ont été bâtis la *fazenda* et le *rancho* ; à peu de distance, sur le bord de la route, un autre *rancho* sert de supplément au premier ; dans une vallée étroite coule un ruisseau dont le murmure s'entend du *rancho* (2), et qui, sans aucun doute, réunit ses eaux à celles du *Piabanha* (3), l'un des affluents du Parahyba ; sur une pente, on voit une vaste plantation de maïs. La hauteur des montagnes, les bois sombres qui les

(1) Pizarro a écrit *Itamaratí* (*Mém.*, vol. III, 264), et Luccock (*Notes*, 375) *Itamareté*. Peut-être ce dernier mot indique-t-il la véritable étymologie de *Tamaratí*, qui viendrait des mots guaranis *ita*, pierre, et *mbaraeté*, fort (ANT. RUIZ DE MONTOYA, *Tes. leng. guar.*), ou d'autres mots analogues empruntés à quelque dialecte voisin du guarani. Si cette étymologie n'est point erronée, comme cela est vraisemblable, il est clair qu'il ne faudrait pas, avec le général Raimundo José da Cunha Mattos, écrire *Tamaraty*.

(2) D'après ce qu'ont écrit Pizarro et M. Raimundo José da Cunha Mattos (*Mem. hist.*, III, 264. — *Itin.*, I, 9), il est évident que ce ruisseau est le *Rio Tamaratí* ou *Itamaratí*, qui, selon le premier de ces écrivains, vient du levant, pour se jeter, après un cours d'une lieue, dans le Piabanha.

(3) Le nom de *Piabanha* est celui d'un poisson d'eau douce. C'est à tort que Mawe écrit *Piabunha*, Luccock *Piabuna*, et Walsh *Piabunda*.

couvrent, ce large rocher noirâtre qui domine la *fazenda*, la vallée étroite qui se dessine au-dessous d'elle donnent à tout ce paysage l'aspect le plus sévère.

Au delà de Tamaratí, le chemin suit, à mi-côte, les sinuosités de la vallée dont je viens de parler et où coule le Piabanha. Toute la contrée présente ce caractère sauvage qu'ont en général les pays de montagnes et de bois. Bientôt on passe près d'une belle *fazenda* appelée *Samambaia* (1). Un peu plus loin, la vallée, jusque-là assez étroite, s'élargit, et l'on voit les bords de la rivière, plantés de cognassiers alignés avec soin, qui, à l'époque de mon voyage, étaient chargés de fruits mûrs : on est alors sur les terres d'une *fazenda* appelée *Padre Correa* (2), du nom d'un ecclésiastique, son propriétaire. Après les cognassiers, viennent de nombreux pêchers sur lesquels je vis également des fruits mûrs (29 janvier). Quant à la *fazenda* elle-même, elle a été bâtie dans un grand espace que les montagnes laissent entre elles, et qui est tout à la fois sans inégalités et de niveau avec le chemin (3). L'aspect de cette vallée

(1) *Samambaia*, ou mieux encore *Çamambaia*, est le nom de la grande fougère qui, en tant de lieux, s'empare des terrains autrefois en culture.

(2) Ce n'est ni *Padre Correo*, comme ont écrit Mawe, Luccock et Suzannet, ni *Padre Corré*, comme écrit Henderson. — Un des voyageurs que je viens de citer dit (Suz., *Souv.*, 266) que Padre Correa est aujourd'hui un village; il aura été trompé, sans doute, par la vaste etendue des bâtiments qu'il y a vus; car M. Gardner, qui mérite toute confiance et a passé par le même lieu en 1840, ne lui donne encore que le nom de *fazenda* (*Travels*, 522).

(3) Da Cunha Mattos dit (*Itin.*, I, 10) qu'il existe dans la cour (*terreiro*) de la *fazenda* de Padre Correa un arbre tellement touffu, que, au milieu du jour, il pourrait couvrir de son ombre un bataillon tout entier. Cet arbre aurait presque rivalisé avec celui qui abrita la petite armée de Cortez.

si bien cultivée, au milieu des montagnes âpres et sauvages qui la bornent, a quelque chose qui surprend et qui charme; là, on peut voir ce que l'homme ferait dans ce pays avec plus d'industrie et plus d'efforts. L'abbé Correa, qui faisait valoir l'habitation dont je viens de donner une description succincte, jouissait, à Rio de Janeiro, d'une grande réputation pour ses connaissances en agriculture, et il paraît qu'elle était justement méritée. Il avait profité de la température modérée de la Serra pour cultiver un grand nombre de plantes d'origine caucasique ou européenne, et l'on m'a assuré qu'il retirait beaucoup d'argent seulement des œillets qu'il envoyait vendre à la ville. Dans la saison où nous étions alors, il faisait partir, m'a-t-on dit, chaque semaine, pour Porto da Estrella, une troupe de mulets chargés de pêches, et l'on ajoutait qu'il en vendait pour environ 10,000 cruzades. Ce fait, soit dit en passant, prouve combien la température de la Serra diffère de celle de Rio de Janeiro, car les pêchers ne donnent point de fruits dans les jardins de cette ville. A six heures du matin, dans la plaine, le thermomètre de Réaumur m'avait indiqué 23° 1/2, et, à midi, il indiquait, à Tamaratí, dans la montagne, 22° 1/2 seulement.

Après avoir passé la *fazenda* de Padre Correa, je côtoyai une immense plantation de maïs. Plus loin, sur le bord de la rivière, des nègres étaient occupés à préparer la terre pour y mettre des haricots qui devaient être récoltés en juin. Ceux que l'on plante ainsi, de manière à pouvoir faire la cueillette dans l'hiver des tropiques, prennent le nom de *feijões da seca*, c'est-à-dire *haricots de la sécheresse*.

Pendant longtemps le chemin avait suivi la rive droite du Piabanha; on passe cette rivière sur un pont pittoresque, et l'on côtoie sa rive gauche jusqu'au *rancho* assez insignifiant qu'on appelle *Sumidouro* (gouffre). C'est là que je fis halte le jour où j'avais quitté Tamaratí.

L'habitation la plus importante de celles que je vis entre Sumidouro et Boa Vista da Pampulha, où je m'arrêtai le jour suivant, est *Secretario* (secrétaire). Depuis cet endroit jusqu'à Boa Vista, dans l'espace de 1 lieue, je comptai encore quatre *fazendas*, mais elles sont peu considérables. Avant celle de *Fagundes* (1), le chemin commence à monter; là on voit un ruisseau qui coule en sens contraire du Piabanha, que j'avais, comme je l'ai dit, côtoyé la veille, et, à la *fazenda* de Fagundes, la montée devient très-roide. Les terres de ce canton sont bonnes et rendent, en maïs, 150 à 200 pour 1; mais l'extrême sécheresse qu'on éprouvait alors faisait beaucoup de tort à cette plante. Dans l'été de 1816 à 1817, les pluies avaient été peu abondantes, elles le furent excessivement dans celui de 1817 à 1818; la sécheresse se faisait de nouveau sentir de 1818 à 1819, et, lorsque de 1819 à 1820, je traversais la province de Saint-Paul, je fus extrêmement contrarié par l'abondance des pluies. Il serait bon d'observer si cette alternance singulière se renouvelle souvent; mais ce que je puis dire, c'est qu'elle n'avait point été offerte par les étés immédiatement antérieurs à celui de 1816 à 1817; car, lorsque j'étais à Itabira de Mato dentro (2), je sus par mon hôte, M. le capitaine Pires, que ce même été était le troisième

---

(1) Fagundes est un nom d'homme. Il ne faut pas, comme Eschwege, écrire *Fegundes*, ni *Fagundas* comme le docteur Pohl, ou *Fagunda* comme M. Walsh.

(2) Voyez mon *Voyage dans les provinces de Rio de Janeiro*, etc., vol. I, 269 et suiv.

où l'on eût à se plaindre de la sécheresse, et il n'est nullement à croire qu'elle ait été limitée au canton d'Itabira.

Je reviens à mon itinéraire. Le cours du Piabanha suffirait pour montrer que, pendant longtemps, la route suit un plan qui incline vers le nord; cependant elle ne descend pas toujours, puisqu'il existe à Fagundes, comme je l'ai dit, une montée rapide, et qu'alors on voit un ruisseau qui coule en sens contraire du Rio Piabanha. L'habitation de Boa Vista da Pampulha se trouve plus élevée que Sumidouro, qui, pourtant, est plus rapproché de 3 lieues du sommet de la chaîne maritime, et, par conséquent, plus éloigné de la vallée du Parahyba; mais ensuite, depuis cette même habitation jusqu'au fleuve, on descend d'une manière sensible (1).

La seule *fazenda* un peu considérable qui se trouve entre Boa Vista da Pampulha et *Governo*, où je fis halte, est celle de *Cebola* (oignon) (2), dont la cour, très-vaste et entourée de nombreux bâtiments, est traversée par le chemin.

En me rendant de Boa Vista à Governo, je m'amusai à questionner quelques nègres de Benguela, que je trouvai sur mon chemin. Ils me dirent que, dans leur pays, on cultive la terre comme au Brésil; que l'on y coupe les bois

(1) Voici la note des hauteurs qui ont été prises par M. d'Eschwege, depuis le sommet de la Serra jusque sur le bord du Parahyba :

Sommet de la Serra.	3,607 pieds anglais ou	1,099^m,55
Corrego Seco.	2,405 —	732^m,80
Sumidouro.	1,805 —	549^m,98
Boa Vista da Pampulha.	1,975 —	601^m,78
Bords du Parahyba.	610 —	185^m,86

(2) C'est à tort que Mawe a écrit *Zabolla*, Luccock *Cebolas*, Walsh. *Saboola*.

et qu'on les brûle, que c'est là l'ouvrage des hommes, et qu'ensuite les femmes et les enfants plantent et font la récolte. La ressemblance des pratiques que l'on suit à Benguela et de celles qui ont été adoptées par les Brésiliens ne doit cependant pas faire penser qu'en agriculture les nègres, barbares et esclaves, aient été nécessairement les maîtres des Portugais plus civilisés. Quand ceux-ci arrivèrent en Amérique, ils y trouvèrent leur méthode actuelle de cultiver en usage parmi les Indiens, et ce serait probablement à ceux-ci plutôt qu'aux Africains qu'il faudrait en faire honneur (1). Mais, lors même que les Portugais n'auraient point eu sous les yeux de modèle pour cette méthode, l'impérieuse nécessité la leur aurait sans doute bientôt enseignée. Qu'auraient-ils pu imaginer, en effet, quand ils auraient voulu planter dans un bois vierge, si ce n'est de couper les arbres et de les brûler? Il serait donc injuste de leur faire un reproche d'avoir commencé de cette manière; mais ce dont on pourrait, avec raison, blâmer aujourd'hui leurs descendants, c'est de continuer à brûler les forêts, lorsque tant de terrains découverts et faciles à labourer sont à leur disposition; c'est de priver, sans nécessité, ceux qui viendront après eux des ressources si nombreuses que présentent les bois; c'est de courir le risque de dégarnir leurs montagnes de terre végétale et de rendre leurs eaux moins abondantes; c'est, enfin, de retarder les progrès de leur propre civilisation, en se disséminant chaque jour davantage dans leurs vastes déserts pour y trouver des arbres à incendier.

Les nègres de Benguela, dont j'ai parlé plus haut, me

(1) Voyez mon *Voyage dans le district des Diamants*, etc., II, 271.

dirent qu'ils avaient été enlevés, étant encore enfants, par une horde voisine de la leur, lorsqu'ils étaient occupés dans la campagne avec leur mère. Si la traite était bien franchement abolie, de pareils enlèvements n'auraient plus lieu chez les Africains, ou du moins ils deviendraient plus rares, et la principale cause de guerre cesserait parmi ces peuples.

Mais, dans l'état actuel des choses, il faut, au Brésil, éprouver le dégoût d'être servi par des esclaves, ou se résigner, comme je l'ai dit ailleurs, à être soi-même à la merci des hommes libres que l'on emploie; j'en ai fait trop souvent la triste épreuve. Vers Governo, mon muletier me déclara qu'il était décidé à retourner chez lui, et j'obtins avec beaucoup de peine qu'il ne m'abandonnerait pas dans un lieu où j'étais inconnu, mais qu'il me conduirait jusqu'à Ubá (1), où j'avais l'espérance de le remplacer. D'un autre côté, à peine étais-je arrivé à Porto da Estrella que le pauvre Prégent avait voulu se rembarquer pour Rio de Janeiro, afin d'y aller chercher une bagatelle assez inutile, et m'avait fait une scène qui s'était prolongée pendant plusieurs jours. Ainsi je m'étais trouvé entre deux hommes dont l'un prétendait que j'avançasse et l'autre que je retournasse sur mes pas. Je n'entrerai pas dans le détail de ces tracasseries; je me contenterai de dire qu'en continuant ma route avec les gens qui m'accompagnaient alors, je montrai plus de persévérance peut-être que dans aucune autre circonstance de ma vie.

---

(1) Voyez mon *Voyage dans les provinces de Rio de Janeiro*, etc., I, 28. — C'est à tort que Luccock a écrit *Uva*, au lieu d'*Ubá*. On trouve aussi Uva dans une *Description de Rio de Janeiro*, qui a été imprimée dans les *Nouvelles annales des voyages*, vol. IV, et où les géographes feront bien de ne point aller chercher des renseignements.

A Encruzilhada (1), je quittai, pour me rendre à Ubá, la grande route de Minas Geraes (2); j'entrai dans le chemin de terre (*caminho da terra*) (3), me rapprochant ainsi un instant de mon point de départ, et, au lieu appelé Socopira (4), je pris le chemin de traverse qui devait me conduire à ma destination. Je parcourus les lieux que j'avais déjà visités l'année précédente, et enfin j'arrivai à Ubá.

Ce fut la dernière fois que je revis cette habitation, où j'avais passé de si heureux moments et où j'avais pu me livrer au bonheur d'observer une nature aussi brillante que

(1) Ce doit être ce lieu que Pohl et Eschwege appellent *Lucas* : le dernier dit même que Lucas porte un autre nom qui lui a échappé. *Encruzilhada* est, au reste, un mot générique qui désigne tout embranchement.

(2) Da Cunha Mattos établit comme il suit l'itinéraire de Rio de Janeiro à Governo :

De Rio de Janeiro à Porto da Estrella.	5	legoas.
— — Mandioca.	2	
— — Padre Correa.	5	
— — Rancho do Almeida.	3 1/2	
— — Boa Vista da Pampulha.	2 1/2	
— — Governo.	2 1/2	
	20 1/2 legoas.	

Il faut se rappeler que les *legoas* ou lieues portugaises sont de 18 au degré.

(3) Le *chemin de terre* est celui que l'on prend lorsqu'on va de Minas à Rio de Janeiro et qu'on veut éviter de s'embarquer. (Voyez le *Voyage dans les provinces de Rio de Janeiro*, etc., I, 8, et celui dans le *district des Diamants*, etc., I, 281.)

(4) J'ai écrit ailleurs *Sucupira* (*Voyage dans le district*, etc., I, 282); mais je crois l'orthographe que j'admets ici plus conforme à la prononciation. Il paraît que l'on appelle aussi *sicupira* l'arbre ou les arbres auxquels le lieu dont il s'agit ici a emprunté son nom ; car c'est ainsi qu'ont écrit des hommes qui doivent faire autorité. (Voyez F. Denis, *Brésil*, 60. — Gardn., *Trav.*, 407.)

variée, sans éprouver les privations par lesquelles il fallut, plus tard, acheter si cher les jouissances de mon voyage. M. João Rodrigues Pereira de Almeida (1) n'était point à Ubá quand je m'y arrêtai; mais, avant mon départ, il m'avait donné, pour différentes villes, des lettres de recommandation et de crédit qui me furent de la plus grande utilité. Sans son appui et son amitié, je le répète ici plein de reconnaissance, je n'aurais pas achevé mon voyage.

L'administrateur de sa belle habitation fit des démarches pour me procurer un muletier; il s'en présenta un qui était assez bien recommandé, et je m'arrangeai avec lui à raison de 7,200 reis (45 fr.) par mois. José Marianno, c'était son nom, avait un teint extrêmement foncé; mais, comme en même temps ses cheveux, durs et noirs, n'étaient nullement crépus et que son nez était aquilin, je ne doute pas qu'un mélange de sang caucasique, nègre et américain ne coulât dans ses veines. Cet homme possédait au plus haut degré les bonnes et les mauvaises qualités qui caractérisent les métis; il avait une très-grande intelligence et une adresse peu commune; mais il était à la fois imprévoyant, léger, prodigue et vaniteux. Souvent on le voyait gai et jovial; alors il prenait des manières enfantines, et devenait câlin avec ses supérieurs; il se plaisait à causer, et racontait avec esprit les histoires de tous les muletiers du Brésil, en se les attribuant à lui-même; il ne s'était probablement guère éloigné de Saint-Paul et de S. João d'El Rei, mais, à l'entendre, il connaissait tout l'empire brésilien; il avait voyagé dans les Campos Parexis, qui sont si peu connus, et il y avait eu mille aventures merveilleuses; son père, disait-

(1) Postérieurement à mon voyage, l'empereur don Pedro Ier lui conféra le titre de baron d'Ubá.

il, était un blanc fort riche, ses frères étaient des blancs, il m'accompagnait pour son seul plaisir, ou bien encore parce que l'infant don Pedro l'en avait prié avec instance. J'aurais été trop heureux, au reste, si l'on n'avait eu à lui reprocher que sa vanité excessive ; mais, après quelques jours de bonne humeur, sa physionomie changeait presque tout à coup d'expression ; elle devenait sombre ; il ne souriait plus, ne disait plus rien, ou, s'il laissait échapper quelques paroles, elles étaient empreintes de mécontentement et d'aigreur ; alors il devait certainement beaucoup souffrir. Sa mélancolie durait ordinairement une semaine ou deux ; mais ensuite il reprenait sa gaîté et il la perdait de nouveau quelque temps après. On verra plus tard combien de désagréments m'ont causés les bizarreries de cet homme, et combien elles me faisaient payer cher les services fort importants qu'il me rendait.

CHAPITRE II.

LE CHEMIN DU RIO PRETO. — LA VILLE DE VALENÇA ET LES COROADOS.

Histoire du chemin du *Rio Preto*. Les toucheurs de bœufs et de pourceaux. — Le *ferrador*. — Le port du Parahyba. Comment les bœufs traversent cette rivière. Peinture de ses bords. Péage. — Chemin détestable. — Les bois vierges. — Quelques *fazendas*. — Les Indiens Coroados. — La ville de *Valença*; son histoire; son état actuel. Réflexions sur la métamorphose des villages en villes. — Le *rancho d'as Cobras*; un paysage au clair de la lune. — Le *Rio Bonito*.

Le chemin que j'allais parcourir pour me rendre d'Ubá (1) à S. João d'El Rei, et de là à Goyaz, en visitant la partie occidentale de la province des Mines, porte le nom de *caminho do Rio Preto* (chemin du Rio Preto), parce qu'effectivement il traverse cette rivière (2). Lorsqu'on veut le

---

(1) Itinéraire approximatif d'Ubá au village de Rio Preto (arraial do Rio Preto) :

D'Ubá au Porto da Parahyba............	3/4	legoas.
— Forquilha (rancho).............	2	
— Fazenda de Joaquim Marcos (habitation).	4	
— As Cobras (rancho).............	3	
— Arraial do Rio Preto (village).......	3	
	12 3/4	legoas.

(2) Plus tard, au mois de février 1822, je passai par un autre chemin, qui commence au delà d'Aguassú, tout auprès de Bemfica ou Pé da Serra (voyez ma *première relation*, I, 8), et qui tombe dans le che-

suivre, en partant de Rio de Janeiro, on prend d'abord le *caminho da terra* (chemin de terre), qui mène à Pao Grande. Là sont deux embranchements : l'un n'est que la continuation du *caminho da terra* et aboutit, comme je l'ai dit, à Encruzilhada, dans la grande route de Villa Rica ; l'autre est le commencement du *caminho do Rio Preto* et passe auprès de l'habitation d'Ubá. Déjà, depuis longtemps, ce dernier chemin était indiqué par un sentier fréquenté uniquement par les piétons ; on reconnut qu'il serait moins long, pour les habitants de S. João d'El Rei, que la grande route de Villa Rica, et, lors de mon voyage, il y avait environ six ans qu'il était entièrement ouvert au public. Cependant, comme le seul avantage de gagner quelques jours n'eût pas décidé les conducteurs des caravanes à suivre une route qui ne leur offrait encore aucune commodité, on accorda une diminution sur le péage des hommes et des animaux qui traversent le Parahyba au *registro* (1) du chemin du Rio Preto. Ainsi les bœufs, qui payent une pataque (2 fr.) au *registro* du Parahybuna, sur le chemin direct de Villa Rica, ne payent ici qu'une demi-pataque ; les mulets chargés, qui payent 460 reis au Parahybuna,

---

min du Rio Preto, immédiatement au-dessus de Valença, lieu dont je parlerai bientôt. C'est la junte du commerce de Rio de Janeiro (*junta do commercio*) qui a fait faire ce chemin, et, pour cette raison, on l'appelle *caminho do commercio*, ou bien encore on lui donne le nom de *caminho novo, estrada nova*. On y travaillait encore, en 1819, lorsque je suivais le *caminho do Rio Preto* : c'est depuis cette époque qu'il a été permis d'y passer; et il est assez vraisemblable qu'alors on aura fermé *caminho do Rio Preto*, pour ne pas multiplier les lieux de péage.

(1) On donne ce nom aux lieux où l'on acquitte les droits dus à l'État et où l'on demande les passe-ports. (Voyez le *Voyage dans les provinces de Rio de Janeiro*, etc., I, 60.)

en payent ici 80, et les hommes n'ont également à donner que 80 reis (1849).

Il fallait qu'on trouvât sur cette route de tels avantages pour qu'elle ne restât pas déserte, car elle est infiniment plus difficile que le chemin direct de Villa Rica ; elle n'est point, comme ce dernier, bordée d'un grand nombre d'habitations, de *vendas*, de *ranchos* ; les ressources y sont encore moins multipliées, et le maïs, indispensable aux mulets, y manque presque partout. Le *caminho do Rio Preto* me montra ce que devait être la grande route de Villa Rica, peu de temps après la découverte de la province de Minas Geraes. Traversant le réseau de montagnes qui s'étend de la chaîne maritime à la chaîne intérieure (Serra do Espinhaço), il doit nécessairement présenter de grandes inégalités, et, comme la *région des forêts* comprend tout l'espace renfermé entre les deux chaînes, on ne sort de cette région, ainsi que cela a lieu sur la route de Villa Rica, et l'on n'entre dans la *région des campos* (1) qu'après avoir passé la Serra da Mantiqueira, partie méridionale de la plus occidentale des deux chaînes.

Sur le chemin du Rio Preto, je rencontrai très-peu de troupes de mulets chargés de marchandises ; mais, en revanche, un grand nombre de cochons et de bœufs. C'est par ce chemin que l'on fait passer presque tous les troupeaux de bêtes à cornes que l'on mène à Rio de Janeiro de la partie occidentale de la province de Minas, où l'on

(1) La *région des forêts* s'étend à peu près depuis la mer jusqu'à la chaîne intérieure (Serra do Espinhaço); la *région des campos* commence à l'ouest de la même chaîne. On peut voir des détails sur ces régions et leurs limites dans mon *Tableau de la végétation de la province de Minas Geraes*, imprimé dans les *Annales des sciences naturelles*, vol. XXIV, p. 64 et suiv.

élève beaucoup de bétail. Pour ces animaux, on n'a pas besoin des commodités qu'exigent les caravanes de mulets, et, en les conduisant par cette route, on jouit du double avantage de payer des droits moins élevés et d'abréger le voyage. Comme on ne pourrait embarquer les bœufs et les cochons sans des frais probablement très-considérables, on leur fait prendre le chemin de terre à Pao Grande, et ils passent, avant d'arriver à Rio de Janeiro, par la Serra da Viuva, Aguassú et Irajá (1).

Les bœufs sont envoyés à la capitale par des marchands du sud-ouest de la province des Mines, qui les achètent dans les *fazendas*. Ces marchands confient la direction entière d'un troupeau de bœufs et la vente de ce bétail à des hommes qu'on appelle *capatazes*, et qui, m'a-t-on dit, sont très-bien payés. Le *capataz* a sous lui des toucheurs, et chacun de ceux-ci est chargé de la conduite de vingt bœufs. On ne fait faire à ces animaux que 3 lieues par jour ; mais, jusqu'à leur destination, on ne les laisse point reposer, tandis qu'on a coutume de faire marcher une journée et de laisser paître le lendemain les bestiaux que l'on conduit du sertão (désert) oriental de Minas à la ville de Bahia.

Les hommes qui mènent les bœufs et les cochons de la *comarca* (2) du Rio das Mortes à Rio de Janeiro

---

(1) Comme je l'ai dit plus haut, je suivis, en 1822, un chemin (*caminho do commercio*) qui retombait, à la vérité, à Aguassú, mais qui, au lieu de traverser la Serra da Viuva, passait par une autre partie de la chaîne, à laquelle on a donné le nom de *Serra da Estrada Nova*, emprunté au chemin lui-même. En 1822, c'était par ce dernier que passait une grande partie des bœufs et des cochons que la *comarca* du Rio das Mortes fournit à Rio de Janeiro.

(2) Les *comarcas*, comme on a pu le voir dans mes autres relations, sont les divisions de premier ordre dans plusieurs provinces.

se font reconnaître facilement à leur tournure et à leur costume. Il y a parmi eux autant de blancs que de mulâtres. Comme on les accoutume de bonne heure à de longues marches et au régime le plus frugal, ils sont généralement maigres, minces et assez grands. Leur figure est étroite et allongée; de tous les Mineiros, ce sont eux, peut-être, qui ont le moins d'expression dans la physionomie. Ils marchent un long bâton à la main, les pieds et les jambes nus, et ont l'habitude de faire de grands pas. Leur tête est couverte d'un chapeau à bord étroit, à forme très-haute et arrondie (1819); ils ont une chemise de toile de coton, dont les pans flottent par-dessus un caleçon de la même toile; un gilet d'une étoffe de laine grossière complète leur costume.

Je reviens au détail de mon itinéraire. Entre Ubá et le Parahyba, qui n'est qu'à trois quarts de lieue, j'eus encore le plaisir d'entendre le *ferrador* ou *araponga* (*casmarynchos nudicollis*) (1). Le chant de cet oiseau n'est point agréable par lui-même; mais il y a un charme inexprimable dans le contraste du calme profond des forêts vierges avec ces sons qui, après avoir retenti avec une force surprenante, s'affaiblissent en se prolongeant et recommencent par intervalles.

Bientôt j'arrivai sur les bords du Parahyba, à l'endroit appelé *Porto* (port), où l'on passe le fleuve. Ce dernier peut

---

(1) On a, je crois, écrit quelque part *uruponga*; mais le mot *araponga* est consacré par le dictionnaire portugais de Moraes : d'ailleurs son étymologie est assez claire, comme on peut le voir dans ma *seconde relation*, vol. II, 64. J'ai encore parlé de l'*araponga* ou *ferrador* dans la même *relation*, vol. I, 107, et dans la *première*, vol. I, 17. Le *ferrador* est aujourd'hui trop bien connu pour qu'il soit nécessaire de dire que ce n'est point une grenouille, comme l'a cru M. Walsh.

avoir ici un peu moins de largeur que le Loiret à quelque distance du pont d'Olivet ; il serpente entre des montagnes peu élevées, couvertes de bois touffus, qui, en certains endroits, ont été remplacés par des plantations de maïs. Ses eaux coulent avec rapidité, et des roches grisâtres s'élèvent çà et là au-dessus de leur surface. On ne voit, sur les deux bords, d'autres places découvertes que celles où l'on s'embarque quand on passe le fleuve (1819). Sur la rive droite est une modeste *venda* avec un petit *rancho*; sur la rive gauche, la maison du péage, dont le toit couvert s'avance pour former une *varanda* (galerie) (1).

Dans le moment où j'arrivai, les deux bords du Parahyba étaient couverts de bœufs ; quelques-uns se trouvaient déjà sur la rive droite, et l'on était occupé à faire passer les autres. Des nègres armés de grandes gaules et poussant des cris affreux forçaient les bœufs à entrer dans le fleuve ; mais à peine ceux-ci étaient-ils dans l'eau, qu'ils cherchaient à revenir sur le rivage, malgré les coups que leurs conducteurs faisaient pleuvoir sur eux, malgré les pirogues dont on se servait pour leur barrer le passage. Au lieu d'avancer vers l'autre bord, ces animaux tournoyaient dans l'eau, en se précipitant les uns sur les autres, et ce ne fut qu'avec des peines incroyables qu'on parvint à les faire passer tous. Les bœufs qui viennent de fort loin, et qui ont déjà rencontré quelque rivière, traversent celle-ci sans difficulté ; mais il en coûte toujours beaucoup pour forcer ces animaux à passer l'eau une première fois, et alors il s'en noie souvent.

(1) J'ai donné dans ma *première relation* une explication détaillée du mot *varanda*.

Ici il n'y a point de bac; on se sert de pirogues conduites par deux nègres. Pendant quelque temps, le péage avait été affermé; mais ensuite on l'a perçu directement pour le compte du fisc, et, lors de mon voyage, il rendait annuellement de 12 à 20,000 cruzades. La garde préposée au *registro* se composait seulement d'un caporal et de trois soldats de la garde nationale (*milicia*).

Ce n'était pas la première fois que je me trouvais au Porto du Parahyba; j'avais déjà visité ce lieu, lorsqu'en 1816 j'habitais la *fazenda* d'Ubá. Un parent de M. João Rodrigues Pereira de Almeida, qui, un jour, voulut goûter le plaisir de la chasse, m'engagea à l'accompagner. Nous commençâmes par passer la rivière, et à peine fûmes-nous dans la forêt que les chiens firent partir un cerf (*veado*); celui-ci s'élança dans l'eau et la traversa. Nous repassâmes de l'autre côté du fleuve dans une pirogue; là je m'assis sur un rocher et me mis à contempler les lieux qui m'entouraient. Au Porto, le paysage est animé par la présence de l'homme; ici la nature n'avait rien perdu de sa physionomie primitive. Un détour que fait la rivière me dérobait la suite de son cours, et ce que j'en pouvais découvrir semblait un lac allongé entouré de forêts vierges. Les eaux baignaient le pied des grands arbres, tandis que diverses espèces d'oiseaux aquatiques planaient au-dessus d'elles. Des rochers noirâtres, qui s'élevaient de leur lit, augmentaient la vitesse du courant, et la rapidité de la rivière contrastait avec l'immobilité des arbres, dont le feuillage n'était agité par aucun vent.

A cette heureuse époque, je pouvais me livrer tout entier à la contemplation des beautés de la nature. Lorsque je revis le Porto du Parahyba, il n'en était plus ainsi : les embarras du voyage, et surtout les chagrins que me faisaient éprouver ceux qui m'accompagnaient, troublaient sans cesse mes plus douces jouissances.

Je partis fort tard du Porto du Parahyba. Comme il n'y a point, en cet endroit, de véritables pâturages, les mulets sont obligés de se contenter du peu d'herbes qui croît auprès de la maison du *registro*; aussi trois des miens, mécontents de ce régime, avaient passé la rivière et étaient retournés à Ubá; il fallut les y aller chercher, et cela prit un temps considérable.

Je finis cependant par me mettre en route. Immédiatement après avoir quitté le Parahyba, je me dirigeai, par une pente roide, vers le sommet de la montagne qui s'élève derrière le *registro*, et, pendant très-longtemps, je continuai à monter. Le chemin que je suivis ce jour-là est un des plus affreux que j'eusse vus pendant mes voyages; il eût certainement été impraticable après une pluie de quelques jours. Ses deux côtés n'ont point été dégarnis d'arbres, comme la route de Villa Rica; il a peu de largeur, et les bois touffus qu'il traverse y donnent, à toutes les heures du jour, un ombrage épais, qui nécessairement doit y entretenir une fâcheuse humidité. Presque partout, les bœufs avaient formé, par leur marche régulière, des éminences et des fosses, qui se succédaient alternativement, et ces dernières contenaient une boue épaisse dans laquelle enfonçaient profondément les bêtes de somme. Ce n'est pas tout encore : des troncs d'arbres renversés, de grosses racines qui rampaient sur la terre faisaient sans cesse trébucher les mulets ou les arrêtaient dans leur marche.

Mais si je ne pouvais faire un pas, dans les sombres forêts que je parcourais alors, sans trouver de nouvelles difficultés, d'un autre côté elles m'offraient, à chaque pas, des sujets d'admiration. Les arbres dont elles étaient formées avaient tant de vigueur, ils étaient tellement garnis de feuilles, qu'en plusieurs endroits il ne croissait au-dessous d'eux qu'un très-petit nombre d'arbrisseaux, ce qui, dans ce pays, est assez rare. J'étais, à cette époque, bien accoutumé aux bois vierges, et cependant je ne pouvais en traverser sans les contempler avec ravissement. Quelle richesse de végétation! quelle pompe! quelle majesté! que de variété dans les formes! que de beautés dans les contrastes! Comme le feuillage, composé des Mimoses, fait ressortir la simplicité des Palmiers! comme les rameaux d'une Myrtée, couverts de petites feuilles, paraissent délicats et flexibles auprès d'un *Cecropia*, qui étale quelques branches roides en forme de candélabre! Dans quel délicieux recueillement l'on tombe au milieu du calme profond de ces forêts, qui n'est troublé que par la voix retentissante du *ferrador* ou le bruit de quelque torrent !

Parmi les arbres qui croissent dans les bois voisins du Parahyba, je vis avec un nouvel étonnement celui qu'on appelle le *Cipó matador* (la Liane meurtrière) (1). Il atteint à peine la grosseur de la cuisse et est presque égal dans toute sa longueur; cependant il s'élève à 50 ou 60 pieds, mais on ne le voit jamais isolé; il se presse contre quelque arbre plus gros que lui, et il l'embrasse étroitement à l'aide de racines aériennes qui partent de sa tige et qui, simples à leur naissance, se divisent, se subdivisent et se terminent

---

(1) Voyez mon *Voyage dans les provinces de Rio de Janeiro*, etc., I, 14.

par un chevelu fortement collé à l'arbre voisin. Cette Liane singulière est couronnée par un petit nombre de branches écartées; mais celles-ci se partagent en une multitude de rameaux délicats et pressés, qui portent des feuilles entières, oblongues-lancéolées et assez petites, autant du moins que je pus en juger à la distance où il m'a été permis de les apercevoir (1).

Après avoir fait 2 lieues dans les sombres forêts du Parahyba, je m'arrêtai au lieu appelé *Forquilha* (fourche). Là se trouve une maisonnette devant laquelle est le *rancho* des voyageurs, couvert de feuilles de Palmier et soutenu par des troncs d'arbres. Ces humbles bâtiments, entourés de palissades, sont construits sur une petite plate-forme au-dessous de laquelle coule un ruisseau, et qui, de tous les côtés, est dominée par des montagnes couvertes d'épaisses forêts. Cependant, à travers les arbres, j'apercevais plusieurs vastes plantations de maïs qui dépendaient de l'habitation. Les terres me parurent bonnes, et le propriétaire ou celui qui le représentait me dit qu'effectivement le manioc, le riz, les haricots, la canne à sucre y réussissaient bien, mais que le maïs n'y rendait que 80 pour 1.

Au Porto du Parahyba, à six heures du matin, le thermomètre de Réaumur avait été à 20 degrés, et le lendemain à la même heure, à Forquilha (le 7 février), il n'était

(1) Un touriste qui parcourait, en 1842, l'Amérique portugaise a dit (Suz., *Souv.*, 278) que « traverser des bois vierges était pour les Brésiliens un sujet d'effroi. » Il n'est pas à ma connaissance qu'aucun autre écrivain ait parlé de cette frayeur, et, dans le cours de mes longs voyages, personne n'en a donné devant moi le moindre signe. Si les colons l'éprouvent, un grand nombre d'entre eux ont été bien mal avisés et doivent être bien malheureux, car c'est dans les bois vierges qu'ils ont fixé leurs demeures.

qu'à 17 degrés 1/2. Cette différence de température tenait sans doute à celle des hauteurs, car, depuis le Parahyba, j'avais toujours monté. En quittant Forquilha, on monte encore, dans un espace de 1 lieue, jusqu'à une *fazenda* appelée *José Francisco,* du nom de son propriétaire.

Entre Forquilha et *Joaquim Marcos*, habitation dont je parlerai bientôt, les bords du chemin, dans la plus grande partie de son étendue, avaient été dégarnis des grands arbres; en d'autres endroits, où l'on avait autrefois cultivé la terre, il n'existait plus que des taillis. C'était, pour la conservation du chemin, un grand avantage, sans doute; mais le défaut d'ombrage rendait la chaleur si forte, qu'ayant, une heure après la chute du jour, tiré mon thermomètre de ma malle, je le trouvai à 28 degrés, tant celle-ci avait été échauffée par les rayons du soleil.

La *fazenda* de José Francisco, dont j'ai déjà dit quelques mots, possède un moulin à sucre; mais on n'y emploie le vesou qu'à faire de l'eau-de-vie, ce qui a lieu chez tous les propriétaires peu riches, parce que cette fabrication exige moins de bras et de travail que celle du sucre.

Ayant passé la *fazenda* de José Francisco, j'allai faire halte à celle de *Joaquim Marcos* (nom d'homme), située à 4 lieues de Forquilha; j'y demandai si l'on avait du maïs à me vendre : on m'en refusa d'abord; mais à peine me fus-je recommandé de João Rodrigues que l'on mit à ma disposition tout ce que je désirais. Il n'est pas étonnant, au reste, que l'on eût commencé par me faire essuyer un refus; les propriétaires craignaient alors de se défaire de leur maïs, parce que le manque d'eau avait fait le plus grand tort à ce grain; j'avais vu moi-même, du côté de Cavenca, entre Encruzilhada et Ubá, de grandes plantations de maïs entièrement desséchées.

Dans les terres du canton où est situé Joaquim Marcos, le maïs rend 150 pour 1. Elles produisent aussi le manioc, les haricots, la canne à sucre et les caféiers; mais mon hôte me dit que la gelée faisait souvent beaucoup de tort aux derniers de ces végétaux, ce qui suffirait pour prouver combien le pays est plus élevé que Rio de Janeiro.

Quant à ma récolte de plantes, j'étais bien loin de pouvoir en être satisfait. Je n'avais jamais trouvé aussi peu d'espèces en fleur que pendant ce voyage; mais nous étions en février, et l'on me dit, à Forquilha, que le mois d'août était celui où l'on voyait fleurir le plus grand nombre d'arbres (1).

Je traversais alors les bois où le bon José Rodrigues da Cruz, oncle de João Rodrigues Peireira de Almeida, avait naguère exercé son zèle pour le bonheur des Coroados (2); et probablement même le chemin du Rio Preto n'est-il

(1) Ainsi que j'ai eu l'occasion de le montrer ailleurs, il s'en faut bien, en général, qu'on trouve dans les bois vierges autant de fleurs qu'on se l'imagine en Europe. « Dans les forêts primitives des contrées équinoxiales, « ai-je dit, il est des arbres qui fleurissent très-rarement, parce que la « végétation, sans cesse excitée par l'humidité et la chaleur, éprouve, « sous ces heureux climats, des repos fort rares, et qu'elle va se conti- « nuant toujours avec une égale vigueur, tandis que la fleur n'est réel- « lement que la dernière production d'une vie qui s'épuise et va finir. » (*Morphologie végétale*, 35.)

(2) Il est bon d'ajouter au nom de ces Coroados celui d'une rivière qui coule dans leur pays, le *Rio Bonito*, et de les appeler, comme je l'ai fait dans ma *première relation*, les Coroados du Rio Bonito. Par ce moyen, on empêchera qu'on ne les confonde avec les Coroados de Matogrosso, avec ceux de Saint-Paul, ou encore avec les Coroados du Rio Chipotó dont s'est occupé le bon Marlière, et sur lesquels les savants Spix et Martius ont publié d'intéressants détails.

autre chose qu'un élargissement de la percée qu'avait fait faire cet homme généreux pour porter des secours à ses chers Indiens (1). Il y a à peine cinquante ans, eux seuls possédaient cette contrée, où aucun blanc n'aurait eu, sans doute, la hardiesse de se montrer; et, lors de mon voyage, c'était au milieu des enfants des Portugais, devenus maîtres du pays, qu'erraient les faibles restes de leur nation. Déjà, entre Forquilha et Joaquim Marcos, j'avais trouvé, au pied d'un arbre, deux Indiennes assez mal vêtues, auprès desquelles était un gros paquet d'écorce verte dont elles se proposaient de tirer de l'étoupe. Avant de quitter la *fazenda* de Joaquim Marcos, je vis passer un homme et une femme de la même race. L'Indienne était vêtue d'une jupe et d'une chemise de toile de coton grossière, comme le sont, en général, dans ce pays, les femmes pauvres de la campagne; l'Indien ne portait qu'une chemise et tenait à la main son arc et une poignée de flèches. Celui-ci parlait assez bien le portugais, et j'appris de lui qu'il était venu, étant encore enfant, du *Rio da Pomba* (rivière de la colombe), que sa nation portait le nom d'*Esmurim* (2), et qu'il vivait, depuis un grand nombre d'années, dans les forêts des alentours, au milieu des Coroados.

Le nom d'*Aldea*, donné alors (1819) à un hameau que je rencontrai à une demi-lieue de la *fazenda* de Joaquim

(1) Voyez mon *Voyage dans les provinces de Rio de Janeiro*, etc., I, 42.

(2) Selon Spix, Martius et Eschwege, les bords du Rio da Pomba, l'un des affluents du Parahyba, sont habités par la petite nation des *Coropós*. On peut, avec quelque vraisemblance, soupçonner que les *Esmurim* étaient une subdivision de cette nation; car Eschwege dit qu'un grand nombre de Coropós avaient quitté leur pays pour passer dans la province de Rio de Janeiro.

Marcos, semblait indiquer que j'y trouverais un grand nombre d'Indiens (1), car c'est ce nom que les nouveaux possesseurs du Brésil appliquent (2) aux villages des indigènes; mais, dès l'époque de mon voyage, des descendants de Portugais étaient les seuls habitants de l'Aldea.

Avant 1800, ce hameau n'existait pas encore. Alors les Coroados, maîtres du pays situé entre le Parahyba et le Rio Preto, faisaient de fréquentes incursions sur le territoire des paroisses voisines; mais, d'après les ordres de LUIZ DE VASCONCELLOS E SOUZA, vice-roi de Rio de Janeiro, ils furent enfin repoussés, en 1789, par le capitaine IGNATIO DE SOUZA WARNECK. Le vice-roi eut l'idée de profiter de cette circonstance pour civiliser ces Indiens, et il chargea de cette commission Warneck et José Rodrigues da Cruz, qui était connu d'eux par ses nombreux bienfaits, et dont j'ai déjà parlé plus haut. Tout concourut à faire obtenir le résultat désiré, qui était, dit bien sérieusement Pizarro, « de faire entrer tant d'infidèles dans le sein de l'Église, et de réunir à l'État un peuple nombreux, *en s'emparant des terres qu'il occupait sans le moindre avantage pour l'agriculture.* » Un prêtre fut chargé d'instruire les pauvres Coroados (3), et l'on fonda pour eux une aldée assez con-

(1) On verra tout à l'heure que la ville de *Valença* n'est autre chose que l'Aldea.

(2) En Portugal, on désigne tout village par le mot *aldea* (voyez ma *première relation*, vol. I, 43).

(3) Le nom de Coroados est le seul qui se trouve dans les *Memorias historicas* de Pizarro (vol. V, 288), et c'est aussi le seul qui soit admis dans le pays par les Brésiliens-Portugais. Il ne faut pas oublier cependant que ce nom est un véritable sobriquet emprunté à la langue portugaise, et, par conséquent, les tribus auxquelles on l'a appliqué devaient réellement en porter d'autres. J'ai appris chez les Indiens qui vivaient à quelques lieues de l'Aldea que leur nation se composait de deux peu-

sidérable, à laquelle on donna le nom d'*Aldea de Nossa Senhora da Gloria de Valença*, en l'honneur du vice-roi d'alors, Fernando José de Portugal, qui était de la famille des Valença. Mais bientôt des colons portugais vinrent se mêler aux Indiens, et aujourd'hui, comme je l'ai dit, l'aldea n'est plus habité que par ces derniers (1). En 1813, José Caetano da Silva Coutinho, évêque de Rio de Janeiro, visita l'aldea de Valença; il crut devoir en faire le chef-lieu d'une paroisse à laquelle il assigna pour limites le Parahyba, le Rio Preto, la paroisse de *S. Anna do Pirahy*, et celle de la *Conceçãio da Parahyba Velha*; et, au mois d'août 1817, le roi confirma définitivement les arrangements pris par l'évêque (2).

Lors de mon voyage, en 1819, l'Aldea, qui est situé dans une petite plaine entourée de montagnes boisées, se composait seulement d'une vingtaine de maisons, dont la plupart n'étaient pas encore entièrement bâties et dont les plus anciennes ne dataient guère que d'une douzaine d'an-

plades réunies, les *Tampruns* et les *Sararicões* (voyez mon *Voyage dans les provinces de Rio de Janeiro*, etc., vol. I, 41); mais Cazal et Walsh, après lui, ont écrit que la population de l'Aldea de Valença se composait de quatre hordes : les *Puris*, les *Ararys*, les *Pittas* et les *Chumettos*. — La manière dont j'écris ici le mot *Sararicões* servira à rectifier deux fautes d'impression fort graves qui se sont introduites dans ma *première relation*, à la page indiquée plus haut.

(1) Il est clair que l'on a induit en erreur MM. Spix et Martius, lorsqu'on leur a dit que l'établissement d'une colonie suisse dans les environs de Rio de Janeiro avait fait déserter aux Indiens l'Aldea de Valença : cette colonie, en effet, n'existait pas encore au commencement de 1819, époque de mon voyage, et déjà, comme je le dis ici, il n'y avait plus, à Valença, que des descendants de Portugais.

(2) Les détails historiques que je donne ici sur Valença sont, pour ainsi dire, tous empruntés à Pizarro (voyez *Memorias historicas*, V, 289).

nées (1). Ces maisons, écartées les unes des autres, avaient un aspect fort misérable, et plus de la moitié était de chétives *vendas*, où l'on trouvait à peine quelques bouteilles d'eau-de-vie de sucre. Alors l'Aldea n'avait point encore d'église proprement dite, et le curé était obligé de célébrer la messe dans une humble chapelle. Trois ans plus tard, en 1822, je repassai par le même lieu. Dans l'intervalle, les terres des alentours s'étaient peuplées un peu davantage; on comptait, dans le village, une soixantaine de maisons et l'on était occupé à y construire une petite église en pierre (2). Ces augmentations n'étaient pas encore bien considérables; cependant l'Aldea était devenu, sous le nom pompeux de *Villa de Valença*, le chef-lieu d'un *termo* (3), qui s'étend, comme le territoire paroissial, depuis le Parahyba jusqu'au Rio Preto.

On ne sera pas fâché, je pense, de trouver ce qu'a écrit, sur les métamorphoses des villages en villes, un homme qui a longtemps vécu au milieu des Brésiliens, et qui était

(1) Pizarro dit qu'en 1814 il y avait, dans l'Aldea, 119 feux et 688 adultes, sans compter les Indiens, et il ajoute que, à l'époque où il écrit son livre, qui porte la date de 1820, le nombre des habitants allait jusqu'à 1,000. Il est à croire que, par une de ces confusions malheureusement trop communes dans les *Memorias historicas*, ouvrage pourtant si remarquable et si utile, l'auteur aura appliqué au seul Aldea de Valença ce qu'on lui aura dit de la paroisse tout entière.

(2) M. Walsh, qui passa par Valença vers le commencement de 1829, dit qu'à cette époque l'église était achevée, mais que la ville ne se composait encore que d'une soixantaine de maisons, et, par conséquent, si elle avait fait quelques progrès de 1819 à 1822, elle était ensuite restée stationnaire, ce qu'il faut attribuer sans doute aux désavantages de sa situation (voyez plus bas, page 39).

(3) Un *termo* est le ressort d'une justice de première instance; le chef-lieu du *termo* porte le nom de *villa* (ville). (Voyez ma *première relation*, I, 364.)

employé par leur gouvernement. « Il a été de mode, dans
« ces dernières années, dit M. d'Eschewege, d'ériger en
« villes les hameaux les plus insignifiants. Mais c'est rare-
« ment le bien général que l'on a consulté en faisant ces
« changements; s'ils devaient profiter à un petit nombre
« d'individus, la plus grande partie des habitants avait
« presque toujours à en souffrir..... Quand un village de-
« vient ville, il a sa justice particulière, et à chaque jus-
« tice nouvelle s'attachent une quantité de gens qui vivent
« aux dépens des citoyens. La paix de ces derniers est
« bientôt troublée par l'arrivée d'une armée d'employés
« subalternes, qui ne sauraient subsister s'ils ne trouvaient
« des ressources dans les querelles qu'ils ont le talent de
« faire naître..... Les hommes les plus tranquilles et les
« plus heureux qu'il y ait au Brésil sont ceux qui se sont
« fixés le plus loin possible du chef-lieu d'une justice.
« S'élève-t-il entre eux quelque dispute? ou elle s'apaise
« amicalement....., ou bien on se fait justice à soi-même,
« on assassine. C'est là de la barbarie, sans doute; mais.....
« on n'y remédiera certainement point par la manière
« dont on rend la justice; car de cette partialité qui fait
« le caractère des juges il résulte, presque toujours, que
« c'est le plus faible, le plus pauvre qui a tort : les procès
« ruinent les familles, et un projet de vengeance une fois
« formé, ce n'est certainement pas la crainte de la justice
« qui en arrête l'exécution..... Un vieillard de quatre-
« vingts ans, qui aimait Dieu et ses semblables, me disait
« que souvent il avait changé de domicile, et qu'il choi-
« sissait toujours les lieux où n'avait encore pénétré au-
« cune autorité judiciaire, civile ou ecclésiastique, non
« qu'il eût commis quelque crime, mais parce qu'il avait

« peur qu'on ne l'en déclarât coupable. » (*Brasilien die Neue Welt.*, II, 49). Il s'en faut, sans doute, que tout, dans ce tableau, soit dépourvu de vérité; mais on sent que, lorsque la population d'un pays augmente sensiblement, on ne peut l'abandonner entièrement à elle-même, pour ainsi dire, sans lois et sans règle, et que la laisser tomber ainsi dans l'état sauvage serait pire encore que de lui faire courir la chance d'être dirigée par des magistrats corrompus, qui pourtant ne sauraient, à chaque instant, s'écarter de ces règles et de cette discipline conservatrice de la civilisation.

Quant à ce qui concerne Valença en particulier, je ne saurais dire si la métamorphose de ce hameau en ville pouvait être justifiée par l'éloignement du chef-lieu de justice d'où il dépendait autrefois, par des difficultés de communication ou quelque autre circonstance; mais, ce qu'il y a de certain, c'est qu'on ne saurait donner pour motif de ce changement ni l'importance de la population qui s'était fixée sur les bords de la route, ni celle du hameau lui-même, auquel il était véritablement ridicule d'appliquer le nom de ville. Au reste, si l'on croyait nécessaire d'en avoir une dans ce canton, il me semble que ce n'était pas Valença qui devait le devenir; car ce lieu est éloigné des rivières et l'un des plus tristes que j'eusse vus dans la province de Rio de Janeiro. C'est sur les bords du Parahyba, dans quelque endroit où la pente n'est pas trop rapide qu'aurait dû être fondée la ville nouvelle; une église et l'exemption d'une partie des droits y auraient bientôt attiré des habitants.

Après avoir fait connaître l'histoire de Valença et l'état actuel de cette chétive ville, j'aurais à parler de ses anciens habitants, les Coroados, si je n'avais donné ailleurs des détails étendus sur ces Indiens. J'ajouterai cependant que Firmiano, qui se plaisait à appeler ses oncles les Chinois qu'on voyait alors à Rio de Janéiro, ne voulut point reconnaître pour ses parents les Coroados du Rio Bonito. Il y a certainement trop de différence entre ces derniers et les Botocudos pour qu'on leur suppose une origine commune, à moins de la faire remonter à une époque sur laquelle nous ne pourrions former que de vaines conjectures; si donc les Botocudos sont issus, comme on l'a dit, des anciens Tapuyas (1), il ne serait guère vraisemblable que les Coroados du Rio Bonito en descendissent également. Mais, si nous ne pouvons rien dire avec certitude de leurs premiers commencements, nous savons du moins ce qu'ils furent dans les temps modernes. Il paraît bien certain qu'ils eurent pour pères ces Goitacazes qui, chassés par les Portugais, vers 1630, des *campos* voisins de l'embouchure du Parahyba (Campos dos Goitacazes), se dispersèrent dans les forêts de Minas et de Rio de Janeiro. Les Goitacazes ne pouvaient conserver, dans des bois presque impénétrables, les habitudes qu'ils avaient contractées au milieu de campagnes entièrement découvertes; ils renoncèrent à leur longue chevelure, et la façon dont ils la coupèrent leur fit donner, par leurs vainqueurs, le nom de Coroados, qui signifie *couronnés* (2). A présent, il ne sera

---

(1) Les Indiens civilisés du littoral et les Portugais qui vivent au milieu d'eux disent aujourd'hui *Tapuyos*, et ont fait de ce mot un sobriquet injurieux, qu'ils appliquent aux indigènes encore sauvages. Mon Botocudo était pour eux un *Tapuyo*.

(2) Voyez mon *Voyage dans le district des Diamants et sur le littoral du Brésil*, II, 3 et suiv.

peut-être pas inutile à l'histoire des indigènes de rechercher si toutes les peuplades qui, de nos jours, portent ce même nom, descendent également des anciens Goitacazes. La comparaison du vocabulaire, que j'ai donné ailleurs, de la langue des Coroados du Rio Bonito avec celui de la langue des Coroados du Rio Chipotó, communiqué à d'Eschwege par leur directeur, notre digne compatriote, Guido Thomas Marlière (1), prouve que, s'il existe entre ces idiomes des différences très-sensibles, ils ont pourtant encore assez de ressemblance pour qu'on admette, sans hésiter, une origine commune. Les différences s'expliquent d'ailleurs par la facilité avec laquelle s'altèrent les langues dans lesquelles rien n'a été écrit; les Aymorés, séparés des Tapuyas, perdirent leur ancien langage et s'en formèrent un autre (2); nos patois présentent, dans la même province, des modifications plus ou moins notables; enfin nous voyons les enfants qui ont coutume de jouer ensemble forger souvent des mots qui ne sont entendus que d'eux. Nous ne devons point être surpris, par conséquent, de ce que tant de langues diverses se sont répandues sur la surface du Brésil, où une multitude de hordes vivaient à peu près isolées les unes des autres, et nous ne nous étonnerons pas davantage que les tribus des Goitacazes, séparées depuis deux siècles, ne parlent plus exactement la même langue. Mais c'est nécessairement par degrés que l'altération se fait sentir, et puisqu'il existe encore, dans le dialecte des Coroados du Rio Chipotó et celui des Indiens du Rio Bonito, des signes

(1) *Voyage dans les provinces de Rio de Janeiro*, etc., I, 46.—Eschwege, *Brasilien*, etc., I, 322.
(2) Voyez la citation que fait M. Ferdinand Denis d'un ancien manuscrit, dans son excellent ouvrage intitulé *Brésil*, p. 210.

bien évidents d'une origine commune, il devrait s'en trouver aussi dans l'idiome des Coroados de la province de Saint-Paul, s'ils descendaient également des Goitacazes, dont la dispersion s'est faite en un seul temps ; or il n'en est pas ainsi. La comparaison du vocabulaire de Marlière et du mien avec celui que j'ai fait de l'idiome des Coroados des *Campos de Garapuava*, dans la province de Saint-Paul, ne m'a pas offert un seul terme commun, et les deux mots les moins différents sont *nhim* et *inhiné*, qui signifient *nez*, et appartiennent, le premier aux Indiens du Rio Bonito, le second à ceux de Saint-Paul. D'ailleurs les traits de ces derniers sont fort agréables, si j'en dois juger par deux femmes que je vis, en 1820, à Curitiba, et, au contraire, comme je l'ai dit dans ma première relation, il n'est peut-être pas d'indigènes plus laids que les habitants du Rio Bonito. Les deux peuplades n'ont donc de commun qu'un nom, qui n'est véritablement pas le leur, mais qui leur a été appliqué par les Portugais, et probablement n'indique même pas une parfaite identité dans la manière de couper leurs cheveux, car les Coroados de Saint-Paul se font une sorte de tonsure au sommet de la tête, et il paraîtrait que ceux du Rio Bonito réduisaient autrefois leur chevelure à une calotte arrondie comme les Botocudos (1). Si les premiers ne sont pas issus des anciens Goitacazes, à plus forte raison ne doivent pas en descendre les *Coroados* ou *Cavaris* de Matogrosso, qui vivent dans un pays infiniment plus éloigné que Saint-Paul et Curitiba des *campos*, jadis habités par ces mêmes Goitacazes (2),

(1) *Voyage dans les provinces de Rio de Janeiro et de Minas Geraes*, II, 140.
(2) Un savant, qui a exploré pendant huit ans l'Amérique espagnole,

et sont, peut-être, une simple tribu des Bororós (1).

Je reviens au récit de mon voyage, dont cette digression m'a peut-être éloigné trop longtemps.

Entre Valença et *As Cobras*, c'était seulement par intervalles que les grands bois s'étendaient sur le bord du chemin. Presque partout ils avaient été coupés et remplacés par des taillis; aussi la chaleur se faisait-elle sentir d'une manière cruelle. On peut juger de celle qu'on avait dû ressentir au soleil, à deux heures après midi, par l'indication de 26 degrés et demi que donnait, à quatre heures du soir, le thermomètre de Réaumur exposé à l'ombre.

Ce jour-là, je ne vis aucune *fazenda*, mais seulement quelques maisonnettes. Il était facile de s'apercevoir que l'on commençait à peine à cultiver les terres de ce canton, et que la route seule y avait attiré les habitants.

Je fis halte au *rancho* d'*As Cobras* (les serpents) (2), situé à 2 lieues et demie de Valença. A neuf heures du soir, j'étais sous le *rancho*; la lune jetait une clarté assez vive pour qu'on pût lire sans avoir besoin d'autre lumière; la fraîcheur me paraissait d'autant plus délicieuse que, pen-

---

mais qui n'a point parcouru le Brésil, dit (ALF. D'ORB., *Voy.*, I, 28) que le nom de Goitacazes vient des mots guaranis *guata* et *caa* (*voyageurs des bois*). Sans rejeter entièrement cette étymologie, je ferai observer qu'appeler *voyageurs des bois* des hommes qui habitaient un des pays les plus découverts du Brésil eût été une singulière antiphrase. Je ferai observer encore que les Goitacazes, qui ne parlaient nullement la *lingòa geral*, portaient originairement le nom d'*Ouetacas* ou *Goaylacazes*, et que, par conséquent, celui de *Goitacazes* doit être un mot altéré par les Portugais (LERY, *Hist.*, 3ᵉ édit., 45. — SOUTH., *Hist.*, II, 665. — FERDINAND DENIS, *Brésil*, 368).

(1) CAZ., *Corog.*, I, 302. — PIZ., *Mem.*, IX, 105.

(2) On désigne aussi ce lieu par le nom d'*Aldea das Cobras*, qui pourrait faire croire qu'autrefois il y eut en cet endroit un *aldea* d'Indiens.

dant toute la durée du jour, j'avais éprouvé une excessive chaleur; aucun vent ne se faisait sentir, et du *rancho*, dont le toit était soutenu par de simples poteaux, je pouvais contempler à mon aise le paysage qui s'offrait à ma vue. Nous étions dans un vallon dessiné par des collines et séparé du lac uniquement par le chemin; une maisonnette entourée de Bananiers se voit presque sur le bord de l'eau; derrière le lac s'élève une seconde colline, dont le flanc était, à cette époque, couvert de maïs et dont le sommet est couronné par un bouquet de bois et quelques chaumières éparses; enfin, à ses deux extrémités, le vallon est borné par d'épaisses forêts. Pendant que je contemplais ce paysage, le coassement d'une multitude de grenouilles, mêlé au chant aigre et varié de plusieurs espèces de cigales, formait un bruit confus qui n'était pas sans quelque charme.

Pour arriver d'As Cobras au Rio Preto, on traverse toujours un pays montagneux et couvert de bois vierges, et lorsque, d'un sommet élevé, on peut découvrir une grande étendue de pays, on n'aperçoit absolument autre chose que des forêts et des montagnes (1).

Après la première lieue on trouve, dans un fond, la rivière appelée *Rio Bonito* (la jolie rivière), qui, lors de mon voyage, n'avait pas plus de 2 pieds de profondeur, mais dont le passage est très-dangereux après de longues pluies. Auprès de cette rivière, qui probablement est un affluent du Rio Preto, sont quelques pauvres chaumières (2).

(1) Il en était encore ainsi en 1822.
(2) En parlant du Rio Bonito, M. Walsh s'exprime comme il suit :
« Les rats de ce pays sont de l'espèce la plus sauvage ; vivant dans les
« bois, ils y acquièrent la férocité des autres animaux de la forêt et sont
« généralement considérés comme formidables. Vingt nègres apparte-

Au delà du Rio Bonito, je m'arrêtai un instant à une *venda* et n'y trouvai pas même une cuillerée de cassonade (1). Ce n'était pas sur cette route la seule *venda* qui fût aussi misérable.

Un peu avant d'arriver au Rio Preto, on découvre, du haut d'un morne, une vue assez belle. Les montagnes se retirent brusquement et laissent entre elles une gorge large et profonde où sont quelques chaumières; le penchant du morne est couvert de bois, au milieu desquels se trouvaient alors des plantations de maïs; devant soi, on a une échappée du hameau de *Rio Preto (Arraial do Rio Preto)*, qui forme la limite de la province de Minas Geraes.

« nant à un propriétaire du voisinage avaient été presque mangés par
« eux : ces pauvres gens s'étaient couchés tellement fatigués et dor-
« maient si profondément, qu'une légion de rats avait à peu près dévoré
« leurs orteils avant qu'ils eussent poussé un cri; et de tels accidents
« sont très-communs..... Une pauvre vache fut le premier objet qui se
« présenta à nos regards quand nous nous levâmes..... Toutes ses jambes
« avaient été déchirées par les rats, et les chauves-souris avaient fait à
« son cou des piqûres profondes d'où le sang ruisselait encore; elle
« était là comme un exemple de la férocité des horribles animaux que
« nous avions eus pour compagnons pendant la nuit (*Notices of Brazil*,
« II, 54). » Je dois avouer que, ni au Rio Bonito, ni ailleurs, je n'ai vu
aucun de ces rats formidables, et que je n'en ai même jamais entendu
parler.

(1) Au Brésil, on ne fabrique point de sucre en pain (1822).

CHAPITRE III.

ENTRÉE DE LA PROVINCE DE MINAS GERAES PAR LE RIO PRETO. — LE VILLAGE DE CE NOM. — LA SERRA NEGRA.

Le *Rio Preto*. — Douane placée à l'entrée de la province de Minas Geraes. — Visite à des malades. — Le village de *Rio Preto* ; son histoire; détails sur son état actuel. — Continuation de la même route. — Le *rancho* de *S. Gabriel*. — Herborisation dans la *Serra Negra*. — Chemin désert. — *Thomé de Oliveira*, chaumière. — La Serra da Mantiqueira. — *Alto da Serra*, chaumière.

C'était vers le hameau de Rio Preto que je me dirigeais; immédiatement avant d'y arriver, on rencontre la rivière qui lui a donné son nom et qui est un des affluents du Parahyba (1). Le pont sur lequel on la passe est en bois et a 150 pas de longueur. Jusqu'à ce moment, j'avais voyagé dans la province de Rio de Janeiro : sur la rive gauche du Rio Preto, je me retrouvai dans celle de Minas Geraes. Je ne pus sans attendrissement voir encore cette terre hospitalière, où j'avais déjà passé quinze mois, et où j'avais reçu tant de marques d'intérêt et de bienveillance.

A quelques pas de l'extrémité du pont est un hangar ouvert de tous les côtés et soutenu par des poteaux : c'est là le *registro* (douane) où l'on fait décharger les mulets qui viennent de la province de Minas et ceux qui s'y rendent.

(1) Caz., *Corog. Bras.*, I, 367.

On visite les ballots qui sortent de cette province, pour s'assurer s'ils ne contiennent ni or ni diamants; on fait payer les droits sur ceux qui viennent de Rio de Janeiro et on les visite également, afin de voir si l'on ne fait point entrer à Minas de faux billets de *permuta* (1), et si l'on ne frustre pas la poste de ce qui lui est dû en emportant des lettres. Les droits se payent ici, comme à Mathias Barbosa et à Malhada (2), sur le poids des marchandises, sans aucun égard pour leur valeur intrinsèque et leur degré d'utilité (3).

Les préposés au *registro* sont deux employés civils, un administrateur qui reçoit les deniers, un commis qui tient les écritures, et, de plus, six soldats du régiment de cavalerie de Minas, commandés par un fourrier et par un capo-

(1) Les billets de *permuta* étaient ceux que l'on donnait dans les maisons de change (*casas de permuta*) pour de petites quantités d'or en poudre (voyez mon *Voyage dans les provinces de Rio de Janeiro*, etc., I, 341).

(2) Voyez mon *Voyage dans les provinces de Rio de Janeiro*, etc., I, 90, et II, 387.

(3) On sait que tous les économistes ont vivement condamné les douanes intérieures, et que M. Horace Say en avait fortement conseillé la suppression aux autorités brésiliennes dans son excellent livre intitulé, *Histoire des relations commerciales entre la France et le Brésil*, Paris, 1840. L'administration a enfin compris les véritables intérêts du pays; le *registro* de Mathias Barbosa sur la grande route de Minas à Rio de Janeiro n'existe plus (Suz., *Souv.*, 268), et il n'est pas à présumer qu'on ait conservé les autres. La suppression des douanes intérieures a d'autant plus d'importance pour le Brésil, qu'elles étaient une barrière entre les différentes provinces, et le gouvernement ne saurait faire trop d'efforts pour rapprocher celles-ci les unes des autres, pour animer les habitants d'un même esprit, pour effacer jusqu'aux moindres traces des rivalités mesquines et dissolvantes, qui étaient en grande partie le résultat de l'ancien système colonial et celui des entraves mises aux communications les plus indispensables.

ral (1). Comme à Mathias Barbosa, c'est directement pour le compte du fisc que les droits se perçoivent. Les deux employés civils sont seuls permanents; on change de temps en temps les soldats et leur chef.

Je n'éprouvai point les désagréments de la visite; j'en fus exempté par les passe-ports que je tenais du ministre d'État.

Je m'établis, pour y passer la nuit, sous le hangar qui servait, comme je l'ai dit, de *registro*, et me mis à analyser des plantes, malgré le bruit affreux que l'on faisait autour de moi. Mon travail fit croire que j'étais un médecin, et, malgré mes protestations d'ignorance, le sous-officier qui commandait le poste voulut absolument me faire voir deux de ses soldats qui étaient malades. Pour ne point paraître manquer de complaisance, je me laissai conduire chez ces deux hommes; je fis des ordonnances assurément très-innocentes, et je souhaite que le ciel ait béni ma bonne volonté.

Mes visites terminées, le commandant me mena sur une colline d'où l'on découvre le hameau de Rio Preto. La rivière à laquelle il doit son nom serpente dans une large vallée bornée par une haute montagne; elle coule avec rapidité, et, quand elle ne sort pas de son lit, elle peut avoir une soixantaine de pas. Le pont en bois qui la traverse est d'un effet assez pittoresque. A celle de ses extrémités qui aboutit au hameau est une croix, et, suivant la coutume, un tronc avec un tableau qui représente les âmes du purgatoire. On a bâti le hameau sur la rive gauche du Rio

(1) Au Brésil comme en Portugal, les noms de fourrier (*furiel*), sergent (*sargento*), caporal (*cabo d'esquadra* ou simplement *cabo*) sont en usage dans la cavalerie comme dans l'infanterie.

Preto, dans une espèce de petite plaine qui se trouve entre la rivière et les montagnes. Il se compose presque uniquement d'une rue fort large, parallèle à la rivière et formée par une cinquantaine de maisons. Celles-ci sont basses, étroites, écartées les unes des autres, et ont toutes un petit jardin où les Bananiers et les Orangers sont entassés sans ordre. Parmi les maisons de Rio Preto on compte plusieurs *vendas* et quelques boutiques. Ce hameau possède une église qui est une succursale; en 1819, il faisait partie de la paroisse de Barbacena, ville dont il est éloigné de plus de 20 lieues, et alors aucun prêtre ne desservait son église; mais lorsque, en 1822, je repassai par ce même lieu, il avait un chapelain (*capellão*) (1); sa succursale n'appartenait plus à Barbacena, on l'avait réunie à une autre paroisse dont le village, plus voisin, d'*Ibitipoca* est le chef-lieu. Pour ce qui regarde le civil, le Rio Preto dépend (1822) du *termo* (2) de Barbacena et de la *comarca* de S. João d'el Rei ou Rio das Mortes, comme aussi toute la contrée que je parcourus jusqu'au Rio Grande.

Les commencements du hameau de Rio Preto ne datent que d'un petit nombre d'années, et son histoire est celle de la plupart des villages de la province de Minas Geraes. Ses premiers habitants furent attirés par l'or que l'on retirait autrefois, assez abondamment, du lit de la rivière, et l'on voit encore aujourd'hui, sur le bord de celle-ci, quelques tas de cailloux, résidus des lavages; mais l'or s'est

(1) Sur la hiérarchie ecclésiastique dans la province de Minas, on peut consulter mon *Voyage dans la province de Rio de Janeiro*, etc., I, 167.

(2) Les *termos* sont les divisions des *comarcas*, comme celles-ci les divisions des provinces.

épuisé, les bras ont manqué, et les habitants du Rio Preto ont fini par renoncer entièrement au travail des lavages. Actuellement ils ne vivent plus que du produit de leurs terres, et le passage des caravanes leur en assure un débit d'autant plus facile, qu'on est longtemps sans trouver un village, quand on a passé par ici en venant de Rio de Janeiro. Cependant les terres des environs de Rio Preto sont sablonneuses et peu fertiles, et si la canne y fournit de très-beau sucre, ce n'est qu'en petite quantité.

Entre Rio Preto et *S. Gabriel* (1) le pays, fort boisé et très-montagneux, est beaucoup moins cultivé que celui où je voyageais depuis quelques jours. A peine rencontre-t-on quelques misérables chaumières (1822); presque partout les grands arbres de la forêt s'étendent jusque sur les bords de la route et donnent de l'ombrage; le chemin est mauvais, le terrain sablonneux, les descentes très-roides. Comme j'avais beaucoup monté depuis le Parahyba, je ne ressentais plus une chaleur aussi forte, et je trouvai, dans les bois vierges, quelques plantes que je n'avais point en-encore vues depuis le commencement de mon nouveau voyage. Longtemps avant qu'on arrive à S. Gabriel, le paysage devient plus austère; alors on aperçoit la *Serra Negra* (la montagne noire), une des montagnes les plus élevées parmi ces contre-forts qui s'étendent, comme je

---

(1) Itinéraire approximatif du hameau de Rio Preto (Arraial do Rio Preto) jusqu'à la sortie des forêts :

De l'Arraial do Rio Preto à S. Gabriel, rancho.	2 1/2 legoas.
— Thomé de Oliveira, chaumière.	2 1/2
— Alto da Serra, rancho.	3
	8 legoas.

l'ai dit, entre la Serra do Mar et la Serra do Espinhaço.

Le *rancho* de *S. Gabriel*, où je fis halte, est situé dans un fond, presque au pied de la Serra Negra et près d'une petite rivière qui porte le même nom que lui. De tous les côtés, il est entouré de sombres forêts et de hautes montagnes, dont la Serra est la plus élevée; admirable solitude, qui a un caractère d'austère majesté sans porter cependant l'empreinte de la tristesse.

Le *rancho* dépend d'une maisonnette à côté de laquelle est une *venda* fort mal garnie. Ainsi que la maisonnette, il est couvert avec de longs morceaux de Palmier. On coupe par la moitié la tige de ces arbres, on en ôte la partie intérieure, et l'on forme ainsi des espèces de gouttières, qu'on arrange sur les toits comme des tuiles creuses, c'est-à-dire de façon qu'une des gouttières présente le côté convexe et la gouttière voisine le côté concave. Je remarquai, en 1822, qu'il y avait à Valença beaucoup de maisons couvertes de cette manière.

Je ne voulais point passer si près de la Serra Negra (1) sans y aller herboriser, et je commençai cette course le lendemain du jour où j'étais arrivé à S. Gabriel. Bientôt après avoir traversé la petite rivière de ce nom, j'arrivai à un terrain composé d'un quartz blanc, grossièrement concassé, mêlé d'une légère portion de terre végétale. Ce terrain est semblable à celui que l'on observe dans les parties les plus élevées de la montagne; ce sont également des arbrisseaux qui le couvrent, et, parmi eux, j'en vis déjà que je devais retrouver beaucoup plus haut, tels qu'une

(1) Il faut éviter de confondre cette montagne avec d'autres du même nom qui se trouvent encore dans le Brésil; elle n'est point du nombre des *Serra Negra* indiquées dans le *Corografia Brazilica* de Cazal.

Ericacée et la Mélastomée (n° 53) (1). J'avais à peine marché quelques instants, que le sol devint beaucoup moins mauvais et les grands bois se montrèrent de nouveau. Ceci tend à prouver que la nature du terrain contribue, au Brésil, au moins autant que les hauteurs, à produire des différences dans la végétation (2); c'est ainsi que, du côté de Villa da Victoria, dans des lieux qui sont presque de niveau avec la mer et offrent un mélange de sable blanc et de terre noire, je retrouvai quelque chose de la végétation des montagnes élevées de la province des Mines, montagnes où j'avais observé un terrain analogue (3). Au reste, je dois dire que les grands bois, dont j'ai parlé tout à l'heure, croissant dans un sol fort sablonneux, quoique meilleur, sont loin d'avoir la vigueur des forêts qui végètent dans de bonnes terres.

Continuant de monter, on retrouve un terrain où le sable, fort abondant et composé de grains très-gros, est mélangé d'un peu de terre grisâtre, et, au milieu de toutes les différences de sol qu'on remarque dans le reste de la montagne, c'est toujours le sable qui domine. Lorsque la terre redevient très-sablonneuse, la végétation change de nouveau, et, excepté dans de petits intervalles, on ne voit plus que des arbrisseaux serrés les uns contre les autres, à tige droite, haute d'environ 5 à 8 pieds. Parmi ces arbrisseaux, il en est qui sont plus communs que d'autres; par

---

(1) Ces numéros renvoient aux notes descriptives qui se trouveront à la fin de chaque volume.

(2) Il en serait autrement, sans aucun doute, si les montagnes du Brésil avaient une plus grande élévation.

(3) Voyez mon *Introduction à l'histoire des plantes les plus remarquables du Brésil et du Paraguay*, page XXV.

exemple, l'Ericacée et la Mélastomée, que j'ai déjà indiquées comme croissant au pied de la montagne, un *Cassia* (n° 6), une Composée (n° 60) ; mais, en général, on ne trouve point sur la Serra Negra de plantes qui en caractérisent véritablement la végétation ; aussi eus-je le plaisir d'y recueillir un très-grand nombre d'espèces différentes. A peu de distance du sommet, dans un espace où la terre est extrêmement mauvaise, mais qui n'est pas très-étendu, les arbrisseaux disparaissent à leur tour, et l'on ne voit plus guère qu'un sous-arbrisseau, le *Lavoisiera centiformis*, var. *insignis* (*Lavoisiera insignis*, DC.) (79), Mélastomée à fruits sessiles et à feuilles disposées sur quatre rangs. Dans les endroits où la végétation a le plus de vigueur, j'admirai une Apocynée (67), qui, s'entortillant autour des arbres, orne leurs troncs et leurs rameaux de ses belles fleurs en entonnoir, couleur de rose et plus grandes que celles du *Nerium Oleander*. Vers le sommet de la montagne, on voit beaucoup d'arbres à tige assez menue, tortueux, rabougris, d'où pendent diverses espèces de Lichens. J'avais fait une si belle récolte de plantes, que le papier me manqua un peu avant que je fusse arrivé au sommet de la montagne ; il était déjà tard et je pris le parti de revenir. Je parvins cependant assez haut pour jouir d'une vue extrêmement étendue ; mais je ne découvrais autre chose que des montagnes couvertes de bois, dont les plus élevées présentaient, à une certaine hauteur, une zone d'une couleur moins obscure, formée par les arbrisseaux qui croissent au-dessus des bois vierges.

La route passe par la Serra Negra ; cependant on peut faire un détour pour éviter cette terrible montée, et je ne conçois pas qu'il y ait des muletiers assez hardis pour la préférer. En effet, rien n'est affreux comme ce chemin; ce n'est souvent qu'un sentier étroit qui passe sur des rochers glissants, presque à pic, où l'on marche à côté d'un profond précipice (1).

Tout le monde assure qu'il y a ordinairement des jaguars dans la Serra, mais je n'en aperçus point. Je rencontrai deux hommes, dont l'un tenait un pistolet et l'autre un grand couteau; c'était vraisemblablement dans l'intention de se défendre contre les bêtes sauvages qu'ils s'étaient ainsi armés, car ils m'ôtèrent leur chapeau et me souhaitèrent le bonsoir avec beaucoup de politesse.

J'avais recueilli, sur la montagne, près de soixante espèces de plantes; voulant les étudier, je passai un jour à S. Gabriel.

Le lendemain, je me remis en route et pris le chemin qui dispense de monter la Serra Negra. C'était depuis trois ans qu'il avait été ouvert au public, et l'on me raconta qu'on en était redevable à un riche marchand de bestiaux, nommé ANTONIO FRANCISCO DE AZEVEDO. L'intendant de la police, ajouta-t-on, avait promis à cet homme que, s'il rendait le chemin praticable pour des chars à bœufs, le bétail qu'il enverrait à Rio de Janeiro, pendant tout le reste de sa vie, serait entièrement exempt de droits (2). Antonio Francisco, me dit-on encore, avait travaillé à ce chemin pendant deux ans et y avait déjà dépensé 18,000 crusades. On ne devine pas trop ce que l'intendant de la po-

---

(1) Lorsque je passai par S. Gabriel, en 1822, je montai sur la montagne avec des mulets chargés. On avait rendu le chemin un peu meilleur; mais, par intervalles, il était encore extrêmement difficile.

(2) On voit, d'après la manière dont je rapporte ces divers détails, que je n'oserais les garantir entièrement.

lice avait à démêler dans cette affaire ; mais, à cette époque, tous les pouvoirs étaient confondus : j'ai déjà rapporté, dans une autre de mes relations, qu'on avait pris sur les fonds affectés à la police l'argent nécessaire à l'établissement d'une colonie nouvelle, celle de Vianna (1). Quoi qu'il en soit de tout ceci, on n'avait pu, ou bien on n'avait pas su éviter, dans le nouveau chemin, une suite de montées très-roides et très-fatigantes.

Là, de quelque côté que se portassent mes regards, je ne voyais que des montagnes élevées, dont les flancs sont couverts de grands bois et le sommet d'arbrisseaux. Partout le terrain est sablonneux ; les arbres n'ont qu'une vigueur médiocre et offrent une teinte sombre et grisâtre ; la profondeur des vallons ajoute encore à l'âpreté de ces vastes solitudes. On m'a dit que les bêtes sauvages, les jaguars, les tapirs, les pecaris (*porcos do mato*) y sont très-communs ; cependant je n'aperçus aucun de ces animaux. Ce pays jouit, à la vérité, d'un grand avantage ; mais il lui est commun avec bien d'autres parties de la province des Mines, celui d'avoir des eaux d'une fraîcheur, d'une pureté dont n'approchent point celles qu'on boit en Europe. Chaque vallée sert de lit à un ruisseau où le voyageur se désaltère avec une sorte de volupté qui n'est connue que dans les pays très-chauds. C'est sur le bord de deux de ces ruisseaux que l'on rencontre les deux seules chaumières qui se trouvent entre S. Gabriel et le lieu où je fis halte. Dans ce lieu était aussi une misérable chaumière qui avait été construite pendant qu'on travaillait au chemin ; elle était déjà à moitié tombée, et le premier vent aura achevé de l'abattre.

(1) *Voyage dans le district des Diamants*, etc., II, 363.

La nuit fut très-froide; la triste maisonnette où je la passai était ouverte de tous les côtés, et, quoique j'eusse sur mon lit une lourde capote et une couverture de coton, j'eus beaucoup de peine à me réchauffer. De notables changements ne tardèrent cependant point à s'opérer dans la température. A six heures et demie, le thermomètre n'était encore qu'à 12 degrés Réaumur; mais, une demi-heure après, il était déjà à 14 degrés, et bientôt la chaleur devint insupportable partout où il n'y avait pas d'ombre. Les grands arbres avaient été coupés sur les deux bords du chemin, et le soleil dardait sur nos têtes ses rayons brûlants.

L'ensemble de notre route nous offrit des montagnes encore plus élevées que celles de la veille, des vallées plus larges et plus profondes, des montées encore plus pénibles. Le chemin était tellement difficile, que nous mîmes six heures à faire 3 lieues.

La première montagne que je trouvai, après avoir quitté *Thomé de Oliveira* (nom d'homme), le lieu où j'avais fait halte, porte le nom de *Monte Verde*, et, à la fin de la journée, je passai la fameuse Serra da Mantiqueira, partie méridionale de cette longue chaîne (Serra do Espinhaço, Eschw.)(1), que l'on rencontre lorsque, après avoir passé la

(1) Cazal avait reconnu que la Serra da Mantiqueira traverse réellement toute la province des Mines; car il s'exprime ainsi : « La Serra da « Mantiqueira, qui est la plus célèbre de la province, commence dans la « partie septentrionale de celle de Saint-Paul; formant des sinuosités, « elle s'étend à peu près vers le nord-est, jusque dans le voisinage de « la ville de Barbacena, et de là elle se dirige du côté du nord, pour « atteindre l'extrémité de la province; elle change souvent de nom et ne « conserve pas toujours la même hauteur (*Corografia Brazilica*, 1, « 360). » Comme cette chaîne n'est réellement connue sous le nom de *Serra da Mantiqueira* que dans une partie de son étendue, d'Eschwege

chaîne maritime, on se dirige vers l'occident de la province des Mines. La Serra da Mantiqueira divise les eaux du Parahyba et du Rio Doce de celles du Rio Grande, qui finit par devenir le Rio de la Plata (1). Je l'avais déjà traversée en me rendant à Villa Rica par la route ordinaire. Du sommet de cette Serra, je découvris une immense étendue de montagnes couvertes de bois, et en particulier la Serra Negra.

Ce jour-là, je vis sur le bord du chemin trois chaumières et une habitation un peu plus considérable. Les terres valent mieux, en général, que celles du pays que j'avais traversé la veille; sur le penchant des montagnes, le maïs rend jusqu'à 200 pour 1. Je fis halte, très-fatigué, sous un misérable *rancho*, qui tient à une cabane plus misérable encore, et où demeuraient de pauvres mulâtres. Ce lieu porte le nom d'*Alto da Serra* (le haut de la montagne). A huit heures et demie du soir, le thermomètre était déjà descendu à 15 degrés Réaumur, et la nuit fut encore plus froide que la précédente.

a cru, avec raison, devoir imaginer une dénomination qui en indiquât la longueur tout entière. Le nom de *Serra do Espinhaço* (montagne de l'épine dorsale) pourra paraître bizarre, mais je crois qu'il faut le conserver, parce qu'il a été employé le premier, et le préférer à celui de *chaîne centrale*, proposé par l'excellent géographe Balbi dans sa *Géographie universelle*.

(1) Voyez mon *Voyage dans les provinces de Rio de Janeiro*, etc., 1.

CHAPITRE IV.

LES CAMPOS. — TABLEAU GÉNÉRAL DU CANTON DE RIO GRANDE.

Entrée des *campos*. Cause de la différence qui existe entre la végétation qui les caractérise et celle des bois vierges. Leur monotonie. Ils ne sont cependant pas toujours exactement les mêmes. Idée générale de ceux qui s'étendent depuis les forêts primitives jusqu'à S. João d'El Rei. — Le Rio Grande ; son cours gigantesque ; utilité dont il peut être pour le Brésil. — Les habitants du canton de *Rio Grande*, d'abord mineurs, puis agriculteurs. — Détails sur l'éducation des bêtes à cornes ; le parti qu'on tire des bestiaux ; manière de faire les fromages. — Comment on engraisse les cochons ; le lard. — Les moutons ; leur laine ; le peu de soins qu'on leur donne ; nécessité de quelques améliorations. — Produit des *fazendas* du canton de Rio Grande. — Mœurs des cultivateurs. Leurs femmes. Peinture de leurs habitations.

Après avoir quitté (le 14 février) le pauvre *rancho* où j'avais passé la nuit, je cheminai encore, pendant quelques instants, dans une vallée profonde entourée de bois vierges. Cependant je montais peu à peu : tout à coup l'aspect du pays changea comme une décoration de théâtre, et je découvris une étendue immense de mornes arrondis, couverts seulement d'une herbe grisâtre, et entre lesquels se trouvent jetés çà et là des bouquets de bois d'un vert foncé. J'entrais alors dans la *région des campos*. Je n'avais pas ignoré que j'y arriverais ce jour-là ; mais ce que j'avais vu, deux ans plus tôt, sur la route de Villa Rica ne m'avait point préparé à un changement aussi brusque. Il produisit sur moi une vive impression de surprise et d'admiration : ces *campos* à perte de vue sont une image bien moins imparfaite de l'immensité que la mer, lorsqu'on y jette les yeux d'une plage peu élevée, et cette image devenait plus frappante encore au sortir des forêts primitives, où souvent on toucherait presque de la main les objets qui bornent l'horizon.

En quittant les bois vierges, je pus faire une comparaison exacte entre la disposition des terrains où ils végètent et celle du sol qu'occupent les *campos*, et je me confirmai dans les idées que j'avais déjà sur les causes d'une différence si prononcée dans la végétation (1). Les forêts couvrent des contrées hérissées de montagnes roides et escarpées, qui se garantissent les unes les autres contre la force des vents ; et en même temps les ruisseaux, qui, entre les monts, arrosent des vallées étroites et profondes, entretiennent dans l'air une fraîcheur et une humidité continuelles. Au contraire, dans les pays de *campos*, les mornes sont arrondis et s'élèvent par une pente douce ; les vallées qui séparent ceux-ci sont larges et peu profondes, et enfin les ruisseaux sont peu multipliés ; aussi la sécheresse est-elle très-grande dans ces régions, et les vents y règnent en liberté, deux causes qui ne permettent pas à la végétation de devenir plus vigoureuse. Mais, si le flanc d'un morne présente un enfoncement qui soit abrité, si quelque ruisseau arrose un vallon, on est sûr de trouver là un bouquet ou une lisière de bois vierges, qui, défrichés,

---

(1) *Voyage dans les provinces de Rio de Janeiro*, etc., II, 23.

produiront du maïs et d'autres plantes utiles à l'homme.

La Serra da Mantiqueira, que je venais de traverser et qui forme une portion de la Serra do Espinhaço (Eschw.), est, comme l'on sait, la limite des forêts et des *campos* (1). Pendant plusieurs mois, j'allais étendre mes regards sur un pays découvert, et le bois, connu sous le nom de *Mato Grosso*, que je traversai dans la province de Goyaz, avant d'arriver à sa capitale, est bien loin d'avoir la majesté des forêts vierges de Rio de Janeiro et de Minas Geraes. Mais, il faut le dire, la répétition des mêmes objets a bientôt épuisé l'admiration, et, au milieu de ces déserts auxquels l'industrie humaine n'a presque rien ôté de leur monotonie primitive, le voyageur succomberait sous le poids de l'ennui, s'il n'était soutenu par de grands intérêts, ou si, livré à l'histoire naturelle, il n'échappait, par l'étude variée des détails, à l'uniformité de l'ensemble.

Il ne faut pourtant pas croire qu'il existe entre tous les *campos* une ressemblance parfaite; mes deux premières

(1) Cette limite n'est cependant point parfaitement tranchée. J'ai dit ailleurs (*Tableau de la végétation primitive dans la province de Minas Geraes*, imprimé dans les *Annales des sciences naturelles*, septembre 1831) que, au midi de la province des Mines, les bois débordent sur le versant occidental de la Serra do Espinhaço. Il y a plus : toujours au midi, vers la province de Saint-Paul, j'ai trouvé un pays entièrement boisé dans l'espace de 9 lieues environ, au delà de la Serra da Mantiquiera, depuis Baëpendy jusqu'à l'endroit appelé *Correyo Fundo*. Plus au midi encore, dans la province même de S. Paul, venant de Goyaz, j'ai traversé des bois qui commencent à 1 lieue du *Rio Tibaya*, sur un terrain qui ne m'a point semblé plus montueux que celui que j'avais parcouru les jours précédents, et ces bois se sont prolongés dans un espace d'à peu près 14 lieues jusqu'aux montagnes même de Jundiahy, et sont, par conséquent, situés aussi au delà de ces montagnes ; or celles-ci appartiennent bien certainement à cette partie de la Serra do Espinhaço qui se dirige dans la province de S. Paul, du sud-ouest vers le nord-est.

relations ont suffisamment prouvé le contraire (1). Comme la *région des forêts* se divise en plusieurs *sous-régions*, de même aussi on en observe deux bien distinctes dans la *région des campos*, qui, tantôt ne présente que des herbes et des sous-arbrisseaux (*taboleiros descobertos*), et tantôt offre çà et là, au milieu des pâturages, des arbres tortueux et rabougris (*taboleiros cobertos*). Les deux *sous-régions* entre lesquelles se partagent les *campos* n'ont peut-être pas de limites aussi précises que celles des trois *sous-régions* dont l'ensemble compose la *région des forêts*, savoir, les

(1) Un voyageur qui a traversé la région des bois vierges en suivant la grande route de Rio de Janeiro à Ouro Preto, et qui ensuite a passé dans les *campos*, définit ce mot de la manière suivante : « Le nom de *campos* désigne une suite de *collines* presque entièrement dépouillées de végétation : ce n'est que dans les vallées qu'on trouve quelques arbres et un peu de verdure.....; on ne voit de tous côtés que des *plateaux* arides (Suz., *Souv.*, 277, 278). » Puis, quand le même auteur veut peindre le district des Diamants, il donne cette autre définition : « Les *campos* sont des *plaines* arides, à peine couvertes d'une mousse légère (l. c. 332). » Des observateurs très-habiles, Martius, Pohl, Gardner, se sont occupés avec un soin particulier de la végétation de Minas Geraes, et il n'est pas à ma connaissance qu'aucun d'eux ait représenté les *campos* comme des *collines presque entièrement dépouillées de végétation*. Le savant Martius dit, comme moi, qu'ils diffèrent beaucoup entre eux, et j'en pourrais citer dont il fait un tableau enchanteur. Ceux que l'on traverse, en sortant des bois vierges, pour se rendre, par la grande route, de la capitale du Brésil à Ouro Preto, ne sauraient être mieux comparés qu'aux pacages de plusieurs de nos hautes montagnes d'Europe. Quant au district des Diamants, il est incontestable que, en une foule d'endroits, il serait entièrement rebelle à la culture ; mais c'est peut-être dans ce district que l'on trouve la plus belle Flore phanérogamique de tout le Brésil méridional, et ni M. Gardner ni moi n'avons vu, soit dans les alentours de Diamantina (Tijuco), soit dans les autres parties de la province des Mines, *des plaines à peine couvertes d'une mousse légère*.

matos virgens, les *catingas* et les *carrascos* (1). Cependant on peut établir que les parties les plus élevées de la *région des campos* sont généralement couvertes de pâturages herbeux, et que, dans les parties les plus basses, les pâturages sont parsemés d'arbrisseaux. Ainsi je n'ai trouvé que des *campos* formés d'herbes et de sous-arbrisseaux dans une immense portion de la plus haute peut-être des *comarcas* de la province des Mines, celle de S. João d'el Rei ; et ce sont encore des pâturages de même nature que j'ai revus partout, en traversant, presque au pied de la Serra do Espinhaço, le pays fort élevé qui, à l'ouest de cette même Serra, s'étend de Caeté (2) ou Villa Nova da Rainha aux limites du territoire de S. João d'El Rei. Au contraire, ainsi qu'on le verra plus tard, j'ai trouvé beaucoup de pâturages parsemés d'arbres rabougris sur le territoire de la *comarca* de Paracatú, et en 1817 j'avais constamment observé le même genre de végétation dans les 150 lieues portugaises que je parcourus au milieu du Sertão, à peu près entre les 14e et 18e degrés de latitude sud, du côté oriental du S. Francisco, à une distance déjà fort considérable de la source de ce fleuve. De là il résulte que la *sous-région*, plus méridionale, des *campos* simplement herbeux correspond particulièrement à celle des forêts proprement dites (*matos virgens*), ou, si l'on aime mieux, que ces *sous-régions* sont plus particulièrement situées entre les mêmes parallèles ; et que la *sous-région*, plus septentrio-

(1) Voyez mon *Tableau de la végétation primitive dans la province de Minas Geraes*, dans les *Annales des sciences naturelles*, septembre 1831, et ma *première relation*, vol. II.

(2) J'ai dit ailleurs pourquoi je donnais la préférence à cette orthographe.

nale, des *campos* parsemés d'arbres rabougris correspond davantage à celle des *carrascos* et des *catingas* (1).

Ce qui précède indique assez quelle doit être, dans son ensemble, la végétation du pays situé entre les forêts et la ville de S. João.

Avant d'arriver à cette ville, je fis environ 14 lieues. Dans cet espace s'étendent des *campos* à perte de vue. Les mornes sont généralement arrondis, les vallées peu profondes. Dans les enfoncements, l'on voit des bouquets de bois; ailleurs croissent des Graminées, au milieu desquelles sont éparses d'autres herbes et des sous-arbrisseaux. Les Graminées appartiennent à un petit nombre d'espèces; aucune forme remarquable ne s'observe chez les plantes qui croissent parmi elles; ce sont principalement des Corymbifères (Juss.), dont les fleurs sont flosculeuses et hermaphrodites, l'involucre embriqué, l'aigrette sessile, le réceptacle presque toujours nu; puis viennent des Mélastomées, ensuite quelques Rubiacées à fruits séparables (telles que les n°s 95, 134), et enfin les *Cassia* (171 et 150).

Dans la partie la plus basse des mornes, la végétation est un peu différente de celle des hauteurs; on y voit des arbrisseaux qui appartiennent, en général, à la famille des Composées, un *Hyptis* (305), et, en très-grande abondance, cette Graminée du genre *Saccharum*, qui se fait remarquer par ses tiges dures et assez hautes, par ses feuilles roides et horizontales, et qu'on appelle vulgairement *Rabo de reposa*, Queue-de-renard (*Anatherium bi-*

---

(1) *Tableau de la végétation dans la province de Minas Geraes*, par Auguste de S. H., imprimé dans les *Annales des sciences naturelles*, septembre 1831.

corne?). Ces *campos* m'offrirent sans doute des différences, soit dans la disposition du terrain, soit dans l'ensemble de la végétation ; mais je me réserve de les signaler, en présentant les détails circonstanciés de mon itinéraire.

Le fameux Rio Grande, dans son cours supérieur, arrose les campagnes que je viens de faire connaître, et leur communique son nom (le canton de *Rio Grande*). Cette rivière divise la *comarca* de S. João d'el Rei en deux parties, l'une septentrionale et l'autre méridionale. Elle prend sa source dans la *Serra da Juruoca*, éloignée de S. João d'environ 25 lieues du côte du sud ; elle coule d'abord vers le nord, puis vers le nord-est, puis enfin vers l'occident. A 20 lieues environ de S. João, elle reçoit le Rio das Mortes, plus loin le Sapucahy, et plus loin encore le Rio Pardo ; elle sert de limite aux provinces de Saint-Paul et de Goyaz, et, réunie au *Paranahyba*, elle prend le nom de *Paranná*, pour devenir le Paraguay, l'un des deux grands cours d'eau qui forment le Rio de la Plata (1). Voici à peu près comment s'expriment MM. Spix et Martius sur cette importante rivière : « Ce n'est pas seulement vers le sud que, du voisinage de S. João d'El Rei, on pourrait, embarqué sur le Rio Grande, se rendre dans le Paraguay et à Buenos-Ayres ; la navigation serait possible par les affluents septentrionaux

---

(1) CAZAL, *Corog. Braz.*, I, 207. 375. — On assure généralement, à ce que prétend Luccock, que le Rio Grande, lorsqu'il est déjà devenu un fleuve considérable, disparaît et se fraye une route souterraine sous la surface d'une plaine immense, qui lui doit une riche et éternelle verdure (*Notes on Braz.*, 536). Personne ne m'a parlé d'une semblable merveille ; je ne trouve rien non plus dans les écrits de Cazal, de Pizarro, de Spix et de Martius, qui justifie l'assertion de Luccock, et je ne saurais m'empêcher de la considérer comme erronée.

de cette rivière jusqu'à quelques lieues de Villa Boa. Le capitaine José Pinto, qui, en 1816, entreprit de trouver une route par les fleuves entre Villa Boa et Saint-Paul, a jeté assez de lumière sur la géographie de ces contrées pour que déjà on puisse songer à la communication importante dont il s'agit. On sait, en effet, que, si l'on s'embarque sur le *Rio dos Bois*, à l'endroit appelé *Annicuns*, situé à 12 lieues de Villa Boa, on arrive bientôt au Paranahyba. Quand on a fait 3 lieues sur cette rivière, on rencontre une cataracte. De là au confluent du Paranahyba et du Rio Grande où tous deux réunis prennent le nom de Paranná, il n'y a qu'environ 20 lieues; et, si les chutes d'eau doivent rendre difficile la navigation du Rio Grande jusque dans les environs de S. João, disent, en finissant, MM. Spix et Martius, du moins cette navigation ne serait pas interrompue (1). » Quand on songe, d'un autre côté, que, dès à présent, on communique, par le Rio do Tocantins, de Goyaz avec la capitale du Pará, en s'embarquant à une très-faible distance de Villa Boa, on s'étonne des avantages immenses qui ont été départis aux Brésiliens pour la navigation intérieure de leur pays. On serait tenté de croire que l'auteur de la nature, en formant ainsi lui-même des liens entre les diverses parties de cet immense empire, a voulu indiquer à ceux qui l'habitent qu'ils ne doivent pas se désunir. Voilà un point qui, situé environ par les 21° 7' 4" latitude australe et les 47° 55' longitude, à partir du méridien de Paris (2), est appelé à communiquer, par eau, presque sans

---

(1) *Reise*, I, 313. — Consultez, sur cette navigation, l'*Itinerario* de Mattos, II, 193.

(2) La position que j'indique ici, d'après l'ouvrage de Spix et Martius et les mathématiciens portugais cités par d'Eschwege, est celle de

interruption, avec deux ports, Montevideo et Pará, placés l'un à l'embouchure du Rio de la Plata, l'autre à celle du Rio do Tocantins, de plus avec Matogrosso, le Paraguay, l'Entre Rios et les anciennes Missions de l'Uruguay! Que sont nos mesquines rivières auprès de ces fleuves gigantesques, qui parcourent tant de contrées diverses et dont les eaux, après avoir arrosé les arbres majestueux de la zone torride, font naître sur d'autres rives les humbles herbes des climats tempérés! Malheureusement, il se passera sans doute bien des années avant que les Brésiliens, pouvant aider la nature, profitent de si beaux avantages, et que les colons des environs de S. João, en particulier, aient d'autres moyens de communication que leurs mulets, actuellement les seuls navires de leurs déserts (1).

C'était de l'or que cherchaient les premiers habitants du canton que je parcourus pour me rendre à S. João, et qui, comme je l'ai dit, est arrosé par les commencements du Rio Grande; çà et là on voit même encore les traces de leurs travaux. Peu à peu cependant le métal, objet de tant de recherches, se présenta avec moins d'abondance; il devint plus difficile de l'extraire du sein de la terre, et alors on chercha dans l'agriculture, et principalement dans l'éducation des bestiaux, des ressources que n'offrait plus

---

S. João d'El Rei, ville par laquelle ne passe point le Rio Grande. C'est *Ponte Nova* qui est le lieu jusqu'où les premiers de ces savants font remonter la navigation du Rio Grande; mais Ponte Nova, d'après leur carte générale du Brésil, semblerait être situé à peu près sous le même parallèle que S. João et à environ 9 à 10 lieues portugaises de cette ville. Je ferai remarquer que les mêmes savants, en désignant Ponte Nova, ne disent pourtant point que la navigation ne pourrait pas aller plus loin encore.

(1) Cette figure orientale n'est point étrangère aux Mineiros; car ils se servent souvent du mot *navegar* quand ils parlent de leurs voyages.

l'extraction de l'or. Les excellents pâturages des environs du Rio Grande fournissent aujourd'hui (1819, 1822) la plus grande partie des bestiaux qui se consomment dans la capitale du Brésil, et quelques agriculteurs de ce pays possèdent jusqu'à cinq mille bêtes à cornes (1).

Bien différents de ceux des Campos dos Goitacazes (2), les bestiaux du canton de Rio Grande sont, avec juste raison, vantés pour leur force et pour leur grandeur. Cependant on est obligé de leur donner du sel, ainsi que cela se pratique dans les parties de la province des Mines, où il n'y a ni terrains salpêtrés ni eaux minérales; ainsi que cela se pratique encore dans la province de Saint-Paul, la Colombie et l'Amérique septentrionale, depuis la Nouvelle-Écosse jusqu'au Mississipi (3) : tous les mois ou environ, chaque bête obtient une poignée de la substance pour laquelle elle a un goût si prononcé. Tandis que, dans le Sertão (désert) oriental du S. Francisco, les vachers, qui, le plus souvent, vivent loin des yeux de leurs maîtres, sont, en général, des hommes libres (4), ici c'est ordinairement à des esclaves qu'est confié le soin des bestiaux. Comme dans toutes les parties du Brésil que j'ai parcourues, on ne sait pas, dans le canton de Rio Grande, ce que c'est qu'une étable; cependant on n'abandonne pas le bétail à lui-même, comme cela a lieu dans le Sertão. Les cultivateurs qui s'occupent, un peu en grand, de l'éducation des bêtes à cornes divisent leurs pâturages en différentes portions, soit par des

---

(1) Ce n'est pas seulement en 1819 que j'ai traversé le canton de Rio Grande ; je l'ai encore parcouru en 1822.
(2) Voyez mon *Voyage dans le district*, etc., II, 127.
(3) *Voyage dans la haute Pensylvanie*, II, 251-3.
(4) *Voyage dans la province de Rio de Janeiro*, etc., II, 320.

fossés, soit à l'aide de palissades faites avec de gros pieux, qui ont au moins la hauteur d'un homme. Dans un de ces pâturages, on met les vaches à lait; un autre est pour les veaux, un troisième pour les génisses, un autre enfin pour les taureaux. On tient les génisses et les taureaux dans des pâturages séparés, afin que les premières acquièrent assez de force pour produire des petits vigoureux, et qu'elles ne soient pas couvertes hors de saison. Quant aux vaches à lait, elles ont toujours dans leur pâturage un taureau, que l'on appelle *toro grande* et que l'on pourrait comparer au pasteur des juments du Sertão (1); c'est, en quelque sorte, à lui qu'est confiée la garde du troupeau; il le défend avec fureur contre les taureaux qui s'échappent des pâturages étrangers, mais on prétend qu'il épargne davantage ceux qui ont été élevés avec lui dans la même *fazenda*.

Jusqu'à ce que les veaux soient assez forts pour manger de l'herbe, on les garde, près de la *fazenda*, sous un hangar. Quant à ceux qui vont au pâturage, on les enferme chaque soir dans un *curral*, qui est un espace de terrain fort petit et entouré de palissades, lequel tient immédiatement à l'habitation ou au *retiro*, espèce de chalet dépendant de l'habitation elle-même (2). Le lendemain matin, on va chercher les vaches dans leurs pâturages, lorsqu'elles en ont de fermés; celles que l'on a coutume de laisser libres se rapprochent elles-mêmes de la maison du maître. Quand elles arrivent, les veaux ont déjà été mis dans la cour de la *fazenda*. On y fait entrer successivement une quantité de vaches qui correspond au nombre de personnes que l'on a

(1) *Voyage dans les provinces de Rio de Janeiro*, etc., II, 327.
(2) J'ai déjà donné, dans ma *première relation*, l'explication des mots *curral* et *retiro*.

pour les traire. Chaque veau reconnaît sa mère et s'approche, pour la teter. On le lie à la jambe droite de la vache, la tête tournée vers les mamelles; on tire le lait de trois de ces dernières et on laisse la quatrième pour le veau. Le soir, on réunit encore les vaches et leurs veaux, mais alors on laisse ceux-ci teter à leur aise; ensuite on enferme les veaux, comme je l'ai dit, et l'on reconduit les vaches au pâturage. Quand le propriétaire ne met point les veaux dans un pâturage fermé, ils n'attendent pas ordinairement qu'on aille les chercher; d'eux-mêmes ils se rendent à la *fazenda*, tous les jours à la même heure. C'est un plaisir de voir, chaque soir, ces jeunes animaux accourir, en bondissant, pour revoir leur mère et prendre leur nourriture accoutumée.

En général, dans les Mines, on ne met le feu aux *campos* qu'au temps de la sécheresse; mais dans le canton de Rio Grande, en particulier, les propriétaires des grandes *fazendas* ont coutume de diviser en quatre portions les pâturages destinés aux vaches à lait, et, tous les trois mois, on met le feu à l'une des portions, pour procurer à ces animaux une herbe fraîche. A cet effet, un homme, à pied ou à cheval, parcourt le pâturage qu'on veut brûler, traînant derrière lui un long bambou enflammé, et ayant toujours soin d'avancer dans le même sens que le vent. Le pâturage est bientôt consumé, et, peu de temps après, il succède, à des herbes desséchées, un gazon fin, du plus beau vert, qui ressemble un peu au froment, quand il commence à sortir de terre.

Dans les environs de Juruoca, village situé à peu près à 22 lieues de S. João, vers la source du Rio Grande, un propriétaire me disait que, d'après la division qu'on fait des pâturages en différents *verts* (*verdes*) (1), par le moyen des incendies, on ne peut, dans un espace de 2 lieues, nourrir plus de 6 à 700 têtes de bétail. Cela tendrait à expliquer pourquoi j'ai eu à me plaindre de faire beaucoup de chemin sans voir une seule bête à cornes ; cependant il est encore assez vraisemblable qu'on ne profite pas autant qu'on le devrait de l'immense étendue qu'ont, en général, les *fazendas*.

Lors de mon voyage (1819), les bœufs, dans le canton de Rio Grande, s'achetaient 4,000 reis (25 francs), et ils se revendaient 7,000 reis à Rio de Janeiro. Quant aux vaches, on ne s'en défait que lorsqu'elles sont trop vieilles pour porter encore. Un propriétaire ne pourrait, sans entamer son capital, vendre, chaque année, plus du dixième de son troupeau. Si le bétail rend aussi peu au cultivateur, ce n'est pas qu'ici, comme dans le sud du Brésil, on absorbe une partie de son troupeau en se nourrissant uniquement de la chair de ses vaches, car, dans ce pays, les gens les plus aisés ne mangent que des haricots, du porc, du riz, du lait, du fromage et de la *cangica* (2) ; mais on fait périr un grand nombre de veaux par le régime austère auquel on les condamne pour profiter du lait de leur mère. Les *fazendeiros* (3) riches devraient, ce me semble, faire, chaque année, le sacrifice du lait de quelques-

(1) Il est à peine nécessaire de dire que, par le mot portugais *verdes* que je traduis ici littéralement, il faut entendre les pâturages de différents âges qui résultent des incendies successifs dont j'ai parlé plus haut.

(2) Nom que l'on donne au maïs dépouillé de ses enveloppes et simplement cuit dans de l'eau. On désigne le même mets sous le nom de *maçamorras* chez les Espagnols-Américains de la *Banda Oriental*.

(3) Les *fazendeiros* sont les propriétaires de *fazendas*.

unes de leurs meilleures vaches pour obtenir de plus belles génisses, et surtout des taureaux plus vigoureux, et, par là, empêcher la dégénération de la race bovine.

Meilleures laitières que celles de Formigas, S. Eloi et probablement tout le Sertão oriental, les bonnes vaches du canton de Rio Grande donnent, comme celles des environs de Villa Rica et de Sitío do Paulista, près les Campos dos Goitacazes (1), quatre bouteilles de lait par jour. Les veaux tettent jusqu'à l'âge d'un an, et, quand une vache n'a plus de veau, ses mamelles se dessèchent, comme cela a lieu dans toute la province des Mines, vraisemblablement tout le Brésil et même dans la Colombie, singularité qui paraît mériter l'attention des zoologistes (2).

Nourries dans des pâturages excellents, les vaches qui ont encore leurs veaux donnent un lait presque aussi crémeux que celui des troupeaux de nos montagnes d'Auvergne. On ne met point le lait dans des pots, mais dans de petits barils cerclés en fer, et on le transvase avec des gourdes coupées longitudinalement par la moitié. On fait, en général, beaucoup de fromages dans la *comarca* de S. João d'El Rei; mais le canton de Rio Grande est celui qui en fournit le plus, et c'est un des articles qu'il exporte. Voici de quelle manière se font ici les fromages. Aussitôt qu'on a tiré le lait, on y met de la présure, et il caille à l'instant; on donne la préférence à celle de capivara (cabiais), lorsqu'il est possible de s'en procurer. On a des moules en bois d'environ 2 pouces de haut, dont le milieu présente un espace circulaire entièrement évidé, à peu près de la grandeur d'une assiette.

(1) Voyez mon *Voyage dans le district des Diamants*, etc., I, 183; II, 99.
(2) L. c., I, 182.

Ces moules se placent sur une table étroite dont le plan est incliné. On les remplit de lait caillé, que l'on a eu soin de séparer en petits morceaux ; on presse avec la main ce caillé ainsi égrumelé : le petit-lait s'échappe, et il va tomber dans une gamelle placée au-dessous du bout de la table le moins élevé. A mesure que le caillé s'affaisse dans le moule, on en remet de nouveau ; on recommence à presser, et l'on continue jusqu'à ce que le moule soit plein de caillé bien pressuré. On couvre de sel le dessus du fromage, et on le laisse ainsi jusqu'au soir; alors on le retourne, et on couvre l'autre côté de sel. Le lendemain, on expose le fromage à l'air dans un endroit ombragé; on a soin de le retourner de temps en temps, et il est fait avant l'espace de huit jours. Ces fromages, auxquels on ne donne pas d'autre nom que celui de *fromages de Minas*, sont fort renommés : leur substance est compacte ; leur couleur ressemble à celle des fromages de Gruyères, mais elle est, je crois, d'un jaune plus prononcé ; leur saveur est douce et agréable. Quand on veut transporter les fromages à Rio de Janeiro, on les met dans des paniers (*jacas*) carrés et aplatis, faits avec des morceaux de tiges de bambou grossièrement tressés ; chaque panier contient cinquante fromages, et deux paniers font la charge d'un mulet.

On élève, dans le canton de Rio Grande, non-seulement un grand nombre de bêtes à cornes, mais encore beaucoup de cochons ; on engraisse ceux-ci avec des racines d'*inhames* (*Calladium esculentum*) et de *carás* (*Dioscorea*), et l'on cultive en grand ces deux espèces de plantes (1). Le

---

(1) Ici je dois prémunir le lecteur français contre une erreur de noms.

propriétaire du *rancho* du *Rio das Mortes Pequeno*, près S. João d'El Rei, chez lequel, comme on le verra, je séjournai fort longtemps, ne paraissait point riche, et pourtant il avait deux champs de *carás* d'une certaine étendue. Le lard forme, comme les fromages, une branche de commerce très-importante pour la *comarca* de S. João d'El Rei. C'est aussi dans ces paniers de bambou, appelés *jacas*, qu'on le transporte à Rio de Janeiro. Deux paniers de lard forment la charge d'un mulet, et chaque panier contient 3 arrobes de lard (44 kilog. 1 hect.) quand le mulet n'est pas encore habitué à la charge, et 4 lorsqu'il y est déjà accoutumé.

Les cultivateurs de ce canton et, en général, ceux de la *comarca* de S. João possèdent un troupeau de moutons. Ici on ne fait pas comme dans les environs de Rio de Janeiro, on ne laisse point perdre la laine : on tond les brebis deux fois par an, au mois d'août, vers la fin des froids, et six mois après, avant celle de la sécheresse. Les *fazendeiros* en font faire, dans leur maison, des tissus grossiers, dont on se sert principalement pour habiller les nègres. On l'emploie aussi pour fabriquer ces chapeaux à larges bords, à forme basse et arrondie, dont les Mineiros ont coutume de se couvrir la tête (*chapeo de Mineiro*), et qui, s'ils sont d'une pesanteur extrême, ont pourtant l'avantage de garantir de l'ardeur du soleil comme de petits parasols; les propriétaires envoient leur laine à des hommes

---

dans laquelle il est facile à tomber et à laquelle n'ont même pas échappé deux naturalistes allemands bien justement célèbres (Spix et Martius, *Reise*, I); c'est de prendre l'*inhame* des Brésiliens pour les *ignames* de nos colonies : le premier est le *Calladium esculentum* des botanistes; les seconds sont des espèces du genre *Dioscorea*.

qui savent faire ces chapeaux, et ils leur en payent la façon.

On croira sans doute que les cultivateurs, tirant un grand parti de leurs moutons, donnent beaucoup de soins à la conservation de ces animaux; mais il n'en est pas ainsi. On ne les fait point garder (1), et ils sont exposés aux ravages des chiens domestiques et à ceux de quelques bêtes sauvages, entre autres celles appelées *cachorros do campo* (chien des champs, *Canis campestris Neuw.*, ex P. Gervais). Lorsque, en 1822, je passai par la *fazenda do Retiro*, habitation située à environ 17 lieues de S. João et à 5 du village de *Juruoca*, la maîtresse de la maison me dit qu'elle avait autrefois possédé un troupeau de moutons assez considérable, et qu'elle-même, avec ses filles, fabriquait des tissus de différentes espèces; mais, comme on avait fait passer tout récemment devant la *fazenda* un des chemins qui vont de S. João à Rio de Janeiro, celui appelé *caminho da Parahyba Nova*, et que les pauvres moutons étaient sans pasteur, le troupeau avait été détruit par les chiens des muletiers.

On voit, d'après tout ceci, combien il serait important pour les colons qu'on leur fît venir d'Europe des chiens de berger d'une bonne race, et peut-être même quelques pasteurs expérimentés capables d'en former d'autres et assez

(1) M. Luccock dit, à la vérité, qu'il a vu, non loin de S. João d'El Rei, plusieurs bergers dans un seul jour, et il ajoute qu'il lui semblait contraire aux lois de la nature que des troupeaux blancs fussent soignés par des hommes noirs (*Notes*, 444). Il serait fort à désirer que les lois de la nature fussent plus souvent, au Brésil, violées de cette manière, et qu'elles ne le fussent jamais autrement. Je présume que les bergers dont parle M. Luccock allaient occasionnellement chercher les brebis dans la campagne pour les ramener à l'habitation.

intelligents pour sentir que, dans un pays aussi chaud, on ne peut pas suivre exactement les pratiques usitées en France et en Allemagne. Le gouvernement brésilien, à l'exemple de ceux d'Europe, devrait aussi tourner ses regards vers l'amélioration des troupeaux et tirer de nos contrées des mérinos ou des métis, pour essayer de les naturaliser dans les immenses pâturages du Brésil, qui varient pour la qualité et dont quelques-uns, par leur élévation, ne se trouvent point exposés à des chaleurs trop fortes. Ce pays n'a pas, sans doute, une population assez considérable pour qu'on songe à y établir de grandes manufactures ; mais, puisque les cultivateurs font déjà chez eux des tissus de laine, pourquoi ne pas tâcher de les amener à fabriquer des étoffes plus fines, et d'affranchir par là certains cantons d'un tribut onéreux payé à l'étranger? Il y a plus : puisque, dans le Brésil, on n'est pas obligé de nourrir les moutons à la crèche, puisque, par conséquent, les frais doivent y être moins considérables qu'en Europe, pourquoi ne pas faire des efforts pour mettre ce pays en état d'exporter de la laine comme il exporte du sucre, des cuirs et du coton?

D'après tout ce que j'ai dit plus haut, il est facile de juger qu'il n'en est point des *fazendas* du canton de Rio Grande comme de celles qui, reléguées dans les déserts de Goyaz et même dans quelques parties éloignées de la province des Mines, ne rapportent presque rien à leurs propriétaires. Le voisinage de Rio de Janeiro met ce pays et toute la *comarca* du Rio das Mortes dans une position plus favorable ; cependant, suivant un homme qui, par sa position, pouvait savoir la vérité et qui habitait le village de Juruoca, les *fazendeiros* ne retirent pas plus de 10 pour

100 de leurs capitaux, sans en déduire les frais et les impôts. Quelque basse qu'elle paraisse, cette évaluation est bien loin d'être sans vraisemblance : en effet, nous savons déjà que le *fazendeiro* ne peut vendre, chaque année, que le dixième de son troupeau de bêtes à cornes ; donc il serait indispensable de trouver dans quelque autre branche de revenu l'intérêt du capital que représentent les pâturages, les bâtiments de la *fazenda*, les esclaves et les mulets. Les récoltes ne servent qu'à la nourriture de la famille ; par conséquent, il faudrait que l'intérêt dont il s'agit fût représenté par le produit du lard et du fromage. Mais, s'il est vrai, comme tout le monde l'assure, que celui du fromage est absorbé par l'achat du sel dont on a besoin pour le bétail, etc., il doit rester au propriétaire bien peu de chose sur ses revenus ; car il est nécessaire qu'il remplace les mulets et les esclaves qu'il perd, qu'il achète des fers et des clous pour ses bêtes de somme, et, quoique l'entretien de ses bâtiments soit peu coûteux, puisqu'il trouve chez lui le bois et qu'il fait faire les plus gros ouvrages par ses nègres, il faut néanmoins que, de temps en temps, il paye quelques journées de charpentier et de menuisier, et qu'il achète des tuiles.

D'après ce qui m'a été dit (1822) à Juruoca, les bonnes *fazendas* de ce pays sont portées, dans les inventaires, à la somme de 40 à 50,000 crusades (100 à 155,000 francs). Si l'on compare la manière dont vit en France le propriétaire administrateur d'un fonds de terre de cette valeur avec la manière de vivre d'un *fazendeiro* de la contrée qui nous occupe, on croira les revenus de celui-ci beaucoup moins considérables ; mais cette façon de juger manquerait d'exactitude (1819), puisque le Brésilien n'achète presque rien qui ne soit infiniment plus cher que ce qu'achète le Français ou d'une qualité bien inférieure, ce qui revient au même.

Bien moins polis que les *fazendeiros* (1) des environs de Villa Rica et du Serro do Frio, ceux du canton de Rio Grande et, en général, de la *comarca* de S. João d'El Rei ressemblent assez par les manières à nos paysans aisés ou à nos fermiers de Beauce. S'appliquant plus exclusivement à l'agriculture que les *fazendeiros* propriétaires de mines, ils travaillent avec leurs nègres, passent leur vie dans leurs plantations et au milieu de leurs bestiaux, et leurs mœurs doivent nécessairement emprunter quelque chose de la rusticité de leurs occupations. Au contraire, les hommes qui

(1) Ce que j'ai écrit sur ces *fazendeiros* diffère, je dois l'avouer, du portrait qu'a fait d'eux un touriste qui parcourait leur pays en 1842 (Suz., *Souv.*, 280); mais rien non plus ne ressemble à ce portrait dans l'ouvrage du véridique Gardner, qui est également allé tout récemment de Diamantina (Tijuco) à Rio de Janeiro, en passant par la cité du Serro (Villa do Principe) et par Ouro Preto (Villa Rica). Ce naturaliste et le savant Martius ont joui, pour rendre leurs descriptions exactes, d'un double avantage; ils ont parcouru le Brésil pendant de longues années et ils en savaient la langue. Le touriste dont je viens de parler a accompli un voyage gigantesque avec une rapidité véritablement merveilleuse : il était, le 2 décembre 1842, à Ouro Preto et en est parti le 7; puis il a quitté Diamantina le 10 janvier 1843, après y être aussi resté quelque temps, et, comme il le dit très-bien, ce ne sont pas les villes qu'habitent les *fazendeiros*; entre Ouro Preto et Diamantina, il a passé par les villes de Sabará et de Villa do Principe (Cidade do Serro), il a visité un assez grand nombre de villages, il a recueilli des détails intéressants sur trois exploitations de mines appartenant à des Anglais, et, par conséquent, il n'a pas eu, ce me semble, non plus un temps bien considérable pour étudier les *fazendeiros* dans le cours de cette excursion; il a pu, sans doute, en voir quelques-uns pendant les douze jours qu'il a mis pour se rendre de Rio de Janeiro à Ouro Preto, mais on sait que ce n'est point par ceux-là qu'il faut juger les colons aisés des *comarcas* d'Ouro Preto et du Serro do Frio, ni même, en général, ceux des autres parties de la province de Minas Geraes.

s'adonnent en grand à l'extraction de l'or ne font que surveiller leurs esclaves, ils ne travaillent point, ils ont plus de loisir pour penser et pour discourir, leur éducation a été plus soignée, et ils peuvent soigner davantage celle de leurs enfants (1817).

Les agriculteurs du canton de Rio Grande et, en général, de la *comarca* de S. João ont cependant sur les mineurs un grand avantage, celui de n'être pas entourés d'un nombre aussi considérable d'esclaves. J'ai dit ailleurs (1) que, terme moyen, les blancs, dans cette *comarca*, étaient aux hommes de couleur de race pure ou mélangée comme un est à trois : sur la paroisse de Juruoca, en particulier, dans ses alentours, et probablement tout le canton de Rio Grande, les mulâtres sont peu nombreux, et, pour trois hommes libres, on ne compte qu'un esclave. Dans les pays où l'on élève des bestiaux, les esclaves sont en effet beaucoup moins nécessaires que dans ceux où l'on cherche de l'or et où l'on cultive la canne à sucre. Il faut peu de bras pour soigner des troupeaux, et moins il y a d'esclaves, moins les hommes libres rougissent de travailler. Une grande partie des toucheurs de bœufs et de cochons, qui vont de la *comarca* de S. João à Rio de Janeiro, sont des blancs. L'un des enfants d'un *fazendeiro* devient le conducteur de la caravane, un autre se charge du soin des troupeaux, et un autre des plantations. D'après ceci, il est évident que, dans cette partie de la province des Mines, plus que dans celle où l'on tire l'or de la terre, l'esclavage doit aller en diminuant, à mesure que la population augmentera.

Les femmes du canton de Rio Grande et, en général, de

(1) *Voyage dans le district des Diamants*, etc., I, 238.

la *comarca* de S. João se montrent un peu plus que celles des autres parties de la province des Mines ; cependant, comme cela n'est point un usage universellement reçu, et que celles qui paraissent devant leurs hôtes ne le font qu'en triomphant d'un préjugé, elles laissent voir souvent une certaine audace qui a quelque chose de repoussant. Ici comme dans le reste de la province, les maîtresses de maison et leurs filles allongeaient doucement leur nez entre le mur de la chambre où je me trouvais et la porte entrebâillée, afin de me voir écrire ou analyser des plantes, et, si je me retournais brusquement, j'apercevais des portions de figures qui se retiraient bien vite. Cent fois on m'a donné cette petite comédie (1).

(1) M. le général Raimundo José da Cunha Mattos, avec lequel je me félicite d'être généralement d'accord, dit (*Itin.*, I, 47) que, à 8 lieues environ de S. João d'El Rei, « il fut reçu chez une dame qui parut de« vant lui et lui fit voir presque toute sa maison, démentant ainsi les « assertions de quelques étrangers qui ont prétendu que les femmes « de Minas ne se montrent point à leurs hôtes. Je n'ai trouvé, ajoute le « même écrivain, une telle coutume établie nulle part, ou, du moins, « les personnes les plus honorables l'ont négligée en ma faveur. » C'est principalement la *comarca* de S. João d'El Rei qu'a parcourue M. da Cunha Mattos, et, comme on vient de le voir, les femmes ne s'y cachent pas aussi soigneusement que dans les autres parties de la province de Minas : d'ailleurs il ne serait point extraordinaire que le grade d'officier supérieur dont était revêtu l'auteur de l'*Itinerario* l'eût fait excepter de la règle commune. On a vu, par les relations que j'ai publiées, que, si quelques femmes se montrent aux étrangers, en général elles se dérobent soigneusement à leurs regards. J'ajouterai encore un fait aux détails que j'ai déjà donnés sur ce sujet. J'avais passé, en deux différentes fois, environ soixante jours chez un *fazendeiro* extrêmement honorable qui voulait bien m'accorder de l'amitié et pour lequel je professais autant d'attachement que d'estime. Peu de temps avant que nous nous séparassions pour jamais, il me dit avec embarras : Vous êtes sans doute surpris, mon ami, de ce que mes filles ne se montrent point devant

D'après tout ce que j'ai dit plus haut sur les habitants du canton de Rio Grande et de la *comarca* dont il fait partie, il est évident que leurs demeures (*fazendas*) ne peuvent être aussi soignées que celles des propriétaires des parties aurifères de la province. Ces dernières ressemblent un peu à nos châteaux, les autres à nos fermes. Décrire une des *fazendas* de la *comarca* de S. João, c'est les décrire toutes, car elles sont, en général, bâties sur le même modèle. Un mur de pierres sèches, à peu près de la hauteur d'un homme, entoure une cour très-vaste au fond de laquelle sont rangés les cases à nègres, les bâtiments d'exploitation et la maison du maître. Celle-ci, construite en terre et en bois et couverte en tuiles, présente uniquement un rez-de-chaussée. La salle (*sala*) (1) est la première pièce que l'on trouve en entrant, et n'a pour ameublement qu'une table, un couple de bancs, et souvent un ou deux bois de lit. On manque rarement d'attacher autour de la salle plusieurs portemanteaux destinés à suspendre les selles, les brides, les

vous : je blâme l'usage qui m'oblige à les éloigner; mais je ne pourrais m'y soustraire sans nuire à leur établissement... Je soulageai d'un grand poids cet homme recommandable en lui répondant que j'étais loin de le désapprouver, qu'on ne devait jamais heurter brusquement les idées reçues, qu'il fallait laisser agir le temps, et que peu à peu il amènerait une heureuse réforme. Il paraît que cette époque n'est point encore arrivée ; car M. Gardner, dont le voyage est très-récent, rapporte qu'il fut reçu avec la plus aimable hospitalité dans une *fazenda* où j'avais été moi-même parfaitement accueilli, mais où je n'avais point vu la maîtresse de la maison. Devenue plus âgée, cette dame ne chercha point à échapper aux regards du voyageur anglais; mais ses filles se cachèrent, comme elle avait fait elle-même dans sa jeunesse.

(1) C'est dans la *sala* que l'on se tient ordinairement et que l'on reçoit les étrangers (*Voyage dans la province de Rio de Janeiro*, etc., I, 210).

chapeaux, etc. Entre la *région des forêts* et S. João, je fis halte à la *fazenda das Vertentes do Sardim*, propriété d'Antonio Francisco de Azevedo, qui, comme je l'ai dit plus haut (1), avait fait le chemin où j'avais passé pour venir de S. Gabriel aux *campos*, et dont on me vantait la richesse. En voyant cette habitation, on ne se serait certainement pas douté que ce fût celle d'un homme qui, m'assura-t-on, achetait, chaque année, de cinq à huit mille bœufs pour les envoyer à la capitale. Sa maison, qu'il avait cependant fait construire lui-même, était petite, basse et à un seul étage; les murs, bâtis en terre, n'avaient jamais été blanchis, et tout l'ameublement de la salle consistait en une grande table, deux bancs et quelques tabourets revêtus de cuir. Deux ou trois petites chambres, qui donnaient sur la salle et que j'entrevis, n'offraient pas un ameublement plus magnifique. Cependant mon muletier me faisait un grand éloge de cette maison, ce qui, certes, prouve que le luxe n'avait pas fait de grands progrès dans cette partie de la province. Je ne veux pas oublier de dire qu'on entre dans la cour des *fazendas* par une de ces portes en bois qu'on appelle *porteiras* et qu'on emploie aussi pour fermer les pâturages; elles sont faites de deux montants et de quelques planches transversales écartées les unes des autres; on a soin de donner un peu d'obliquité au poteau sur lequel elles tournent, et, retombant par leur propre poids, après qu'on les a ouvertes, elles se ferment d'elles-mêmes.

Ici je terminerai le tableau général du *canton de Rio Grande* (2), nom par lequel j'entends, je le répète, le pays

(1) Voyez p. 54.
(2) Il faut bien se donner de garde de confondre cette contrée avec la province de Rio Grande do Sul, comme paraît l'avoir fait Pizarro quand

qu'arrosent les commencements de cette même rivière, et qui, par conséquent, est situé au midi du chef-lieu de la *comarca* du Rio das Mortes. Je vais entrer à présent dans quelques détails.

il a dit que cette province fournissait des fromages à Campos dos Goitacazes, et, comme l'ont fait aussi des voyageurs justement célèbres, en attribuant à la même province les bestiaux qui vont à Rio de Janeiro, du canton de Rio Grande (Spix et Martius, *Reise*, I, 125).

CHAPITRE V.

VOYAGE DANS LE CANTON DE RIO GRANDE.

Végétation que l'on observe à l'entrée des *campos*. — L'*Araucaria Brasiliensis*. — Influence de l'air vif des *campos* sur la peau. — Passage du Rio Grande. — La *fazenda* de *Sitio*; ses habitants. — Les parasols d'un usage général. — *Fazenda das Laranjeiras*. — *Fazenda das Vertentes do Sardim*. — *Serra dos dous Irmãos*. — Encore le Rio Grande. — Le hameau de *Madre de Deos*. — *Fazenda de Chaves*. — Accident arrivé à Prégent. — Le *Rancho do Rio das Mortes Pequeno*; réception qu'on y fait à l'auteur.

Immédiatement après être sorti des sombres forêts que j'avais parcourues, presque depuis Rio de Janeiro (1), je trouvai, pendant quelques instants, des arbrisseaux de 3 ou 4 pieds, parmi lesquels la Composée n° 109 est l'un des plus abondants. Bientôt il ne croît que des sous-arbrisseaux au milieu des Graminées, et la Mélastomée appelée *Microlicia isophylla*, DC., se fait remarquer par les touffes arron-

---

(1) Itinéraire approximatif d'Alto da Serra à S. João d'El Rei :
D'Alto da Serra à Sitio (fazenda). . . . . . 4 legoas.
— Fazenda das Laranjeiras. 4
— Fazenda das Vertentes do Sardim. . 1 1/2
— Fazenda de Chaves. 4 1/2
— Rancho do Rio das Mortes Pequeno. 4
— S. João d'El Rei. 1 1/2
                                                                19 1/2 legoas.

dies que forment ses tiges grêles et serrées couvertes de fleurs charmantes. En avançant davantage, je rencontrai moins de sous-arbrisseaux, je ne vis plus que des Graminées et quelques autres herbes; enfin, dans les endroits arides, je trouvai seulement un gazon ras et peu fourni. D'après ceci, on voit que le passage des bois aux pâturages simplement herbeux ne se fait pas absolument sans quelque transition; mais il y a tant de différence entre les arbres gigantesques des forêts vierges et des arbrisseaux de 3 à 4 pieds que, au premier abord, cette transition ne pouvait être sensible.

Au milieu des mornes nus et déserts qui s'offrirent à mes regards quand je sortis de la forêt, la chapelle de *Bom Jardim*, bâtie sur l'un d'eux, jetait un peu de variété dans le paysage.

Dans un fond, je traversai un bouquet de bois presque uniquement composé d'*Araucaria Brasiliensis* (*pinheiro*). Cet arbre magnifique, noble représentant de nos Pins et de nos Sapins, croît assez abondamment dans le canton de Rio Grande, sur la limite des bois et des *campos,* entre les 21° 55' de lat. S. et les 21° 10', par une hauteur approximative de 3,500 pieds anglais (1,066^m,450); on le retrouve sur quelques-unes des plus hautes montagnes de Rio de Janeiro; presque à lui seul, il forme les bouquets de bois des Campos Geraes, pays qui s'étend à peu près des 24° aux 25° 30', et que le cours du Paranná ainsi que l'absence de mouvements de terrain sensibles, depuis S. Paul jusqu'à Curitiba, doivent faire considérer comme bien moins élevé que le canton de Rio Grande; enfin, dans la province de Rio Grande do Sul, il descend, par les 29° 30' environ, jusqu'au bord de la plaine, qui n'a qu'une très-faible élévation au-dessus du niveau de la mer. L'*Araucaria Brasiliensis* trouve donc, indépendamment de toute culture, des conditions d'existence à peu près analogues entre les 21° 10′ et 29° 30′ environ, mais à des hauteurs fort différentes (1). Il formerait une sorte de thermomètre indiquant une température moyenne presque égale dans les divers lieux que je viens d'indiquer, ou, si l'on veut, il offrirait une échelle où l'élévation serait compensée par une plus grande distance de l'équateur (2). Cet arbre, un des plus pittoresques que je connaisse, change de port à ses différents âges. Dans sa jeunesse, ses rameaux, comme brisés, lui donnent un aspect bizarre, alors il n'a pas de formes arrêtées; plus tard, il s'arrondit à la manière de nos pommiers; adulte, il s'élance, parfaitement droit, à une grande hauteur, et se termine par un corymbe de branches, espèce de plateau immense et parfaitement égal, d'un vert foncé. A cette dernière époque, son tronc ne porte qu'au sommet des verticilles de branches qui, courbées en manière de candélabre, et d'autant plus courtes qu'elles sont plus voisines de l'extrémité supérieure de l'arbre, élèvent toutes au même niveau une touffe arrondie de petits rameaux feuillés. Le bois de l'*Araucaria Brasiliensis*, blanc, marqué de veines très-rares d'un rose vineux, est plus dur, plus lourd, plus compacte que celui de nos Pins. Ses feuilles sont beaucoup plus larges que les leurs. Les écailles et les semences qui forment ses cônes,

(1) Voyez, pour les positions et les hauteurs indiquées ici, Cazal et surtout Eschwege.

(2) J'ai montré, dans l'*Escallonia floribunda*, une échelle du même genre, mais bien plus étendue, puisque, commençant au Rio de la Plata, elle va s'élevant toujours jusque vers l'équateur (voyez AUG. DE S. HIL., *Flora Brasiliæ meridionalis*, III, 92, ou les *Archives de botanique* publiées par les soins de M. B. Delessert, vol. II, 1833).

gros comme la tête d'un enfant, se séparent à la maturité et se répandent sur la terre. Les dernières, presque longues comme la moitié du doigt, rappellent la châtaigne par leur saveur; mais elles sont plus délicates et n'ont point une chair farineuse. Comme nos Pins et nos Sapins, l'*Araucaria Brasiliensis* se plaît dans les terrains sablonneux, et l'abondance de cet arbre est, pour les colons des Campos Geraes, l'indice des lieux les moins propres à la culture.

Si l'entrée dans les *campos* avait excité mon admiration, il n'en est pas moins vrai que moi et ceux qui m'accompagnaient fîmes un triste essai de ce genre de pays, dès le premier jour que nous y voyageâmes. Le défaut d'ombrage, le vent sec et brûlant qui régnaient sur les mornes me firent beaucoup de mal aux nerfs et causèrent plus de mal encore au pauvre Prégent, qui s'obstinait à ne pas se servir de parasol. Lui et Firmiano eurent les lèvres gercées, comme cela était déjà arrivé, en 1816, à moi et à mes compagnons, quand nous entrâmes dans les *campos*, du côté de Barbacena, et comme cela était encore arrivé à Prégent lui-même, lorsque, quinze mois plus tard, il avait repassé par le même lieu (1). M. Luccock se plaint aussi d'avoir éprouvé cette incommodité, après être sorti des forêts par une autre route pour se rendre à S. João (2). C'est une sorte de tribut que la différence d'atmosphère fait sans doute payer souvent à ceux qui entrent dans les *campos*, mais dont ma propre expérience me fait croire que l'on est exempt, lors-

---

(1) Voyez mon *Voyage dans les provinces de Rio de Janeiro*, etc., I, 113.

(2) « Le vent, n'étant plus rafraîchi par l'influence de la mer ou des « forêts....., desséchait toutes les particules humides de notre peau et « dépouilla entièrement nos lèvres..... » (*Notes on Brazil*, 147).

qu'on traverse la Serra do Espinhaço dans un pays moins élevé et où l'air doit être moins vif.

Ce jour-là, je passai le Rio Grande, qui sert de limite (1819) au *termo* de Barbacena (1), où j'avais voyagé depuis mon entrée dans la province des Mines, et ce fut alors que je me trouvai dans le *termo* dont la ville de S. João est la capitale.

Après avoir fait 4 lieues, depuis Alto da Serra, je m'arrêtai à une *fazenda* d'assez chétive apparence, celle de *Sitio*, bâtie dans un fond, au-dessus d'un ruisseau. Elle est entourée de mornes peu élevés et arrondis; le fond de la vallée offre une lisière de bois, et l'on découvre quelques *capões* (2) dans des enfoncements, sur le flanc des hauteurs.

Le maître de la maison, qui, comme tous les autres *fazendeiros* de cette contrée, avait les manières de nos paysans aisés, me reçut assez poliment, et fit décharger mes effets dans une grande chambre passablement sale, plafonnée avec une natte et qui, pour tout ameublement, n'offrait que deux bancs et une table. Le soir, pendant que j'écrivais et que Prégent préparait des oiseaux, tous les habitants de la maison se rangèrent autour de nous, occupés à nous regarder; un groupe de femmes était resté à la porte, et toutes allongeaient le cou pour mieux nous observer. Je dis que j'allais me coucher, je mis mon bonnet de nuit, j'ôtai ma veste, et pourtant personne ne se retira.

Comme tous les habitants du canton de Rio Grande, mon hôte élevait des moutons et des bœufs. Il portait, chez lui,

---

(1) Voyez mon *Voyage dans le district des Diamants*, etc., I, 234.
(2) Comme je l'ai dit dans ma *première relation*, les *capões* sont des bouquets de bois dispersés dans les *campos*.

un pantalon de toile de coton, par-dessus lequel était passée sa chemise, suivant l'usage des toucheurs de mulets et des gens du commun ; d'ailleurs il n'avait sur le corps qu'un gilet d'une étoffe grossière, et sur sa tête il mettait un chapeau de Mineiro. Les femmes de la maison avaient pour tout vêtement une jupe et leur chemise, et sur leur tête elles portaient un mouchoir.

Après avoir quitté Sitio, je passai, dans un espace de 3 lieues portugaises, devant deux ou trois chaumières peu importantes, et je laissai sur la gauche le village de *Turvo*, qui est situé dans un fond. Je voyais, dans le lointain, la *Serra da Juruoca*, qui s'élève beaucoup au-dessus de tous les mornes et se trouve à 8 lieues de l'endroit où j'allais faire halte.

Depuis Sitio jusqu'à peu de distance de S. João, je ne rencontrai absolument personne dans les chemins. Je découvrais une vue d'une étendue immense, mais rien qui arrêtât mes regards ; partout des solitudes aussi monotones qu'elles sont vastes.

Dans la saison où l'on était alors (février), les *campos* offrent ordinairement la verdure la plus fraîche ; mais la sécheresse avait été si forte cette année-là, que l'herbe était aussi desséchée qu'elle l'est communément pendant les mois de juin et de juillet.

Quant aux bouquets de bois, ils offraient encore une très-belle verdure, et au milieu d'eux se faisaient remarquer deux grands arbres en fleur d'un très-joli effet. L'un était un *Vochysia* chargé de longs épis d'un jaune doré ; l'autre, que j'avais déjà vu dans tous les bois vierges, depuis le Parahyba, était le *Chorisia speciosa*, Aug. S. Hil., Juss., Camb., dont les feuilles sont composées de cinq folioles, et dont les rameaux en corymbe se couvrent d'une multitude de fleurs roses, jaunes à la base, aussi grandes que des lis.

Il est facile de se figurer combien le soleil était brûlant dans le pays découvert que je parcourais alors ; cependant, malgré mes sollicitations réitérées, Prégent s'obstinait à ne point se servir de parasol, et, à mesure que le soleil montait, je voyais son visage devenir rouge, ses yeux s'enflammer, ses traits se décomposer, l'accablement se peindre dans toute sa personne. En même temps il y avait lieu d'être émerveillé de sa force, car, si moi-même je restais quelques instants sans parasol, j'avais la tête en feu et les nerfs malades. Les *fazendeiros* tant soit peu aisés montent toujours à cheval avec un parasol, et, si les toucheurs de mulets font à pied d'aussi longues routes, sans jamais avoir autre chose qu'un chapeau, c'est qu'on les y a accoutumés dès la plus tendre enfance.

La *Fazenda das Laranjeiras* (la *fazenda* des orangers), où je fis halte le jour que je quittai Sitio, est bâtie dans un fond et entourée d'arbres. On y compte un nombre assez considérable de cases à nègres ; mais la maison du maître est fort misérable (1819). On plaça mes effets dans une salle (*sala*) assez grande qui offrait pour tous meubles une table et deux bancs, et dont les murs en terre n'avaient jamais été blanchis. Le maître de la maison n'était pas chez lui ; cependant des nègres m'apportèrent à dîner ; d'ailleurs je ne vis paraître personne ; j'aperçus seulement un minois féminin qui, suivant la coutume, s'avançait doucement derrière une porte entr'ouverte, et qui disparut aussitôt que mes yeux eurent rencontré les siens.

De Laranjeiras j'allai passer la nuit à la *Fazenda das*

Vertentes do Sardim (*fazenda* des sources du Sardim), qui appartenait au marchand de bœufs Antonio Francisco de Azevedo, et dont j'ai déjà fait la description plus haut.

Comme cette *fazenda* est peu éloignée de Laranjeiras, j'eus assez de temps pour aller herboriser sur la *Serra dos dous Irmãos* (montagne des deux frères). On donne ce nom à deux montagnes que j'avais vues de loin pendant toute la journée de la veille ; elles sont placées l'une à côté de l'autre ; leur hauteur est à peu près la même, et toutes les deux ont la forme d'une pyramide courte, à base très-élargie. Pour s'y rendre de la Fazenda das Vertentes do Sardim, il faut faire un détour, et l'on peut compter environ 1 lieue et demie de chemin. Accompagné de José Marianno, j'allai sur mon mulet jusqu'au bas de la Serra ; ensuite je montai seul et à pied sur l'une des deux montagnes. Dans une grande partie de sa hauteur, on avait élevé un mur en pierres sèches très-bien fait. Au delà de ce mur qui, dans cette contrée, pouvait être considéré comme une chose extraordinaire, j'avançai, sans suivre de chemin, au milieu des pierres et des rochers qui couvrent la montagne. Comme dans tous les endroits élevés et pierreux, j'y trouvai un assez grand nombre de *Vellozia* (vulgairement *canela d'ema*, jambe d'autruche). Nous étions alors dans la saison des pluies ; cependant l'eau manquait depuis si longtemps que, quoique les *Vellozia* demandent peu d'humidité, les feuilles de ceux que j'avais sous les yeux étaient presque flétries ; toutes les autres plantes étaient entièrement desséchées, et cette course assez fatigante n'augmenta point ma collection. Parvenu au sommet de la montagne, je découvris une immense étendue de pays, la Serra da Juruoca et beaucoup d'autres Serras ; d'ailleurs, aucune habitation remarquable, aucun village n'arrêtaient mes regards. La course que j'avais faite sur l'une des deux montagnes ne m'avait pas assez dédommagé de ma peine, pour que j'éprouvasse la tentation de grimper sur la seconde ; je descendis avec assez de difficulté au milieu des pierres, et, étant monté sur mon mulet, je retournai à la Fazenda das Vertentes.

De cette *fazenda*, je me rendis à celle de *Chaves* (nom d'homme). Pour y arriver, je parcourus un pays qui offre encore des mornes arrondis couverts de Graminées et des vallées peu profondes, dessinées par des lisières de bois, dont la verdure, extrêmement fraîche, contrastait alors avec les teintes jaunâtres des pâturages desséchés.

A 2 lieues environ de la Fazenda das Vertentes do Sardim, on trouve le Rio Grande, qui, dans cet endroit, a peu de largeur, et dont les eaux, souillées par le lavage de l'or, ont une teinte d'un rouge sale et foncé. On passe cette rivière sur un pont en bois mal entretenu, comme tous ceux de la province (1819), et que le défaut de garde-fous rend fort dangereux pour les animaux chargés. J'eus d'autant plus d'inquiétude pour les miens, qu'on me fit attendre fort longtemps avant d'ouvrir une porte qui se trouvait à la sortie du pont. Le péage de celui-ci est affermé, ainsi que le sont, en général, ceux des ponts de la province de Minas Geraes. Ici l'on paye 80 reis (50 centimes) par personne et par chaque animal ; mais mon passe-port privilégié (*portaria*) m'exempta de cette petite dépense.

A peu de distance du Rio Grande, on arrive au hameau de *Madre de Deos* (mère de Dieu), qui est bâti sur une hauteur, et se compose tout au plus d'une douzaine de maisons réunies autour d'une chapelle. Toutes, sans exception, étaient fermées, et mon muletier, José Marianno, qui connaissait parfaitement ce canton, me dit que la plupart n'avaient d'habitants que lorsque quelque prêtre venait de S. João célébrer la messe dans la petite église (1).

Après Madre de Deos, le pays, sans avoir moins d'élévation, devient plus égal, et, dans le lointain, la campagne, couverte alors d'une herbe jaunâtre et desséchée par l'ardeur du soleil, ressemblait à nos plaines de Beauce, telles qu'on les voit après la moisson.

Un peu avant d'arriver à la *fazenda* de Chaves, la végétation éprouve quelque modification. Ce ne sont plus seulement des Graminées et un petit nombre d'herbes et de sous-arbrisseaux mêlés parmi elles qui couvrent la terre : des arbres peu élevés, tortueux, rabougris et à écorce subéreuse croissent, épars çà et là, au milieu des Gramens, et rappellent les *taboleiros cobertos* du Sertão (2) oriental du S. Francisco, ou, si l'on veut, nos prairies de France plantées de pommiers. Les arbres dont je viens de parler sont principalement la Légumineuse (129), et une Guttifère à grandes feuilles glauques que j'avais souvent vue dans le Sertão. Ici ce n'est point une différence dans l'élévation du terrain ni dans la forme des hauteurs qui produit celle de la végétation ; mais le sol, que j'avais trouvé, dans tout le reste de la journée, sablonneux ou caillouteux, devient beaucoup meilleur et peut produire quelques plantes plus vigoureuses.

---

(1) L'église de Madre de Deos est, selon Pizarro, une des succursales (*capella succursal*) de la paroisse de S. João d'El Rei (*Mem. hist.*, VIII, seconda part., 127).

(2) Voyez mon *Voyage dans les provinces de Rio de Janeiro et Minas Geraes*, vol II.

La *fazenda* de Chaves, où je fis halte, est située, suivant l'usage, dans un fond sur le bord d'un ruisseau. Je fus étonné, en y arrivant, de la prodigieuse quantité d'oiseaux qui couvraient les arbres dont l'habitation était environnée : c'étaient des perroquets, des oiseaux de proie et beaucoup d'autres espèces. Comme les alentours sont extrêmement secs, ces animaux se réunissent dans un lieu où ils trouvent de l'eau et de l'ombrage.

Quand je me présentai à la *fazenda* de Chaves, le propriétaire était absent; la maîtresse de la maison, après s'être fait attendre fort longtemps, parut enfin, et elle me donna la permission de m'arrêter chez elle. Au bout de quelques instants, le couvert fut mis, et l'on nous apporta un plat de haricots cuits avec des herbes, un plat de riz et de la *cangica* : je me retrouvais dans la terre hospitalière de Minas Geraes.

Entre Chaves et le **Rancho do Rio das Mortes Pequeno**, dans un espace de 4 lieues, je vis, dans des fonds, trois ou quatre *fazendas* d'une médiocre apparence. Avant d'arriver au Rancho, je passai sur des mornes peu élevés : quelques crêtes cependant sont effrayantes par leur peu de largeur et la profondeur des vallées que l'on découvre au-dessous de soi. Sur ces montagnes, le terrain est sec, aride et caillouteux, l'herbe courte et peu fournie; je retrouvai dans cet endroit quelques plantes que j'avais déjà vues à mon premier voyage des Mines, dans des terrains analogues, telles que les *Polygala* (155 et 163) et la Rubiacée (162).

Ce jour-là, Prégent s'était mieux porté; mais, en arrivant au Rancho do Rio das Mortes Pequeno, où je m'arrêtai, son mulet fut effrayé par la rencontre d'un de ces frères ermites qui vont mendier et scandaliser les fidèles; le pauvre Prégent fut jeté par terre et se trouva encore plus malade que les jours précédents.

José Marianno était arrivé à la halte avant moi; et, lorsque je descendis de mon mulet, il vint me dire que le maître de la maison refusait de me donner une petite chambre, et voulait me laisser sous le *rancho* destiné à tous les voyageurs. Comme ce *rancho* était ouvert de tous les côtés et d'une saleté affreuse, que d'ailleurs je voulais rester quelques jours dans cet endroit pour faire faire des malles à S. João d'El Rei, j'allai trouver le propriétaire du *rancho* et le priai d'être moins sévère; je parlai de ma *portaria*, mais inutilement. Qu'ai-je à craindre de vous? me disait le bonhomme. Rien du tout était la seule réponse que j'eusse pu faire à cette question. Celle-ci me ramena à une idée juste de ma position; des politesses firent plus que la menace de la *portaria*, et l'on finit par me donner une petite chambre où nous étions empilés d'une manière effroyable.

CHAPITRE VI.

SÉJOUR A S. JOÃO D'EL REI.

Le pays situé entre le Rancho do Rio das Mortes Pequeno et S. João d'El Rei. — Le curé de S. João. — Remède contre l'hydropisie. — Les deux rivières appelées Rio das Mortes. — Le serpent *urutú*; les hommes qui prétendent préserver de la morsure des reptiles dangereux; l'*erva d'urubú*. — Procession des cendres. — L'église brésilienne. — Maladie d'Yves Prégent. — Les *curiosos*. — Une auberge. — Un vol. — Réflexion sur l'esclavage; de quelle manière les nègres sont traités au Brésil. — Décès d'Yves Prégent. — Maladie de José Marianno. — Herborisation dans la *Serra de S. João*. — Maladie de Firmiano. — José Marianno devenu empailleur. — Recherches inutiles pour trouver un *tocador*. — Départ du Rio das Mortes Pequeno.

Le lendemain du jour où j'étais arrivé au Rancho do Rio das Mortes Pequeno, je me rendis à S. João, qui en est éloigné de 1 lieue et demie. Sur la rive droite du chemin, on voit des *campos* qui ne diffèrent point de ceux que j'avais parcourus tous les jours précédents; mais, à quelque distance du *rancho*, la vue est bornée, à gauche, par des montagnes appelées *Serra de S. João*, où des rochers nus et grisâtres se montrent de toute part. En suivant la vallée que bornent ces montagnes, j'arrivai à la ville de S. João d'El Rei, dont j'ai donné ailleurs une description très-détaillée (1).

(1) Voyez mon *Voyage dans le district des Diamants*, etc., I, 233.

J'allai présenter les lettres de recommandation dont j'étais porteur, et je commençai par le curé, qui causait à merveille et me parut bien connaître le Brésil. Il avait desservi l'église d'un village d'Indiens, et tout ce qu'il me dit de cette race prouve qu'elle est étrangère à l'idée de l'avenir, comme je l'avais observé moi-même. Le curé de S. João avait été à Goyaz, et fit tout ce qu'il put pour me détourner d'entreprendre le voyage de cette province. Je ne trouverais, me dit-il, que des *campos* d'une monotonie fatigante où l'on est desséché par l'ardeur du soleil, où les provisions manquent souvent, où l'on court le risque de tomber dangereusement malade : ces discours m'ébranlèrent. Il me paraissait impossible que Prégent supportât les fatigues d'un tel voyage, et je pris la résolution de ne point aller jusqu'à Villa Boa, si réellement je recueillais aussi peu de plantes que le curé le prétendait.

Cet ecclésiastique m'assura que l'Aristoloche appelée *Jarrinha* (*Aristolochia Macroura*, Gomes ex Mart.) était un spécifique puissant contre l'hydropisie. Il me dit, comme d'autres personnes, que cette maladie était l'une des plus communes dans l'intérieur du Brésil ; mais il prétendait que l'abus de l'eau-de-vie de sucre n'en était pas toujours la cause, et assurait qu'il avait vu mourir d'hydropisie beaucoup de gens très-sobres. Ceux-là auront dû, sans doute, cette maladie à un défaut de ton causé par la chaleur du climat et la mauvaise nourriture.

De retour au *rancho*, j'allai le lendemain herboriser sur les bords du Rio das Mortes Pequeno ; mais, à cause du manque de pluie extraordinaire dans cette saison, ils étaient à peu près aussi secs que les *campos* les plus arides. J'y trouvai cependant une plante fort intéressante pour la géographie botanique, un saule assez élevé que les gens du pays me dirent être indigène, et qui, effectivement, croissait dans un lieu où l'on n'apercevait aucune trace de culture. Cette espèce est probablement le *Salix Humboldtiana*.

Deux rivières portent le triste nom de Rio das Mortes. Celle qui le communique au Rancho a été distinguée par l'épithète de *Pequeno*, parce qu'elle est moins considérable que l'autre ; elle se jette dans le *Rio das Mortes Grande*, près la *fazenda* de *Barra* (confluent), située à quatre *legoas* du *rancho*, et à une demie du village de *Conceição*. Quant au Rio das Mortes Grande, il a son confluent près d'*Ibituruna*, dans le Rio Grande. Je dois dire que, dans l'usage habituel, les habitants du pays suppriment les épithètes distinctives des deux rivières.

Firmiano m'accompagnait dans la promenade que je fis sur les bords du Rio das Mortes Pequeno. Tout à coup je le vois de loin reculer avec effroi, et il me crie : Voilà un serpent très-méchant. Je m'approche et j'entends, au milieu des feuilles desséchées, un bruit presque semblable à celui que fait le serpent à sonnettes en secouant sa queue. Bientôt je vis la tête du reptile s'élever au-dessus de l'herbe ; nous coupons une grande gaule, mais nous ne parvenons à tuer l'animal qu'après lui avoir donné un très-grand nombre de coups. Je l'apportai à la maison, et, quoiqu'il fût mort, sa vue fit reculer de frayeur tous ceux qui l'aperçurent. Il appartenait à l'espèce qu'on appelle dans le pays *Urutú*, et qu'on regarde comme extrêmement dangereuse (1).

(1) Ce serpent faisait partie de l'immense collection qu'à mon arrivée en France je remis au muséum de Paris.

On m'a dit qu'il y avait, dans la province de Minas et dans celle de S. Paul, des gens qui prétendent posséder des secrets pour préserver de la morsure des serpents les plus dangereux, ce qu'on appelle *curar*. Le curé de S. João me raconta qu'un des esclaves de son père prenait impunément les serpents venimeux. Un jour, il garrotta cet homme pour le forcer d'avouer quel moyen il employait. L'esclave lui montra une herbe qu'il appelait *herva d'urubú*; il s'en frotta, ensuite il saisit un serpent dangereux, et il n'en résulta pour lui aucun accident. Le curé, quand ce fait arriva, était fort jeune et se trouvait dans la province de S. Paul; depuis il avait beaucoup voyagé, et, lorsque je le vis, il ne se rappelait plus ce que c'était que l'*herva d'urubú*.

J'avais d'abord eu l'intention d'aller m'établir à S. João chez cet ecclésiastique; mais je changeai d'avis, parce qu'il n'y avait point de pâturage autour de la ville, et que j'aurais été obligé de diviser mes gens et mon bagage, ce qui eût été fort incommode pour moi. Je restai donc au Rancho do Rio das Mortes Pequeno, d'où je pouvais facilement faire des excursions jusqu'à la ville.

Je fus curieux d'aller voir la procession que la confrérie de S. François fait, de loin en loin, le mercredi des Cendres (*procissão das cinzas*), tant à S. João que dans les autres villes de la *comarca*. On savait qu'elle aurait lieu cette année-là, et, dès la veille de la cérémonie, il avait passé, par le *rancho* où j'étais établi, un grand nombre d'hommes et de femmes à cheval qui se rendaient à S. João pour assister à la fête. Le jour même où elle eut lieu, je rencontrai encore une foule de gens qui allaient à la ville. Malgré la chaleur qui était excessive, presque tous étaient enveloppés dans des capotes d'étoffe à grand collet telles qu'on en porterait en France dans le temps de Noël. Ce costume, qui venait originairement du Portugal, avait été longtemps d'un usage général dans la province des Mines et peut-être dans beaucoup d'autres parties du Brésil; à l'époque de mon voyage, les Mineiros d'un certain rang ne portaient la capote que dans leur maison, lorsqu'ils étaient déshabillés; mais pas un ouvrier ne sortait sans elle, et la possession de ce vêtement était un objet d'envie pour tous les mulâtres libres.

En arrivant à S. João, je trouvai les rues remplies de monde. Il y avait eu une messe en musique, et il était une heure quand le curé sortit de l'église. Il me dit qu'il ne prendrait aucune part à la procession, parce qu'ici, comme dans d'autres paroisses de la province, la confrérie de S. François prétendait se soustraire à l'autorité pastorale(1); il ajouta qu'il était en guerre avec elle depuis dix ans, qu'il avait adressé des réclamations aux autorités de Rio de Janeiro, mais que ses adversaires étaient soutenus par des protecteurs puissants, et qu'on n'avait pas même daigné lui faire de réponse. Le curé me dit encore que la procession passerait à quatre heures devant sa maison, que nous pourrions la voir de son balcon, et en même temps il me prévint que je serais témoin de choses fort ridicules, dont il était le premier à gémir, mais contre lesquelles il s'élevait en vain.

(1) C'est l'existence de cette confrérie et de celle de Notre-Dame-du-Mont-Carmel (*Ordem terceira de N. S. do Carmo, Ordem terceira de S. Francisco*) qui a fait dire à M. Walsh (*Notices*, II, 134) qu'il y avait deux couvents à S. João d'El Rei. On sait qu'il n'était pas permis aux ordres religieux de s'établir dans la province de Minas Geraes.

Vers les cinq heures, la procession commença à défiler dans la rue où demeurait le curé. Elle était ouverte par trois mulâtres vêtus de dominos gris, à peu près semblables à ceux qu'on donne, dans nos opéras, aux génies infernaux. L'un des trois portait une grande croix de bois; les deux autres, qui lui servaient d'acolytes, tenaient chacun un long bâton surmonté d'une lanterne. Derrière eux venait immédiatement un autre personnage revêtu d'un habillement de drap jaunâtre très-serré, et sur lequel on avait barbouillé en noir les os qui composent le squelette. Ce personnage représentait la mort, et, faisant des arlequinades, il allait frapper les passants avec une faux de carton. A une assez grande distance était un autre groupe, précédé d'un domino gris qui portait des cendres sur un plateau, et allait et venait comme pour en marquer les assistants. Les personnages qui se présentaient à la suite de ce domino étaient une femme blanche, sans masque et très-parée, et, à côté d'elle, un autre domino gris portant une branche d'arbre, chargée de pommes, à laquelle on avait attaché une figure de serpent. L'homme représentait Adam, et la femme, qui jouait le rôle d'Ève, feignait de temps à autre de cueillir une des pommes. Derrière eux marchaient deux enfants couverts de feuillage, dont l'un, qui faisait le rôle d'Abel, filait une quenouille de coton, et dont l'autre, qui représentait Caïn, paraissait vouloir creuser la terre avec une bêche qu'il tenait à la main. Les deux groupes que je viens de décrire étaient suivis de treize brancards portés par les confrères de S. François, et sur lesquels étaient des figures en bois, de grandeur naturelle, peintes et habillées d'étoffe. Les treize brancards allaient de file à une assez grande distance les uns des autres. Sur l'un d'eux était

Jésus priant dans le jardin des Olives; sur un autre, sainte Madeleine et la bienheureuse Marguerite de Cortone, toutes deux les cheveux épars et vêtues d'étoffe grise; sur un troisième, S. Louis, roi de France; sur un quatrième, le bienheureux Yves, évêque de Chartres. La Vierge, dans sa gloire, environnée de nuages et de chérubins, était portée sur l'un des brancards; d'autres figures représentaient S. François, recevant du pape l'approbation des statuts de son ordre; un des groupes retraçait le miracle des stigmates, et, dans un autre enfin, on voyait encore S. François embrassé par Jésus-Christ. Cette suite de figures était sans doute d'une excessive bizarrerie; cependant il y avait plus de mauvais goût dans l'ensemble que dans les détails. Les habillements convenaient aux personnages qui en étaient revêtus; les couleurs étaient fraîches, et je ne pus m'empêcher de trouver les figures assez bien sculptées, en pensant surtout qu'elles l'avaient été, dans le pays même, par des hommes étrangers aux bons modèles. Ce que la procession offrait peut-être de plus ridicule, c'étaient de petits enfants de race blanche, qui suivaient chaque brancard et représentaient des anges. La soie, les broderies, la gaze et les rubans avaient été tellement prodigués dans leur toilette, qu'ils pouvaient à peine marcher, comme perdus au milieu de leur accoutrement. Une espèce de tiare, composée de gaze et de rubans, faisait presque disparaître leur petite tête; ils portaient un jupon bouffant, bien roide, de plus d'une aune de diamètre, et à leur corsage, déjà chargé de rubans et de gaze plissée, étaient encore attachées une demi-douzaine au moins de grandes ailes de gaze. A la suite des brancards venait un groupe de musiciens qui chantèrent un motet à la porte du curé. Le prêtre suivait avec le saint sacrement, et la foule fermait la marche. A chaque brancard qui passait, tous les assistants faisaient une génuflexion; ensuite on causait sans gêne avec son voisin. On n'avait pas vu la procession des cendres depuis quelques années, et l'on fut charmé de cette cérémonie irrévérente, où de ridicules momeries étaient mêlées à ce que la religion catholique présente de plus respectable.

Le curé de S. João connaissait bien les abus de l'Église brésilienne; il paraissait en gémir et désapprouvait les différents actes de simonie qui ont passé en usage dans cette contrée. Il disait avec raison que les Brésiliens sont naturellement religieux; mais il avouait que leur religion ne va guère au delà des sens, et que les pasteurs semblent considérer comme un jeu l'offense et le pardon.

J'aurais voulu que le Brésil fût le sujet des conversations que j'avais avec le curé et un jeune prêtre qui demeurait chez lui; mais ces messieurs me ramenaient éternellement à notre révolution dont ils connaissaient très-bien les événements principaux, à l'empereur Napoléon, à ses généraux, enfin à tout ce qui s'est passé chez nous depuis plusieurs années. Notre histoire contemporaine a été si extraordinaire, elle se rattache tellement aux destinées du monde entier que, même dans les parties les plus éloignées de la province des Mines, je trouvai des gens qui l'avaient étudiée et qui en recherchaient curieusement tous les détails.

Le 26 février, à l'instant où j'allais partir de S. João pour retourner au Rancho do Rio das Mortes Pequeno, il survint un orage, et enfin il tomba de la pluie. Ce moment était attendu avec impatience par les agriculteurs, car la sécheresse n'avait cessé de se faire sentir dans tout le pays depuis le jour des Rois; elle était telle, que la plupart des fleurs, brûlées aussitôt qu'elles se développaient, ne produisaient point de graines. On estimait que la récolte du maïs ne donnerait que la dixième partie de ce qu'elle rend ordinairement ; aussi ce grain était-il d'une cherté affreuse.

Pendant que j'allais et venais entre le *rancho* et S. João, où j'avais eu des emplettes à faire et divers ouvrages à commander, la santé du pauvre Prégent s'altérait chaque jour davantage. Je me décidai à lui faire prendre un vomitif, qui lui procura un soulagement momentané ; mais bientôt il commença à me donner de vives inquiétudes. Dans ce pays, comme ailleurs, les gens du peuple sont insupportables pour les malades. Deux mulâtresses que mon vieil hôte avait chez lui, et qui paraissaient être de fort bonnes femmes, voulaient sans cesse persuader à Prégent de manger et de prendre des bouillons, et elles augmentaient ses souffrances par leurs importunités.

Arrivant un jour de S. João, je le trouvai plus mal. Mon hôte, touché de mon inquiétude, alla chercher un propriétaire du voisinage qui se mêlait de guérir les malades, et dans lequel tout le canton avait une grande confiance. La nécessité rend presque médecins une foule de Mineiros, qui sont nés avec quelque intelligence et désirent se rendre utiles. Ils ont beaucoup observé les malades, et souvent très-bien ; ils se procurent des livres de médecine, ils les lisent, les relisent, et cherchent à faire une heureuse application des connaissances qu'ils y ont puisées. Si, pour former un très-bon médecin, il faut, je suppose, vingt degrés, me disait le respectable *ouvidor* de Sabará, M. José Texeira (1), il n'est guère de propriétaires mineiros qui n'en

(1) J'ai fait connaître dans ma *seconde relation* (vol. I, p. 166) le ca-

aient au moins cinq ou six. On donne le nom de *curiosos* à tous ceux qui s'occupent ainsi de médecine sans avoir fait d'études régulières, et en général on emploie ce mot pour désigner les hommes qui, par goût, exercent un métier ou cultivent un art quelconque sans en faire leur profession (1). Je trouvai dans l'*alferes* (sous-lieutenant) José Pereira da Silva, le *curioso* que m'amena mon hôte, un homme un peu embarrassé dans ses manières, mais doux et honnête; il me parla avec beaucoup de sens de la maladie de Prégent : il la regardait comme une fièvre maligne, et me conseilla de continuer à donner des boissons rafraîchissantes et d'administrer un second vomitif.

Prégent passa une mauvaise nuit. La mienne aussi fut bien loin d'être bonne; je fus sans cesse sur pied pour donner à boire à mon malade, tourmenté par l'idée de le perdre et livré aux plus tristes réflexions : il me semblait que ce voyage était réprouvé par la Providence. Que d'embarras avant de l'entreprendre et d'obstacles jusque dans les plus petites choses! Quelle pénible aventure que celle de Porto da Estrella! Que de désagréments m'avait fait essuyer le conducteur de mulets qui m'avait quitté à Ubá! Que d'égards, que de soins, que d'attentions il m'avait fallu avoir pour conserver la paix avec Prégent, et ce malheureux était dangereusement malade! Tout ce que j'avais eu à souffrir de lui, depuis que sa santé s'était affaiblie, ne saurait s'exprimer; mais il n'en est pas moins vrai qu'il m'avait rendu de très-grands services, et qu'il possédait les qualités les plus esti-

---

ractère honorable de M. José Texeira, qui, depuis mon voyage, fut créé baron de Caeté par l'empereur D. Pedro Ier.

(1) Le mot *curioso* répond, dans notre langue, à celui d'*amateur;* mais il a un sens moins limité.

mables..... Je me levai découragé et accablé de tristesse.

Je partis pour S. João, et, arrivé dans cette ville, je demandai quel était le chirurgien qui avait le plus de réputation; on m'indiqua le capitaine Antonio Felisberto, que j'avais déjà eu l'occasion de voir l'année précédente, et qui m'avait alors donné quelques renseignements utiles. D'après mes récits, cet homme jugea, comme le *curioso* du Rio das Mortes Pepueno, que Prégent était atteint d'une fièvre maligne, et pensa que sa maladie avait commencé avant même que nous fussions sortis des bois vierges. Combien cet infortuné avait dû souffrir, lorsque, exposé à l'air vif et au soleil ardent des *campos*, il s'obstinait à ne point se servir de parasol!

Deux ou trois jours plus tard (le 2 mars), je fis transporter Prégent dans une auberge de S. João, afin qu'il fût plus près du chirurgien, et je m'établis également à la ville. J'avais avec moi l'Indien Firmiano; Laruotte était resté au Rancho avec José Marianno, chargé de soigner les mulets. L'Indien m'était peu utile à cause de son inexpérience, et c'était moi qui, nuit et jour, prodiguais tous les soins à mon pauvre malade. Il est impossible d'être plus mal servi que je ne l'étais dans l'auberge où je me trouvais logé; il fallait des heures pour y obtenir même une goutte d'eau. On m'avait installé au rez-de-chaussée, dans une petite chambre assez sombre; j'y passais la journée dans l'ennui, la tristesse, l'inquiétude, et la nuit j'étais dévoré par des myriades de moustiques.

Le lendemain de mon arrivée, sur les neuf heures du soir, je m'étais étendu sur mon détestable grabat, lorsqu'un petit marchand italien qui se trouvait, comme moi, dans cette auberge entra dans ma chambre tout effrayé, en s'écriant qu'on venait de lui voler sa malle et son argent. Je l'engageai à aller sur-le-champ porter sa plainte à l'*ouvidor*, et c'est le parti qu'il prit. Cet homme était sorti à six heures, après avoir fermé la porte et les volets de sa chambre, qui était au premier étage. En rentrant, il avait trouvé sa porte encore fermée; mais la fenêtre était ouverte, et il n'y avait plus de malle. Le maître de la maison et les voyageurs en conclurent que la malle avait été descendue par la croisée, et qu'un coup de sifflet qu'on avait entendu était le signal que s'étaient donné les voleurs. Tous les voyageurs étaient rassemblés devant la porte de l'Italien, et chacun formait ses conjectures, lorsque enfin je décidai la société à faire la visite de l'auberge. Nous descendons dans la cour, et à peine y avons-nous fait quelques pas, que nous entendons un grand bruit du côté de la porte du malheureux volé. On se confirme dans l'idée que le larcin avait été fait par la croisée; on décide que le voleur était resté caché dans la chambre, et qu'il venait de s'échapper en se précipitant dans la rue. Cependant l'*ouvidor* arrive; il fait allumer des lampes de tous les côtés, place du monde à toutes les issues, et commence sa visite. Il ne trouve rien au rez-de-chaussée; il monte, parcourt plusieurs chambres, et enfin arrive à une pièce qui n'était occupée par aucun voyageur. Il demande la clef : elle était entre les mains du commis de l'aubergiste; la porte s'ouvre, et la malle se trouve sur une table sans qu'il y manque rien. L'*ouvidor* continua pourtant ses recherches, mais il ne découvrit personne; il essaya toutes les clefs de la maison à la serrure de la chambre où s'était retrouvée la malle, aucune ne l'ouvrait, et il envoya en prison le commis qui n'avait rien négligé pour nous faire prendre le change, mais qui, évidemment, était le larron. J'ai su, depuis, que cet homme avait été relâché fort bénignement, ainsi que le maître de l'auberge que l'on avait considéré comme son complice.

Le lendemain du vol, j'allai faire une visite dans la ville : la conversation devait naturellement tomber sur ce petit événement. Le maître de la maison disait beaucoup de mal des Mineiros; il prétendait qu'il n'y avait chez eux ni délicatesse, ni bonne foi; que les ouvriers faisaient de fausses clefs pour les nègres qui volaient leurs maîtres; que lui-même en avait fait souvent la triste épreuve; qu'à différentes reprises il lui avait été volé, de cette manière, plus de soixante couverts d'argent, et qu'à peu près tous les marchands de S. João d'El Rei achetaient des esclaves les objets dérobés : celui qui me parlait ainsi était un Pauliste, et l'on sait que les hommes de son pays n'aiment point les Mineiros (1); il n'est donc pas étonnant qu'il exagérât les torts de ces derniers. Un Mineiro qui tenait un *rancho* dans la province de S. Paul, et avec lequel j'eus dans la suite l'occasion de m'entretenir, me parlait des Paulistes à peu près de la même manière. Quoi qu'il en soit, dans le cours de mon premier voyage, j'avais déjà reconnu qu'une délicatesse scrupuleuse n'était point la vertu favorite des habitants de Minas, et on ne doit pas être surpris qu'à S. João d'El Rei, ville qui avoisine le plus Rio de Janeiro, port de mer et capitale, il y en ait encore moins que dans

(1) Les Paulistes furent autrefois vaincus et chassés par les *Forasteiros*, c'est-à-dire les étrangers qui étaient venus, après eux, dans la province des Mines, et dont les descendants forment, en grande partie, la population actuelle de cette province. L'éloignement que les Mineiros et les Paulistes ont eu longtemps et ont peut-être encore les uns pour les autres date de cette époque.

les autres parties de la province (1), où d'ailleurs l'éducation est généralement plus soignée. On sait quels furent les premiers habitants de la province des Mines; on sait qu'une nuée d'aventuriers fondit sur cette province, bientôt après que les Paulistes l'eurent découverte (2); il serait bien difficile que les enfants n'eussent absolument rien conservé des mœurs et du caractère de leurs pères. Le soin que prirent de riches Mineiros d'envoyer leurs enfants en Europe, et l'établissement du séminaire de Marianna, où l'on élevait la jeunesse, durent sans doute contre-balancer très-puissamment l'influence d'une origine malheureuse; mais il est une autre influence qui agit sans cesse sur les Brésiliens de la manière la plus fâcheuse, celle de l'esclavage. L'excessive infériorité de l'esclave le conduit naturellement aux vices les plus bas. Je ne punis point mes nègres, quand ils mentent ou qu'ils me volent, disait un curé de Bahia, jadis captif chez les Africains, parce que je mentais et je volais lorsque j'étais esclave. Pour se soustraire au châtiment, l'esclave s'habitue au mensonge, et il vole parce qu'il ne possède rien, qu'il est entouré d'objets qui le tentent, et que souvent ses besoins sont mal satisfaits; peut-être aussi considère-t-il le vol comme un moyen de vengeance. Et quels motifs empêcheraient l'esclave de se livrer à ses mau-

(1) Voyez ce que j'ai écrit sur la *comarca* du Rio das Mortes et sa capitale, dans mon *Voyage dans le district des Diamants*, etc., I, 233 et suiv.

(2) « De différentes provinces, dit un auteur brésilien très-estimable, se
« répandit dans les forêts de Minas un peuple nombreux, qui ne connais-
« sait d'autre droit que celui de la force, qui s'abandonnait à une licence
« sans bornes, à qui tout était indifférent, excepté l'or, et dont le carac-
« tère était un composé d'orgueil, d'ambition et d'audace portés au der-
« nier degré. » (PIZARRO, *Mem. hist.*, VIII, segunda part., 9.)

vais penchants? Des sentiments religieux? on lui en donne à peine; la crainte de perdre sa réputation? il n'y a pas plus de réputation pour lui que pour le bœuf ou le cheval; comme eux, il est hors de la société humaine. Reste donc la frayeur des châtiments; mais il est quelquefois puni pour les causes les plus légères, comment ne risquerait-il pas de l'être pour satisfaire ses goûts et ses passions? Le propriétaire d'esclaves est donc entouré d'êtres nécessairement abjects et corrompus; c'est au milieu d'eux que ses enfants s'élèvent, les premiers exemples que ses fils auront sous les yeux seront ceux du vol et de la dissimulation; comment ne se familiariseraient-ils pas avec ces vices et tant d'autres que l'esclavage traîne à sa suite (1)? Plaignons l'esclave, sans doute, mais ne plaignons guère moins le maître qui l'emploie (2).

(1) Un jeune Brésilien fort recommandable me racontait que, lorsqu'il était enfant, il lui était sévèrement interdit par son père d'avoir des rapports avec les petits nègres, mais qu'il violait cette défense le plus souvent qu'il lui était possible. Je présume que beaucoup de pères font la même défense et ne sont pas mieux obéis.

(2) L'esclavage, on le voit, entraîne avec lui bien des maux; mais peut-être en causerait-on davantage encore si on émancipait brusquement les esclaves, comme le demandent à grands cris des philanthropes qu'animent de bonnes intentions sans doute, mais qui ignorent entièrement ce que sont les nègres et l'Amérique. Les liens qui retiennent l'esclave doivent être relâchés peu à peu; on courrait de grands risques en les brisant : ce qui s'est passé au Brésil relativement à la traite tend à confirmer ce que je dis ici. Sous le gouvernement de Jean VI, on avait fixé au commerce des noirs des limites étroites et mis des droits élevés sur ceux qu'on importait : alors on ne faisait pas la contrebande, parce qu'elle n'aurait point offert des bénéfices qui pussent contre-balancer les risques; les esclaves étaient chers; les gens pauvres n'en achetaient plus qu'à des crédits longs et onéreux; l'homme libre se serait peu à peu résigné au travail, et, à mesure qu'on l'aurait vu s'y accoutumer, on

Comme l'a très-bien fait observer M. Ferdinand De-

aurait pu augmenter graduellement les droits et gêner la traite dans la même proportion. Celle-ci a été totalement défendue lorsque tous les Brésiliens la considéraient encore comme indispensable à leur pays; partout où il y a un grand intérêt à faire la contrebande, il surgit des contrebandiers audacieux qui courent tous les risques, et c'est ce qui est arrivé au Brésil. Tandis que les vaisseaux des royaumes unis croisent entre l'Afrique et l'Amérique pour empêcher la traite, et font même beaucoup de prises, l'argent des capitalistes anglais la maintient (voyez KIDDER, *Sketches*, II, 390), et je trahirais la vérité si je disais que jamais un Français n'y a pris part. Les bénéfices sont tels, dit le véridique Gardner, qu'une seule cargaison de nègres qu'on parvient à sauver paye, à ce qu'on assure, les dépenses de trois chargements et laisse encore un gain considérable. « J'ai de bonnes raisons pour croire, ajoute le même « auteur, que, pendant les cinq ans que j'ai passés au Brésil, les impor- « tations ont presque toujours répondu aux demandes... Tout le monde « sait à Rio de Janeiro que des chargements d'esclaves sont régulière- « ment mis à terre à peu de distance de cette ville..., et, dans les diffé- « rents voyages que j'ai faits sur la côte, j'ai vu très-fréquemment dé- « charger des cargaisons de 2 à 300 nègres; souvent aussi j'ai rencon- « tré, dans l'intérieur des troupes, de 20 à 100 Africains que l'on con- « duisait à la vente..... Les magistrats eux-mêmes achètent souvent des « esclaves, et l'on n'ignore point que les hommes placés à la tête des dis- « tricts où l'on débarque les noirs reçoivent une prime pour garder le « silence (*Travels*, 16). » Voyons donc quel a été, pour le Brésil, le résultat de la suppression trop brusque de la traite. Il ne paraît pas que les importations aient diminué; *elles correspondent aux demandes* (voyez, outre Gardner, H. SAY, *Hist. rel.*, 249). Les nègres ne sont probablement traités ni mieux, ni plus mal, et les enfants des hommes libres continuent nécessairement à être élevés parmi les esclaves : des changements se sont opérés cependant. Les lois et les traités proclamés à la face de l'univers sont violés par tout le monde, Européens et Américains; ceux qui devraient les faire exécuter reçoivent de l'argent pour ne rien voir; l'esprit des anciens flibustiers s'est renouvelé chez des hommes qui se placent, comme eux, en dehors de la société chrétienne; les tortures que les nègres ont souffertes, dans tous les temps, pendant la traversée (MART., *Reise*, II, 665) sont devenues bien plus affreuses par les moyens qu'on emploie pour les soustraire aux croiseurs (WALSH, *Not.*, II, 490), et elles augmentent encore lorsque ceux-ci prennent quelque négrier

nis (1), le régime auquel les nègres sont soumis est loin d'être le même dans les différentes parties du Brésil. Je m'empresserai de dire que, dans la province des Mines, ils m'ont paru traités avec beaucoup de douceur, et il est certain que, même à Rio de Janeiro, on en use mieux à leur égard que dans les États du sud de la Confédération américaine. L'écrivain consciencieux que je viens de citer, MM. Spix et Martius, M. Gardner et même le comte de Suzannet, qui s'est montré si peu favorable aux Brésiliens, s'accordent à reconnaître que ceux-ci sont généralement fort indulgents dans leurs rapports avec leurs esclaves. Voici, en particulier, comment s'exprime celui de ces voyageurs qui, je crois, a séjourné le plus longtemps dans l'Amérique portugaise et a eu le plus de rapports avec ses habitants : « Avant mon arrivée au Brésil, on m'avait fait
« croire que la condition des esclaves dans ce pays est la
« plus malheureuse que l'on puisse imaginer; mais un
« petit nombre d'années a suffi pour me faire revenir de
« cette erreur..... Jamais l'esclavage ne trouvera en moi
« un défenseur; mais je ne consentirai pas non plus à ad-
« mettre que les Brésiliens, propriétaires d'esclaves, sont
« des monstres de barbarie : c'est tout au plus si, pendant
« le long séjour que j'ai fait parmi eux, j'ai été témoin de
« quelques actes d'une folle cruauté..... Ces hommes, na-
« turellement portés à la lenteur et à l'indolence, font peu
« d'attention à des fautes qui, chez des peuples plus actifs
« et plus ardents, seraient punies avec sévérité...; et sou-

(voyez *Minerva Brasiliense*, III, 34); l'argent qu'on payait légalement au fisc pour les importations permises enrichit des aventuriers sans foi ni loi et des capitalistes anglais.

(1) *Brésil*, 142.

« vent on se contente de donner quelques coups de fouet
« pour des crimes qui, en Angleterre, entraîneraient la
« déportation ou même la mort..... Sur la plupart des ha-
« bitations, les esclaves sont bien traités et paraissent très-
« heureux..... Je n'aurais jamais pu croire que les nègres
« de quelques-unes des plus importantes fussent esclaves,
« si je n'en avais été prévenu d'avance ; je voyais une
« troupe de travailleurs sortir joyeusement le matin de
« leurs maisonnettes, qui souvent sont entourées d'un
« petit jardin, se rendre à leurs occupations journalières
« et revenir le soir sans être en aucune manière harassés
« de fatigue..... Les dames brésiliennes m'ont paru pres-
« que toutes pleines de bonté pour leurs esclaves, et sou-
« vent elles soignent elles-mêmes ceux qui sont malades. »
(Gardn., *Travels*, etc., 17-19.) Le même auteur confirme aussi ce que j'ai dit, il y a longtemps (*Voyage dans
les provinces de Rio de Janeiro*, etc., I, 9), du peu de re-
gret que les Africains, transportés en Amérique, donnent à
leur patrie. « Dans toutes les parties du Brésil que j'ai par-
« courues, j'ai causé, ajoute-t-il, avec des esclaves, et j'en
« ai trouvé très-peu qui fussent fâchés d'avoir été enlevés
« à leur pays ou qui désirassent y retourner. »

Je reviens à la triste auberge de S. João d'El Rei et à
l'infortuné auquel je prodiguais mes soins. Livré à des agi-
tations cruelles, il retrouva, dans les secours de la religion,
le calme et les consolations dont il avait besoin. Alors,
patient et résigné, il n'était presque plus un instant sans
avoir les yeux fixés sur moi ; mais ses regards, par lesquels
il semblait m'implorer, me déchiraient. Découragé, accablé de fatigue, je renvoyai au Rio das Mortes l'Indien
Firmiano, qui semblait s'ennuyer de prendre part à tant de

soins, et je fis rester avec moi José Marianno, qui était plus capable de me seconder. On me donnait des espérances ; mais elles ne se réalisèrent point. Le 7 de mars, Yves Prégent expira, et il fut enterré avec toute la décence possible, dans l'église paroissiale de S. João d'El Rei.

J'avais eu beaucoup à souffrir de ce jeune homme, depuis que sa santé et son caractère s'étaient altérés ; mais il était plein de probité et d'honneur et m'avait été extrêmement utile. Aucun Français n'a pénétré avant nous dans cette province, m'avait-il dit, quand nous entrâmes à Minas ; je n'y ferai rien qui ne puisse honorer notre pays, et il avait tenu parole. Sa perte fut cruelle pour moi ; il me semblait que j'étais seul dans cette immense contrée, et qu'alors une distance infinie me séparait de la France.

Je désirais vivement compléter la collection zoologique que Prégent avait commencée avec beaucoup d'habileté et de soin : deux jeunes gens se présentèrent successivement pour le remplacer ; mais les renseignements que l'on me donna sur leur compte m'empêchèrent de les prendre. José Marianno m'avait dit qu'ayant vu plusieurs fois le pauvre Prégent préparer des oiseaux il se sentait capable de faire le même ouvrage, et que, si je lui donnais un *tocador* (toucheur) (1), il pourrait à la fois surveiller les mulets et con-

(1) Le *tocador*, comme je l'ai dit ailleurs, est chargé de la conduite des mulets, sous l'inspection du muletier principal ou *arrieiro* ; c'est lui qui les fait avancer et qui les dirige quand ils sont en marche. Un voyageur, en parlant des préparatifs qu'il fit pour traverser la province de Minas, dit qu'il faut apporter un grand soin au choix des guides. « Il ne suffit pas, ajoute-t-il, qu'ils connaissent les routes ; ils doivent encore prendre soin des chevaux, veiller sur eux pendant la nuit, afin qu'ils ne s'écartent pas trop du campement : un bon guide doit savoir ferrer, saigner les animaux blessés, réparer les bâts. » (Suz., *Souv.*, 258.)

tinuer ma collection. Je finis par accepter ses offres ; mais il fallait trouver le *tocador*.

Cependant j'avais quitté S. João, et j'étais retourné au Rancho do Rio das Mortes Pequeno. Il fallut revoir cette chambre où le pauvre Prégent avait commencé à être alité ; ce fut encore un moment très-pénible pour moi.

Depuis longtemps José Marianno se plaignait de violents maux de tête et ne mangeait plus ; le jour même où je quittai S. João, il arriva au *rancho* avec la fièvre. L'*alferes* José Pereira da Silva, ce *curioso* dont j'ai déjà parlé, décida qu'il fallait qu'il prît l'émétique, et je le lui administrai ; j'étais véritablement au désespoir d'être obligé de faire encore une fois l'infirmier.

José Marianno fut promptement en état d'essayer ses talents pour la taxidermie ; mais je ne tardai pas à avoir un

Il est bien évident qu'on a voulu parler ici des *arrieiros*, car ce sont eux qui ferrent les animaux, etc.; mais ces hommes ne sont point des guides ; ils conduisent leurs maîtres (*amos*) partout où ceux-ci ont envie d'aller, et, quand ils ne savent pas le chemin, ils le demandent. Excepté quand on veut gravir quelque montagne élevée, les guides sont aussi peu nécessaires dans la province de Minas qu'en Europe ; peut-être même y court-on moins de risques de s'égarer, parce que les chemins n'y sont pas, à beaucoup près, aussi multipliés. Quelque *arrieiro*, pour se faire valoir auprès de son maître, a pu lui dire qu'il veillait ses mulets pendant la nuit ; mais, quand il n'y a point de pâturage fermé (*pasto fechado*), on lâche simplement les mulets dans la campagne, en leur choisissant un bon herbage et en les accotant (*encostar*), autant que faire se peut, à quelque colline. Les *vendas* ou tavernes, les *ranchos*, ces hangars ouverts à tout venant, les *fazendas* et les *sitios* où le voyageur reçoit l'hospitalité sont probablement ce qu'on a appelé campement ; car, même dans les parties les plus désertes de la province de Minas (*sertão*), il est rare qu'on soit forcé de coucher dehors, comme j'en ai fait l'expérience pendant deux ans de voyage dans cette province. (On peut consulter sur ces divers points les auteurs les plus recommandables, von Eschwege, Pohl, Spix et Martius.)

autre malade. Firmiano m'avait accompagné dans une des courses que j'étais sans cesse obligé de faire à la ville; il avait été mouillé, et, malgré mes recommandations, il n'avait point changé en arrivant au Rancho; il s'était enrhumé, et la fièvre se déclara. J'étais véritablement abreuvé d'amertume. Il fallut encore avoir recours au bon *alferes*, qui fit son ordonnance, et au bout de quelques jours l'Indien se trouva mieux.

Pendant qu'il était encore malade, j'allai faire une herborisation dans ces montagnes pierreuses que l'on a à sa gauche lorsqu'on va du Rancho à S. João d'El Rei (Serra de S. João); j'y trouvai peu de plantes en fleur, probablement à cause de la sécheresse qu'il avait fait pendant si longtemps. Le sommet de la Serra présente des rochers amoncelés, et au milieu d'eux il ne croît guère qu'une espèce végétale, un *canela d'ema* (*Vellozia*). Les tiges de cette plante, qui, comme toutes celles du même genre, a un aspect singulier, sont hautes de 4 à 5 pieds, rabougries, tortueuses, divisées en rameaux qui ont une grosseur égale dans toute leur longueur et sont entièrement nus, si ce n'est au sommet, où ils portent une touffe de feuilles roides, linéaires, aiguës et visqueuses.

Au retour de ma promenade, je trouvai Firmiano beaucoup mieux; mais il était fort triste. Je ne puis plus être gai, me dit-il, depuis que nous avons perdu notre compagnon de voyage. Cette perte fut réellement bien grande pour le pauvre Indien : Prégent l'amusait, et ne lui aurait jamais donné que de bons exemples et d'utiles leçons. Au milieu des Brésiliens que je fus obligé de prendre pour me servir, il n'avait rien à gagner, et il perdit jusqu'à ses grâces sauvages.

Le lendemain de mon herborisation dans la Serra, Firmiano était presque rétabli; mais il semblait que je ne dusse plus jouir d'un seul jour de tranquillité. José Marianno faisait avec succès son apprentissage d'empailleur; cependant il avait laissé passer deux repas sans prendre de nourriture; il était devenu triste, et il me dit qu'il voulait aller chez lui chercher ses effets. Cette espèce de menace me livrait à de nouveaux tourments; car Firmiano n'était pas parfaitement rendu à la santé, et je n'avais point encore de *tocador*.

Le bon *alféres* avait inutilement tâché de m'en procurer un; il finit par me dire qu'il croyait inutile d'en chercher plus longtemps dans les environs du Rio das Mortes. J'allai donc à S. João, et, afin d'être assuré de trouver quelque part un homme tel qu'il m'en fallait un, je priai l'*ouvidor* de me donner une lettre de recommandation pour les commandants des villages où je devais passer en quittant le Rancho. Ce magistrat me reçut parfaitement et me remit une lettre pour le *capitão mór* de Tamanduá.

J'étais plus fatigué que je ne puis le dire de tous les retards que j'essuyais. Mes jambes pouvaient à peine me soutenir; on me trouvait extrêmement maigri, et je craignais de tomber malade à mon tour, si je restais plus longtemps dans un pays où j'avais éprouvé tant d'inquiétudes et de chagrins, et pour lequel je sentais à chaque instant augmenter mon aversion. Enfin, le 18 de mars, je pris la résolution de partir le lendemain, quelque chose qui pût arriver. Le soir, je fis mon compte avec mes hôtes du Rio das Mortes Pequeno; mais, à l'exception de quelques petites provisions que je les avais chargés de m'acheter, ils ne voulurent rien me faire payer, et cependant c'étaient des gens pauvres. Nuit et jour, ils avaient prodigué des soins à mes malades, ils m'en avaient donné à moi-même; ils avaient blanchi mon linge, ils n'avaient cessé de me faire de petits cadeaux, et pendant un mois ils s'étaient privés pour nous d'une partie de leur maison. Si je n'avais pas eu à me louer des habitants de S. João d'El Rei (1), du moins j'avais retrouvé chez ces bonnes gens l'aimable hospitalité qui m'avait fait vouer aux Mineiros une reconnaissance éternelle.

(1) Voyez mon *Voyage dans le district des Diamants*, etc., vol. I.

CHAPITRE VII.

TABLEAU GÉNÉRAL DU PAYS ÉLEVÉ ET DÉSERT COMPRIS ENTRE S. JOÃO D'EL REI ET LA SERRA DA CANASTRA.

Élévation du pays. — Sa végétation. — Occupation des habitants. — Comment on élève les pourceaux; le commerce de ces animaux. — Habitation des cultivateurs; leurs mœurs. — Ils sont moins hospitaliers que ceux des autres parties de la province de Minas ; comment l'auteur est reçu par l'un d'eux. — Avantages et inconvénients de leurs réunions dans les villages. — Fainéantise des hommes pauvres.

Pour me rendre à Paracatú et de là à Goyaz, je ne suivis point la route la plus directe (1); je m'en écartai, dans l'intention d'aller visiter la *Serra da Canastra*, où prend naissance le Rio de S. Francisco, et qui sert de limite aux *comarcas* de S. João d'El Rei (2) et de Paracatú.

Pour arriver à cette montagne, je me dirigeai à peu près vers l'ouest-quart-nord-ouest, et je fis environ 45 lieues portugaises. Le pays que je parcourus dans cet espace forme une espèce de crête et doit nécessairement être fort

---

(1) La grande route de Goyaz passe par Bambuy, après avoir traversé Formiga (Eschwege, *Bras. die neue Welt*, I, 61).

(2) Je ne crois pas avoir besoin de dire que, ni en français ni en portugais, il ne faut écrire, comme a fait un moderne, *Saint-Jean d'El Rey* (Suz., *Souv.*, 279). La géographie n'admet pas plus que les sciences naturelles les mots hybrides.

élevé, puisqu'il se trouve compris entre les commencements du Rio Grande et les sources des premiers affluents du S. Francisco (1); d'ailleurs nous savons, par les observations barométriques de M. d'Eschwege, que la *fazenda* de *Vicente*, située à 4 lieues de la petite ville de *Tamanduá*, qui se trouve sur cette route, est élevée de 2,465 p. anglais (551 mètres) au-dessus du niveau de la mer, et que le village de *S. João Batista*, situé à 5 lieues de celui d'*Oliveira* où je m'arrêtai, se trouve à une hauteur de 3,265 p. anglais (994^m,8) (2).

Ce pays est généralement montueux et présente une alternative de pâturages et de bois ; il existe même une véritable forêt auprès de Tamanduá. L'herbe des *campos* n'a point ici l'excellente qualité de celle du canton de Rio Grande, et ce n'est que vers la Serra da Canastra qu'on trouve le *capim frecha* (herbe flèche), Graminée qui caractérise les meilleurs pâturages. En divers endroits, les *campos* sont parsemés d'arbres tortueux et rabougris, comme le sont ceux que j'avais parcourus entre le nord de la province des Mines et le Rio de S. Francisco (3).

C'est au delà de *Formiga*, village situé à environ 24 lieues

---

(1) On verra bientôt que j'ai donné à cette crête le nom de *Serra do Rio Grande e do S. Francisco*, parce qu'elle divise les eaux de ces deux rivières.

(2) Eschw., *Bras. die neue Welt*, I, 23, 28. — « Ces lieux, dit aussi « d'Eschwege, doivent former le plateau le plus élevé non-seulement de « la province des Mines, mais encore de tout le Brésil, puisque leurs « eaux s'écoulent, d'un côté, jusqu'aux dernières limites méridionales « de cet empire, et, de l'autre, presque jusqu'à ses frontières septen- « trionales. »

(3) Voyez mon *Voyage dans les provinces de Rio de Janeiro*, etc., vol. II.

de S. João d'El Rei, que l'on place, de ce côté, les limites du Sertão ou désert; mais le pays commence bien plus tôt à être peu habité. Entre la *fazenda* appelée *Capão das Flores*, éloignée de 6 *legoas* et demie du Rancho do Rio das Mortes et celle du *Capitão Pedro*, je ne vis qu'une habitation dans un espace de 2 lieues et demie; le lendemain, je rencontrai une seule personne; le surlendemain, je n'aperçus même pas un voyageur.

Il existe encore des minières en exploitation dans les terrains qui avoisinent le plus le Rancho do Rio das Mortes Pequeno et S. João d'El Rei ; mais celles des environs de Tamanduá et de *Piumhy* sont aujourd'hui entièrement abandonnées. On cultive la terre, on élève des bestiaux et l'on engraisse des cochons. A peu près depuis l'habitation du Capitão Pedro, située à 9 lieues du Rio das Mortes, je vis, dans toutes les *fazendas*, un grand nombre de ces derniers animaux, et ce sont eux qui forment la principale richesse des environs de Formiga.

Il faut, dans les habitations, être continuellement en guerre avec eux, et, en certaines circonstances, surtout, ils sont d'une impudence très-embarrassante. Je vais dire en deux mots quels sont les soins qu'on leur donne. On ne tient point enfermés les femelles, les verrats et les jeunes ; on les laisse errer en liberté autour des *fazendas*; deux fois le jour, on leur donne du maïs en épis, et, tous les deux mois, une petite portion de sel délayé dans de l'eau ; on examine de temps en temps s'ils n'ont point de blessures, et on les guérit avec du mercure doux. Quant aux pourceaux châtrés que l'on veut engraisser, on les soigne davantage ; on les enferme, pendant le jour, dans un *curral*, et, pendant la nuit, on les fait entrer sous un hangar où l'on étend de la paille de maïs, c'est-à-dire les enveloppes des épis ; on leur donne à manger trois fois le jour, ordinairement deux fois du maïs égrené, et la troisième du *fubá* (1), des *inhames* (*Caladium esculentum*) ou des *carás* (*Dioscorea alata*) (2) ; tous les quinze jours, on leur fait boire de l'eau salée, et, dans les habitations où l'on fait des fromages, on remplace le sel par des rations journalières de petit-lait.

La race de pourceaux la plus commune dans ce pays porte le nom de *porcos canastra* (cochons malles). Ces cochons sont ordinairement noirs ; ils m'ont paru avoir les jambes plus longues que ceux de France, le corps plus court et le dos plus arrondi ; leurs oreilles sont redressées dans la jeunesse, un peu pendantes chez les adultes. On châtre ces animaux, mâles et femelles, à l'âge d'un an, et il leur faut

(1) Le *fubá* est la farine de maïs simplement moulue ; la *farinha* est le maïs séparé de ses enveloppes, mis en bouillie à l'aide de la machine appelée *manjola*, puis séché dans une chaudière peu profonde, et enfin réduit en une poudre grossière (voyez mon *Voyage dans les provinces de Rio de Janeiro*, etc., I, 135).

(2) On a vu que, dans le canton de Rio Grande, on donne aussi aux cochons des *inhames* et des *carás*, et qu'en particulier mon hôte du rancho do Rio das Mortes Pequeno avait deux champs de *carás*. Ici donc je ne puis être d'accord avec M. d'Eschwege, car il assure qu'on nourrit les cochons uniquement avec du maïs, et que la disette de ce grain condamne ces animaux à mourir de faim ; il raconte même que, ayant conseillé à des agriculteurs de cultiver la patate pour en nourrir leurs pourceaux, ils lui répondirent qu'ils n'iraient certainement pas se donner la peine d'arracher des patates pour les cochons, enfin il ajoute que, lorsqu'on tient un pareil langage, il faut abandonner hommes et cochons à leur malheureux sort (*Bras. die neue Welt*, I, 27, 28). Au reste, M. d'Eschwege écrivait tout ceci en 1814, et il ne serait pas absolument impossible que l'usage de donner des *inhames* et des *carás* aux cochons se fût introduit dans cette partie de la province des Mines de 1814 à 1819.

un an pour engraisser. Un pourceau moyen de cette race (1) pèse, quand il est gras, environ 6 arrobes (88 kil. 2 h.) (2).

On envoie les cochons par troupeaux à la capitale du Brésil, en leur faisant faire 3 lieues portugaises par jour. Les jeunes gens qui les conduisent se payent à raison de 6,600 reis (41 f. 20 c.) pour le voyage, et il y a 80 *legoas* de Rio de Janeiro au village de Formiga, qui peut être considéré comme le centre des affaires dans la contrée que je tâche de faire connaître. Les marchands de Formiga achètent les pourceaux dans les *fazendas* des alentours, où l'on en élève un très-grand nombre, si peu considérables qu'elles soient, et, si je puis croire ce qui m'a été dit, un de ces marchands, à lui seul, en avait fait partir vingt mille dans l'année 1818.

J'ai déjà dit que les cultivateurs de la *comarca* de S. João d'El Rei soignaient moins leurs demeures que les *fazendeiros* des cantons aurifères. Il est bien clair qu'il ne saurait y avoir d'exception pour une des parties de cette *comarca* qui s'éloignent le plus des centres de la civilisation dans la province des Mines. L'habitation de *Cachoeirinha*, située un peu en deçà de Tamanduá, a 3 lieues portu-

---

(1) Dans le canton de Rio Grande, on élève, m'a-t-on dit, une espèce de cochons qu'on appelle *porcos tatú* (cochons tatous); ceux-ci auraient les jambes encore plus hautes que les *porcos canastra*; ils seraient beaucoup plus courts, plus ramassés; ils auraient le dos plus arrondi et n'atteindraient jamais le poids des autres : on les châtrerait à six ou sept mois, et ils seraient gras à un an. Si on leur donne la préférence dans le canton de Rio Grande, c'est, m'a-t-on ajouté, parce qu'on y trouve un débit facile du maïs, et qu'il n'en faut pas autant pour engraisser les *porcos tatú* que les autres pourceaux.

(2) Selon M. d'Eschwege, les cochons gras ne pèsent que de 4 à 5 arrobes.

gaises de long sur 2 de large : j'y vis un nombre considérable de bêtes à cornes, de pourceaux, de moutons ; le propriétaire, M. le *capitão mór* João Quintino de Oliveira, avait vendu, cette année-là, à Rio de Janeiro, des cochons pour la valeur de deux *contos de reis* (15,000 fr.), et c'était d'ailleurs un homme poli, dont la table annonçait assez la richesse ; cependant les bâtiments qu'il occupait étaient à peu près aussi négligés que ceux qui sont réservés pour les maîtres dans toutes les autres *fazendas*. Ils étaient, avec les cases à nègres, placés au fond d'une vaste cour entourée de pieux qui avaient la grosseur de la cuisse et la hauteur d'un homme, genre de clôture fort en usage dans ce pays. D'une galerie (*varanda*) (1) assez large dont l'extrémité avait été réservée pour former un petit oratoire, on passait dans une grande pièce sans plafond, sans aucune peinture, qui n'avait d'autre ameublement que des bancs de bois, quelques tabourets revêtus de cuir et une énorme dame-jeanne avec un pot en fer-blanc destiné à y puiser ; quelques petites chambres, qui ouvraient sur cette salle, n'étaient pas ornées plus richement qu'elle. Principalement au delà de Tamanduá, c'est-à-dire près du Sertão et dans ses limites, les habitations se composent de plusieurs petits bâtiments isolés, mal construits et disposés sans ordre, au milieu desquels on distingue à peine le logement du maître. Je citerai celle de *Dona Thomazia*, située entre le village de Piumhy et la Serra da Canastra. Elle avait une étendue assez considérable ; j'y vis plusieurs esclaves, des bêtes à cornes, un grand nombre de pourceaux ; et cependant,

---

(1) J'ai expliqué avec détail, dans ma *première relation*, ce que sont les *varandas*.

au milieu de plusieurs maisonnettes servant de granges et de cases à nègres, la propriétaire habitait une misérable chaumière construite sans aucun art, et où l'on ne trouvait d'autre ameublement qu'une table avec de chétives bancelles (1).

J'ai à peine besoin de dire que les habitants de ces *fazendas* ne ressemblent point aux Mineiros des *comarcas* de Sabará, du Serro do Frio et de Villa Rica. Ce sont des hommes grossiers et ignorants. Ils ont les mêmes manières, à peu près, que nos paysans de France ; mais il s'en faut bien qu'ils soient aussi gais et aussi actifs. Je ferai observer, de plus, que les cultivateurs de ce pays ont le corps extrêmement droit, tandis que nos paysans sont, en général, plus ou moins courbés, différence qui tient à ce que ceux-ci travaillent sans cesse la terre, tandis que les premiers se font remplacer par des nègres ou se bornent à soigner leur bétail.

(1) M. da Cunha Mattos, qui, en 1823, s'est rendu directement de Rio de Janeiro à Goyaz, a cependant passé, comme moi, par Oliveira, Cachoeirinha, Formiga, et a pu prendre une idée du pays que je cherche à faire connaître. « A peu de distance de Formiga, il fut reçu, dit-il, dans « une maison qui était construite avec de la terre et des morceaux de « bois qu'on n'avait pas même pris la peine de dégrossir. Dans la mu-« raille, on avait fiché un grand nombre de cornes de cerf (*veados*) aux-« quelles étaient suspendus divers objets : à celle-ci, une selle ; à celle-là, « un fusil ; plus loin, un chapeau ; ensuite une corbeille, puis un tamis, et « immédiatement après une capote. La peinture que je fais de cette mai-« son, ajoute l'auteur, convient à tous les *sitios* et à la plupart des *fa-* « *zendas*. Bien peu de personnes connaissent les commodités de la vie ; « elles habitent, pendant un grand nombre d'années, des propriétés qui « semblent destinées à être abandonnées à chaque quart d'heure. Les « maisons des villages sont un peu plus soignées ; mais, dans les *fazen-* « *das*, les cornes sans rameaux et fort courtes des cerfs du pays sont les « clous qui soutiennent les cadres dont l'appartement est orné, et ces

Quoique ces hommes habitent un pays éloigné et désert, on ne trouve pas chez eux cette aimable hospitalité qui est si générale dans d'autres parties de la province des Mines. Je citerai, pour exemple, ce qui m'arriva dans une habitation très-importante. A mon arrivée, on fit placer mes effets dans une petite chambre humide et obscure, remplie de puces et de chiques (*pulex penetrans*). Pour ne pas faire de peine au fils de la maison, avec lequel j'avais voyagé, je ne me plaignis point, et j'allai travailler sous la galerie (*varanda*). On me fit la politesse de défendre à Firmiano de mettre le chaudron au feu et l'on m'invita à dîner; mais on ne me donna pas de quoi satisfaire l'appétit le plus modéré. José Marianno et l'Indien furent entièrement oubliés, et seraient morts de faim s'il ne leur était resté un peu de haricots du repas du matin. Le soir, j'attendis inutilement qu'on m'offrirait un lit; il n'en fut pas question. Cependant la chambre où l'on m'avait logé était tellement embarrassé par mes effets, tellement remplie d'insectes malfaisants, que j'aimai mieux faire faire mon lit dehors que d'y coucher. Ayant eu froid pendant la nuit, je me levai de fort mauvaise humeur, bien décidé à donner une bonne leçon à mon hôte. Il se présenta et me souhaita le bonjour; pour toute réponse, je lui demandai s'il savait lire, et je le priai de jeter les yeux sur ma *portaria* (passe-port royal). A mesure qu'il lisait, je voyais sa figure se composer et son maintien devenir respectueux. « Je ne vous ai pas montré ce papier hier au soir, lui « dis-je, quand il eut fini; je croyais qu'un homme de bien

« cadres, ce sont des selles, des brides, des fusils et autres objets sem-
« blables. » (*Itin.*, I, 66.) Comme on ne tue pas des cerfs à chaque instant, je ne crois pas mentir en disant que le luxe de leurs cornes a été plus d'une fois remplacé par de simples morceaux de bois.

« n'avait pas besoin d'ordre pour donner un gîte passable
« au voyageur qui se présente d'une manière honnête; je
« suis bien aise de vous faire voir que celui que vous avez
« fait coucher à votre porte, lorsque vous avez une maison
« aussi considérable, est un *cavalheiro* honoré de la pro-
« tection particulière de votre roi. » Et, comme je connaissais les affaires de mon hôte, j'ajoutai à ces paroles une
menace qui devait lui être extrêmement sensible. Le pauvre
homme resta pétrifié; il se confondit en excuses et m'offrit
toute sa maison. Pour unique faveur, je lui demandai de
mieux recevoir les étrangers à l'avenir, et je m'obstinai à
payer les petites provisions que j'avais faites chez lui.

Les cultivateurs passent leur vie dans les *fazendas*, et ne
vont au village que les jours où la messe est d'obligation. En
les forçant à se réunir et à communiquer les uns avec les
autres, l'accomplissement des devoirs de paroissien les empêche, peut-être plus que toute autre cause, de tomber dans
un état voisin de la vie sauvage. Il faut le dire, cependant,
l'utilité de ces voyages à la paroisse serait bien plus grande,
si le cultivateur pouvait en rapporter quelque instruction
morale et religieuse ; mais les ecclésiastiques, dans la province des Mines, ne s'occupent point à instruire les fidèles (1), et, trop souvent, ils les scandalisent par leur conduite irrégulière.

Dans les pays très-civilisés, l'absence d'un enseignement
religieux et moral conduit à un grossier matérialisme; dans
ceux qui ne le sont qu'imparfaitement, elle mène à la superstition. Ainsi les habitants de la contrée que je tâche

---

(1) Voyez ce que j'ai écrit sur le clergé de la province des Mines, dans
mon *Voyage dans les provinces de Rio de Janeiro*, etc., vol. I, p. 167.

de faire connaître ajoutent généralement foi aux sorciers et aux loups-garous, et beaucoup de gens vont jusqu'à traiter d'hérétiques ceux qui se refusent à cette croyance.

Je viens de dire combien il est utile pour les cultivateurs qu'ils aient l'occasion de se rassembler quelquefois et de communiquer les uns avec les autres; mais je dois ajouter que les avantages de leurs réunions dans les bourgades et les petites villes sont malheureusement compensés par les dangers qui les y attendent. La population permanente des villages est, en effet, ici comme dans le reste de la province des Mines, composée, en grande partie, d'hommes oisifs et de femmes de mauvaise vie, et sous les *ranchos* des plus humbles hameaux un libertinage honteux se montre quelquefois avec une effronterie dont on n'a pas d'exemple dans nos villes les plus corrompues.

Compagne des mauvaises mœurs, la fainéantise est une des principales plaies de cette contrée. Dans un espace de 60 lieues, je fis des efforts inutiles pour me procurer un *tocador*, et cependant il existe partout une foule d'hommes pauvres et sans occupation! Ceux qui sont mariés plantent sur le terrain d'autrui, et se résignent à travailler pendant quelques jours pour vivre sans rien faire tout le reste de l'année. Les célibataires, et c'est le plus grand nombre, vont d'une maison dans une autre; ils vivent aux dépens de leurs compères et de leurs commères, et s'engagent souvent dans des parties de chasse qui durent plusieurs mois; il faut bien qu'ils se vêtent, mais le plus léger travail leur suffit pour monter leur garde-robe, qui se compose de deux chemises et d'autant de pantalons d'une toile de coton grossière. Outre le bonheur d'être oisifs, ils trouvent, dans cette vie nomade et indépendante, un autre avantage, celui de se soustraire à toutes les charges publiques, en particulier au service militaire. Dans le désert, l'administration ne peut exercer aucune surveillance, les lois restent sans force, et beaucoup de gens y viennent des autres parties de la province, soit pour échapper aux poursuites de la justice, soit uniquement pour jouir d'une liberté sans bornes (1).

(1) « Dans un *campo* où l'on avait formé deux petites habitations, « je vis, dit da Cunha Mattos (*Itin.*, I, 71), un grand nombre d'arbres « fruitiers qui me prouvèrent que l'on pourrait tirer parti des pays dé- « couverts pour la culture de ces arbres, s'il régnait moins de paresse « au Brésil et principalement dans la province de Minas Geraes..... Tout « vagabond (*vadio*) qui possède une guitare a son pain gagné sans avoir « besoin de travailler, et trouve toujours des gens qui veulent l'avoir « chez eux. » (*Itin.*, I, 71.) Ceux-là, du moins, amusent leurs hôtes : ce sont les ménestrels du désert; mais tout *vadio* n'a point une guitare, il faut d'abord travailler pour pouvoir l'acheter.

CHAPITRE VIII.

COMMENCEMENT DU VOYAGE DE S. JOÃO D'EL REI AUX SOURCES DU S. FRANCISCO. — LES VILLAGES DE CONCEIÇÃO ET D'OLIVEIRA. — LA VILLE DE TAMANDUÁ.

Départ du Rancho do Rio das Mortes Pequeno. — Surface du pays situé entre le Rio das Mortes Pequeno et la *fazenda* de *Tanque*; sa végétation. — La *fazenda* de Tanque. Clergé. — Le village de *Conceição*. — Pays situé entre ce village et la *fazenda* du *Capão das Flores*. Pays situé entre cette habitation et celle du *Capitão Pedro*.— Description de cette dernière *fazenda*. Réception qu'on y fait à l'auteur. Culture. — Le *Quina do Campo* (*Cinchona ferruginea*). Influence de la constitution minéralogique sur la nature de la végétation. Réflexions sur l'exploitation des mines de fer. — *Fazenda das Vertentes do Jacaré*. Puces pénétrantes. — Pays situé au delà de cette habitation. — Le village d'*Oliveira*. Un *rancho*. — La *fazenda* de *Bom Jardim*. Costume des campagnards peu aisés. Un rêve. — *Morro de Comacho. Fazenda da Cachoeirinha*. Son propriétaire, M. João Quintino de Oliveira. — La ville de Tamanduá; son histoire; ses habitants; sa population; ses rues, ses maisons, ses églises; maladies qui y règnent le plus généralement. — Histoire d'un homme bien portant mordu par un chien enragé.— Celle d'un lépreux mordu d'abord par un chien enragé, puis par un serpent à sonnettes.

J'ai dit plus haut que je n'avais pu trouver un *tocador* dans les environs du Rio das Mortes Pequeno, et que le principal magistrat de S. João m'avait donné, pour le *capitao mór* de la ville de Tamanduá, une lettre où il l'invitait à m'en procurer un. Le bon *alferes* José Pereira da

Silva voulut bien, en attendant, mettre en réquisition un homme qui reçut l'ordre de m'accompagner jusqu'à Tamanduá. Il me l'amena le 19 mars au matin, et je partis, après avoir pris congé de mon hôte, le vieil Anjo, de sa fille Dona Rita et de Dona Isabel, sa compagne. Le vieil Anjo pleurait en m'embrassant, et tous m'exprimaient leurs regrets. Anjo avait près de soixante-dix ans; il était dans une activité continuelle; il parlait, il riait, il grondait toujours, mais il ne passait pas un instant sans donner des preuves de la bonté de son cœur.

Ce fut cependant avec un grand plaisir que je quittai ce Rio das Mortes, où j'avais éprouvé tant de chagrins et d'inquiétudes, et dont je ne pouvais même prononcer le nom sans une sorte de frémissement. Au commencement du voyage, j'étais encore plongé dans une mélancolie profonde; les idées les plus tristes m'obsédaient; la vie me paraissait un poids insupportable. Mais l'exercice auquel j'étais forcé de me livrer, le travail, la vue de nouveaux objets m'arrachèrent à moi-même; bientôt je repris des forces, et mon courage commença à renaître (1).

(1) Itinéraire approximatif du Rancho do Rio das Mortes, près S. João d'El Rei, à la ville de Tamanduá :

Du Rancho do Rio das Mortes Pequeno à Tanque, habitation................	3 legoas.
Capão das Flores, habitation.........	3 1/2
Capitão Pedro, habitation............	2 1/2
Fazenda das Vertentes do Jacaré, habitation.	3 1/2
Oliveira, village.................	3 1/2
Bom Jardim, habitation.............	3 1/2
Cachoeirinha, habitation............	3
Tamanduá, ville.................	2
	24 1/2 legoas.

Je suivis quelque temps le vallon où coule le Rio das Mortes Pequeno. A peu de distance du Rancho que je venais de quitter, je passai auprès d'une chapelle qui est du nombre des succursales de la paroisse de S. João d'El Rei (1), et qui porte le nom de S. *Antonio das Mortes* ; peu après, je traversai une grande minière du genre de celles dites de *gupiara* (2), et, ensuite, je montai sur un morne élevé appelé *Morro da Lagoa Verde* (le morne du lac vert).

La végétation avait été, jusque-là, celle des fonds dans les pays découverts ; j'avais vu des arbrisseaux et de petits arbres d'un vert très-beau, mais un peu foncé. Sur le morne de Lagoa Verde, je retrouvai les plantes ordinaires aux *campos*; des Graminées, quelques autres herbes, un petit nombre de sous-arbrisseaux parmi lesquels dominaient les Composées.

Depuis mon entrée dans les *campos*, je n'avais vu nulle part des mornes aussi peu arrondis, des vallées aussi étroites et aussi profondes que dans le pays où je voyageai, entre Lagoa Verde et la *fazenda* de *Tanque*, dont je parlerai bientôt ; et, par une conséquence naturelle de ce que j'ai dit ailleurs sur la coïncidence de la végétation avec la disposition du sol, je trouvai dans ce canton autant de bois que de pâturages.

Du sommet de quelques mornes on découvre une im-

(1) Piz., *Mem. hist.*, VIII, segunda part., 126.
(2) Dans la *minération* de *gupiara*, on se borne à mettre à nu la surface aurifère, en la disposant de manière à opérer sur place une partie du lavage. Ce sont des terrains inclinés que l'on exploite ainsi. (Voyez mon *Voyage dans les provinces de Rio de Janeiro*, etc., I, 247, 252.)

mense étendue de pays. Il existe dans les fonds des *fazendas* assez considérables. Les minières sont très-multipliées, et, à l'époque de mon voyage, plusieurs d'entre elles étaient encore en exploitation ; toutes appartiennent au genre de travail appelé *gupiara* : on les reconnaît aisément dans le lointain à la couleur rouge des terres que l'on a mises à nu.

La position de la *fazenda* de Tanque (réservoir), où je fis halte le jour que je quittai le bon vieil Anjo, est extrêmement agréable. Cette habitation a été bâtie dans une large vallée qu'arrose le Rio das Mortes Grande. Des mornes peu élevés, couverts de bois et de pâturages, dessinent la vallée ; un peu au-dessus de la *fazenda*, est un petit lac qui fournit de l'eau à un moulin à sucre, et, du côté opposé, on a une échappée du Rio das Mortes.

Le propriétaire de Tanque était un prêtre. Dans ce pays, un grand nombre d'ecclésiastiques se bornent à dire la messe, et font d'ailleurs toute autre chose qu'exercer les fonctions du ministère sacré. Rien n'est si commun que les prêtres *fazendeiros* ; le meilleur apothicaire de S. João d'El Rei était un ecclésiastique qui, lui-même, préparait et vendait ses drogues; dans cette ville, à ce que me dit le curé, un autre prêtre débitait des étoffes à l'aune. Que peut-on attendre d'hommes qui professent aussi ostensiblement l'oubli de toutes les règles? et je passe sous silence de bien plus grands scandales.

Lorsque, après avoir passé la nuit à Tanque, nous voulûmes partir, nous cherchâmes inutilement le *tocador* que m'avait procuré l'*alferes* José Pereira da Silva ; il avait pris la fuite. A la vérité, cet homme me suivait en vertu d'un ordre de son supérieur ; mais je l'avais prévenu que je le payerais sur le pied de 100 reis par jour (62 c.), et il était, depuis longtemps, sans occupation comme sans salaire. Mais pourquoi ces hommes travailleraient-ils? ils trouvent partout des gens qui les nourrissent sans rien faire. Force nous fut de partir sans *tocador*.

Parvenu sur le sommet des collines qui dominent la vallée où est située la *fazenda* de Tanque, je découvris une immense étendue de pays montueux qui présente plus de bois que de pâturages. Je fis une demi-lieue, et j'arrivai au village (*arraial*) de la *Conceição* (conception) (1).

Ce village fait partie de la paroisse de S. João d'El Rei et en est une succursale. Il doit sa fondation à l'or qu'on trouvait autrefois dans son voisinage, principalement sur les bords du Rio das Mortes. Les mines se sont épuisées, et les habitants un peu riches ont été s'établir ailleurs ; ceux qu'on voit encore aujourd'hui à la Conceição sont presque tous des hommes de couleur que le passage de quelques caravanes empêche de mourir de faim, et des mulâtresses qui trafiquent de leurs charmes. Cette histoire est celle de la plupart des villages de la province de Minas Geraes.

Celui de la Conceição est bâti sur la croupe d'un morne peu élevé. Les maisons qui le composent, au nombre de cent environ, sont très-petites, basses, presque carrées, couvertes, les unes en tuiles, les autres en chaume, pour la plupart écartées les unes des autres. Jamais elles n'ont dû offrir beaucoup de commodités, et aujourd'hui qu'elles

---

(1) Il ne faut pas confondre ce village, dont le vrai nom est *Nossa Senhora da Conceição da Barra*, avec celui de la Conceição de Mato dentro, situé entre Marianna et Villa do Principe (voyez mon *Voyage dans les provinces de Rio de Janeiro*, etc., I, 31). Cazal indique aussi un village de la Conceição dans la province de Goyaz (*Cor. Braz.*, I, 347).

tombent en ruine, elles ne présentent plus que l'aspect de la misère et de l'abandon.

Au milieu de ces demeures si pauvres, on est étonné de voir une église fort grande pour le pays et très-bien entretenue. L'intérieur répond au dehors ; il est bien éclairé et orné, non-seulement de dorures, mais encore de peintures très-supérieures à celles qu'on voyait, à cette époque, dans celles de nos églises de campagne dont on prenait le plus de soin. Il paraît que l'on a, dans le pays, beaucoup de dévotion à la Vierge de Conceição, car il existe, dans son église, un grand nombre de petits tableaux qui représentent des guérisons opérées miraculeusement par son intercession.

Cette église n'est pas la seule qu'on voie dans le village de la Conceição. Tout chétif qu'il est, il en possède encore une autre plus petite que la première. La manie de multiplier les églises a été générale dans la province des Mines, et elle l'était même encore à l'époque de mon voyage. Il eût été plus chrétien de former des associations pour améliorer le sort des nègres que l'on affranchit quand ils ne peuvent plus pourvoir à leur subsistance, ou bien pour empêcher que tant de jeunes gens ne deviennent des vagabonds (*vadios*), et tant de jeunes filles des prostituées.

Malgré l'état de misère où est tombé le village de la Conceição, il jette de la variété dans le paysage, et y produit un effet très-agréable.

A une demi-lieue de ce village, près la *fazenda* de *Barra* (confluent), je retrouvai le Rio das Mortes Pequeno, qui, en cet endroit, comme je l'ai dit, se jette dans le Rio das Mortes Grande.

Depuis Barra jusqu'à la *fazenda* du *Capão das Flores*,

dans une étendue d'environ 2 lieues et demie, je ne traversai plus qu'un pays généralement boisé. Presque partout, cependant, les bois primitifs ont été coupés et se trouvent remplacés par des *capoeiras* ; ils le sont même quelquefois par cette grande Fougère (*Pteris caudata* ex Mart., le *Camambaia* des Mineiros) qui fait tant de mal et que je n'avais aperçue nulle part depuis ma sortie des grandes forêts (1). Avec elle, je vis en abondance un *Panicum* (n° 665) qu'on appelle *pegapega* (2), parce que ses soies s'attachent fortement aux corps qu'elles approchent, et que quelquefois même elles retiennent les petits oiseaux. Où croît la grande Fougère, la terre est d'un rouge foncé, comme dans le canton de Matro dento (3) et ailleurs, coïncidence qu'il est bon de noter.

Je traversai une immense *capoeira* qui avait été brûlée par accident, et où les troncs noircis des arbrisseaux s'élevaient encore au milieu des grandes Fougères. Le système d'agriculture adopté dans la province des Mines et dans d'autres parties du Brésil rend, comme je l'ai dit ailleurs, ces incendies très-fréquents, et c'est encore là un des inconvénients qu'il présente.

Depuis que j'avais quitté le Rancho do Rio das Mortes, je rencontrais fort peu de bestiaux. On en élève beaucoup

---

(1) Cette fougère s'empare des terrains qui ont été mis plusieurs fois en culture et elle les rend inutiles (voyez mon *Voyage dans les provinces de Rio de Janeiro*, etc., I, 294).

(2) *Pega* est la troisième personne du présent du verbe *pegar*, qui signifie *s'attacher*.

(3) Par le canton de *Mato dentro* (l'intérieur des bois), j'entends le pays situé dans la *région des forêts* au delà de la ville de Marianna et où plusieurs villages ont été distingués par ce nom même de *Mato dentro*, tels que S. Miguel de Mato dentro, Itabira de Matro dentro, etc.

moins dans ce canton que dans celui de Rio Grande, sans doute parce que les pâturages n'y ont pas une aussi grande étendue. Ils me semblèrent composés des mêmes plantes que les *campos* où j'avais passé, entre les bois vierges et S. João d'El Rei, mais elles sont ici plus grandes et plus serrées ; on m'assura que, lorsqu'on mettait le feu à ces pâturages, l'herbe était beaucoup plus longtemps à repousser que dans les environs du Rio Grande, où elle est plus fine, et c'est là un des obstacles qui s'opposent à la multiplication du bétail. Je dois dire encore que l'on ne trouve point ici le *capim frecha*, cette Graminée qui caractérise les meilleurs pâturages. C'est principalement à la culture de la canne à sucre que se livrent les *fazendeiros* de ce canton.

Après avoir passé la nuit à la *fazenda* du *Capão das Flores* (le bois des fleurs), je suivis, pendant quelque temps, une vallée humide, où des bouquets de bois étaient jetés çà et là au milieu d'une herbe épaisse. Le soleil n'avait pas encore beaucoup de force ; le ciel était du plus bel azur ; les vapeurs qui s'échappaient de la vallée répandaient dans l'air une agréable fraîcheur ; un calme délicieux se répandit, pour quelques instants, dans tous mes sens, et je jouis encore des beautés de la nature.

Nous étions au 21 de mars, et, depuis le 26 de février, époque à laquelle la sécheresse avait cessé, il y avait eu presque tous les jours du tonnerre et de la pluie : les pâturages n'avaient plus cette teinte grisâtre qui fatiguait la vue ; presque partout les *campos* s'étaient parés d'une verdure qui rappelait celle de nos champs de blé, peu de temps après que le grain a levé.

Entre le Capão das Flores et la *fazenda* du *Capitão Pe-*

dro, je parcourus, comme les jours précédents, un pays montueux, où les bois sont au moins aussi communs que les pâturages. Ce pays coupé n'a point la triste monotonie des immenses pâturages du Rio Grande, et cependant on a le plaisir d'y jouir aussi d'une vue fort étendue. Il est seulement à regretter que le paysage ne soit pas animé par des habitations. La veille j'en avais moins vu que le jour précédent, et, entre le Capão das Flores et le Capitão Pedro, je n'en vis qu'une seule, celle de *Larangeiras* (les orangers).

Depuis que le pays était plus boisé, les sous-arbrisseaux étaient devenus plus communs dans les pâturages, principalement vers le bas des mornes. Là, au milieu d'une herbe du vert le plus beau, l'on voit en grande quantité un *Bauhinia* à tiges nombreuses, de 2 à 3 pieds, et à feuilles entières (233), une Salicariée (263), une Corymbifère (306), l'*Hyptis* (223), et une autre espèce du même genre, à fleurs bleues et à feuilles très-odorantes (305).

En me rendant à la *fazenda* du Capitão Pedro, je vis dans un pâturage un de ces quadrupèdes que l'on appelle, dans le pays, *cachorros do campo*, et qui sont si redoutables pour les bêtes à laine. José Marianno lui tira un coup de fusil; mais son arme n'était chargée qu'avec de la cendrée et l'animal ne fut que blessé. Il vint à moi; malheureusement il passa trop vite pour que je pusse le bien observer. Il me parut avoir la grosseur d'un chien qui serait d'une taille au-dessous de la moyenne; son museau était un peu allongé, ses oreilles petites et droites, sa queue fort longue et horizontale, son pelage d'un gris bleuâtre; il ne courait pas, mais il fuyait en bondissant avec légèreté (1).

(1) M. le professeur Gervais pense que cet animal est le *Canis campestris* de M. le prince de Neuwied.

Du Capão das Flores, je n'allai que jusqu'à la *fazenda* du *Capitão Pedro*, qui en est éloignée de 2 lieues et demie. Cette *fazenda*, comme toutes les autres, est située dans un fond; les bâtiments qui en dépendent sont considérables, mais la maison du maître a été aussi négligée que dans toutes les habitations que j'avais vues depuis mon entrée dans la *comarca* de S. João.

Lorsque je me présentai, on m'indiqua pour logement une écurie obscure et remplie de fumier. Je ne fis aucune plainte, tant que mes malles ne furent point déchargées; mais, lorsque je fus armé de ma *portaria*, je dis au maître de la maison que je serais désolé de l'incommoder, que cependant je le priais de vouloir bien m'accorder un gîte plus convenable. La lecture de la *portaria* produisit l'effet d'un talisman; on devint d'une politesse extrême, on fit placer mes effets sous la *varanda*, on me donna un lit, et l'on empêcha Firmiano, que, depuis longtemps, j'avais promu au grade de cuisinier, de *mettre le chaudron au feu* (1).

La *fazenda* du Capitão Pedro a 2 lieues d'étendue; on y cultive le maïs, les haricots, le riz, et l'on y élève des bêtes à cornes et des pourceaux. La position de cette propriété entre S. João d'El Rei, la ville de S. José, le village d'Oliveira, la ville de Tamanduá et le village de Formiga, assure le débit de toutes les productions du sol. Année commune, le maïs rend ici, dans les bonnes terres, 160 pour 1. On cultive aussi un peu de coton dans les alentours du Capitão Pedro; mais les terres fortes et rouges du pays conviennent peu à ce végétal, et on est obligé de sarcler

(1) C'est l'expression consacrée pour dire faire la cuisine.

trois ou quatre fois la terre où on le plante. C'est la canne à sucre qui paraît réussir le mieux dans toute la contrée que j'avais parcourue depuis le Rio das Mortes.

Un peu avant d'arriver à la *fazenda* du Capitão Pedro, j'avais vu en abondance, sur une côte, au milieu des pâturages, ce petit Quinquina à fleurs odorantes et à feuilles couleur de rouille (*Cinchona ferruginea*, ASH.), qui croît en si grande quantité près de Villa Rica, Itabira de Mato dentro, etc. (1), et que je n'avais pas encore retrouvé depuis mon premier voyage. C'est dans les terrains ferrugineux que je l'avais observé alors, et, quand je fus arrivé à la *fazenda* du Capitão Pedro, j'appris qu'il y avait, auprès de cette habitation, une mine de fer dans un morne appelé *Morro do Palmital* (morne du champ planté de palmiers). Une coïncidence si souvent répétée doit faire con-

(1) Sous le nom de *Remija*, l'illustre de Candolle a séparé cette plante du genre *Cinchona* (*Prodr.*, IV, 357), parce que, dit-il, la déhiscence n'est pas seulement septicide, mais que la feuille carpellaire se fend plus ou moins dans son milieu. Si, comme je l'ai montré ailleurs (*Morphologie végétale*, 714), ce faible caractère suffisait pour l'établissement d'un genre, il faudrait, pour peu qu'on voulût être conséquent, en faire un du *Veronica Anagallis*, chez lequel nous le trouvons également. M. de Humboldt avait cru anciennement qu'il ne croissait pas de Quinquinas dans la partie orientale de l'Amérique du Sud ; puis il reconnut, après la découverte des *Cinchona ferruginea*, *Remijiana* et *Vellozii* (Rapport verbal fait à l'Académie des sciences sur un ouvrage de M. Auguste Saint-Hilaire, intitulé *Plantes usuelles des Brasiliens*, dans les *Annales des sciences d'Orléans*, VI, 168), qu'il en existe trois espèces au Brésil (peut-être de simples variétés d'une seule espèce) ; et, à présent, il n'y en aurait plus à l'est de l'Amérique, parce que, avec les propriétés des *Cinchona*, leurs caractères et, en particulier, leur déhiscence, les plantes que je viens de nommer présentent, dit-on, une fente dans le milieu de leurs valves ! Si l'on devait admettre de tels principes, il faut convenir que les détails de la géographie botanique reposeraient sur des bases bien peu solides. Mais il y a plus : c'est tout simplement une faute d'impres-

sidérer, ce me semble, la plante dont il s'agit comme l'indication de la présence du fer; ce qui prouve que la constitution minéralogique d'un terrain n'est pas toujours sans influence sur la nature de la végétation.

Quoi qu'il en soit, le propriétaire de la *fazenda* du Capitão Pedro avait établi chez lui un petit fourneau de forge, où il fondait, pour l'usage de sa maison, le minerai du Morro do Palmital; mais il se plaignait de ne pouvoir faire que de l'acier. Il paraît que, en général, le fer brut a au Brésil beaucoup de tendance à se changer en acier. Aux forges de Prata, où je passai, en 1818, on cherchait à remédier à cet inconvénient, en n'employant dans les fourneaux que les plus gros morceaux de charbon, et peut-être parviendra-t-on à y remédier dans tout ce pays, lorsque ses habitants connaîtront mieux l'art de fondre le fer. Il y a quelques années, le gouvernement du Brésil envoya en France un grand nombre de jeunes gens, en leur donnant l'ordre d'acquérir de la science; comment se fait-il qu'il

sion ou de copie qui changerait ainsi nos idées sur la distribution géographique des Quinquinas. En effet, après le passage où je dis, du fruit du *Cinchona ferruginea*, dans mes *Plantes usuelles des Brasiliens*, n° II, que *la capsule s'ouvre en deux valves par le milieu de la cloison*, passage qui indique le plus clairement possible une déhiscence septicide, ce qui est entièrement confirmé un peu plus loin (page 5), on lit, entre deux parenthèses, ces mots (*déhiscence loculicide*), qui, bien évidemment, sont le résultat d'une distraction ou d'une erreur de plume. Forcé de travailler très-rapidement, M. de Candolle n'a sans doute vu, dans ma description, que ces mots erronés, car il les répète dans la sienne en me citant, et c'est là ce qui l'a engagé à constituer le genre *Remija*. M. George Bentham a déjà reconnu, avec sagacité, l'erreur dans laquelle est tombé l'auteur du *Prodromus* (*Journ. bot.*, III, 215), et de ses observations, ainsi que des miennes, il résulte que le genre *Remija*, fondé sur une méprise, ne saurait être admis par les botanistes.

n'ait pas imposé à quelques-uns d'entre eux l'obligation d'étudier l'exploitation des mines et la métallurgie? L'administration de la province de Minas Geraes, pays où l'on trouve à peu près tous les métaux, a entretenu deux jeunes gens à Paris; on croira sans doute que l'on a fait cette dépense pour que ces jeunes gens apprissent à tirer, des richesses de leur patrie, le meilleur parti possible; tel n'a point été le but de leur long voyage; ils sont venus, m'a-t-on dit, de Minas à Paris, pour apprendre à arpenter.

Entre le Capitão Pedro et la *Fazenda das Vertentes do Jacaré*, je parcourus un pays à peu près semblable à celui où j'avais voyagé la veille, mais peut-être moins boisé. Dans toute la journée, je ne vis que trois habitations, dont deux peu importantes, et je ne rencontrai qu'une seule personne : à mesure que je m'éloignais de S. João d'El Rei, le pays devenait plus désert.

La *Fazenda das Vertentes do Jacaré* (habitation des sources du Jacaré) (1), où je fis halte, est située, suivant la coutume, dans un fond, près d'un ruiseau; de tous côtés, elle est entourée de collines couvertes de pâturages et de bois, et elle présente l'image d'une profonde solitude.

On m'avait d'abord donné, dans cette *fazenda*, une chambre basse et obscure, dont je m'étais contenté; mais, à peine y étais-je établi que, moi et mes gens, nous eûmes les jambes et les pieds couverts de chiques (*pulex penetrans*). Je demandai un autre local, et on me logea dans la *varanda*; mais je n'y fus pas mieux. Tandis que j'écri-

(1) A proprement parler, le mot *vertentes* signifie *versants*; mais il est évident que, au Brésil ou, du moins, dans quelques parties du Brésil, on lui donne la signification que nous donnons à notre mot *sources*.

vais, je sentais, à chaque instant, de nouvelles piqûres, et j'étais obligé de regarder mes pieds pour en arracher les chiques qui cherchaient à s'y enfoncer. Nulle part je n'en avais encore vu un si grand nombre. Il est difficile de croire que, avec des soins et de la propreté, on ne fût point parvenu à empêcher ces insectes de multiplier d'une manière aussi effroyable.

Entre la Fazenda das Vertentes do Jacaré et le village d'Oliveira, qui en est éloigné de 3 lieues et demie, le pays montueux, coupé de bois et de pâturages, présente de vastes solitudes; là je ne rencontrai pas un seul voyageur, je n'aperçus point de bestiaux, je ne vis que deux habitations, l'une sur le bord du chemin et l'autre dans le lointain. La veille, j'avais beaucoup monté; ce jour-là, je descendis tout à coup d'une manière très-sensible. Peu après, je traversai, sur un pont en bois fort mauvais, comme le sont tous ceux de ce pays, la rivière de *Jacaré*, qui prend sa source à la *fazenda* où j'avais passé la nuit et à laquelle elle donne son nom (*Fazenda das Vertentes do Jacaré*). J'avais monté pour parvenir à la source de cette rivière, puis j'avais descendu pour me retrouver sur ses bords. Immédiatement avant d'arriver au village d'Oliveira, je suivis un vallon assez agréable, d'où l'on a une échappée du village et où l'on voit déjà quelques maisonnettes.

A Oliveira, je me trouvai encore une fois confondu, sous un sale *rancho*, avec des *tropeiros* de toutes les couleurs. Dans tous les coins étaient des sacs de coton amoncelés, et des bâts couchés sur le côté les uns dans les autres. Deux ou trois feux allumés dans le *rancho* servaient à faire cuire le souper des muletiers. Une douzaine de personnes m'entouraient et s'extasiaient sur la patience de José Marianno, occupé à préparer des animaux. Les Mineiros ont une antipathie remarquable pour les voyages par mer; mais, en revanche, ils aiment à voyager par terre. La liberté dont on jouit dans les *ranchos* plaît surtout aux jeunes gens ; après une journée fatigante, ils savourent le repos nonchalamment étendus sur un cuir et occupés à jouer de la guitare ou à raconter leurs aventures.

Oliveira ou *Nossa Senhora da Oliveira* (Notre-Dame de l'olivier), où je passai la nuit, est une des succursales de S. José, petite ville située, comme je l'ai dit ailleurs, à 2 lieues de S. João d'El Rei (1). Ce village est du petit nombre de ceux qui ne doivent pas leur fondation à la présence de l'or ; il est uniquement redevable de son existence aux avantages de sa position. En effet, plusieurs routes importantes passent par ce point ; celle qui va de Barbacena au village de Formiga, celle du canton de Rio Grande à la ville de Pitangui, de Rio de Janeiro et de S. João d'El Rei à Goyaz, de Villa da Campanha à Formiga, etc.

Le village d'Oliveira est situé, au milieu des mornes, sur la croupe d'une colline dont le sommet est très-aplati. Il se compose de deux rues dont la principale est fort large. La plupart des maisons qui la bordent n'ont que le rez-de-chaussée, mais elles sont assez grandes pour le pays et couvertes en tuiles. En général, on a eu soin de les blanchir, et elles ont des portes et des fenêtres peintes en jaune avec une bordure rose, ce qui, au milieu des murailles blanches, produit un effet assez agréable (2). Une grande partie

---

(1) Piz., *Mem. hist.*, VIII, segunda part., 129 — *Voyage dans le district des Diamants*, I, 263.

(2) Les maisons d'Oliveira ne sont point des palais ; mais on voit pourtant, d'après ce que je dis ici, qu'elles ne méritent pas le nom de

de ces maisons, et même les plus jolies, ne sont habitées que le dimanche ; elles appartiennent à des propriétaires qui passent leur vie dans leurs *fazendas* et ne vont au village que les jours où la messe est d'obligation.

Oliveira possède deux églises dont la principale a été bâtie sur le sommet de la colline, au milieu de la grande rue, et à égale distance des deux rangs de maisons ; elle est assez jolie dans l'intérieur. On a employé, pour l'orner, une pierre d'un beau vert-pomme que le minéralogiste Pohl dit être du talc endurci (1).

On voit à Oliveira plusieurs boutiques d'étoffes et de mercerie qui sont très-bien garnies, des tavernes, une pharmacie et deux auberges dont chacune a un *rancho*. On y trouve aussi des tailleurs, des cordonniers, des serruriers, etc.

Je quittai bientôt ce village, et, jusqu'à la *fazenda* de *Bom Jardim*, je traversai encore un pays montueux, coupé de bois et de pâturages. Dans un espace de 3 lieues et demie, jusqu'à Bom Jardim, je ne rencontrai absolument personne, je n'aperçus point de bestiaux dans les pâturages ; je ne vis que deux chaumières et une *fazenda* assez importante d'où dépendait une sucrerie.

Je fis halte à *Bom Jardim* (bon jardin), sous un *rancho* ouvert de tous les côtés où le vent nous incommodait beaucoup. Le maître de la maison et plusieurs autres cultivateurs se réunirent autour de moi pendant que je travaillais.

huttes que leur donne le docteur Pohl. Je ne suis pas non plus d'accord avec ce voyageur, ni avec d'Eschwege, sur le nombre des rues d'Oliveira, car ils disent qu'il n'y en a qu'une dans ce village.

(1) Portal, Kanzel, Altarstücke fand ich aus apfelgrünen verhartetem Talk (*Reise*, I).

Tous étaient des blancs; mais ils ne ressemblaient guère aux colons des *comarcas* de Sabará, de Villa Rica, du Serro do Frio; par leurs manières, ils différaient peu de nos paysans français. Comme tous ceux des campagnards de cette contrée qui ont peu d'aisance, ils ne portaient qu'un caleçon de coton et une chemise dont les pans flottaient par-dessus le caleçon; leurs jambes et leurs pieds étaient nus; un large chapeau rond ombrageait leur tête, et, suivant l'usage des Mineiros, ils portaient suspendus à leur cou un rosaire qui ne sert que d'ornement.

Auprès du *rancho* de Bom Jardim, où avait été placé mon bagage, se trouvait une petite chaumière abandonnée qui, de toute part, tombait en ruine; ce fut là que je fis mettre mon lit pour éviter le froid qui, sur le soir, était assez vif. Malgré cette précaution, la température devint tellement basse, pendant la nuit, qu'il me fut presque impossible de dormir. Je rêvai que j'étais, à Noël, au château de la Touche, près Orléans, où j'ai passé les jours les plus heureux de mon enfance (1). Mon père et ma mère s'étonnaient de me voir autant vieilli; ce sont bien moins les années qui en sont la cause que ceci, leur dis-je en mettant la main sur ma tête; puis, à demi éveillé, je me repentis de n'avoir pas également porté ma main sur mon cœur;

---

(1) Le château de la Touche appartenait à M. et à Mme d'Alonne, mon oncle et ma tante, qui, tous les deux, étaient adorés de leurs paysans. Quoique ancien seigneur, M. d'Alonne était encore maire à l'époque de la terreur; on le mit en prison pour n'avoir pas dénoncé un malheureux éclusier qui paya de sa tête un propos imprudent, et presque toute sa commune fut appelée en témoignage : il ne s'éleva pas contre lui une seule voix; on l'acquitta, et le peuple, qui, au milieu de ses cruelles erreurs, était pourtant bien aise de trouver des innocents, le porta en triomphe.

enfin je revins entièrement à moi-même, et je me retrouvai bien tristement dans mon misérable gîte.

Je le quittai bientôt pour me rendre à Cachoeirinha, l'habitation du *capitão mór* de Tamanduá, pour lequel j'avais, comme je l'ai dit, une lettre de recommandation.

Le pays que je parcourus, avant d'arriver à cette habitation, est un pays plus montagneux que celui où j'avais voyagé les jours précédents ; les vallées y sont plus profondes, en même temps les bois s'étendent davantage, et, en général, on ne voit guère de *campos* que tout à fait sur le sommet des mornes. Celui de ces derniers qui domine la petite rivière de *Comacho* est le plus élevé de tous ; là, un vaste horizon s'offrit à mes regards, et je trouvai quelques plantes que je n'avais point encore rencontrées depuis le commencement de ce voyage.

A peu de distance du *Morro de Comacho* (le morne de Comacho) (1) est, dans un fond, une espèce de petit hameau appelé *Curral* (enclos pour le bétail), qui se compose d'une demi-douzaine de maisonnettes bâties auprès d'une *fazenda* de quelque importance. De cet endroit jusqu'à *Cachoeirinha* (petite cascade), il n'y a qu'une demi-lieue.

J'ai déjà donné des détails sur cette dernière habitation dont le propriétaire, M. João Quintino de Oliveira, *capitão mór* de Tamanduá, m'accueillit d'une manière parfaite. Il n'en était pas de sa table comme de son logement (*v.* plus haut, p. 123). Elle était servie avec abondance, et, dans tous les pays, elle aurait passé pour très-bonne. On mettait devant chaque convive un carafon d'excellent vin de Porto,

---

(1) Ce nom viendrait-il des mots guaranis *cama*, seins, et *chua*, chose aiguë ?

et, ce qui peut être cité comme une merveille, on y ajoutait un petit pain très-savoureux. Le maître de la maison faisait les honneurs de chez lui avec beaucoup de bonté, sans aucune affectation, et il était bien secondé par son aumônier.

A l'instant même de mon arrivée à Cachoeirinha, j'avais fait part à M. João Quintino du désir que j'avais de trouver un *tocador*. Pour m'en procurer un, il avait, sur-le-champ, écrit à Tamanduá, qui est situé à 2 lieues de son habitation ; mais le *tocador* ne se présenta que le surlendemain. C'était un esclave pour lequel on demandait, par mois, 6,000 reis (37 f. 50 c.). Ne payant que 7,209 reis (45 fr.) à José Marianno, je ne voulus point consentir à accorder un prix aussi élevé. Je partis donc sans *tocador* ; mais mon hôte me remit, pour le commandant (1) du village de Formiga, une lettre dans laquelle il lui donnait l'ordre de me faire accompagner jusqu'à Piumhy par un *pedestre* (2).

J'avais été si bien traité dans la maison du *capitão mór*, il avait eu pour moi tant d'égards que je ne pus le quitter sans attendrissement. Cet homme portait sur sa figure l'empreinte de la bonté, et avait su se concilier l'estime de tout son voisinage.

Avant que je prisse congé du *capitão mór*, José Marianno était parti avec tout le reste de la caravane, et devait m'at-

---

(1) Les *commandants* (*comandantes*) sont nommés par les *capitães mores* ; leurs fonctions (1816-1822) ont quelque chose d'analogue à celles de nos maires ; mais ils n'ont d'autorité que sur les hommes qui ne font point partie des gardes nationales (*milicias*). (*Voyage dans les provinces de Rio de Janeiro*, etc., I, 374.)

(2) Les *pedestres*, comme je l'ai dit ailleurs, forment (1816-1822) une milice d'un ordre inférieur.

tendre à 2 lieues de Cachoeirinha, dans la *fazenda* d'un nommé Marcos. Quant à moi, je m'étais dirigé vers Tamanduá, accompagné de l'avocat de cette ville, du chirurgien et de l'adjudant du *capitão mór*, qui étaient venus passer deux jours à Cachoeirinha. Pendant tout le temps que je m'étais trouvé avec ces bonnes gens, la conversation avait presque toujours roulé sur la France; les Mineiros ne pouvaient pas se rassasier d'entendre parler de Napoléon Bonaparte et de l'histoire tragique de notre révolution.

Tamanduá, où j'arrivai bientôt, doit ses premiers fondements à des criminels qui vinrent, il y a une centaine d'années (écrit en 1819), chercher un asile au milieu des bois dont ce pays est couvert. Ces hommes ayant tué un fourmilier dans le lieu où ils s'étaient fixés, donnèrent à ce lieu le nom de *Tamanduá* (1) qui, en portugais comme en guarani, désigne le mangeur de fourmis (2). On trouva de l'or dans cet endroit; la population du village de Tamanduá devint plus considérable, et il fut érigé en ville, en l'année 1791, sous le gouvernement de Luiz Antonio Furtado de Mendonça, vicomte de Barbacena, capitaine général de la province de Minas (3).

On voit encore autour de Tamanduá des minières considérables qui, aujourd'hui, sont entièrement abandonnées; elles ont fourni beaucoup d'or, mais il fut dissipé par ceux

---

(1) Eschw., *Bras. Neue Welt*, I, 29.
(2) Ant. Ruiz de Montoya, *Tes. guar.*, 353 *bis*. — Les Brésiliens distinguent deux espèces de *tamanduá*; le *tamanduá bandeira*, qui est le tamanoir (*Myrmecophaga jubata*, L.), et le *tamanduá mirim*, qui est le tamandua des Français (*Myrmecophaga tetradactyla*, L.; *M. tamandua*, Cuv.).
(3) Piz., *Mem. hist.*, VIII, segunda part., 56.

qui l'avaient recueilli, et leurs enfants demandent actuellement (1819) l'aumône, triste exemple des suites de la minération et de l'imprévoyance trop naturelle aux Mineiros.

Les habitants actuels de Tamanduá sont des cultivateurs qui n'y viennent que les dimanches et les jours de fête, quelques marchands, des ouvriers et des hommes pauvres qui, profitant de l'abondance dont on jouit dans cette contrée, vont manger tantôt chez l'un, tantôt chez l'autre, et passent leur vie dans l'oisiveté.

Chef-lieu d'un *termo* et d'une paroisse, Tamanduá est administré par des juges ordinaires. Sa population s'élève (1819) à environ 1,000 âmes ; celle du ressort de l'église paroissiale, qui s'étend dans un rayon de plus de 2 lieues, monte à 3,000 ; enfin celle de tout le *termo* s'élève à 24 ou 25,000 (1), et il y a, selon Pizarro, 30 lieues du nord au sud, sur 16 de l'est à l'ouest (2). Le nombre des habitants de ce pays a beaucoup augmenté depuis que l'agriculture et l'éducation du bétail ont pris de l'accroissement.

Le tabac est une des plantes que l'on cultive le plus autour de Tamanduá. Les environs de cette ville en exportent une quantité assez considérable.

On compte 36 lieues de Tamanduá jusqu'à Villa Rica, 24 jusqu'à S. João d'El Rei, 32 jusqu'à Sabará (3). Cette

(1) Pizarro (*l. c.*) ne fait monter la population du *termo* de Tamanduá qu'à 18,765 individus. Suivant Eschwege, celle de toute la paroisse s'élevait à 20,000 habitants ; mais cet écrivain a bien certainement pris la paroisse pour le *termo*. Quant je donne 3,000 âmes au ressort de la paroisse, il est clair qu'il ne peut être question que de cette dernière, indépendamment de ses succursales.

(2) *Mem. hist.*, VIII, segunda part., 195.

(3) Selon Cazal (*Corog.*, I, 379), il y aurait 25 *legoas* de Villa Rica à

ville, située dans un fond, est entourée de mornes assez élevés, couverts de bois (1). Ses rues n'offrent aucune régularité; elles montent et descendent et sont embarrassées par des pierres ; ses maisons, dont quelques-unes ont une assez jolie apparence, sont, en général, écartées les unes des autres et séparées par des murs de jardin ; mais, lorsqu'on jette les yeux sur la ville d'un point assez élevé, il résulte, des irrégularités qu'elle présente, un effet agréable pour le paysage. Non-seulement par la blancheur des murs de ses maisons et la couleur des tuiles qui couvrent les toits, la ville contraste, dans son ensemble, avec le vert sombre des bois qu'on découvre de tous côtés ; mais un contraste de même genre résulte, en particulier, de la position de chaque maison, qui semble jetée au milieu d'une masse de verdure formée par les Bananiers et les Orangers dont les jardins sont remplis.

Tamanduá possède trois églises ; S. François de Paule,

Tamanduá, 15 de S. João d'El Rei à la même ville, et 20 de Sabará. Pizarro admet les mêmes distances pour Sabará et S. João d'El Rei ; mais il place Villa Rica à 36 *legoas* de Tamanduá, et Marianna à 56. Quoi qu'il en soit de toutes les autres évaluations, il y a bien certainement erreur dans l'une des dernières; car Marianna n'est, comme l'on sait, qu'à 2 lieues de Villa Rica.

(1) On a dit à M. Luccock que Tamanduá était situé sur une hauteur (*Notes on Braz.*, 482), au pied de laquelle coulait la rivière de *Llambary*, l'un des affluents du S. Francisco ; et cet écrivain ajoute que le nom de cette rivière tend à prouver que le *Llama* (lama) a autrefois existé au Brésil. On va voir ce qu'il faut penser de ces assertions : Tamanduá n'est pas un village; il se trouve dans un fond et non sur une hauteur; il est placé, d'après la carte générale de Martius, et à peu près comme le dit Cazal (*Corog.*, I, 379), entre deux petits ruisseaux qui seraient les premiers commencements du *Lambary;* enfin ce nom, qui n'est point *Llambary*, a si peu de rapports avec le lama, que c'est tout simplement celui d'un très-petit poisson.

l'église paroissiale, dédiée à saint Benoît, celle du Rosaire, et, en outre, deux petites chapelles ; mais aucun de ces édifices ne mérite d'être cité.

D'après ce que me dit le chirurgien de cette ville, l'hydropisie est encore la maladie dont on meurt le plus ordinairement dans ce canton, et l'éléphantiasis (*morfea*) n'y est pas rare.

Je ne puis m'empêcher de rapporter ici deux faits que je tiens du même chirurgien. Le premier s'était passé à Tamanduá, et me fut raconté devant plusieurs personnes qui ne le démentirent point. Un chien que l'on regardait comme enragé mordit plusieurs individus, mais tous en furent quittes pour les douleurs que leur causa la blessure. Un d'entre eux avait fait réciter des prières par un prêtre et crut leur devoir sa guérison. Quelque temps après, il alla voir le curé et lui raconta ce qui lui était arrivé. A votre place, lui dit cet ecclésiastique, je ne me considérerais point comme guéri, et, sans aucun délai, je ferais des remèdes. L'homme se retira pénétré de terreur ; le jour même, ou le lendemain, il eut une attaque d'hydrophobie et il mourut de cette maladie affreuse.

Le second fait s'est passé à Caeté, où le chirurgien de Tamanduá était alors. Un homme atteint de la *morfea* fut mordu par un chien enragé ; les plus tristes symptômes se déclarèrent, et on enferma le malade dans une petite chambre. Sa femme, étant allé lui porter de la nourriture, fut effrayée de l'état où il était, elle prit la fuite, et la porte de la chambre resta ouverte. Le malade s'échappa et se mit à courir dans la campagne ; cependant, quelques heures après, on le vit revenir parfaitement calme, disant qu'il avait été mordu par un serpent à sonnettes et demandant un prêtre.

Il se confessa dans la pleine jouissance de sa raison. On lui donna pour remède de l'alcali volatil; il fut guéri de la morsure du serpent, tous les symptômes d'hydrophobie cessèrent, et, peu de temps après, l'éléphantiasis avait entièrement disparu (1).

(1) C'est une opinion généralement répandue dans plusieurs parties de l'Amérique, dit M. le docteur Sigaud (voyez l'important ouvrage intitulé *Du climat et des maladies du Brésil*, p. 387 et suiv.), que la morsure du serpent à sonnettes guérit la lèpre et ne tue point le malade. Des faits racontés par plusieurs personnes décidèrent, dans ces derniers temps, un lépreux nommé Marianno José Machado à se faire mordre, à Rio de Janeiro, par un serpent à sonnettes; mais, ajoute le même savant, il succomba au bout de vingt-quatre heures, après d'affreuses souffrances. Cependant M. Sigaud croit pouvoir conclure, des symptômes qui se manifestèrent chez l'infortuné Machado, que l'action du venin modifie la peau d'une manière spéciale, et qu'on doit espérer les résultats les plus heureux d'une inoculation conduite avec sagesse.

CHAPITRE IX.

SUITE DU VOYAGE DE S. JOÃO D'EL REI A LA SOURCE DU S. FRANCISCO. — LES VILLAGES DE FORMIGA ET DE PIUMHY.

L'auteur séparé de sa caravane.— Les environs de Tamanduá. — Arrivée à *Formiga*. — Les femmes privées de liberté. — Description du village de Formiga; rues, maisons, église, boutiques, commerce; population; mauvaise réputation des habitants; un meurtre; femmes publiques. — Impossibilité d'avoir un *tocador*. — Le pays situé entre Formiga et *Ponte Alta*; comparaison de sa végétation avec celle de la partie orientale du *Sertão* du S. Francisco. Époque de la floraison des plantes dans les *sertões* de Minas. — Fazenda de Ponte Alta. Plantes usuelles; *calunga*. — Pays situé au delà de Ponte Alta. — *Fazenda* de *S. Miguel e Almas*. Indigo fourni par le *Solanum indigoferum*. — Serra de Piumhy. Vue admirable. — Village de *Piumhy*; étymologie de son nom; son histoire, ses rues, son église; vue que l'on découvre de la rue principale; occupation de ses habitants.—Le curé de Piumhy. — Toujours point de *tocador*. — Paresse des gens pauvres. — Pays situé au delà de Piumhy. Habitude qu'ont les bestiaux de se cacher dans les bois pour éviter les *mutucas*.— Familles se rendant deux fois l'an au village, sur des chars à bœufs. — Fazenda de *Dona Thomazia*. Produit des terres; bestiaux. — Pays situé au delà de Dona Thomazia. — *Fazenda* de *Joao Diaz*. Fer.

Après avoir dîné à Tamanduá, dans la maison du *capitão mór*, je partis accompagné de ce Marcos dont j'ai parlé plus haut (p. 148), et chez lequel j'espérais trouver ma caravane (1).

(1) Itinéraire approximatif de la ville de Tamanduá à la Serra da Ca-

Nous traversâmes d'abord les bois qui environnent la ville du côté de l'orient. Ces bois se prolongent, m'a-t-on assuré, dans un espace de plus de 20 lieues, jusqu'à *Congonhas do Campo* (1). Il y aurait donc ici une exception à cette espèce de loi qui veut qu'on ne voie que des *campos* à l'ouest de la Serra do Espinhaço; mais il faut se rappeler que le pays est extrêmement élevé et montueux; d'un autre côté, Congonhas do Campo, situé entre Sabará et S. João, ne se trouve pas dans les bois; et je n'en avais traversé aucun d'une étendue un peu considérable en côtoyant le versant occidental de la Serra do Espinhaço, depuis la première des deux villes que je viens de citer jusqu'à la seconde; si donc une forêt s'étend de Tamanduá à Congonhas do Campo, du moins elle ne se rattache pas aux forêts continues du côté oriental de la grande chaîne.

Quoi qu'il en soit, les bois de Tamanduá sont bien loin de se prolonger également dans toutes les directions; car,

nastra :

De la ville de Tamanduá à celle de Formiga..................	4 legoas.
Ponte Alta, habitation.........	4
Fazenda de S. Miguel e Almas, habitation.................	4 1/2
Piumhy, village............	2 1/2
Fazenda de Dona Thomazia, habitation.................	3 1/2
Fazenda de João Diaz, habitation..	3 1/2
Serra da Canastra, montagne....	6
	28 legoas.

(1) J'ai fait connaître ce village dans mon *Voyage dans le district des Diamants*, vol. 1, 200.

avant même d'arriver chez Marcos, dont la maison n'est qu'à 2 lieues de Cachoeirinha, nous entrâmes dans des *campos* qui, à peu près semblables à ceux de la partie du Sertão que j'avais parcourue en 1819, présentent de petits arbres tortueux épars au milieu des Graminées. Parmi ces arbres, je reconnus, comme sur les *taboleiros cobertos* (1) du Sertão, des Légumineuses, des Guttifères et des *Qualea*. Après ces *campos*, j'en traversai d'autres qui sont couverts seulement d'herbes et de sous-arbrisseaux, et enfin j'arrivai à la *fazenda* de *Marcos*, située dans un fond, comme cela est l'usage.

Je fus très-étonné de ne pas y trouver mes gens, qui n'avaient eu que 2 lieues à faire; je ne savais trop quel parti prendre; mais enfin je me décidai à aller voir s'ils n'avaient pas fait halte dans quelque *fazenda* voisine. Je remontai sur mon mulet, et, guidé par un des nègres de Marcos, je me présentai inutilement dans quatre *fazendas* différentes. Après ces recherches infructueuses, je me dirigeai une seconde fois vers la *fazenda* de Marcos, qui m'avait offert un gîte avec beaucoup d'amabilité. Une nuit obscure me surprit lorsque j'étais encore dans le chemin; peu à peu une profonde mélancolie s'empara de moi; de funestes pressentiments vinrent se mêler aux regrets dont j'étais consumé, et la franche gaîté du bon Marcos ne pût dissiper ma tristesse.

Après une nuit assez mauvaise, je repartis en suivant le chemin du village de Formiga, où je devais me rendre, et, à une demi-lieue de la maison de Marcos, je trouvai mes gens établis dans une grange qui dépendait d'une pauvre

---

(1) Et non *taboleiras cobertas*, comme a écrit Gardner.

maisonnette. La *fazenda* de Marcos est située à quelque distance du grand chemin ; mes gens n'avaient point vu le sentier peu frayé qui y mène, et, après avoir fait environ 2 lieues, ils s'étaient arrêtés, comme je leur en avais donné l'ordre.

Pour arriver à Formiga, je traversai un pays montueux, coupé de bois et de *campos*. Les sous-arbrisseaux, comme dans le canton où j'avais voyagé les jours précédents, sont beaucoup plus communs qu'aux environs de S. João d'El Rei, et l'on voit, en plusieurs endroits, des arbres rabougris et tortueux qui s'élèvent çà et là au milieu des Graminées. Sur un de ces petits *taboleiros cobertos*, il n'y avait guère d'autre espèce d'arbre qu'un *Vochisia* rabougri, entièrement couvert de longues grappes redressées de grandes fleurs d'un jaune d'or, autour desquelles voltigeaient une foule d'oiseaux-mouches. Du haut de plusieurs mornes élevés, je jouis d'une vue immense ; je découvris la *Serra de Piumhy* et celle da Canastra, où je devais bientôt me rendre.

Arrivé à Formiga, j'allai présenter au commandant de ce village la lettre que le *capitão mór* de Tamanduá m'avait remise pour lui, et où il lui donnait l'ordre de me procurer un *pedestre* pour m'accompagner jusqu'à Piumhy. Le commandant me reçut fort bien et me fit des reproches d'être descendu à l'auberge.

Je trouvai réunis dans sa maison les principaux habitants de Formiga, qui étaient des marchands et appartenaient tous à notre race. Suivant l'usage établi dans les bourgades et les petites villes, ils portaient une veste d'indienne, et, par-dessus cette veste une capote de grosse étoffe de laine ; leurs manières étaient à peu près celles de nos bourgeois de campagne. On parla beaucoup de la France, et on me demanda s'il était vrai que les femmes y eussent autant de liberté qu'un autre Français l'avait assuré, en passant par ce pays quelque temps auparavant. Je confirmai les récits de mon compatriote, et les détails que je donnai parurent tellement étranges, qu'un des assistants s'écria, en mettant ses deux mains sur sa tête : Que Dieu nous préserve d'un pareil malheur (*Deos nos livre*)! Ces bonnes gens ne songeaient pas que le prisonnier ne croit rien devoir au geôlier qui le garde, et que l'on est plus souvent trompé par son esclave que par l'homme libre auquel on a accordé sa confiance.

Formiga (*arraial da Formiga*, le village de la fourmi) est situé près de la petite rivière qui porte son nom (1), dans une large vallée bordée de collines couvertes de pâturages et de bois. Les rues de ce village sont mal alignées, les maisons sont écartées les unes des autres, et presque toutes petites et mal entretenues. L'église est bâtie à l'extrémité d'une assez grande place, sur une plate-forme un peu plus élevée que le reste du village; elle n'a point de plafond, elle est presque nue à l'intérieur et répond parfaitement à l'état misérable des maisons (2).

On voit à Formiga plusieurs boutiques et quelques *vendas* assez mal garnies. Une enseigne très-apparente, surmontée des armes du Portugal, indiquait alors la maison où se vendaient les indulgences de la Santa Cruzada. La boutique la mieux fournie me parut être celle de l'apothi-

(1) Suivant la carte générale de Spix et Martius, et suivant d'Eschwege, la petite rivière de Formiga se jette dans le Rio Grande.
(2) D'après Pizarro, Formiga était encore, en 1822, une succursale de Tamanduá.

caire; celui qui exerçait cette profession était encore un prêtre, qui préparait lui-même ses remèdes, les vendait et ne manquait pas de dire sa messe tous les jours.

Malgré l'indigence qu'annonce l'aspect du village de Formiga, il paraît qu'il y a des gens assez riches dans ses environs et dans le village même. Situé à l'entrée du *Sertão*, Formiga fait un commerce considérable avec cette contrée. Les marchands entretiennent des relations directes avec Rio de Janeiro; ils envoient dans l'intérieur du Sertão le sel, le fer et les autres marchandises qu'ils tirent de la capitale, et ils reçoivent en échange des cuirs, des peaux de cerf, du coton et des bestiaux. Les alentours de Formiga fournissent eux-mêmes beaucoup de coton; mais ce sont les porcs qui, comme je l'ai déjà dit, forment la principale richesse de ce canton. On en élève un très-grand nombre dans les moindres *fazendas*; les marchands les achètent et les envoient par troupeaux à la capitale du Brésil.

Comme ce pays est fort commerçant et qu'il y passe sans cesse des caravanes venant de Goyaz ou du Sertão, toutes les denrées y trouvent un débit facile et elles y sont très-chères. Tandis que, du côté de Villa Rica, de Sabará et dans beaucoup d'autres endroits, on se procure facilement un serviteur libre (*camarada*) pour un *oitava* et demi par mois (11 fr. 25 c.), ici il faut donner de 3 à 6,000 reis (18 fr. 75 à 37 fr. 50 c.); mais je croirais que les gages élevés que l'on exige tiennent bien moins encore au prix des denrées qu'à l'extrême répugnance des hommes libres pour le travail.

Les ouvriers les plus nombreux, à Formiga, sont les maréchaux ferrants, qui en même temps sont serruriers;

le passage continuel des caravanes rend leur état fort lucratif.

Ce qui prouve que la population de Formiga augmente sensiblement, c'est que, lors de mon voyage, on était occupé à y construire un grand nombre de maisons (1); ce village contenait alors un peu plus de mille individus, dont environ un quart d'hommes de notre race; et cependant, vers le milieu du siècle dernier, il n'existait pas encore. J'ai connu un vieillard centenaire qui, le premier, vint s'établir dans cet endroit, il y a environ soixante-dix ans (1819), et qui y jeta les fondements d'une chapelle. Il n'y a point de mines aux alentours de Formiga, et c'est principalement sa position favorable, sur une route fréquentée et à l'entrée d'un immense désert, qui y attire des habitants. Il paraît aussi que souvent des criminels, poursuivis par la justice, sont venus se réfugier dans ce lieu reculé et ont contribué à en augmenter la population; ses habitants ne jouissent point d'une bonne réputation, et, pendant que j'étais au milieu d'eux, la jalousie fit commettre un meurtre; l'assassin s'enfuit avec sa maîtresse, qui n'était qu'une femme publique, et je ne sache pas qu'aucune mesure fut prise pour s'emparer du coupable.

Je n'eus point à me louer de la politesse des habitants de Formiga. J'occupais une chambre extrêmement petite, et j'étais continuellement entouré de curieux, qui me privaient de la lumière du jour et m'accablaient de questions indiscrètes. De tels rassemblements ne prouvent pas non plus que ces gens-là fussent très-occupés, et l'oisiveté est

---

(1) Ceci tendrait à expliquer ce que dit da Cunha Mattos, que, en 1823, il vit à Formiga des maisons élégantes (*Itin.*, I, 62).

effectivement un vice que d'Eschwege reproche (1) aux hommes qui, dans ce pays, tiennent le premier rang.

Ce vice en amène ordinairement d'autres avec lui. Dans tous les villages de la province des Mines, dans ceux principalement où passent des routes fréquentées, on trouve un grand nombre de femmes publiques; mais nulle part je n'en avais vu autant qu'à Formiga. Une demi-douzaine d'entre elles demeuraient dans l'auberge où j'étais descendu, et presque toutes étaient des blanches. Ces femmes ne faisaient de propositions à personne; mais elles allaient et venaient dans la *varanda* de l'auberge, étalant aux yeux des muletiers des charmes flétris par le libertinage (2).

Le lendemain de mon arrivée à Formiga, le commandant du village me procura pour *tocador* un nègre libre, avec lequel je fis marché à raison de 3,600 reis (22 fr. 50). J'attendais cet homme le surlendemain au matin; mais comme, à neuf heures, il n'avait point encore paru, je me rendis à la maison où il demeurait, et j'appris qu'il s'en était allé pendant la nuit. Les commandants de village exercent un pouvoir despotique sur leurs subordonnés, et ceux-ci sont toujours dans la défiance, lors même que le commandant traite avec eux sans employer l'autorité. Je fis part à celui de Formiga de ce qui était arrivé; il me promit de me procurer un autre individu, et, malgré mes prières, il jura que le fugitif serait mis en prison. Le jour de mon

---

(1) *Bras. die Neue Welt*, I, 32.

(2) D'Eschwege dit qu'il y a, à Formiga, un nombre de filles de joie plus considérable que dans les quartiers des ports de mer où règne le plus de débordement. Avec raison, il attribue cette plaie au défaut d'instruction morale et aux mauvais exemples que les enfants reçoivent des esclaves dès l'âge le plus tendre (*l. c.*).

départ, le commandant m'envoya encore un nègre libre; quand j'eus fait mes arrangements avec cet homme, il me demanda la permission d'aller chercher son linge; il me pria de lui avancer quelques sous, et je lui accordai tout ce qu'il désirait. Cependant une heure, deux heures s'écoulèrent, et, comme le nègre n'était point revenu, je me décidai à faire charger mes mulets et à partir sans avoir personne. J'allai auparavant rendre compte au commandant de ce qui s'était passé, et il m'assura qu'il était impossible qu'on l'eût ainsi trompé deux fois; il ajouta que le nègre m'attendait certainement sur le chemin; je partis et je ne rencontrai personne.

Entre Formiga et *Ponte Alta* (pont élevé), où je passai la nuit, c'est-à-dire dans un espace de 4 lieues portugaises, je ne vis qu'une chétive maisonnette, qui mérite à peine qu'on en fasse mention, et la *fazenda* de *Corrego Fundo* (ruisseau profond), qui est bâtie à moitié chemin sur le bord d'un ruisseau. Les pâturages que je traversai sont excellents et l'on pourrait y élever un grand nombre de bêtes à cornes; mais à peine en aperçus-je une demi-douzaine dans toute la journée (1). De différents points, je découvris une immense étendue de pays; entre autres, la *Serra de Piumhy* qui est à quelques lieues de Ponte Alta; mais partout ce n'était que des déserts.

Dans un espace de 2 lieues, jusqu'à Corrego Fundo, le terrain, qui est montueux, présente tour à tour des bois, de simples pâturages et des *campos* parsemés d'arbres ra-

---

(1) Voyez ce que je dis, un peu plus loin; de l'habitude qu'ont les bestiaux de se cacher au fond des bois pendant cette saison, afin d'éviter les *mutucas*.

bougris ; diversité qui produit dans le paysage un effet très-agréable.

Ces espaces où croissent çà et là des arbres rabougris et ceux de même nature où j'avais passé les jours précédents annonçaient le voisinage du Sertão ou désert. Au delà de Corrego Fundo, je ne revis plus, pendant tout le reste de la journée, qu'une végétation analogue à celle des parties du Désert oriental que j'avais parcourues en 1817 (1), c'est-à-dire des Graminées et un petit nombre d'herbes parmi lesquelles s'élèvent des arbres tortueux, rabougris, hauts de 8 à 10 pieds, dont l'écorce est souvent subéreuse, dont les feuilles sont dures et cassantes. La forme de ces arbres rappelle si bien celle de nos pommiers, que le bon Laruotte, qui était loin d'être un profond observateur, fut lui-même frappé de la ressemblance. Je remarquai cependant que les arbres étaient ici plus rapprochés que dans la partie du Sertão ou Désert située à l'ouest de Minas Novas, et que, par conséquent, l'ensemble de la végétation ne représentait pas aussi bien nos vergers plantés dans des prairies. D'ailleurs, malgré l'énorme distance qu'il y a des environs de Formiga à Bom Fim et à Contendas (4 à 5 degrés), malgré la différence d'élévation que doivent présenter les commencements du S. Francisco et une contrée où il arrive après un si long cours, je trouvai, dans les détails de la végétation, une ressemblance notable entre des pays si éloignés, et je recueillis près de Ponte Alta peu de plantes que je n'eusse pas déjà récoltées dans mon premier voyage. Auprès de Chaves, *fazenda* du canton de Rio Grande, et auprès du

---

(1) Voyez mon *Voyage dans les provinces de Rio de Janeiro*, etc., II, 302.

Rio das Mortes Pequeno, j'avais vu quelques pentes où des arbres rabougris sont épars çà et là au milieu des herbes ; mais ils appartiennent tout au plus à trois ou quatre espèces, et ce sont principalement des Guttifères : ici, au contraire, je retrouvai la même variété que sur les *taboleiros cobertos* de la partie du Sertão comprise entre Minas Novas et le S. Francisco (1). Les arbres les plus communs font partie de la famille des Légumineuses et de celle des Guttifères ; je remarquai aussi beaucoup de *Qualea*, une Malpighiée à grandes feuilles et à longs épis de fleurs, que j'avais rapportée de mon premier voyage, des Bignonées en arbre dont les feuilles sont composées de cinq folioles (*Ipé* des *Sertanejos* ou habitants du Désert).

Lors de mon passage (1er avril), la verdure de ces *campos* était d'une admirable fraîcheur ; tous les arbres portaient des feuilles, mais peut-être y en avait-il moins en fleur que je n'en avais vu depuis la fin de juillet jusqu'à la fin de septembre 1817, dans la partie orientale du Sertão. Alors, plusieurs espèces qui fleurissent avant d'avoir des feuilles, telles que l'*Ipé*, le *Caraiba*, le *Claraiba*, étaient couvertes de fleurs ; dans le voisinage de Ponte Alta, au contraire, je ne vis guère sur les arbres que des fruits qui n'avaient point encore atteint leur maturité. Il paraît donc que la véritable époque de la fleuraison des plantes du Sertão est le commencement de la saison des eaux.

Non-seulement je retrouvai, entre Corrego Fundo et Ponte Alta, la végétation du Sertão, mais encore je revis un oiseau qui appartient aux *taboleiros cobertos* des envi-

(1) Voyez mon *Voyage dans les provinces de Rio de Janeiro et de Minas Geraes*, vol. II.

rons de Bom Fim, Contendas, etc. (1), le moineau ou tangara à plumage rouge, appelé dans le pays *cardeal* (cardinal).

A notre arrivée à Ponte Alta, José Marianno alla demander l'hospitalité à la maîtresse de la maison, et la pria de nous permettre de placer nos effets dans le moulin à sucre qui dépendait de son habitation. Sa demande fut rejetée, et on nous relégua dans une petite chambre que l'on venait de construire, où nous avions à peine la place de nous retourner et où les chiques (*bichos do pé*, *pulex penetrans*) nous dévoraient. Je fus cependant forcé par la pluie de rester deux jours entiers à Ponte Alta, et je ne partis que le quatrième. Dans cet intervalle parut le maître de la maison; je lui fis sur mon logement des reproches un peu durs; mais il me répondit avec tant de bonhomie et me fit des offres si honnêtes que ma mauvaise humeur se dissipa bientôt.

J'ai dit ailleurs que les habitants de l'intérieur du Brésil, privés de médecins, employaient pour la guérison de leurs maladies diverses plantes qui croissent autour de leur demeure, et j'en ai fait connaître un assez grand nombre dans mon livre intitulé, *Plantes usuelles des Brésiliens* (2). Partout où je m'arrêtais, j'avais soin de prendre des renseignements sur les espèces médicinales le plus généralement en usage. Dans les environs de Ponte Alta, il n'y en a aucune que l'on vante autant que celle qui est appelée *calunga* par les colons. Ils la considèrent comme un puissant spécifique contre les fièvres intermittentes, les indigestions, les coli-

(1) Voyez mon *Voyage dans les provinces de Rio de Janeiro*, etc., vol. II.
(2) A Paris, chez Grimbert et Dorez.

ques, et en font aussi un grand usage dans la médecine vétérinaire. C'est la racine que l'on emploie ; elle est grosse et fort longue, sa décoction est amère et d'un goût très-désagréable. Plusieurs personnes de ce canton ont vendu leur plante à des pharmaciens de Villa Rica et de Rio de Janeiro, et l'on prétend ici, mais à tort, qu'elle est identique avec la *calomba* de l'Inde (1). Quoi qu'il en soit, la *calunga* du canton de Ponte Alta est bien certainement identique avec la plante que l'on connaît à Tijuco sous le même nom. C'est à l'espèce décrite par moi sous le nom de *Simaba ferruginea* (2) que M. de Martius (3) rapporte la *calunga* des Brésiliens.

Le pays que je parcourus, après avoir quitté Ponte Alta, offre une alternative de bois, de *campos* où l'on voit seulement des Graminées et quelques autres herbes, d'autres *campos*, où des arbres rabougris croissent çà et là au milieu des Graminées, et d'autres enfin qui, intermédiaires entre les premiers, ne présentent que des arbrisseaux et des sous-arbrisseaux au milieu des herbes. Je ne traversai aucun des bois que j'aperçus, mais je reconnus que tous, n'étaient pas de simples bouquets isolés (*capões*); il en est même,

---

(1) La *calomba*, appelée aussi *columbo*, est le *Cocculus palmatus*, DC. (*Menispermum palmatum*, Lam.). Il paraît que cette plante est originaire de Mozambique, d'où elle a été transportée à l'île de France et dans l'Inde. C'est le *radix columbo* des pharmacies qui, contenant un principe amer et mucilagineux, agit avec puissance et sans inconvénient sur les organes digestifs, et qu'on emploie contre la faiblesse d'estomac, la dyssenterie, les maladies bilieuses et le choléra. La *calomba* a fait, pour les Portugais, l'objet d'un commerce fort lucratif (Kunze, *Pharm. Waarenkunde*, II, 28).

(2) *Flora Brasiliæ meridionalis*, I, p. 72, tab. xiv.

(3) *Reise*, II, 790.

m'assura-t-on, qui se rattachent à la forêt de Tamanduá.

Presque toute la journée, j'eus devant moi la *Serra de Piumhy*, qui est perpendiculaire au chemin que je suivais. Elle ne s'élève pas à une grande hauteur; elle présente peu d'irrégularités, et son sommet, parfaitement égal, offre l'image d'une longue plate-forme.

A 2 lieues et demie de Ponte Alta, je passai devant la *fazenda* de *Capitinga* (1), bien connue dans le pays pour son étendue et la bonté des *rapaduras* (2) que l'on y fabrique. A l'exception d'une petite chaumière plus rapprochée du lieu où je fis halte, ce fut la seule habitation que je vis dans un espace de 4 lieues et demie portugaises.

Le bon *capitão mór* de Tamanduá m'avait donné une lettre de recommandation pour le commandant de Piumhy. Sachant que ce dernier devait se trouver à Capitinga, je le fis demander. C'était un campagnard qui avait un certain air de bonté; j'en fus pourtant assez mal accueilli, mais il me donna un billet pour celui qui le remplaçait à Piumhy.

Ce jour-là était le dimanche des Rameaux, et l'on avait dit la messe à Capitinga. Je rencontrai beaucoup de gens qui en revenaient et qui portaient de grandes feuilles de palmier bénites. Ces véritables palmes, en usage dans tout ce pays, rappellent bien mieux l'origine de la fête que les mesquines branches de buis ou de laurier que l'on distribue dans nos églises (3).

(1) Des mots guaranis *capyi*, herbe, et *pitiunga*, qui sent mauvais, herbe de mauvaise odeur.
(2) Les *rapaduras* sont des carrés de sucre cuit avec son sirop, qui peuvent avoir 5 à 6 pouces et sont fort épais (voyez mon *Voyage dans les provinces de Rio de Janeiro*, etc., vol. I, 126.
(3) Les Palmiers sont remplacés par le buis dans le nord de la France, et par le laurier dans le midi.

Je fis halte à *S. Miguel e Almas* (S. Michel et les âmes du purgatoire), *fazenda* très-considérable, qui possède une sucrerie, beaucoup de dépendances, et qui, sans approcher des habitations des *comarcas* de Sabará, de Villa Rica, du Serro do Frio (1), a cependant plus d'apparence que celles où je m'étais arrêté jusqu'alors.

On m'avait parlé, dans plusieurs endroits, d'un indigo superbe que l'on faisait à la *fazenda* de S. Miguel. Je vis des étoffes de laine teintes avec cette couleur et je les trouvai du plus beau bleu foncé. M'étant fait montrer le végétal d'où cet indigo avait été extrait, je reconnus un *Solanum* (*Sol. indigoferum*, Aug. S. Hil.) à tige frutescente, à feuilles lisses, à fleurs blanches, extrêmement commun dans les bois vierges, et qui se trouve surtout près de Rio de Janeiro (2). On me dit qu'on en tirait le principe colorant de la même façon qu'on l'extrait des Indigofères, et qu'on le fixait à l'aide de l'urine. Il est véritablement extraordinaire que la propriété d'une espèce aussi répandue soit restée ignorée partout ailleurs que dans un coin reculé de la province de Minas. Il serait à désirer que les habitants des parties très-éloignées de l'empire du Brésil se

---

(1) Voyez mon *Voyage dans les provinces de Rio de Janeiro*, etc., vol I et II.

(2) M. Dunal a bien voulu me permettre de joindre ici la description qu'il a faite de cette espèce pour le *Prodromus* de M. de Candolle : « So-
« LANUM INDIGOFERUM (AUG. DE S. HIL. in Mer., et de Lens, *Dict. de Mat.*
« *méd.*, VI, p. 416). Ramis glabris, teretibus, hinc inde angulatis, sub-
« dichotomis; foliis breviter petiolatis, geminis altero minore, lanceo-
« latis, utrinque acuminatis, supra glabris, nitidiusculis, subtus palli-
« dioribus; racemis gracilibus, cymosis, suboppositifoliis, in summi-
« tatibus ramorum sæpe approximatis, confertis. — S. cæruleum VEL-
« LOZO, *Fl. Fl.*, t. CX, et SENDTN. in MART., *Herb. Bras.* — ENDL. et
« MART., *Fl. Bras. Sol.*, p. 21, n° 17, t. 1, f. 35-40. »

missent à cultiver les Indigofères dont ils pourraient exporter les produits avec utilité, et en même temps ils feraient bien de rechercher, par des expériences comparatives, si le *Solanum indigoferum*, qui, dit-on, donne une plus belle fécule que les Indigofères eux-mêmes, n'aurait pas encore l'avantage de moins fatiguer le sol, de fournir des résultats plus considérables et d'être enfin d'une culture plus facile.

Après avoir quitté la *fazenda* de S. Miguel e Almas, je traversai, pendant environ 1 lieue, des *campos* couverts d'arbres rabougris, et j'arrivai au pied de la *Serra de Piumhy*, que j'avais déjà vue dans le lointain, avant même d'arriver à Ponte Alta. Elle est, en grande partie, couverte de pâturages au milieu desquels des rochers nus et noirâtres se montrent par intervalles; dans tous les enfoncements on voit des bouquets de bois. En suivant un chemin souvent pierreux et difficile, je montai la Serra très-obliquement, et enfin je parvins à son sommet, où je jouis d'une des vues les plus étendues que j'eusse jamais admirées. Le pays que je venais de parcourir ne présentait, à la vérité, qu'une immense suite de mornes couverts presque tous de pâturages et où rien n'arrêtait mes regards; mais celui où j'allais descendre m'offrait quelques points où mes yeux pouvaient s'arrêter avec plaisir. Au pied de la montagne, j'apercevais une *fazenda* entre des bois; plus loin, sur la droite, je découvrais, à l'entrée d'une plaine, le village de Piumhy; enfin, plus sur la droite encore et beaucoup plus loin, je voyais à l'horizon la Serra da Canastra (la montagne de la malle), qui mérite assez bien ce nom, puisqu'elle est allongée, qu'elle paraît égale et un peu bombée à son sommet, et qu'elle est coupée verticalement à ses deux extrémités. J'avais fondé de grandes espérances pour la botanique sur la Serra de Piumhy; elles furent entièrement trompées; je n'y trouvai aucune plante que je n'eusse déjà; j'y vis extrêmement peu de fleurs, et je n'y observai même qu'une seule espèce qui appartînt à des pays de montagnes.

Depuis le bas de la Serra jusqu'à Piumhy, il y a environ trois quarts de lieue. Avant d'arriver à ce joli village, je traversai à gué la petite rivière des *Araras* (aras), et au pied du village le ruisseau de *Tabuões* (grosses planches).

En arrivant à Piumhy (1), je me présentai chez l'*alferes* (sous-lieutenant), qui remplaçait le commandant, et je le priai de me procurer un logement, car il passe trop peu de monde dans ce village pour qu'on ait songé à y bâtir une auberge. L'*alferes* me conduisit à une maison où j'étais extrêmement bien, et promit de faire tout ce qu'il pourrait pour me procurer un *tocador*.

Le nom de Piumhy est commun au village, à une rivière qui en est éloignée de 1 ou 2 lieues et à la Serra dont j'ai déjà parlé plus haut. On m'assura, dans le pays, que c'était celui d'une petite mouche fort incommode, très-commune sur le bord de la rivière (2).

Le petit village de Piumhy doit son origine à un rassemblement que l'on avait formé pour détruire une réunion de nègres fugitifs (*quilombo*), qui s'étaient retirés dans la

---

(1) C'est à tort que d'Eschwege écrit *Pinhoi*, et Pohl *Piuhy*. Pizarro dit d'abord que le village de Formiga est peu éloigné de celui de *Piauhy* (*Mem. hist.*, vol. VIII, part. segunda, 196); mais, quand il entre dans quelques détails, il écrit, comme moi, *Piumhy* (l. c., 198).

(2) *Piumhy* ne viendrait-il pas plutôt du mot guarini *Mbiyui*, hirondelle?

Serra da Canastra, et qui inquiétaient le petit nombre de cultivateurs établis dans le voisinage. Après la destruction du *quilombo*, le rassemblement continua à subsister; on bâtit une chapelle à Piumhy; les colons dispersés s'en rapprochèrent, et peu à peu se forma le village. On trouva de l'or dans les environs et l'on travailla à l'extraire; mais bientôt on reconnut que l'on n'était point dédommagé de ses frais par le produit; on renonça entièrement au travail des mines, et les habitants de Piumhy ne s'occupent plus aujourd'hui que de l'agriculture. Ils passent leur vie dans leurs *fazendas* ou leurs *sitios* et ne viennent au village que le dimanche, aussi trouvai-je la plupart de leurs maisons fermées.

C'est du *termo* de Tamanduá que dépend Piumhy. Ce village est le chef-lieu d'une paroisse qui comprend quatre mille âmes (1), dans une étendue de 22 lieues portugaises de longueur sur 14 de large, c'est-à-dire à peu près treize individus par lieue carrée. L'église paroissiale, dédiée à Notre-Dame de la délivrance (*Nossa Senhora do Livramento*) (2), n'a point de succursale (1819); on compte seulement dans son ressort quatre chapelles particulières (*eremidas*), dont les propriétaires ont coutume de faire venir un prêtre pour leur dire la messe les jours de grande fête (3).

(1) Je tiens ce chiffre du curé de Piumhy, c'est-à-dire de la personne qui, par la nature de ses devoirs, était le plus en état de connaître la vérité. Pizarro faisait monter, en 1822, la population de cette paroisse à 3,620 personnes seulement.

(2) Piz., *Mem.*, VIII, part. segunda, 198.

(3) C'est encore du curé de Piumhy que je tiens ce détail. Pizarro dit (*l. c.* 199) que la paroisse de Piumhy a une succursale (*capella curada*), celle de *S. Francisco*, située aux sources de la rivière du même nom;

Piumhy est situé presque à l'entrée d'une plaine ondulée couverte de pâturages, au milieu desquels s'élèvent quelques bouquets de bois. Quoiqu'à une demi-lieue de la Serra qui porte son nom, ce village, vu des coteaux voisins, semble être adossé à la montagne, et l'on croirait que les bois qui l'en séparent appartiennent encore à cette dernière. Des collines peu élevées et arrondies bordent la plaine où le village est bâti, et, du côté de l'occident, on découvre dans le lointain la Serra da Canastra.

Quoique Piumhy soit, comme je l'ai dit, le chef-lieu d'une paroisse, on n'y compte pas plus d'une soixantaine de maisons, dont trente environ sont couvertes en tuiles. Elles sont disposées de manière à former une sorte d'Y très-imparfait. Les rues qui s'étendent du côté de la Serra vont en pente et n'ont aucune régularité; mais celle qui termine le village du côté de la plaine occupe une plate-forme parfaitement égale; elle est extrêmement large, régulière et bordée de maisons assez jolies. L'église s'élève à l'entrée de cette rue à une égale distance des deux rangs de maisons; elle est neuve et bien bâtie.

De cette même rue on découvre tout à la fois la plaine et les montagnes, et l'ensemble de cette vue a quelque chose de riant et de majestueux, qui emprunte un charme de plus du contraste que produit le village avec la profonde solitude de tous les alentours. Le lendemain de mon arrivée à Piumhy, je sortis aussitôt après m'être levé, pour contempler ce paysage; le ciel était de l'azur le plus beau; ce calme délicieux que l'on ne connaît point en Europe ré-

---

mais, comme le livre de cet auteur porte la date de 1822, il n'est pas absolument impossible que la succursale qu'il indique ait été créée depuis mon passage dans le pays.

gnait dans toute la nature ; j'éprouvai encore un instant d'enthousiasme.

Il n'y a, à Piumhy, que deux boutiques fort mal garnies et quelques *vendas* qui ne le sont pas mieux. Les habitants, comme je l'ai dit, sont à peu près tous des agriculteurs. Ils mettent à profit les terres des bois voisins (1), qui sont propres à tous les genres de culture, et ils s'adonnent principalement à celle des cotonniers, qui réussissent fort bien dans ce canton. A en juger par les apparences, on croirait aussi que les pâturages sont très-bons; mais on assure que, vers les mois de juin et de juillet, époque de la plus grande sécheresse, il y meurt un très-grand nombre de bestiaux, ce que les uns attribuent à la dureté de l'herbe, les autres à la mauvaise qualité de certaines plantes.

Pendant mon séjour à Piumhy, je reçus la visite du curé du village. C'était un homme encore jeune, poli, et bien élevé, décoré de l'ordre du Christ, comme l'étaient alors tous les curés de la province des Mines. Je lui dois les renseignements que j'ai donnés plus haut sur l'histoire de Piumhy, l'étendue et la population de cette paroisse (2).

Le commandant temporaire du village, qui, comme on l'a vu, m'avait promis, lors de mon arrivée, de faire son possible pour me procurer un *tocador*, m'amena un *pedestre* (3) le lendemain matin, et me dit que, n'ayant pu trouver personne qui voulût me suivre volontairement, il avait

---

(1) Comme je l'ai souvent répété, les Brésiliens ne cultivent que les terrains originairement boisés dont ils ont coupé et brûlé les arbres.
(2) Voyez les notes qui précèdent.
(3) Les *pedestres* forment une milice inférieure composée d'hommes de couleur (voyez mes *relations* précédentes).

été obligé d'en donner l'ordre à l'homme qu'il me présentait ; il ajouta que cet homme m'accompagnerait jusqu'au district voisin, et que là il serait remplacé par un autre *pedestre*. « Personne, me dit le commandant, ne veut ici gagner de l'argent, pour peu qu'il soit nécessaire de travailler d'une manière suivie. Les *fazendeiros*, qui ont tous une grande étendue de terre, laissent les pauvres en cultiver autant qu'ils veulent ; avec très-peu de travail, ces derniers sont sûrs de recueillir assez pour vivre pendant le cours d'une année, et ils aiment mieux se reposer que de jouir d'une aisance qu'ils devraient à quelques sueurs. »

Le soir du jour où j'avais arrêté le *pedestre*, je l'envoyai chercher, mais il me fit dire qu'il ne pouvait se rendre chez moi parce qu'il était occupé. Cette réponse était d'assez mauvais augure ; le lendemain matin l'homme avait disparu. J'allai en donner avis au commandant, qui ne put pas même me procurer un autre *pedestre* pour me suivre pendant deux jours. Tous les jeunes gens avaient pris la fuite, lorsqu'ils avaient su qu'on voulait mettre l'un d'eux en réquisition, et cependant j'avais répété que je payerais bien celui qui me suivrait même une seule journée. Je partis encore une fois sans *tocador*.

J'ai déjà dit que Piumhy est situé à l'entrée d'une plaine. Le pays que je traversai, dans un espace de 3 lieues et demie, pour me rendre à la *fazenda* de *Dona Thomazia*, où je fis halte, est presque plat et offre des pâturages naturels au milieu desquels de petits bois épars forment des espèces de compartiments d'un effet très-agréable. Suivant l'époque à laquelle les pâturages avaient été brûlés, ils présentaient une teinte différente, et, comme l'on n'en brûle qu'une certaine quantité à la fois, on voyait, dans la campagne, toutes les nuances de verdure. Aucun arbre ne croît dans ces *campos*, formés, ce qui est rare dans cette contrée, d'une herbe presque aussi haute que celle de nos prairies. La Graminée n° 335, recherchée des bestiaux, principalement lorsqu'elle commence à croître, est ici fort commune; elle l'est également dans les *campos* du canton de Rio Grande; mais je l'avais à peine aperçue depuis S. João d'El Rei.

Je n'aperçus pas une seule tête de bétail durant toute la journée; mais on me dit, à la *fazenda* où je fis halte, que, dans cette saison (avril), les bêtes à cornes se retiraient toujours dans les bois, et qu'on ne les voyait dans les *campos* que pendant la saison des pluies, parce qu'alors les bois étaient remplis de taons (*mutucas*). Peut-être est-il arrivé plus d'une fois que, lorsque je me plaignais de ne point apercevoir de bestiaux, ils étaient ainsi cachés dans les bois; mais il n'en est pas moins très-vraisemblable que toute la partie occidentale de la province de Minas pourrait nourrir des troupeaux infiniment plus nombreux que ceux qui y existent (1).

Depuis Piumhy jusqu'à la *fazenda* de Dona Thomazia, j'eus toujours devant moi la Serra da Canastra, qui se présentait dans le lointain avec son imposante régularité.

Je n'aperçus, dans le chemin, ni maisons ni plantations;

(1) En parlant du pays qui s'étend, en ligne à peu près directe, de Barbacena au Rio de S. Francisco, celui où se trouvent situés les villages de S. João Baptista, d'Oliveira et de Formiga, M. da Cunha Mattos dit (*Itin.*, I, 71) « qu'on n'y élève pas la millionième partie des bêtes à cornes qui pourraient y vivre. » Ce chiffre n'est qu'une figure, sans doute; mais il indique assez combien, dans l'opinion de l'honorable voyageur, on pourrait tirer parti de la contrée dont il s'agit, et combien ses habitants se rendent coupables de paresse et d'incurie.

mais, en revanche, je rencontrai plusieurs chariots attelés de trois ou quatre paires de bœufs qui, à l'occasion des fêtes de Pâques, transportaient des familles au village. Dans le Sertão, où les *fazendas* sont souvent fort éloignées de la paroisse, les hommes seuls s'y rendent dans le courant de l'année ; mais, aux deux grandes fêtes, Noël et Pâques, la famille entière entreprend ce voyage ; on empile les femmes et les enfants dans des chars à bœufs ; on passe quelques jours dans la maison que l'on possède au village et, ensuite, on revient à son habitation.

Les chariots dans lesquels on fait ces voyages sont ceux dont se servent, pour le transport de leurs denrées, les cultivateurs des parties de la *comarca* de S. João d'El Rei qui ne sont pas très-montagneuses. Comme je l'ai dit ailleurs (1), ces chariots sont semi-elliptiques et portés sur deux roues presque pleines. De longs bâtons retiennent une grande natte qui ferme la voiture par devant comme un char de triomphe et la laisse ouverte par derrière. On couvre ces chariots avec des cuirs de bœufs.

La *fazenda* de Dona Thomazia, où je fis halte, était ainsi appelée du nom de celle qui la possédait. Ainsi que j'ai déjà eu occasion de le dire (2), cette *fazenda* a une étendue assez considérable ; j'y vis plusieurs nègres, des bêtes à cornes et un grand nombre de pourceaux : cependant la maison de la propriétaire n'était qu'une misérable cabane dont tout l'ameublement se composait d'une table et de quelques bancelles. Dans le Sertão, une foule de *fazendeiros* ne sont pas logés d'une manière plus magnifique.

---

(1) Voyez mon *Voyage dans le district des Diamants*, I, 254.
(2) Voyez, plus haut, chap. VI.

Je fis ma visite dans toutes les maisonnettes qui dépendaient de la *fazenda* de Dona Thomazia, dans la grange, dans les cases à nègres, et, ayant reconnu qu'il était impossible d'y placer mes effets, je me logeai sous un hangar ouvert de tous les côtés et embarrassé par les pièces d'un chariot que l'on y construisait. Pendant que j'analysais les plantes que j'avais recueillies dans le cours de la journée, j'étais dévoré par des insectes et obligé, à chaque instant, de changer de place pour éviter le soleil.

DONA THOMAZIA et sa fille vinrent me visiter dans mon triste gîte, et me dirent que les terres de ce canton, d'une fort bonne qualité, étaient propres à tous les genres de culture et que le maïs y rendait, par *alqueire*, dix à onze chars de vingt *alqueires*, c'est-à-dire 200 à 220 pour 1 (1); elles ajoutèrent que ce n'était point dans les *campos*, mais dans les bois, que les bestiaux trouvent les herbes qui en font périr un si grand nombre ; ce qui est assez vraisemblable, car les Rubiacées connues sous le nom d'*Ervas de rato*, que l'on regarde comme si dangereuses pour le bétail, sont des plantes de bois vierges ou de *capoeiras* (2).

Entre l'habitation de Dona Thomazia et celle de João Dias, où je fis halte, le pays, plus rapproché de la Serra da Canastra, devient moins égal, mais il offre la même alternative de bouquets de bois et d'excellents pâturages où le

---

(1) Comme je l'ai dit ailleurs (*Voyage dans le district des Diamants*, I, 254), les propriétaires de la partie de la *comarca* de S. João où l'on peut faire usage de voitures pour le transport des denrées comptent par chars le produit de leurs terres.

(2) Telles sont les espèces que j'ai appelées *Rubia noxia, Psychotria noxia, Palicourea Marcgravii* (voyez mon *Histoire des plantes les plus remarquables du Brésil et du Paraguay*, 229 et suiv.).

capim frecha croît toujours avec abondance. Devant moi, à l'horizon, la Serra da Canastra qui se présentait avec la même forme ; un peu sur la gauche, d'autres montagnes beaucoup moins élevées ; deux ou trois misérables chaumières construites en terre et en bois où le jour pénétrait de toute part, une seule habitation passable ; point de bestiaux, aucun voyageur dans les chemins, pas la moindre trace de culture ; partout une vue très-étendue, mais qui montrait combien le pays est désert : voilà, en deux mots, le tableau qui s'offrit à mes regards pendant toute ma journée. Je ne puis dire cependant qu'il y eût rien dans le paysage qui inspirât la tristesse : ce mélange de bois et de pâturages d'où résultent des espèces de compartiments de différentes nuances, les ondulations variées du terrain, les montagnes élevées qui bordent l'horizon du côté de l'ouest, tout cet ensemble produit un effet très-agréable.

Depuis Piumhy, le terrain, surtout dans les fonds, avait pris une teinte d'un rouge foncé. Là, comme dans les autres parties du Désert que j'avais parcourues à l'époque de mon premier voyage, les bords des ruisseaux sont fangeux et offrent, avec un grand nombre de Palmiers, des arbres serrés les uns contre les autres, à tige assez grêle, élancée, rameuse dès la base, mais dont les branches sont en partie dépouillées de feuilles. Cette nuance de végétation est particulière au Sertão.

A une demi-lieue de la *fazenda* de *João Dias*, je traversai un *capão* (1) dont la verdure était d'une fraîcheur qui égalait au moins celle des bois des environs de Rio de Janeiro.

---

(1) Les *capões* sont, comme on sait, des bouquets de bois qui s'élèvent, dans les fonds, au milieu des *campos*.

Après ce *capão*, je passai la petite rivière qui porte le nom de *Ribeirão dos Cabrestos* (torrent des licous), et j'arrivai à la *fazenda* de João Dias (nom d'homme), qui fut le terme du voyage de la journée.

On voyait, dans cette *fazenda*, une cour immense bordée de grands pieux, beaucoup de petites chaumières où couchaient les nègres, où l'on serrait la récolte, etc., mais on cherchait inutilement la maison du maître; il demeurait lui-même dans une misérable cabane qui ne différait pas des autres. Je ne fus point mal reçu, mais tout ce qu'on put faire pour moi fut de me placer dans une petite forge où le vent pénétrait de tous les côtés, et où moi et mes gens n'avions pas la place de nous retourner.

Je ferai remarquer que, tandis qu'il y a partout des mines de fer immenses dans la province de Minas Geraes, celui que l'on travaillait à la *fazenda* de João Dias venait de Rio de Janeiro, qui est éloigné de ce pays de plus de 100 lieues : cela tient peut-être à ce que l'on préférait le fer étranger comme plus malléable, ou à ce que les fabricants de fer de la province avaient trop négligé de s'assurer des débouchés ; peut-être aussi le bon propriétaire de la *fazenda* de João Dias s'imaginait-il travailler le fer étranger, lorsque tout bonnement il employait celui de son propre pays.

CHAPITRE X.

LA SERRA DA CANASTRA ET LA CASCADE APPELÉE CACHOEIRA DA CASCA D'ANTA, SOURCE DU RIO DE S. FRANCISCO.

A quelle chaîne de montagnes se rattache la *Serra da Canastra*. — L'auteur part avec José Marianno pour la visiter. — Pays situé au delà de João Dias. — Chaumières. Réponse du propriétaire de l'une d'elles. — Le côté oriental de la montagne. — Défilé entre le côté méridional et la *Serra do Rio Grande*. — Description du côté méridional. — La cascade appelée *Cachoeira da Casca d'Anta*, origine du Rio de S. Francisco. — La chaumière de *Felisberto*; réception qu'il fait à l'auteur; portrait de cet homme. — L'auteur se rend au pied de la cascade. Description de cette dernière. — L'auteur se met en route pour retrouver sa caravane. — Chaumières voisines de la Cachoeira da Casca d'Anta. Faibles ressources des habitants de ces chaumières. Leurs plaintes. Éloignement de l'église paroissiale; difficulté des enterrements. — Pays situé au delà de João Dias. Chars chargés de denrées. — *Fazenda do Geraldo*. — L'auteur part avec Firmiano pour monter sur la Serra da Canastra. — Le flanc de la montagne; charmante cascade. Sommet ou *chapadão*. Étendue. — L'auteur se met en route pour Araxá; il tourne la Serra da Canastra. Cascade. — La *Fazenda de Manoel Antonio Simões*. — La cascade appelée *Cachoeira do Rolim*. Une autre cascade. — Pays situé entre Manoel Antonio Simões et la *fazenda de Paiol Queimado*.

En m'éloignant du Rio das Mortes Pequeno, je m'étais, comme on l'a vu, dirigé à peu près vers l'ouest-quart-nord-ouest, suivant toujours une croupe élevée d'où naissent, du côté du nord, les premiers affluents du S. Francisco, et, du côté du sud, ceux du Rio Grande (1). C'est cette croupe qui borne, au midi, le vaste bassin du S. Francisco et de ses affluents, bassin formé, à l'est, par la Serra do Espinhaço, et, à l'ouest, par une autre chaîne dont j'ai parlé ailleurs (2). Cette dernière divise, en partie, les eaux du nord du Brésil de celles du sud; elle forme une portion de l'immense système de montagnes que d'Eschwege a nommé *Serra das Vertentes,* et a été appelé par moi, comme je l'expliquerai bientôt, *Serra do S. Francisco e da Paranahyba.*

Déjà, avant d'arriver à Formiga, j'avais aperçu, à l'horizon, la Serra da Canastra. Cette montagne, qui, semblable à un immense coffre, présente, dans le lointain, sa masse imposante, paraît alors isolée, mais il n'en est réellement pas ainsi. Elle fait partie de la Serra das Vertentes, c'est-à-dire, comme on l'a vu tout à l'heure, de ce plateau élevé ou cette chaîne qui, du côté de l'ouest, borde le bassin du S. Francisco.

Plus tard, j'aurai occasion de parler de cette même chaîne; ici je m'occuperai uniquement de la Serra da Canastra.

Depuis longtemps je savais confusément qu'il existait dans cette montagne ou dans son voisinage une cascade fort remarquable, mais personne n'avait pu me donner, à cet égard, aucun renseignement bien précis. Voulant visiter la cascade, je laissai à la *fazenda* de João Dias Firmiano et Laruotte avec tout mon bagage et n'emmenai (9 avril) avec moi que José Marianno. Je partis persuadé que j'avais

---

(1) Je n'ai point vu la Serra Negra qui, selon Cazal (*Corog Braz.*, I, 374, 382), sépare, dans une grande étendue, la *comarca* de Sabará de celle du Rio das Mortes; mais il est évident qu'elle fait partie du plateau dont il s'agit ici, que peut-être elle le commence du côté de l'est.

(2) *Voyage dans les provinces de Rio de Janeiro*, etc., I, 69.

à peine 3 lieues à faire pour arriver à la cascade et qu'elle tombait des montagnes voisines de la Serra.

A mesure que nous nous éloignions de la *fazenda* de João Dias, le pays devenait plus montagneux, offrant toujours des bois dans les fonds et des pâturages sur les hauteurs.

Cependant nous avions déjà fait beaucoup plus de 3 lieues, et nous n'avions pas encore aperçu de maisons, quoiqu'on nous en eût annoncé plusieurs : aucun voyageur; point de bestiaux; une belle solitude, mais une solitude profonde.

A notre grande satisfaction, nous rencontrâmes enfin une négresse à qui nous demandâmes le chemin, et j'appris, avec autant de surprise que de plaisir, que nous ne nous étions pas égarés un seul instant. José Marianno savait saisir le moindre indice, il en tirait les conclusions les plus justes, et possédait l'art de se conduire avec sûreté dans un pays où un autre se serait égaré mille fois. Nous sûmes par la négresse que, quoique nous eussions fait beaucoup de chemin, nous étions encore bien loin de la cascade.

Alors nous avions déjà passé plusieurs ruisseaux d'une limpidité que rien n'égale, entre autres ceux appelés *Ribeirão da Prata* (torrent d'argent), *Ribeirão da Capimvara* (torrent du capybara), et, dans le reste de la journée, nous en traversâmes encore d'autres, qui tous se joignent au Rio de S. Francisco.

A mesure que nous avancions, nous découvrions mieux la Serra da Canastra. Vu de plus près, son sommet cesse de présenter la même régularité; cependant il est bien loin d'offrir aucune de ces anfractuosités que l'on observe communément dans les grandes chaînes de montagnes.

Nous avions fait environ 4 lieues, quand nous aperçûmes

les premières chaumières, mais elles étaient un peu éloignées du chemin. Plus loin, nous en vîmes une sur le bord même de la route ; nous nous y arrêtâmes un instant, et l'on nous dit, comme la négresse à laquelle nous nous étions adressés en premier lieu, que nous étions encore à une très-grande distance de la cascade.

Je demandai au propriétaire de la chaumière comment il pouvait vivre dans une telle solitude. Je n'aime pas le bruit, me répondit-il ; mais je ne suis pas seul, puisque j'ai avec moi ma femme et mes enfants, et, excepté le sel, ma terre produit avec abondance tout ce dont j'ai besoin.

Jusqu'alors nous avions toujours eu devant nous le côté oriental de la montagne. Ce côté offre une pente plus ou moins rapide ; on y voit des pâturages, et presque nulle part il ne me parut inaccessible. A mesure qu'on se rapproche de la montagne, les maisons deviennent moins rares ; nous vîmes aussi quelques plantations de maïs et quelques bêtes à cornes.

Cependant nous nous étions dirigés un peu vers le midi, et bientôt nous arrivâmes à l'extrémité sud du côté oriental de la montagne. Là est une espèce de défilé qui sépare le côté méridional de la Serra da Canastra d'une autre Serra appelée *Serra do Rio Grande*. Celle-ci, beaucoup moins haute, beaucoup moins régulière que l'autre, se dirige à peu près de l'ouest vers le sud-est, et se rattache à d'autres montagnes plus orientales qui font partie de la *comarca* du Rio das Mortes. Il paraîtrait aussi, d'après ce qui m'a été rapporté, que la Serra da Canastra et celle du Rio Grande se joindraient à l'extrémité occidentale de l'espèce de défilé qu'elles laissent entre elles. Quoi qu'il en soit, si, comme je le proposerai bientôt, on convient de donner un nom général au diviseur des eaux du Paranahyba et du S. Francisco, celui de *Serra do S. Francisco e da Paranahyba*, il faudrait dire que l'extrémité de cette Serra est formée par la Serra da Canastra, car le Rio de S. Francisco naît du côté austral de cette dernière.

Dans le defilé dont j'ai parlé plus haut, nous nous trouvions fort rapprochés de cette montagne. Là son sommet est parfaitement égal ; ses flancs, dans une grande partie de sa hauteur, offrent des rochers sillonnés, exactement taillés à pic et inaccessibles, au-dessous desquels des bois et des pâturages naturels s'étendent, par une pente assez douce, jusqu'à la partie la plus basse d'une vallée profonde où coule déjà le Rio de S. Francisco. Les rochers, quoiqu'ils se présentent comme une sorte de muraille presque verticale, sont loin cependant d'être entièrement nus; çà et là il sont couverts d'un gazon très-fin qui ne laisse apercevoir leur couleur grisâtre que par intervalles. Nulle part je n'avais vu une verdure aussi belle et aussi fraîche que celle des pâturages qui, comme je l'ai dit, s'étendent au-dessous des rochers à pic, et les teintes plus foncées des bois voisins ne lui étaient point inférieures en beauté.

Ayant traversé un bois dont la végétation était d'une fraîcheur extrême, nous arrivâmes à une chaumière et nous demandâmes la maison de Felisberto, cultivateur, que nous savions demeurer fort près de la cascade. Lui-même était présent et nous répondit qu'il allait nous servir de guide.

Nous nous enfonçâmes dans un bois, et bientôt nous commençâmes à entendre le bruit de la cascade. D'après des renseignements que l'on m'avait donnés quelques instants auparavant, je savais alors qu'elle tombait du côté méridional de la Serra da Canastra. Tout à coup j'en aperçus le sommet, et bientôt je la découvris tout entière, autant, du moins, qu'on peut la découvrir du lieu où nous étions. Ce spectacle nous arracha, à José Marianno et à moi, un cri d'admiration. A l'endroit où l'eau tombe, les rochers à pic de la montagne s'abaissent un peu à leur sommet et laissent voir une crevasse large et profonde qui, formant un zig zag, nous parut se prolonger dans les deux tiers de leur hauteur. Du point, encore très-élevé, où s'arrête la crevasse, s'épanche majestueusement une belle nappe d'eau dont le volume est plus considérable d'un côté que de l'autre. Le terrain qui s'étend incliné au-dessous de la cascade est fort inégal ; un mamelon, couvert d'un gazon verdoyant, cache la partie inférieure de la nappe d'eau, et, sur le côté droit, descend vers elle un bois d'une teinte sombre. Telle est la source du Rio de S. Francisco.

La vue dont j'ai tâché de donner une idée est aussi celle que l'on a de la maison de Felisberto. Le soir, un clair de lune superbe me permettait de distinguer tous les objets, et la cascade semblait illuminée par le feu qui consumait un pâturage voisin.

Felisberto nous accueillit à merveille. Il habitait une humble chaumière dépourvue de toute espèce de commodité. Du lait et des haricots cuits dans de l'eau firent notre souper ; pour lit, on me donna un matelas de paille de maïs, sans draps ; mais tout cela était offert de bon cœur.

La maison de Felisberto est située sur le bord d'une route qui conduit aux parties les plus reculées du désert et au village de *Desemboque*, célèbre dans le pays par la fécondité des terres qui l'environnent. Cette route solitaire suit, entre les deux Serras (1), le défilé qui les divise et qui peut avoir, m'a-t-on dit, 4 lieues de longueur.

Mon hôte m'avait offert de me conduire le lendemain au matin au pied de la cascade qui porte le nom de *Cachoeira da Casca d'Anta* (2); mais quelques occupations l'en empêchèrent, et il me donna pour guide son beau-père, Manoel Lopes, qui demeurait à une demi-lieue de chez lui. Avant de prendre congé de Felisberto, je voulus lui faire accepter quelque argent; cela ne fut pas possible. Pendant que j'étais resté chez lui, cet homme m'avait montré une bonté, une tranquillité d'âme, une résignation aux volontés du ciel, une patience à supporter la pauvreté que l'on ne trouve guère que loin des villes. Felisberto, s'il vit encore, a sans doute oublié l'étranger qui vint de si loin lui demander un abri; moi, je crois le voir encore assis sur un banc de bois, dans une chambre obscure et sans meubles; je crois l'entendre me raconter avec calme les vexations dont il avait été l'objet : les exemples d'honnêteté et de vertus ne sont pas assez communs pour qu'on puisse les oublier.

Sur les onze heures du matin, nous partîmes, José Marianno et moi, de la maison de Lopes pour nous rendre à la cascade. Après avoir traversé un bois touffu, en suivant un petit sentier peu frayé et embarrassé par des Bambous,

---

(1) La Serra da Canastra et la Serra do Rio Grande (voyez plus haut, p. 182).

(2) *Cachoeira* signifie cascade. *Casca d'Anta* (écorce de tapir) est le nom que l'on donne au *Drimys Granatensis*, parce qu'on prétend que c'est le tapir (*anta*) qui a fait découvrir les propriétés excellentes de l'écorce de cet arbre (voyez mes *Plantes usuelles des Brésiliens*).

nous arrivâmes sur le bord du Rio de S. Francisco, qui, en cet endroit, est à environ une demi-lieue de sa source et peut avoir vingt à trente pas de largeur. Ses eaux, d'une limpidité et d'une fraîcheur extrêmes, ont peu de profondeur et laissent voir jusqu'au moindre caillou du lit où elles coulent. Je me déchaussai pour passer la rivière, et, comme elle est embarrassée par des pierres extrêmement glissantes, ce ne fut point sans quelque peine que je parvins sur l'autre rive. Là nous trouvâmes un bois encore plus difficile que le premier, et Manoel Lopes, qui me précédait, était obligé, à chaque pas, de couper les Bambous et les branches d'arbres qui gênaient notre marche. Bientôt nous passâmes une seconde fois le Rio de S. Francisco, et, après avoir traversé un pâturage naturel, nous trouvâmes les bords de la rivière tellement obstrués par des branchages, qu'il nous fallut marcher dans son lit. Jusqu'au pied de la cascade, il est rempli de grosses pierres glissantes, qui tantôt sont couvertes par l'eau, tantôt s'élèvent au-dessus de sa surface, et il m'eût été impossible d'avancer, si je n'avais été continuellement aidé par Manoel Lopes et José Marianno. Enfin, après une marche extrêmement pénible, nous parvînmes au pied de la Cachoeira da Casca d'Anta, que nous découvrions déjà depuis longtemps.

Chez Felisberto, j'en étais à plus d'un quart de lieue et je ne la découvrais qu'imparfaitement. Je vais la peindre telle qu'elle s'offrit à mes regards, lorsque j'en fus aussi rapproché qu'il est possible. Au-dessus d'elle on voit, comme je l'ai dit, une large crevasse; à l'endroit où elle tombe, les rochers forment une concavité peu sensible. De la maison de Felisberto, la cascade m'avait paru n'avoir que le tiers de la hauteur des rochers ; après l'avoir examinée de différents points, je crois pouvoir dire avec plus de certitude qu'elle en a les deux tiers. Je ne l'ai point mesurée ; mais, d'après l'estimation probablement très-approximative de M. d'Eschwege, elle aurait plus de 667 pieds anglais (203^m,23) (1). Elle ne se précipite point avec rapidité, mais elle présente une belle nappe d'eau blanche et écumeuse qui s'épanche lentement et qui semble formée par de larges flocons de neige. Ses eaux sont reçues dans un bassin demi-circulaire, bordé de pierres entassées sans ordre ; et de là, par une pente assez roide, elles s'écoulent pour former ce Rio de S. Francisco qui a près de 700 lieues de cours et reçoit une foule d'autres rivières.

En tombant, les eaux de la Cachoeira da Casca d'Anta font un bruit que l'on entend d'assez loin, et en même temps elles produisent un brouillard extrêmement fin, que l'air, agité par leur chute, porte à une assez grande distance.

Des deux côtés de la cascade, les rochers humides, quoique taillés presque à pic, sont couverts d'un gazon fin et assez vert, qui ne laisse voir que par intervalles leur couleur noirâtre. Au-dessous des rochers, le terrain s'étend en pente jusqu'à la rivière : dans la partie la plus rapprochée de la cascade, il n'offre que des arbrisseaux ; mais, quelques pas plus loin, il est déjà couvert d'épaisses forêts, où l'on voit une foule de Palmiers à la tige élancée et menue. La verdure de toutes les plantes est d'une fraîcheur

(1) D'Eschwege pense, comme je l'ai dit, que le rocher à pic a plus de 1,000 pieds (*Bras. die Neue Welt*, I, 102). Si l'on retranche le tiers de ce nombre pour la partie de la montagne supérieure à la cascade, il est clair que l'on aura 667 pieds.

extrême, qu'entretient sans cesse le voisinage des eaux. Vis-à-vis de la cascade, l'horizon est borné par des montagnes couronnées de rochers qui appartiennent à la Serra do Rio Grande.

Pour sentir combien cet ensemble est ravissant, qu'on tâche de se représenter la réunion de tout ce qui charme dans la nature ; le plus beau ciel, des rochers élevés, une cascade majestueuse, les eaux les plus limpides, la verdure la plus fraîche, enfin des bois vierges qui présentent toutes les formes de la végétation des tropiques.

Après nous être éloignés de la Cachoeira da Casca d'Anta, nous retournâmes à la maison de Manoel Lopes, qui avait été d'une bonté et d'une complaisance extrêmes pendant tout le temps qu'il m'avait servi de guide, et qui ne se montra pas moins désintéressé que son beau-frère Felisberto.

Ayant partagé avec Lopes son dîné de bananes et de haricots noirs, je montai sur mon mulet, et, pour n'avoir pas autant de chemin à faire le lendemain, je me rapprochai de 2 lieues de l'habitation de João Dias, où, comme je l'ai dit, j'avais laissé mes gens et mon bagage.

Je couchai dans une de ces maisonnettes que l'on rencontre avant d'arriver à la Serra da Canastra, et dont j'ai déjà parlé. La moindre chaumière de Sologne offre plus de commodités que ces misérables demeures. Elles sont construites grossièrement avec des bâtons croisés et de la terre glaise qui se détache de tous les côtés ; une herbe menue, arrachée avec la terre qui environne ses racines, forme leur couverture. L'intérieur est divisé, par des cloisons, en petits réduits obscurs qui n'offrent d'autre ameublement qu'une couple de bancelles et quelques-uns de ces lits rustiques que j'ai décrits ailleurs (1) ; à la muraille pendent des hardes et une selle.

Ce qu'il y a d'assez extraordinaire, c'est que des hommes blancs habitent ces pauvres cabanes. Il est assez vraisemblable que les premiers qui se sont établis dans ces lieux écartés étaient quelques coupables poursuivis par la rigueur des lois. Leurs enfants, élevés dans la solitude, auront mieux valu qu'eux; l'occasion et le commerce des hommes développent le germe des passions, il périt s'il reste sans aliment.

Les habitants peu nombreux des environs de la Serra da Canastra, qui paraissent avoir les uns avec les autres des liens de parenté, cultivent la terre de leurs mains; mais leurs denrées n'ont aucun débouché.

Les bestiaux qu'ils élèvent peuvent seuls leur procurer un peu d'argent, et encore sont-ils obligés de faire des avances considérables pour le sel, qui est ici d'une cherté exorbitante. Des marchands de bétail viennent jusque dans ces lieux écartés et font leurs achats chez les propriétaires. On se plaint encore, dans ce canton, des herbes vénéneuses qui, dit-on, nuisent aux bêtes à cornes; cependant il est permis de regarder cette assertion comme une conjecture formée pour expliquer la mort presque subite

---

(1) Ces lits s'appellent *giraos*. Voici comment on les forme : on enfonce dans la terre, auprès de la muraille, quatre pieux que l'on dispose, en carré long, comme les quenouilles de nos lits, et, sur chaque paire de pieux les plus rapprochés, on fixe, avec une écorce tenace et flexible, un morceau de bois transversal; sur les deux morceaux de bois transversaux, on range des perches, que l'on couvre d'une natte ou d'un cuir écru, et c'est là que l'on dort, adossé contre le mur et enveloppé dans une couverture ou une capote (voyez mon *Voyage dans les provinces de Rio de Janeiro*, I, 396).

des bestiaux, car personne ne peut montrer ces herbes dont il est tant question.

Un sujet de plainte mieux fondé, c'est la manière dont les *dizimeiros* (receveurs de la dîme) veulent que l'on paye l'impôt, refusant les denrées et exigeant du numéraire. Il faut convenir qu'il est difficile de donner de l'argent lorsqu'on ne peut presque rien vendre (1).

Tout le côté oriental de la Serra da Canastra dépend de la paroisse de Piumhy; mais, comme il y a environ 14 lieues portugaises jusqu'à l'église, les femmes ne font presque jamais ce voyage, et les hommes le font à peine une fois dans l'année. A la vérité, un prêtre vient quelquefois dire la messe dans une petite chapelle qui est à une couple de lieues de la *fazenda* de João Dias (2), et les habitants profitent de l'occasion pour se confesser et faire baptiser leurs enfants; mais cette occasion est extrêmement rare.

Comme les Brésiliens tiennent beaucoup à être inhumés dans les églises, et que le curé de Piumhy ne permettait point qu'on enterrât dans la chapelle dont j'ai parlé tout à l'heure, on transportait les corps à dos d'homme de la Serra jusqu'au village, et, pour me servir de l'expression du cultivateur chez lequel j'avais couché à 2 lieues de la cascade, les porteurs arrivaient presque dans le même état que celui qu'ils portaient en terre.

(1) J'ai déjà dit ailleurs ce qu'étaient, à cette époque, les *dizimeiros* et combien on avait à se plaindre d'eux. Je reviens sur ce sujet, dans cette *troisième relation*, au chapitre intitulé *Tableau général de la province de Goyaz*.

(2) C'est probablement cette chapelle qui formerait la succursale que Pizarro appelle *capella curada de S. Francisco*, et dont j'ai dit quelques mots dans le chapitre précédent.

Je retournai à la *fazenda* de João Dias par le chemin que j'avais déjà suivi. On croira peut-être que, dans ces lieux déserts, je dus trouver beaucoup de quadrupèdes; je n'en aperçus pas un seul; mais cela n'est point surprenant, parce que les habitants du Sertão passent la moitié de leur vie à chasser et s'étendent très-loin de chez eux.

Après avoir quitté la *fazenda* de João Dias pour me rendre à Araxá (1), je traversai des pâturages dont l'herbe, composée en grande partie de la Graminée n° 355, est presque aussi haute et aussi serrée que le foin de nos prairies.

En passant par ces pâturages, je rencontrai une suite de chars qui, attelés de trois et quatre paires de bœufs, étaient chargés de lard et conduits par des blancs. Je demandai d'où ils venaient, et j'appris qu'ils étaient partis, il y avait douze jours, du village d'Araxá, et qu'on les conduisait à S. João d'El Rei, où ils devaient arriver au bout d'un mois. Les frais d'un tel voyage sont peu considérables, parce que les conducteurs emportent avec eux ce qui est nécessaire pour leur nourriture et même le maïs destiné pour les bœufs. Malgré cela, il faut que les denrées trouvent bien peu d'a-

---

(1) Itinéraire approximatif de la Fazenda de João Dias au village d'Araxá :

De la Fazenda de João Dias à la Fazenda do Geraldo, habitation.	3 1/2 legoas.
Manoel Antonio Simões, habitation.	2
Paiol Queimado, habitation.	5
Retiro da Jabuticabeira, chalais.	3
Retiro de tras os Montes, chalais.	3
Peripitinga, habitation.	2
Araxá, village.	2
	20 1/2 legoas.

cheteurs dans ce pays et y soient à bien bon marché pour qu'il y ait quelque avantage à leur faire faire un si long voyage.

A environ une demi-lieue de la *fazenda* de João Dias, je traversai, au milieu d'un *capão*, le Rio de S. Francisco, qui, en cet endroit, peut avoir 20 pieds de largeur, et dont les eaux limpides coulent sur un lit de pierres et de cailloux. Comme il n'était pas tombé d'eau depuis quelques temps, cette rivière était guéable; mais, après des pluies un peu longues, elle cesse de l'être, et il n'y a aucun pont pour la passer.

Entre João Dias et la *Fazenda do Geraldo*, où je fis halte, j'aperçus dans le lointain deux ou trois *fazendas* assez considérables pour le pays; mais je dois dire que, presque partout, ma vue, que rien n'arrêtait, pouvait embrasser un horizon immense.

Je ne revis la Serra da Canastra qu'après avoir fait plus d'une lieue. De ce côté, celui de l'est, elle ne présente, comme on l'a vu, aucun de ces accidents si ordinaires dans les pays de montagnes; mais, par sa masse et son élévation, elle répand de la variété dans le paysage. La verdure des bois et des *campos* était alors si fraîche, le ciel, dans le voisinage de la montagne, avait une teinte si douce, que je ne pouvais, sans plaisir, jeter les yeux sur cette vaste et tranquille solitude.

A peu de distance de la Fazenda do Geraldo, je passai devant la chapelle de *S. Roque* (S. Roch), où un prêtre vient quelquefois dire la messe aux habitants du pays. Elle est isolée, située sur une hauteur, construite en bois et en terre, sans aucun crépi et dans l'état le plus misérable. Tout auprès, on a bâti une maisonnette et un *ran-*

cho, pour recevoir ceux qui viennent y entendre la messe.

La Fazenda do Geraldo est assez considérable. On y voit une vaste cour, des *curraes* (enclos pour le bétail) fort grands, une grange qui ne l'est guère moins, des cases à nègres; mais, comme ailleurs, la maison du maître est petite et très-mal entretenue. On me plaça dans un *rancho* fermé, où j'étais parfaitement libre et à l'abri du vent et du froid.

Voulant monter sur la Serra da Canastra, je laissai, à la Fazenda do Geraldo, Laruotte et mon muletier, et je partis accompagné de l'Indien Firmiano.

A environ une demi-lieue de la *fazenda*, nous commençâmes à monter. J'ai déjà dit que le côté oriental de la Serra forme une pente douce et offre des pâturages dans les parties élevées, des bois dans les enfoncements. En suivant un chemin difficile et pierreux, nous traversâmes un bois d'une extrême fraîcheur qu'arrose un ruisseau limpide, et nous arrivâmes à de vastes *campos*, où tout récemment on avait mis le feu. Cette portion de la Serra, noircie et dépouillée de verdure, avait assez l'aspect de certains terrains volcaniques de nos montagnes d'Auvergne. Le feu n'était pas encore éteint; je voyais une flamme rouge et pétillante s'étendre rapidement dans les gazons et des tourbillons de fumée s'élever lentement vers le ciel.

Arrivés à la moitié environ de la hauteur de la montagne, nous laissâmes sur notre droite une fort jolie cascade. Il s'en faut qu'elle ait la majesté de la Cachoeira da Casca d'Anta, mais elle produit dans le paysage un effet très-agréable. Elle peut avoir 30 à 40 pieds, et tombe du haut d'un rocher grisâtre et à pic, couronné par d'énormes touffes de lichens d'un blanc verdâtre. Quelques petits arbres, qui ont poussé dans les fentes du rocher, cachent en partie les eaux de la cascade, qui s'écoulent dans un ravin profond, dont les côtés sont revêtus du gazon le plus vert.

Continuant à monter, nous laissâmes, à droite et à gauche, tantôt des pâturages, et tantôt des bois au milieu desquels un *Vochysia* se faisait remarquer par une immense quantité de fleurs dorées, disposées en longues grappes.

Au bout d'une couple d'heures, nous arrivâmes au sommet de la montagne.

Lorsqu'on découvre, de Piumhy, la Serra da Canastra, elle semble avoir sa plus grande longueur du midi au nord, mais il n'en est réellement pas ainsi ; elle n'a, dans cette direction, qu'à peu près cinq *legoas*, tandis qu'elle en a beaucoup plus de dix d'orient en occident. Son côté oriental, celui qui se présente quand on vient de Piumhy, est à peu près d'une hauteur égale, mais elle va en s'inclinant de l'est à l'ouest. A son sommet, elle offre, dans toute sa longueur, un vaste plateau inégal que les habitants du pays appellent *Chapadão*, mot qui est un augmentatif de *chapada*, et ne signifie pas autre chose que grand plateau (1). De là je découvris la plus vaste étendue de pays qui peut-être se fût offerte à mes regards depuis que j'existais : d'un côté la Serra de Piumhy bornait l'horizon ; ailleurs ma vue n'était limitée que par sa propre faiblesse, mais aucun village, aucune habitation, aucun point remarquable ne fixaient mes

(1) On croirait, d'après l'excellente carte de MM. Spix et Martius, que la Serra da Canastra s'étend depuis la *Serra Negra* (de Sabará) jusqu'au diviseur des eaux de S. Francisco et du Paranahyba ; mais ce que j'ai dit de cette montagne prouve suffisamment qu'elle commence ce grand diviseur et que, tout entière, elle en fait partie.

regards; partout un terrain simplement ondulé et un mélange de pâturages naturels et de bouquets de bois; je n'apercevais pas même le village de Piumhy, sans doute caché par quelque morne.

Le *Chapadão* est entièrement inculte et inhabité; il n'a même pas encore de maître (1819), mais les propriétaires des *fazendas* situées au-dessous de la montagne envoient leurs bestiaux paître dans les parties les plus voisines de leurs habitations. Dans les mois de juin et de juillet, il gèle habituellement sur le sommet de la Serra; cependant les bêtes à cornes n'en descendent point à cette époque, tandis qu'elles n'y veulent pas rester durant la saison des pluies, parce qu'il y tombe plus d'eau que partout ailleurs.

Le plateau est traversé par un chemin très-battu qui est la continuation de celui que j'avais suivi, et qui a deux embranchements, dont l'un conduit au village de Desemboque et l'autre à celui de *França* dont je parlerai ailleurs. Je vis, en plusieurs endroits, les traces des feux qu'avaient allumés les caravanes; les voyageurs trouvent de l'eau dans la montagne, mais ils y chercheraient vainement un abri.

Les parties les plus élevées du plateau, du moins celles que j'ai vues, ne présentent guère que des pierres amoncelées au milieu desquelles croissent abondamment plusieurs espèces de *Canela d'Ema* (*Vellozia*) et la Composée n° 372. Les parties les plus basses sont couvertes de pâturages où l'herbe est plus ou moins haute, plus ou moins épaisse, suivant que la terre végétale se trouve mêlée avec le sable dans une proportion plus ou moins considérable. Si quelque filet d'eau s'échappe sur un terrain en pente, la végétation y est plus fraîche et plus vigoureuse, et même, en certains endroits, il existe des bouquets de bois.

Depuis la Serra Negra, je n'avais vu nulle part une aussi grande variété de plantes que dans la Serra da Canastra. La famille qui y domine est celle des Composées. Plusieurs *Eriocaulon* y croissent aussi en grande abondance, et là ils trouvent, comme dans les montagnes élevées de la Serra do Espinhaço, ce genre de terrain qu'ils préfèrent, un mélange de sable blanc et de terre végétale noire. La Gentianée n° 575, la Convolvulacée n° 379, les Scrophularinées n°s 391 et 377, sont aussi très-communes dans les pâturages du plateau de la Serra da Canastra. Quant aux Mélastomées, si communes dans d'autres montagnes, je n'en trouvai que six espèces. D'ailleurs, en très-peu de temps, je recueillis cinquante espèces de plantes que je n'avais pas encore trouvées dans ce voyage, et dont plusieurs m'étaient entièrement inconnues.

En descendant de la Serra, je jouis délicieusement des beautés de la campagne. Le temps était frais, et des nuages blanchâtres parcouraient légèrement un ciel d'un bleu tendre, un peu plus brillant que celui du nord de la France pendant les beaux jours de l'automne. Cette continuelle alternative de bois et de pâturages, la diversité de teintes qui en résultait, le contraste de la plaine et de la montagne produisaient un effet charmant.

Dans toute ma journée, je n'aperçus d'autre mammifère qu'un singe. Comme je l'ai déjà dit, les habitants du Sertão (désert) sont tous d'ardents chasseurs et détruisent les animaux dont la peau peut être un objet de commerce; je ne passais pas devant une habitation sans y voir une quantité considérable de grands chiens courants.

Lorsque j'étais à la Fazenda do Geraldo, ceux du propriétaire tuèrent un jeune tapir. Je donnerai ici quelques détails sur son pelage pour contribuer à compléter ce que dit l'exact d'Azzara (1) des petits de cette espèce. Le jeune individu de la Fazenda do Geraldo avait le ventre entièrement blanc, le dos et les côtés d'un gris foncé couleur de cendre qui devenait plus pâle dans le voisinage du ventre et était coupé de lignes blanches longitudinales. De chaque côté du milieu du dos, trois de ces lignes s'étendaient dans toute la longueur du corps ; chacune d'elles avait environ 1 centimètre de largeur, et les bandes grises qui alternaient avec les blanches étaient larges d'environ 5 centimètres et tachetées de points blancs. Outre les six bandes blanches dont je viens de parler, on en voyait, sur les côtés, plusieurs autres incomplètes.

Pendant mon séjour à la Fazenda do Geraldo, José Marianno chassa et prépara des oiseaux. Il était déjà fort habile dans cet art, et, quoique je n'eusse pas de *tocador*, la taxidermie ne paraissait rien prendre sur le soin des mulets.

Le chemin que je suivis en quittant la Fazenda do Geraldo et qui mène au village d'Araxá, où j'allais bientôt arriver, est parallèle à la Serra da Canastra et s'en éloigne peu. Le flanc de cette énorme montagne continue à n'offrir aucune anfractuosité remarquable, et, presque partout, il est revêtu d'une verdure très-fraîche. Je longeai d'abord tout le côté oriental, mais j'atteignis son extrémité un peu avant d'arriver à la *fazenda* de *Manoel Antonio Simões*, où je fis halte, et alors je tournai parallèlement au côté septentrional.

Je n'avais fait qu'une demi-lieue environ, à partir de la

(1) *Essai sur les quadrupèdes du Paraguay*, I, 2.

Fazenda do Geraldo, quand je vis, à quelque distance, une belle cascade tomber du haut de la montagne, en s'épanchant sur des rochers grisâtres et à pic. Le sommet de ces rochers est couronné par des bois, et quelques arbres ont poussé çà et là entre les fentes des pierres. Mais une cascade emprunte une partie de sa beauté du contraste que forme le mouvement des eaux avec l'immobilité des objets environnants; quand on la voit de loin, elle paraît aussi immobile qu'eux, et ne s'en distingue que par une différence de couleur; ce n'est plus qu'un tableau sans vie.

Le pays que je parcourus entre la Fazenda do Geraldo et celle de Manoel Antonio Simões est montueux et offre encore une alternative de bois et de pâturages de la plus belle verdure. Les fleurs étaient peu nombreuses; cependant un des pâturages que je traversai en offrait de charmantes, une Mimose élégante (n° 411), une belle Gentianée à fleurs bleues (n° 206), et une Malpighiée à fleurs roses (n° 117).

La *fazenda* de Manoel Antonio Simões me parut avoir été considérable, mais elle avait suivi le sort du vieillard décrépit à qui elle appartenait; tous les bâtiments qui en dépendaient tombaient en ruine.

On m'avait indiqué, pour y placer mes effets et m'y loger, une des petites maisonnettes dont se composent, en général, les *fazendas* de ce pays désert; mais je la trouvai si sale, si peu commode, que j'en demandai une autre, en traitant le pauvre vieillard un peu cavalièrement. Il n'avait réellement rien de mieux à m'offrir : la maisonnette fut balayée, et je m'y établis; mais je craignais beaucoup pour la nuit la visite des pourceaux, car la maison n'avait point de porte, et ses murailles étaient simplement formées de grands pieux mal rapprochés. Mon vieil hôte m'invita à partager son dîner, et je tâchai d'expier ma première impolitesse par toute sorte d'égards.

Il est difficile d'imaginer une position plus agréable que celle de la *fazenda* de Manoel Antonio Simões. Elle est située dans un fond, sur le bord d'un ruisseau limpide, et entourée par des collines peu élevées couvertes de pâturages. Vers le midi, l'horizon est borné par la Serra da Canastra, qui n'est guère qu'à un quart de lieue de l'habitation et d'où l'on voit tomber deux cascades peu éloignées l'une de l'autre.

La plus considérable est plus rapprochée du côté oriental de la Serra et porte le nom de *Cachoeira do Rollim*. A l'endroit où elle tombe, la montagne présente, dans son flanc, un enfoncement dont la forme rappelle, d'une manière imparfaite, celle d'un hémicycle. L'eau ne se précipite point de la cime même de la montagne; celle-ci, qui est couronnée par un bouquet de bois, s'incline d'abord en formant une pente douce couverte de gazon; puis, tout à coup, elle n'offre plus que des rochers nus et à pic, et c'est dans la partie la plus enfoncée de ces rochers que s'épanche une belle nappe d'eau plus blanche que la neige. On ne voit cependant pas l'eau tomber jusqu'au pied de la montagne; elle semble s'arrêter vers le milieu de celle-ci, sur un second plan de rochers plus avancé, et là elle s'écoule dans une crevasse profonde cachée par des arbres. Dans la saison des pluies, la nappe d'eau devient, dit-on, très-considérable, et fait un bruit que l'on entend de fort loin. Au-dessous du second plan de rochers dont j'ai parlé tout à l'heure, la montagne ne présente plus qu'une pente très-douce où s'écoule, sur un lit de pierres et de sable, la rivière de *S. Antonio*, que forment les eaux de la cascade et dont les bords sont dessinés par une lisière de bois. A droite et à gauche de la cascade, le flanc assez escarpé de la montagne est couvert de gazons au milieu desquels des rochers nus se montrent çà et là. Telle est l'idée que je pris de la Cachoeira do Rollim, non-seulement en la voyant de la maison de Manoel Antonio Simões, mais encore en m'en rapprochant autant qu'il me fut possible dans le court espace de temps dont je pouvais disposer.

Quant à la seconde cascade, je la vis seulement de la maison de Manoel Antonio Simões. A l'endroit où elle tombe, le flanc de la montagne présente, dans une hauteur assez considérable, une pente qui n'a aucune roideur et offre des gazons. Au milieu de ces derniers, on voit une crevasse profonde, d'où s'échappent deux filets d'eau qui, après s'être écoulés sur des rochers à pic, forment aussi un ruisseau. Celui-ci, comme le Rio de S. Antonio, doit se réunir au S. Francisco ou à l'un de ses affluents.

Après avoir quitté la *fazenda* de Manoel Antonio Simões, je passai le Rio de S. Antonio, et, pendant plusieurs lieues, je marchai parallèlement à celui des côtés de la Serra qui est à peu près tourné vers le nord, traversant la chaîne dans sa largeur et me dirigeant vers Araxá.

Le côté septentrional de la Serra da Canastra n'est pas, à beaucoup près, taillé à pic comme celui du midi, d'où s'échappe la Cachoeira da Casca d'Anta; cependant il est plus escarpé que le côté qui regarde à peu près l'orient; il l'est même assez pour paraître de loin presque vertical et contribuer à donner à la montagne cette forme de coffre qui lui a valu son nom.

Tant que je pus apercevoir la Serra da Canastra, je jouis d'une fort belle vue. Sur la droite, je découvrais une vaste étendue de pâturages, et j'avais à gauche la Serra du haut de laquelle tombent quatre cascades.

J'avais commencé à monter, n'étant qu'à peu de distance de la *fazenda* de Manoel Antonio Simões, et je continuai à parcourir un pays très-montagneux, où l'on trouve des mines de fer et qui offre de vastes pâturages parsemés de quelques bouquets de bois. Ce jour-là, je fis 5 *legoas*, et je n'aperçus pas une seule maisonnette, quoique souvent une immense étendue de terrain s'offrît à mes regards; je ne vis non plus la moindre trace de culture; je ne rencontrai pas un seul voyageur; de loin en loin, je découvrais seulement quelques bêtes à cornes au milieu de pâturages qui me semblaient pouvoir en nourrir une quantité innombrable. Dans un espace de 4 *legoas*, à partir de la *fazenda* de Manoel Antonio Simões, je ne trouvai pas une seule goutte d'eau, ce qui est étonnant pour cette contrée, où ordinairement on rencontre sans cesse des ruisseaux.

Depuis le canton de Rio Grande, je n'avais pas vu de pâturages aussi bons que ceux des environs de la Serra da Canastra : partout c'est la Graminée n° 335 qui y domine, et, comme je l'ai dit, elle engraisse beaucoup les bestiaux, qui en sont très-friands. Entre Antonio Simões et *Paiol Queimado*, dans les parties les moins élevées, où, de temps à autre, on brûle les pâturages, je trouvai ceux-ci de la plus belle verdure; sur les sommets, au contraire, où il paraît que l'on met le feu très-rarement, l'herbe avait la même hauteur et la même teinte que celle de nos prairies, quinze jours avant qu'on la coupe. Des plantes autres que les Graminées ne sont pas fort communes dans ces *campos*; je n'en vis presque point en fleur, et, malgré la longueur du voyage, ma récolte entre Manoel Antonio Simões et Paiol Queimado fut presque nulle.

A peu de distance de la première de ces *fazendas*, j'avais traversé d'immenses *campos* que l'on avait brûlés il y avait peu de jours. Dans les parties de la province des Mines que j'avais parcourues jusqu'alors, on met le feu aux pâturages vers la fin du temps de la sécheresse, et c'est uniquement quelques parties réservées dans le canton de Rio Grande, pour les vaches à lait, que l'on incendie à d'autres époques. Ici, au contraire, où, dit-on, l'herbe ne sèche jamais entièrement, on met le feu aux pâturages indifféremment dans toutes les saisons; mais les cultivateurs croient devoir ne le faire que lorsque la lune est dans son décours.

Dans la Serra da Canastra et chez Geraldo, j'avais été fort tourmenté par ces petites mouches noires appelées *borrachudos* (1), qui, après avoir piqué, laissent sur la peau une marque rouge; mais nulle part je n'en avais vu une aussi grande quantité que dans les pâturages nouvellement incendiés dont j'ai parlé tout à l'heure. Ces insectes me couvraient le visage et les mains, et j'étais obligé, pour les écarter, d'avoir sans cesse recours à mon mouchoir.

Il y avait huit heures que j'étais parti de la *fazenda* de Manoel Antonio Simões, lorsque j'arrivai à celle de *Paiol Queimado* (grange brûlée), où je fis halte. J'avais fait, comme je viens de le dire, 5 *legoas*, et, dans ce pays, c'est une très-forte journée pour des voyageurs qui ont une

(1) J'ai parlé des *borrachudos* dans mon *Voyage dans les provinces de Rio de Janeiro*, etc., I, 37. M. Pohl, qui les a très-bien figurés, les nomme *Simulium pertinax* (*Reise*, I).

longue route à parcourir et marchent avec des mulets chargés de bagage.

Je ne saurais dire bien positivement quel point forme la limite de la *comarca* de S. João d'El Rei (1); mais il est vraisemblable que je la franchis dans cette journée, ou que je l'avais passée la veille, lorsque j'avais commencé à suivre le côté septentrional de la Serra da Canastra, pour traverser la cordilière dont cette montagne fait partie, et que j'appelle *Serra do S. Francisco e da Paranahyba*. De la *comarca* de S. João, je passai dans celle de Paracatú et sur le territoire de la justice (*julgado*) d'Araxá, qui en dépend aujourd'hui (1819).

(1) De ce que dit d'Eschwege (*Bras. Neue Welt*, I, 101), on peut seulement conclure que la limite est dans la cordilière même, et Cazal (*Corog. Braz.*, I, 282) se contente d'indiquer celle-ci comme la limite.

CHAPITRE XI.

COUP D'OEIL GÉNÉRAL SUR LA COMARCA DE PARACATÚ (1).

Limites et étendue de la *comarca* de Paracatú. — Sa population. — Idée générale des chaînes de montagnes qu'on traverse pour se rendre de Rio de Janeiro dans la *comarca* de Paracatú. — Du diviseur des eaux du S. Francisco et du Rio Paranahyba. — La *Serra das Vertentes* de von Eschwege. — Description exacte due à l'abbé Cazal. — La *Serra das Vertentes* de Balbi. — Système de nomenclature pour les montagnes du Brésil. — Idée générale de la *Serra do S. Francisco e da Paranahyba*. — Rivières de la *comarca* de Paracatú. — Villes et villages de cette *comarca*. — Caractère de ses habitants. — Leurs demeures. — Leurs occupations. — Fertilité de leurs terres. — Manioc. — Le *capim gordura*; ses limites; sa patrie. — Les bêtes à cornes. — Les moutons. — Surface du pays. — Sa végétation. — Sécheresse : disette. — Difficultés et ennuis des voyages dans ce pays. — Éléments de prospérité que renferme la *comarca* de Paracatú.

La *comarca* de *Paracatú* a été longtemps comprise dans celle de Sabará et en était la partie la plus occidentale ; mais on l'en sépara par un décret (*alvará*) du 17 juin 1815 (2), et un autre décret du 4 avril 1816 réunit à la nouvelle *comarca* les justices (*julgados*) d'Araxá et de De-

(1) Pour bien comprendre les premières pages de ce chapitre, il est bon d'avoir sous les yeux une carte générale du Brésil, par exemple, celle de Brué.

(2) Cette date est empruntée à Cazal (*Corog.*, I, 392).

semboque, qui jusqu'alors avaient appartenu à la province de Goyaz.

Cette *comarca* est formée de deux parties : l'une au nord, plus orientale, l'autre au midi, plus occidentale, qui, comme deux cases de même couleur dans un échiquier, se touchent par un de leurs angles ; et la chaîne que j'appelle *Serra do S. Francisco e da Paranahyba* est la ligne qui borne la partie la plus orientale du côté de l'ouest, tandis qu'elle borne la partie la plus occidentale du côté de l'est. Si l'on veut indiquer d'une manière plus précise les limites de la *comarca* de Paracatú, on dira qu'au sud le Rio Grande coule entre elle et la province de S. Paul ; qu'au nord elle est bornée par la *Carunhanha* (1), qui, lors de mon voyage, la séparait de la province de Fernambouc ; qu'à l'ouest le grand diviseur des eaux du S. Francisco et du Tocantins (2), le *Rio S. Marcos* et le Paranahyba la séparent de Goyaz (3) ; enfin que ses limites orientales sont le Rio de S. Francisco, l'*Abaité*, l'*Abaité do Sul* et la partie la plus méridionale de la Serra das Vertentes (Eschw.), partie que je nomme, comme on va le voir, *Serra do S. Francisco e da Paranahyba*.

Cette immense subdivision d'une immense province com-

(1) J'ai dit ailleurs que l'on avait écrit *Carynhanha* et *Carinhanha*. On trouve aussi dans Cazal *Carinhenha* et *Carynhenha*, et c'est ce dernier mot qu'a admis Gardner. Dans le pays, j'ai entendu prononcer *Carunhanha*, comme a aussi écrit Pizarro.

(2) Ce diviseur est celui que j'appelle, comme on le verra plus bas, *Serra do S. Francisco e do Tocantins*.

(3) Ce que je dis ici sur les limites occidentales de la *comarca* de Paracatú doit servir à rectifier celles que j'ai indiquées ailleurs, sur la foi de Pizarro, pour Minas Geraes et Goyaz (*Voyage dans les provinces de Rio de Janeiro*, etc., 1, 79).

prend plus de 3 degrés de latitude, et, suivant d'Eschwege (1), 3,888 *legoas* carrées, sur lesquelles, d'après le même auteur, il existait, en 1821, une population de 21,772 habitants, ce qui ne fait pas même six individus par lieue carrée (2).

J'ai dit ailleurs (3) qu'une chaîne de montagnes qu'on doit appeler *Serra do Mar* se prolonge, le long de la mer, dans une grande partie du Brésil; qu'une autre chaîne, presque parallèle à la première, mais plus élevée, la Serra do Espinhaço (Eschw.), s'avance à peu près du nord-est de la province de S. Paul, ne laissant guère qu'une distance de 30 à 60 lieues entre elle et la cordilière maritime; qu'elle divise les eaux du Rio Doce et du S. Francisco, et va se perdre dans le nord du Brésil; qu'à l'ouest de celle-ci, le terrain s'abaisse peu à peu jusqu'au Rio de S. Francisco, mais que, toujours dans la direction de l'occident, le sol s'élève, pour la deuxième fois, jusqu'à une chaîne qui sépare les eaux du même fleuve de celles du Paranahyba (4). C'est cette dernière chaîne qui, du côté de l'est,

(1) *Bull. Férussac sc. géog.*, XVII, 97.

(2) Suivant un tableau envoyé au gouvernement par l'*ouvidor* de Sabará, et cité par Pizarro et par le *desembargador* A. R. Veloso de Oliveira (*Annaes Fluminses*), la population de la *comarca* de Paracatú aurait monté, en 1816, à 59,053 habitants. Il est difficile de savoir lequel des deux chiffres, si différents l'un de l'autre, est le plus exact : ce qu'il y a de sûr, c'est que j'ai rencontré bien peu de monde dans ce pays.

(3) Voyez mon *Voyage dans les provinces de Rio de Janeiro*, etc., I, 69.

(4) En faisant connaître pour la première fois cette disposition d'une partie du sol brésilien, j'ai écrit, comme a fait récemment le célèbre géographe Balbi, que le diviseur d'eaux dont je parle ici s'étendait entre les affluents du S. Francisco et ceux du Paranná : il eût été plus exact d'indiquer le Paranahyba, ainsi que je le fais à présent, car le Paranná est

sépare la *comarca* de Paracatú de celle du Rio das Mortes ou de S. João d'El Rei, comme c'est elle qui, du côté de l'occident, la sépare de la province de Goyaz (1); et, par conséquent, elle est, ainsi qu'on l'a vu, entre les deux parties de la *comarca*, l'une au nord-est et l'autre au sud-ouest, ce que serait la ligne formée par deux cases d'échiquier se touchant seulement par un de leurs angles. Cette chaîne se continue vers le sud, puisqu'il n'y a, entre la Serra da Canastra, qui en fait partie, et les montagnes de la Serra do Rio Grande, qu'un défilé de très-peu d'étendue (voir le chapitre précédent); elle donne passage au Rio Grande, fournit quelques petits affluents à ce dernier, et, prenant le nom de *Serra de Mugyguassu*, elle s'avance dans la province de S. Paul, où elle paraît former une sorte de nœud avec la partie de la Serra do Espinhaço, appelée Serra da Mantiqueira (2). Du côté opposé, elle se prolonge, vers le septentrion, jusqu'aux limites de la province de Piauhy, bornant toujours le bassin du S. Francisco; mais si, à l'est, elle ne cesse de donner des affluents à ce fleuve, à l'ouest elle n'en envoie au Paranahyba que dans sa partie méridionale, et, plus au nord, c'est au Rio do Tocantins qu'elle fournit des eaux.

Considérée seulement comme diviseur des eaux du S. Francisco et du Paranahyba, il est bien clair qu'elle ne

---

formé par la réunion du Paranahyba et du Rio Grande, et aucun affluent venant de la chaîne dont il s'agit ne se jette immédiatement dans le Paraná (voyez Caz., *Corog.*, I, 205, et la carte générale de MM. Spix et Martius). J'avais aussi donné le nom de plateau au diviseur des eaux du S. Francisco et du Paranahyba; celui de chaîne ou de cordillière eût été plus convenable.

(1) Caz., *Corog.*, I, 319.
(2) *Bras. Neue Welt*, I, 50. — Voyez aussi la carte de Brué.

s'étend pas au delà des sources de ces deux rivières, dont la première coule vers le nord et la seconde vers le sud, ou, si l'on aime mieux, elle sera limitée par deux autres diviseurs d'eaux qui lui sont à peu près perpendiculaires : l'un qui, partant, au sud, du versant oriental, va, comme je l'ai dit, rejoindre la Serra do Espinhaço, et fournit tout à la fois des affluents au Rio Grande et les premiers affluents du S. Francisco dont il borne le bassin ; l'autre qui, à l'extrémité nord, se rattache au versant occidental et d'où naissent, du côté du septentrion, les sources du Rio do Tocantins et, au midi, celles du *Corumbá*. En un mot, la chaîne ou plutôt la portion de chaîne qui divise les eaux du S. Francisco de celles du Rio Paranahyba peut être représentée par le corps d'un Z entre les deux lignes transversales qui le bornent, et qui représenteraient, si je puis m'exprimer ainsi, l'une, la tête du bassin du S. Francisco, l'autre celle du bassin du Tocantins.

Dans un morceau du plus haut intérêt où il fait parfaitement connaître la surface du Brésil, d'Eschwege indique une *Serra das Vertentes* (1) qui formerait une vaste courbure et diviserait les eaux du nord de celles du sud, comprenant la Serra da Canastra, les Pyreneos et les montagnes du Xingú et du Cuyabá. Là, malheureusement, se borne la description du savant écrivain, qui ne dit, d'ailleurs, ni où finit ni où commence cette Serra das Vertentes; et peut-être même la seule induction doit nous faire croire qu'il considère les Montes Pyreneos comme en faisant partie. Si la Serra das Vertentes se compose tout à la fois des Montes Pyreneos et de la Serra da Canastra, elle changerait de di-

(1) *Brasilien die Neue Welt*, I, 161.

rection dans son étendue, elle formerait, comme dit l'auteur allemand, une vaste courbure, et comprendrait en même temps des têtes de bassin et des limites latérales ; or on peut demander ce que serait, dans ce cas, le prolongement du diviseur des eaux du S. Francisco et du Paranahyba, prolongement qui, dans une étendue immense, suit la même direction que ce diviseur, qui continue à limiter le bassin du S. Francisco et à envoyer des affluents à ce fleuve, tout en fournissant des eaux, de son revers opposé, au Rio do Tocantins; il faudrait sans doute le considérer comme un simple chaînon de la Serra das Vertentes, mais une suite de monts et de hauteurs limitant le même bassin et s'étendant parallèlement à une de ses rives, sans déviation aucune, doit certainement être considérée comme une chaîne unique; le chaînon, au contraire, serait la croupe qui, partant des Pyreneos continus eux-mêmes, avec d'autres monts plus occidentaux, forme un angle avec la chaîne véritable, ne la prolonge point dans une même direction, s'arrête à elle et ne forme la limite latérale du bassin d'aucun fleuve (1).

Cazal, bien moins savant que le colonel allemand, mais dont l'exactitude et les longues recherches méritent la plus grande estime, ne distingue point, à la vérité, les deux

---

(1) Si M. Luiz Antonio da Silva e Sousa (*Memoria estatica da provincia de Goyaz*, 1832) paraît professer une opinion analogue à celle de M. d'Eschwege, da Cunha Mattos partage entièrement la mienne. Il regarde comme une seule chaîne, qu'il appelle *Serra Geral*, les montagnes qui commencent au midi de la Serra da Canastra, arrivent au Registro dos Arrependidos et se continuent jusque dans la province de Piauhy; puis il reconnaît que la chaîne à laquelle appartiennent les Montes Pyreneos, tout en aboutissant à la Serra Geral, forme pourtant un autre système (*Itinerario*, etc., II).

I. 14

parties de la chaîne ; celle qui, plus méridionale, envoie des eaux au Rio Paranahyba, et l'autre qui, au nord, en fournit au Tocantins ; mais, d'ailleurs, il reconnaît parfaitement que cette chaîne, quoique changeant souvent de nom, est réellement une, qu'elle se dirige du sud au nord, séparant Goyaz de Minas et de Fernambouc, et qu'elle est seulement interrompue par des défilés (*boqueirões*) (1).

Le vague qui règne dans la description de la Serra das Vertentes est tel que M. Martius paraîtrait croire (2), comme j'avais d'abord fait moi-même, qu'Eschwege limite cette Serra au diviseur des eaux du S. Francisco et du Rio Paranahyba, tandis que l'excellent géographe Balbi, donnant une idée de l'ensemble des croupes qui séparent toutes les eaux du nord de celles du midi, étend la Serra das Vertentes depuis la frontière de la province de Ceará jusqu'à l'extrémité méridionale de celle de Matogrosso, et ne parle des Serras Negra, da Canastra, da Marcella et dos Cristaes que comme d'un chaînon d'une vaste chaîne (3).

Dans un tableau rapide, il est philosophique, sans doute, de faire voir d'un coup d'œil et même d'indiquer par un seul nom l'ensemble des montagnes qui, se prolongeant

---

(1) *Corografia*, I, 319. — M. F. Denis, à qui l'on doit les recherches les plus consciencieuses sur l'histoire du Brésil et son état actuel, a consacré le nom de *père de la géographie brésilienne*, que j'avais cru pouvoir donner à l'abbé Manoel Ayres de Cazal. J'ai vu aussi avec grand plaisir que, à Rio de Janeiro, on rend toute justice à l'auteur de la *Corografia Brazilica*, qu'un long séjour en Amérique et la nature de ses travaux peuvent faire compter parmi les auteurs brésiliens (*Min. Bras.*, 52).

(2) *Reise*, II.

(3) *Abrégé de Géographie*. — Je n'ai pu malheureusement consulter que la première édition de ce bel ouvrage.

en demi-cercle de l'est vers l'ouest, embrasse la moitié de l'Amérique du Sud ; mais, pour peu que l'on veuille descendre dans quelques détails, il faudra des noms particuliers, surtout lorsqu'il s'agira des chaînons et des contreforts, et il est clair qu'on ne présenterait réellement rien à l'esprit, si, en parlant du diviseur des eaux du S. Francisco et du Paranahyba, du Xingú et du Paraguay, on disait également que l'on a traversé la Serra das Vertentes. Les habitants du pays ont nommé isolément les montagnes qu'ils avaient à parcourir, chacun dans leur district, et le géographe comme le voyageur, pour éviter toute confusion, doit conserver ces dénominations religieusement, sans en restreindre et sans en étendre la signification. Mais, si un seul nom ne suffit point pour tous les diviseurs d'eaux réunis, les noms restreints à chaque élévation particulière détruisent toutes les idées d'ensemble. Je croirais donc qu'outre le nom, en quelque sorte générique, de Serra das Vertentes que l'on peut admettre, si l'on veut, dans le sens que lui attache M. Balbi, il est bon d'en donner un à chaque diviseur de deux grands fleuves.

On sent que de telles dénominations, pour être adoptées par les habitants du pays, ne doivent rien leur rappeler qui soit étranger au pays même, et je crois qu'on ne saurait en proposer de plus méthodiques que celles qui présenteraient pour chaque diviseur la réunion des noms des fleuves dont il sépare les eaux, à peu près comme le nom de plusieurs de nos départements se compose de celui de deux des rivières qui y coulent. Mais, pour former les noms de nos départements, on aurait pu souvent choisir d'autres rivières que celles que l'on a préférées, tandis qu'il n'y a rien d'arbitraire dans les dénominations que je propose, et une connaissance exacte de la géographie brésilienne les ferait nécessairement composer par tout le monde de la même manière. Ainsi cette chaîne qui, comprenant la Serra Negra (de Sabará), s'étend à peu près, de l'est à l'ouest, de la Serra do Espinhaço à la Serra da Canastra et forme la tête du bassin du S. Francisco, serait la *Serra do S. Francisco e do Rio Grande* ; j'appellerai *Serra do S. Francisco e da Paranahyba* (1) le diviseur qui s'étend de cette première chaîne, ou, si l'on veut, des sources du S Francisco à la ligne des sources du *Corumbá;* je donnerai le nom de *Serra do S. Francisco e do Tocantins* au prolongement plus septentrional de ce même diviseur, d'où s'échappent tout à la fois les premiers affluents du Tocantins et de nouveaux affluents pour le S. Francisco ; la chaîne qui, venant de Matogrosso, se dirige d'occident en orient, comprend les Montes Pyreneos, fournit les premières eaux du Tocantins (2) et du Corumbá, forme la tête du bassin de chacune de ces deux rivières, sera la *Serra do Corumbá e do Tocantins;* enfin la Serra do Espinhaço (Eschw.) comprendra, dans la seule province de Minas, au midi, la *Serra do S. Francisco e do Rio Doce*, et, plus au nord, la *Serra do S. Francisco e da Jiquitinhonha*, etc.

(1) Cazal et Pizarro ont écrit *O Paranahyba;* mais j'ai passé deux fois cette rivière, et je trouve, dans mes notes, les endroits où je l'ai traversée indiqués, l'un par le nom de *Porto da Paranahyba*, et l'autre par celui de *Porto Real da Paranahyba*. Au reste, les mêmes auteurs ont écrit *O Parahyba*, et, dans le pays, on dit bien certainement *Provincia da Parahyba*, *Districto da Parahyba Nova*, *S. João da Parahyba*, *Porto da Parahyba*. — Je dois dire aussi que, sur les lieux, j'ai entendu prononcer *Parnahyba*, à peu près comme a écrit M. Gardner.

(2) On sait que le Rio do Tocantins porte d'abord le nom de *Rio das Almas*.

Ces noms, je l'avoue, ont l'inconvénient d'être longs, parce que ceux dont ils se composent ne sont point monosyllabiques, comme les noms d'un grand nombre de nos rivières ; mais des noms composés et d'une grande longueur sont bien loin d'être étrangers à la géographie brésilienne, ainsi qu'on en a pu voir des exemples dans cette relation et les deux précédentes (1).

Je reviens à la Serra do Francisco e da Paranahyba, dont la digression à laquelle je viens de me livrer m'a peut-être éloigné trop longtemps.

Au nord de la Serra da Canastra, qui forme le commencement de cette grande chaîne, je traversai celle-ci dans sa largeur, pour me rendre au village d'Araxá, qui est situé au-dessous de son versant occidental ; pendant une quinzaine de jours je suivis ce versant ; je ne remontai sur le sommet de la chaîne que pour y faire environ 5 *legoas*, et ensuite je descendis le versant oriental, que je côtoyai jusqu'à Paracatú ; je ne puis donc indiquer la suite bien exacte des montagnes qui forment l'ensemble de la chaîne. Je dirai cependant qu'elle se prolonge à peu près dans un espace de 3 degrés et demi, changeant sans cesse de nom, et que ses sommets les plus élevés se trouvent dans sa partie la plus méridionale. Après la Serra da Canastra, dans la direction du sud au nord, viennent successivement, selon d'Eschwege, les *Serras do Urubú, da Marcella, d'Indaiá et d'Abaité* (2).

---

(1) Ex. : *Rio Grande de S. Pedro do Sul, S. Miguel e Almas, Catas Altas de Mato dentro, S. Antonio dos Montes Claros*, etc.

(2) D'Eschwege dit que la portion de chaîne formée de ces cinq montagnes se dirige vers la rive gauche du S. Francisco, le traverse en formant la chute de *Piraporá*, et va se rattacher, dans les Minas Novas, à la Serra do Espinhaço (*Bras. Neue Welt*, I, 50). On pourrait croire, d'après

Au delà de ce point, aucun auteur ne me donne de renseignements certains, et, comme je ne suis monté sur le sommet de la chaîne qu'à 3 lieues et demie du passage du Paranahyba, c'est-à-dire à une distance qui ne peut guère être moins de 1 degré de la Serra d'Abaité (1), je ne saurais rien dire de cet intervalle (2). Parvenu au sommet de la chaîne, je me trouvai sur un vaste plateau appelé encore *Chapadão* (grand plateau) (3), et qui, si je dois croire ce

cela, que la Serra do S. Francisco e da Paranahyba ne s'étend point, au nord, plus loin que l'Abaité; mais il ne saurait en être ainsi, et ce qu'Eschwege lui-même dit ailleurs prouve que telle n'a point été sa pensée : la direction qu'il attribue à la chaîne au delà de la Serra d'Abaité est sans doute celle de quelque contre-fort oriental. D'après le même écrivain, on appliquerait le nom de *Mata da Corda* à la chaîne partielle formée par les cinq Serras; mais Cazal dit expressément (*Corog.*, I, 382) que ce nom est celui d'un bois qui s'élève entre les deux Abaité, et le nom de *Mata* (bois) rend cette opinion plus que plausible.

(1) Voyez la carte générale de MM. Spix et Martius.

(2) La carte générale de MM. Spix et Martius indique, sous le nom de *Serra dos Cristaes*, une portion de la Serra do S. Francisco e da Paranahyba plus méridionale que Paracatú, et un passage de Cazal (*Corog.*, I, 382) tendrait réellement à faire croire que telle est la position de la *Serra dos Cristaes*; mais, s'il n'existe pas deux montagnes de ce nom, il y a certainement ici une erreur. On me parla, dans le pays, d'une Serra dos Cristaes que je ne visitai point, parce que je savais qu'elle avait été parcourue par le docteur Pohl : or, par la relation fort intéressante du voyage qu'y fit ce savant (*Reise*, 263), on peut voir que la *Serra dos Cristaes*, où il a été, se trouve située à l'ouest, hors de la Serra do S. Francisco e da Paranahyba; que, pour y arriver, Pohl fut obligé de passer le Rio de S. Marcos et d'entrer dans la province de Goyaz; que, arrivé à la Serra dos Cristaes, il n'était qu'à peu de distance de *S. Luzia de Goyaz*, et qu'enfin cette montagne ne peut être qu'un contre-fort ou une portion d'un contre-fort du diviseur des eaux du Paranahyba et du Tocantins. Ce que je dis ici est, au reste, confirmé par Mattos (*It.*, II, 185).

(3) On a vu que le plateau qui termine la Serra da Canastra porte aussi le nom de *chapadão*. Ce mot est en quelque sorte générique et désigne tout grand plateau.

qui m'a été dit, a presque 6 *legoas* de longueur et 5 de largeur, sans aucune discontinuité. Après le Chapadão vient la *Serra dos Pilões*; mais ce fut là que je descendis pour côtoyer le versant oriental et me rendre à Paracatú. A environ 9 lieues de cette ville, je montai sur un autre grand plateau, qui est encore la continuation de la Serra do S. Francisco et da Paranahyba; et, après avoir, pour la troisième fois, traversé cette chaîne dans la partie qui porte le nom de *Chapada de S. Marcos*, j'arrivai, du côté occidental, au *Registro dos Arrependidos*, limite de la *comarca* de Paracatú et de la province de Goyaz. Ce qui caractérise d'une manière particulière la Serra do S. Francisco et da Paranahyba, c'est cette suite de plateaux qui la terminent et qui lui donnent quelque rapport avec les Alpes de la Scandinavie (1).

Les deux versants de cette Serra et ses contre-forts fournissent un grand nombre de rivières, parmi lesquelles on en compte de diamantines, telles que l'Indaiá et l'Abaité, et dont la plupart arrosent la *comarca* de Paracatú. Mais ce ne sont pas les seules rivières fournies par la Serra do S. Francisco e da Paranahyba et par ses contre-forts qui coulent dans la *comarca* de Paracatú; au nord du chef-

(1) Le plateau de S. Marcos se prolonge jusqu'au village de Couros, sur la Serra do Francisco e do Tocantins, et là il se confond probablement avec celui que M. Martius (Reise, II) appelle *Chapada dos Couros*, ou, du moins, ce dernier doit se présenter après lui dans la direction du nord. Ce fut aussi un plateau que trouva M. Gardner au sommet de la même Serra, lorsqu'il la traversa entre les villages de S. Pedro et de N. S. da Abbadia pour se rendre de Goyaz à Minas; par conséquent, il est fort vraisemblable que la Serra do S. Francisco e do Tocantins, qui, en réalité, n'est que la continuation de la Serra do S. Francisco e da Paranahyba, est, à son sommet, aussi plate qu'elle.

lieu, cette *comarca* est traversée par d'autres affluents du S. Francisco, qui naissent de la continuation de la même chaîne.

Si l'on excepte Paracatú, il n'existait, lors de mon voyage, aucune ville dans toute la *comarca*. Quatre villages étaient des chefs-lieux de justice (*julgados*), savoir, Salgado, dont j'ai parlé ailleurs (1), S. Romão, situé sur les bords du S. Francisco (2), Araxá et Desemboque, à l'ouest de la chaîne; mais il faut que les autres bourgs ou hameaux, qui n'avaient pas le même titre que ceux-là, fussent bien peu importants, puisque, au rapport de M. d'Eschwege, Desemboque ne comprenait, en 1816, qu'une soixantaine de maisons. Dans un espace d'à peu près 70 *legoas* (au moins 85 lieues communes de France), depuis l'extrémité nord de la Serra da Canastra jusqu'à Paracatú, je ne traversai d'autres villages qu'Araxá, où l'on comptait, en 1816, soixante-quinze maisons (3), et Patrocinio, où, à l'époque de mon voyage, il n'en existait qu'une quarantaine; je trouvai à peine un chétif hameau dans une étendue de 23 *legoas*, entre Paracatú et la frontière de la province de Goyaz; enfin, lorsque, à mon retour de cette province, je fis

---

(1) *Voyage dans les provinces de Rio de Janeiro*, etc., II, 407.

(2) *L. c.*, 428. — Depuis mon voyage, S. Romão, comme Araxá, a été érigé en ville (Gardner, *Travels*, 413); mais il ne paraît pas que son nouveau titre ait influé en rien sur sa prospérité, car Pizarro faisait monter sa population, en 1822, à 1,300 individus, et, d'après Gardner, on n'en comptait que 1,000 en 1840. Ce qui prouve, au reste, combien les choses changent peu dans les pays déserts, ainsi que j'ai eu occasion de le dire ailleurs, c'est que les détails donnés par le naturaliste anglais semblent être un simple commentaire de ce qu'écrivait l'abbé Manoel Ayres de Cazal en 1817.

(3) Eschw., *Bras. Neue Welt*, I, 66.

encore plus de 20 *legoas* dans la *comarca* de Paracatú pour me rendre à S. Paul, je ne vis que quelques pauvres *aldeas* d'Indiens civilisés. La *comarca* de Paracatú n'est donc autre chose qu'un immense désert.

Je n'ai point visité toute cette partie de la *comarca* comprise entre le S. Francisco et la chaîne qui, du côté de l'ouest, fournit les affluents de ce fleuve; mais il est naturel de croire que ce désert est encore moins civilisé que celui que j'avais parcouru sur la rive droite du S. Francisco, puisqu'il est plus éloigné du pays que l'on peut considérer comme le centre de la civilisation dans la province des Mines. Paracatú, qui compte déjà une existence assez ancienne, qui fut jadis riche et florissant, doit renfermer une population plus intelligente et plus policée que celle des déserts environnants. Mais je crois pouvoir dire que la population du pays que je traversai pour arriver à cette ville est le rebut de la province des Mines. Les commencements du district d'Araxá datent de nos jours, et l'on sait que ce bourg fut peuplé non-seulement par des cultivateurs dont les terres commençaient à s'épuiser et d'autres qui n'en possédaient point encore, mais par des débiteurs insolvables et des criminels qui cherchaient à se dérober à de justes châtiments. Lors de la réunion du *julgado* d'Araxà à la province des Mines, d'Eschwege, qui avait été chargé par l'administration de faire un rapport sur cette contrée, s'aperçut, étant à Patrocinio, que les habitants s'éloignaient de lui, et il sut bientôt que ce canton reculé était devenu l'asile d'hommes qui, ayant commis des crimes ou devant de l'argent au trésor royal, avaient fui de Minas.

Pour retremper une telle population, il eût fallu pouvoir l'instruire et l'attacher au travail; mais de qui les habitants de ces déserts recevraient-ils quelques leçons de morale et de religion, ou même l'instruction la plus élémentaire? et pourquoi travailleraient-ils, quand leurs besoins si peu nombreux sont satisfaits? Dans ces contrées, l'isolement détruit l'émulation ; la chaleur du climat invite à l'oisiveté, on n'exerce plus son intelligence, on ne pense plus, et l'on tombe dans une sorte d'hébêtement grossier.

Un grand nombre de *vadios* (oisifs) parcourent le canton d'Araxá et désolent les propriétaires en volant leurs bestiaux (1). Dans ces déserts, les hommes établis vivent éloignés les uns des autres; ils ne connaissent point la société, ils ne connaissent que la famille : les *vadios* ne connaissent ni l'une ni l'autre. On peut les comparer à ces plantes parasites qui, étrangères au sol, épuisent les végétaux utiles dont ils tirent leur substance et ne produisent que de mauvais fruits.

S'il y a quelque remède à l'espèce d'abrutissement dans lequel est tombé le peuple de ce pays, c'est naturellement du clergé qu'il semblerait qu'on est en droit de l'attendre. Quand on songe cependant qu'il n'existe qu'une demi-douzaine de paroisses dans toute la *comarca* de Paracatú, on doit sentir que les pasteurs, lors même qu'ils seraient animés d'un véritable zèle, trouveraient de grands obstacles dans l'extrême dissémination des habitants, si peu nombreux, de cette vaste contrée. Mais on sait combien, en général, le clergé brésilien fait peu pour l'instruction du peuple qui lui est confié, et il y a encore moins à espérer

---

(1) M. Gardner dit aussi que toutes les caravanes qui arrivent à S. Romão ont à se plaindre des vols de chevaux, extrêmement communs dans ce canton (*Trav.*, 418).

des ecclésiastiques de la comarca de Paracatú que de ceux des pays voisins. Cette comarca, en effet, ne dépend pas de l'évêché de Marianna (1819-22); elle appartient à celui de Fernambouc, dont le chef-lieu est éloigné de 450 à 500 legoas, et, par conséquent, aucune surveillance ne saurait être exercée sur le clergé de cette partie du Brésil (1). Les prêtres peuvent impunément suivre les exemples des laïques qui les entourent, et leur conduite ne saurait manquer de réagir ensuite sur ces derniers. La division des évêchés du Brésil serait, je le répète, indispensable; mais où trouverait-on des sujets assez vertueux, assez éclairés pour occuper les siéges épiscopaux, et en même temps assez courageux pour s'opposer aux abus et assez prudents pour éviter les écueils qu'ils rencontreraient à chaque pas?

Lorsque je parcourais la partie orientale de la province des Mines, charmé de l'hospitalité de ses habitants (2), de

(1) Voici comment s'exprime, à ce sujet, Monsegnor Pizarro, prêtre sincèrement catholique, auquel on doit un travail immense sur les églises du Brésil et la géographie de cette contrée : « De l'énorme distance « qu'il y a de Paracatú à Fernambouc, il résulte que les charges ecclé- « siastiques les plus importantes tombent entre les mains de sujets im- « béciles et sans conscience, qui ne savent même pas quels sont leurs « devoirs, et trop souvent ces hommes deviennent la cause principale de « la ruine des églises et même de celle de la chose publique, non-seule- « ment parce qu'ils sont ignorants et sans expérience, mais encore parce « qu'ils vivent loin de l'œil vigilant de leurs évêques. » (Mem. historicas, VIII, part. II, 217.)

(2) M. Gardner, qui était au Brésil de 1836 à 1841, fait un très-grand éloge de l'hospitalité des Brésiliens en général; cependant il ajoute que celle des habitants de Minas n'est plus ce qu'elle était à l'époque de mon voyage, et il en accuse les relations fréquentes que les Mineiros ont eues avec les Européens, principalement avec les compagnies anglaises (Travels, 468). Par conséquent, grâce à leurs compatriotes, Mawe, Luccock et Walsh ne seraient plus aujourd'hui reçus dans les Mines comme ils le

leur politesse, de leur intelligence, je m'étais bientôt identifié avec leurs intérêts et leurs besoins ; ils étaient pour moi des amis, presque des compatriotes. Dans les déserts de Paracatú, je redevins un étranger. Depuis Araxá jusqu'à une faible distance du chef-lieu de la *comarca*, dans un espace de 48 *legoas*, je ne trouvai, je crois, qu'une

furent il y a peu d'années, et c'est ainsi que se vérifient les paroles que j'écrivais en 1830 : « Souvent le voyageur honnête a porté la peine des torts de ceux qui l'ont précédé. » Il est fort à craindre aussi que les Français ne soient pas accueillis avec une extrême bienveillance par ceux des Brésiliens qui auront lu un article de M. de Chavaignes, inséré dans la *Revue des deux mondes* et reproduit dans l'ouvrage intitulé *Souvenirs*, p. 260 : « J'ai eu plus d'une fois à maudire, dit l'auteur, l'hospitalité « que ce peuple accorde si généreusement..... Vous devez vous soumet- « tre à des formalités cérémonieuses toujours déplaisantes ; vous devez « causer ou écouter quand vous voudriez dormir..... Accablé de ques- « tions sur le but de votre voyage, sur l'opinion que vous avez du Bré- « sil, il vous faut parler cette langue portugaise si dure et si guttu- « rale. » Ces phrases ont excité à Rio de Janeiro les réclamations les plus vives (*Minerva Braziliense*, 711). Les Brésiliens peuvent répondre que, dans tous les pays du monde, l'étranger honnête se fait un devoir de se gêner pour celui qui veut bien l'accueillir, et en même temps ils peuvent me citer comme un exemple des égards et des soins que l'on prodigue à celui qui, voyageant chez eux, tombe réellement malade. Ils peuvent dire que, partout et dans tous les temps, depuis celui d'Homère jusqu'à nos jours, on a questionné l'homme qui vient de loin, et que « nos ancêtres les Gaulois se tenaient sur les grands chemins pour de- « mander aux voyageurs ce qui se passait dans leur pays (MENECH., « *Hist.*, I, chap. I). » Quant aux reproches faits à leur langue, les Brésiliens s'en consoleront facilement ; car il paraît que l'auteur, lorsqu'il a écrit, l'avait à peu près oubliée : la plupart des mots qu'il cite comme portugais ou sont espagnols, ou n'appartiennent à aucun langage ; ainsi *sierra* (pour *serra*), *ciudad* (pour *cidade*), *de la* (pour *da*), *gobernador* (pour *governador*) sont espagnols, et on chercherait inutilement, dans quelque dictionnaire que ce fût, *corcoval* (pour *corcovado*), *arroail* (pour *arraial*), *alquiere* (pour *alqueire*), *cachoiera* (pour *cachoeira*), *cabres* (pour *cabras*), etc.

personne avec laquelle je pus m'entretenir quelques instants.

D'après tout ce qui précède, je n'ai pas besoin de dire que les grossiers habitants du désert qui s'étend de la Serra da Canastra à Paracatú, et probablement ceux de la plus grande partie de la *comarca*, ne connaissent aucune de ces commodités auxquelles nous attachons tant de prix, et ne font même aucun effort pour embellir leurs demeures. Ils occupent des chaumières petites et obscures, et, lors même qu'une *fazenda* a quelque peu d'importance, la maison du propriétaire ne se distingue pas des cases de ses nègres. Le désordre caractérise ces misérables demeures, toutes construites en terre. Il ne s'y trouve point de meubles, et le peu d'effets qu'on y aperçoit gît dispersé à droite et à gauche. Pour ne pas laisser tout ce qu'on possède par terre ou sur les *giraos*, on ne connaît d'autre ressource que d'enfoncer dans les murs des morceaux de bois auxquels on suspend sa selle, ses éperons et de mauvaises hardes.

A l'endroit appelé *Sapé*, situé à 10 lieues de Paracatú, je trouvai deux ou trois maisonnettes écartées les unes des autres. L'une d'elles, qui n'avait point de porte, se composait de deux petites pièces propres et bien balayées ; comme elle était sans habitants, je m'y établis, et je trouvai que depuis longtemps je n'avais été aussi bien nulle part. Qu'on juge par là des autres gîtes que j'avais occupés.

Le costume des gens de ce pays n'est pas plus magnifique que leurs habitations ; mais, pour être juste, il faut dire que, si leurs vêtements sont souvent déchirés, ils sont du moins presque toujours propres.

Qu'on ne s'imagine pas que toute cette population soit

composée d'hommes de couleur. A la vérité, sur la route de S. Paul à Goyaz, je traversai des *aldeas* d'Indiens métis dépendants du territoire d'Araxá; mais la plus grande partie des habitants de ce *julgado* sont des blancs. Arrivé près de Paracatú, je trouvai enfin un propriétaire dont la maison était mieux soignée que tant d'autres et avec lequel je pus causer : ce qui est assez remarquable, cet homme était un mulâtre.

A Paracatú même, on exploite encore quelques minières. D'ailleurs, dans la partie de la *comarca* que j'ai parcourue entre la Serra da Canastra et la frontière de Goyaz, tout le monde se livre à la culture des terres et surtout à l'éducation des bestiaux. Les habitants du territoire qui s'étend de la province de Goyaz à celle de S. Paul, c'est-à-dire entre le Paranahyba et le Rio Grande, sont aussi des agriculteurs.

Depuis Araxà jusqu'au Paranahyba, dans un espace de 32 *legoas*, les terres de moyenne qualité rendent en maïs 200 pour 1, et ont, par conséquent, une grande fertilité. Les environs mêmes de Paracatú sont propres à tous les genres de culture. Enfin entre Goyaz et S. Paul, sur la route qui mène à cette dernière province, on trouve des terrains d'un très-bon rapport. Ceci doit suffire pour faire voir combien cette contrée, aujourd'hui si déserte, pourrait nourrir d'habitants, et combien elle a été favorisée par la nature.

Au nord du Paranahyba, on commence à planter du manioc, ce qui tend à prouver que le pays est déjà plus chaud et moins élevé; car cette plante, commune dans la partie du Sertão que j'avais parcourue en 1817, ne se voit point dans les contrées hautes et tempérées. Le même végétal se cultive avec avantage aux environs de Paracatú, et il en est probablement ainsi dans toute la partie de la *comarca* qui s'étend au délà de cette ville.

Il ne paraît point qu'à l'ouest de la Serra do S. Francisco e da Paranahyba, du moins jusque vers la hauteur de Paracatú, ou, plus exactement encore, vers le 17e degré de latitude sud, la grande Fougère (*Pteris caudata*, ex Mart.) et le *Capim gordura* (*Melinis minutiflora*, Palis; — *Tristegis glutinosa*, Nees; — *Capim melado*, à Rio de Janeiro) s'emparent, comme dans la partie orientale de Minas, des terrains qui ont été quatre à cinq fois en culture (1). Mais à peine me trouvai-je sur le versant oriental de la Serra que je commençai à revoir la dernière de ces plantes, le

(1) « Lorsque, à l'orient de la Serra do Espinhaço, on a fait, dans un « terrain, un petit nombre de récoltes, on y voit naître une très-grande « fougère du genre *Pteris*. Une Graminée visqueuse, grisâtre et fétide, « appelée *Capim gordura* ou herbe à la graisse, succède bientôt à cette « cryptogame ou croît en même temps qu'elle. Alors presque toutes « les autres plantes disparaissent avec rapidité....., et l'agriculteur, ne « pouvant plus espérer voir naître de nouveaux arbres sur son terrain, « dit que *celui-ci est perdu sans retour* (*Voyage dans les provinces* « *de Rio de Janeiro*, etc., I, 194). » J'ai dit, en parlant du *Capim gordura*, que le 17e 40' degré de latit. S. formait sa limite septentrionale, mais cela ne doit s'entendre que du pays dont je parlais alors, celui qui se trouve situé à l'est de la Serra do Espinhaço, à peu près sous les mêmes méridiens que Villa Rica, Villa do Principe et les pays circonvoisins. On verra, plus tard, que j'ai retrouvé cette même Graminée, entre le 16e et le 15e degré (Eschw., Piz.), dans la province de Goyaz, en me rendant de Santa Luzia à Villa Boa. M. Gardner dit qu'il l'a observée à plusieurs degrés, au nord du 17e, lorsqu'il traversa la chaîne des montagnes qui séparent Goyaz de Minas et de Fernambouc; il ajoute que, dans ces contrées, elle ne croît qu'auprès des maisons; il lui paraît évident qu'elle y a été transportée par les caravanes, et il pense qu'elle ne tardera pas à se répandre davantage (*Travels*, 475).

Capim gordura. Elle n'est point indigène dans ce pays (1); les habitants disent qu'elle vient des colonies espagnoles et qu'elle a d'abord été cultivée comme fourrage. Aux environs de Paracatú, plus au nord et probablement en beaucoup d'autres endroits, elle n'envahit les terres que lorsqu'on ne les laisse point reposer assez, ou lorsque le feu y prend par accident, ce qui malheureusement n'est pas rare. Dans le canton de *Tapera*, à peu près à 10 *legoas* de Paracatú, le *Capim gordura* s'élève quelquefois, m'a-t-on assuré, à la hauteur d'un homme; ses tiges faibles, couchées les unes sur les autres, forment des lits épais, et, lorsqu'on y met le feu, elles fournissent, comme les *capoeiras*, assez de cendres pour fumer la terre, que l'on peut ensemencer ensuite. Je n'ai pas besoin de dire que, dans ce cas, la Graminée dont il s'agit, ordinairement si nuisible à l'agriculture, ne présente plus aucun inconvénient.

Il est assez remarquable que, tandis que le *Capim gordura*, malheureusement si commun à l'est de la Serra do Espinhaço, ne dépasse pas beaucoup le versant occidental de cette chaîne, il se soit, au contraire, répandu à l'orient de l'autre chaîne qui limite le bassin du S. Francisco, et qu'il ne se trouve plus à l'occident de la partie méridionale de cette dernière. Ici il est bon de se rappeler que, à l'est de la Serra do Espinhaço, s'étendent de vastes forêts, et que, à l'ouest, plus loin même que la Serra do S. Francisco e da Paranahyba, il n'existe que des *campos*. Ainsi le *Capim*

(1) Voyez ce que j'ai dit, dans mon *Voyage au district des Diamants*, etc., I, 220, sur les diverses opinions qu'on a, en d'autres endroits, relativement à la patrie de cette plante. M. Gardner assure, ainsi que moi (*Travels*, 477), que les agriculteurs brésiliens ne la considèrent point comme indigène, et tout ce qu'il ajoute tend à le confirmer.

gordura se trouve dans des *régions végétales* fort différentes, celles des forêts et des *campos*, et, ensuite, on ne le voit que dans certaines parties d'une même région, ce qui tend à prouver, de plus en plus, que des circonstances fortuites ont introduit cette plante à Minas Geraes.

Les pâturages naturels qui couvrent une si immense portion de la *comarca* de Paracatú la rendent aussi favorable à l'éducation des bêtes à cornes qu'elle l'est à l'agriculture. La nécessité de donner du sel au bétail doit, il est vrai, diminuer les bénéfices d'un grand nombre de cultivateurs, mais cette nécessité n'est point générale. Comme dans la partie orientale du Sertão (1), il existe, auprès de Paracatú, des terrains salpêtrés qui remplacent le sel pour les bêtes à cornes, et il peut être également remplacé, dans plusieurs cantons, tels qu'Araxá, Patrocinio, les environs de Farinha Podre, par des eaux minérales que les animaux savourent avec délices.

Outre les bestiaux, il y a, dans les *fazendas* voisines d'Araxá, et encore ailleurs, des troupeaux de moutons. Avant l'arrivée du roi Jean VI au Brésil, on ne songeait point, dans ce canton, à élever des bêtes à laine; mais le goût des Européens pour la chair de ces animaux et le prix élevé auquel on les payait encouragèrent les cultivateurs à en former des troupeaux. Eux-mêmes ne mangent point leurs moutons, et, en général, ils témoignent de l'horreur pour cette viande (2); mais, du côté d'Araxá et peut-être dans d'autres parties de la *comarca*, les propriétaires fa-

(1) *Voyage dans les provinces de Rio de Janeiro*, etc., I, 318.
(2) Un auteur anglais a prétendu que les Brésiliens ne mangeaient pas la chair des moutons, parce que l'agneau est un symbole pour les chrétiens (Luccock, *Notes on Brazil*). Je n'ai rien entendu dire qui

briquent dans leurs maisons des tissus de laine grossiers.

Entre la Serra da Canastra et Araxá, à l'ouest de la grande chaîne, le pays est montagneux ; j'eus même à traverser une petite chaîne qu'on appelle *Serra do Araxá*, et qui ne peut être qu'un contre-fort de la grande Serra do S. Francisco e da Paranahyba. Ayant quitté Araxá, je traversai encore d'autres petites chaînes, celles qu'on nomme *Serras do Salitre, do Dourado* et *da Figueireda;* mais, en général, le terrain est ondulé, quelquefois plat, et les collines, arrondies et très-larges à leur sommet, s'inclinent par une pente insensible. Après avoir passé du côté oriental de la Serra do S. Francisco et da Paranahyba, je fis plusieurs lieues dans une plaine. Au delà de Paracatú, à peu de distance de cette ville, je me retrouvai encore dans un pays plat; mais je ne tardai pas à monter sur le plateau qui termine la Serra do S. Francisco e da Paranahyba, et c'est ensuite que j'arrivai à Goyaz.

A son sommet et sur l'un de ses versants, celui qui est tourné vers le village d'Araxá, la Serra du même nom présente des arbres tortueux et rabougris : d'ailleurs, dans un espace d'environ 12 à 15 *legoas,* depuis la Serra da Canastra jusqu'à la rivière de *Quebra anzol*, je ne découvris, dans la campagne, que d'immenses pâturages entremêlés de bouquets de bois. Au delà de *Cachoeirinha*, lieu situé un peu plus loin qu'Araxá, je commençai à trouver plus de variété. Ce sont encore, il est vrai, des pâturages et des bouquets de bois ; mais tantôt les premiers sont simplement composés

---

justifiât cette assertion : ce qu'il y a de certain, c'est que la chair des moutons est, dans les parties chaudes du Brésil, infiniment moins bonne qu'en Europe.

de Gramens, d'autres herbes et de quelques sous-arbrisseaux, tantôt ils offrent des arbres rabougris, épars çà et là au milieu des herbes. Cette alternative assez singulière tient évidemment aux différences du sol, car, lorsque celui-ci prend une couleur rouge, il donne toujours naissance à des arbres épars, tortueux et rabougris, et, plus la teinte de la terre est foncée, plus ces arbres sont nombreux. Après avoir passé le Paranahyba et traversé le diviseur des eaux de cette rivière et du S. Francisco, je me trouvai, comme je l'ai dit, dans une plaine, et là je ne vis plus sur mon chemin que des *campos* parsemés d'arbres rabougris; mais, parvenu au sommet d'un morne élevé, voisin de la ville de Paracatú, et qui lui a emprunté son nom, *Serra de Paracatú*, je reconnus qu'il y avait encore dans cette plaine des pâturages simplement herbeux mêlés parmi les autres; enfin, au delà de Paracatú, j'observai encore la même alternative.

Ce pays diffère donc, dans l'ensemble de sa végétation, de la partie du Sertão que j'avais parcourue en 1817; car je n'avais guère vu, à l'orient du S. Francisco, que des *campos* parsemés d'arbres rabougris (1). Au reste, on sait que les pâturages simplement herbeux appartiennent aux cantons les plus élevés de la région des *campos*; il est à croire qu'ici, quand je commençai à apercevoir des arbres épars au milieu d'une partie des pâturages, le pays n'était déjà plus aussi haut, et, vraisemblablement, si j'étais descendu vers le Rio de S. Francisco et que je me fusse porté davantage du côté du nord, j'aurais trouvé des arbres dans tous les pâturages.

Il y a aussi, dans les phénomènes de la végétation, une

---

(1) Voyez mon *Voyage dans les provinces de Rio de Janeiro*, etc., II, 202.

différence fort remarquable entre ce pays et le Sertão oriental du S. Francisco (1). On sait que, pendant la sécheresse, les bois de ce désert se dépouillent entièrement de leurs feuilles (2). D'après les renseignements qui m'ont été donnés, il n'en est pas ainsi dans la *comarca* de Paracatú, depuis l'endroit où j'y entrai jusqu'au village de Patrocinio ; car, dans cet espace, quelques arbres seulement, tels que l'*Ipé* (Bignonée) et les *Gameleiros* (espèce de figuier), perdent, chaque année, tout leur feuillage. Je sais aussi que, sur le Chapadão, les bouquets de bois ne se montrent jamais entièrement dépouillés. Quant au reste de la *comarca*, je n'en pourrais rien dire sous ce rapport. J'ai montré que la sécheresse était la seule cause de la chute des feuilles dans les *catingas* de Minas Novas et celles du Sertão oriental ; si donc, dans la partie de la *comarca* de Paracatú, dont je viens de parler, les arbres conservent leur feuillage, cela doit tenir à ce que cette contrée, plus élevée, est aussi moins sèche.

Au reste, s'il y a, pour la végétation, quelques différences entre le Sertão oriental et la portion de la *comarca* de Paracatú que j'ai parcourue depuis la Serra da Canastra jusqu'à Goyaz, les ressemblances sont bien plus sensibles. Nous avons, dans les deux pays, des *campos* qui, parsemés d'arbres rabougris, présentent le même aspect. Les ruisseaux sont ici, comme dans le Sertão oriental, bordés d'une étroite lisière d'arbres serrés, grêles, élancés, souvent ra-

(1) Je n'ai pas besoin de dire que je veux seulement parler ici de la partie que j'ai parcourue en 1817.
(2) Voyez mon *Voyage dans les provinces de Rio de Janeiro*, etc., II, 122, et mon *Tableau de la végétation de la province de Minas Geraes*, publié dans les *Annales des sciences naturelles*, 1re série.

meux dès la base et en partie dépouillés de feuilles. Avant d'arriver à Patrocinio, je vis, pendant plusieurs jours, dans les parties les plus basses des *campos*, des espaces assez considérables d'un terrain spongieux et noirâtre, où croissent, au milieu d'épaisses Graminées, la Gentianée (484), des *Xyris* et des *Eriocaulon* : le désert que j'avais parcouru, lors de mon premier voyage, m'avait offert des marais du même genre.

Les détails de la végétation m'offrirent entre les deux contrées encore plus de rapports. J'avais pu raisonnablement espérer de faire une riche moisson de plantes, en m'éloignant peu d'une chaîne qui donne naissance à deux des plus grands fleuves de l'Amérique, et surtout en la traversant; mais je fus désagréablement trompé dans mon attente. La plupart des plantes que je voyais autour de moi étaient celles que j'avais déjà observées, il y avait environ deux ans, près du Rio de S. Francisco, dans une contrée pourtant beaucoup plus septentrionale, et sans doute beaucoup moins élevée. Parmi les arbres rabougris des *campos*, je retrouvai à peu près les mêmes Légumineuses, les mêmes Salicariées, des Bignonées à fleurs jaunes, les mêmes Apocynées, des Vochysiées, et, entre autres, le *Salvertia convallariodora*, Aug. S. Hil., aux fleurs tout à la fois si parfumées, si bizarres et si belles, et enfin cette espèce connue sous le nom de *Quina do campo* ou *de Mendanha*, dont l'écorce remplace le Quina du Pérou, et que j'ai, avec étonnement, reconnue pour être un *Strychnos* (*Strychnos pseudoquina*, Aug. S. Hil.) (1).

La saison pendant laquelle je traversai la *comarca* de Pa-

(1) Voyez mon ouvrage intitulé *Plantes usuelles des Brasiliens*, I.

racatú était d'ailleurs peu favorable à la récolte des plantes; elles avaient déjà perdu leurs fleurs, et les fruits n'étaient point encore mûrs.

La sécheresse qu'il avait fait, cette année-là, contribuait encore à rendre les fleurs plus rares. L'herbe était, au commencement de mai, vers Patrocinio, presque aussi sèche que celle des *campos* du Sertão oriental l'est ordinairement en août et en septembre, et la campagne avait une teinte jaune ou grisâtre qui affligeait les regards.

Le défaut de pluie avait occasionné une disette générale. Le maïs, qui, dans ces contrées, remplace l'avoine, manqua souvent à mes mulets. Souvent aussi j'eus beaucoup de peine à renouveler mes provisions de farine et de haricots ; je fus privé de riz pendant plus de trois semaines, et ces comestibles formaient ma seule nourriture.

Ce voyage fut aussi pénible qu'il était peu fructueux pour la science. Au milieu de ces *campos*, où il n'y a point d'ombrage, la chaleur était excessive, et, à la fin d'une journée ennuyeuse et fatigante, je ne trouvais qu'une nourriture grossière, de l'eau pour boisson, un gîte détestable et des hôtes ignorants et stupides.

Cependant, malgré les tristes détails que je viens de donner sur mon voyage dans la *comarca* de Paracatú, il n'en est pas moins vrai que cette *comarca* renferme tous les éléments de la richesse et de la prospérité. Non-seulement on y trouve de l'or et des diamants (1), mais encore du fer et de l'étain (2). Diverses plantes y offrent à l'homme

---

(1) Il se trouve des diamants, selon Pizarro, dans les *Rios da Prata do Sono, Abaité, S. Antonio, Andaia, Preto.*
(2) Piz., *Mem. hist.*, VIII, segunda parte, 214.

des remèdes salutaires, tels que le *Quina do campo* (*Strychnos pseudoquina*, Aug. S. Hil.), que j'ai déjà cité. Les terres sont fertiles, et d'immenses pâturages peuvent nourrir de nombreux troupeaux. En plusieurs endroits, des eaux minérales dispensent l'agriculteur de donner au bétail le sel, denrée si chère à l'intérieur; et ces eaux pourraient être utilement employées pour la guérison de plusieurs des maladies qui affligent notre espèce. Enfin les campagnes sont arrosées par une foule de ruisseaux et de rivières; elles le sont par le Paranahyba, l'un des commencements du Rio de la Plata, et le S. Francisco, l'un des plus grands fleuves de l'Amérique, qui, par la suite, auront la plus grande importance pour l'exportation des produits du sol. Lorsqu'une population plus nombreuse se sera répandue dans ce pays, aujourd'hui si désert, lorsqu'à l'aide de communications plus fréquentes quelques lumières y auront pénétré, il ne saurait manquer de devenir florissant.

CHAPITRE XII.

ARAXÁ ET SES EAUX MINÉRALES.

Fazenda de *Paiol Queimado*; son *rancho*.— *Retiro da Jabuticabeira.* Les propriétaires des cantons voisins d'Araxá sont-ils riches? — Une cascade. — Pays situé au delà du Retiro da Jabuticabeira. — *Retiro de Tras-os-Montes.* Réception qu'on y fait à l'auteur. — *Serra do Araxá.* — *Fazenda* de *Peripitinga.* — Araxá. Histoire de ce village. Son administration civile et ecclésiastique. Son nom. Sa situation. Ses maisons; sa place publique. Ses églises; réflexion sur leur multiplicité. Ses habitants; leurs mœurs. Commerce de bestiaux. Culture des environs. Éducation des bêtes à cornes. — Visite aux eaux minérales. De quelle manière on y traite le bétail. Goût des animaux pour ces eaux. Précautions qu'il faudrait prendre. — L'auteur obtient un *tocador.* — De quelle manière les fidèles se placent à l'église; le costume qu'ils y portent.

Après m'être éloigné, comme je l'ai dit, de la Serra da Cañastra, je parvins, à la fin d'une longue journée de voyage (16 avril), à la *fazenda* de *Paiol Queimado* (grange brûlée). Aussitôt que le propriétaire me vit venir de loin avec ma caravane, il fit balayer un petit *rancho*, ouvert de tous les côtés, qui était en dehors de son habitation, et l'on n'avait pas encore achevé ce travail lorsque nous arrivâmes. Je fus fort sensible à l'attention que l'on voulait bien avoir pour moi et à la politesse mielleuse avec laquelle on m'accueillit; mais il paraît que le *rancho* que l'on m'avait donné pour gîte n'était pas autre chose que la demeure ordinaire des cochons. Toute la nuit, il fallut faire la guerre à ces animaux, qui venaient ronger nos bâts et réclamer leur domicile, et aucun de nous ne put fermer l'œil, à cause de l'effroyable quantité de puces qu'ils avaient laissées dans le *rancho*.

Le lendemain, nous partîmes très-tard. Le peu de sommeil dont nous avions joui et l'extrême chaleur qu'il faisait avaient mis tout le monde de mauvaise humeur, et nous traversâmes tristement un pays fort montueux, couvert encore de pâturages entremêlés de bouquets de bois.

Ces pâturages, comme ceux que j'avais parcourus précédemment, se composent en grande partie de Graminées, principalement de celles n° 535, et le petit nombre d'espèces qui croissent au milieu de ces plantes appartiennent surtout à la famille des Composées et au genre *Vernonia*. Une végétation analogue caractérise en général les *campos* simplement herbeux.

La belle Gentianée n° 100 est fort commune sur un morne très-élevé qui se trouve à un quart de lieue du *Retiro da Jabuticabeira* (1), où je fis halte.

Ce *retiro* ou chalet dépendait de l'immense *fazenda* de *Quebra anzol*. Il se composait d'une grange et d'une misérable chaumière où le vent pénétrait de tous les côtés, et qui n'avait d'autres meubles que quelques-uns de ces lits rustiques dont j'ai déjà parlé. C'était là cependant qu'un des fils du propriétaire de la *fazenda* de Quebra anzol demeurait ordinairement avec sa femme, et cette *fazenda* n'avait pas moins de 9 *legoas* de longueur.

(1) *Jabuticabeira* est le nom vulgaire du *Myrtus cauliflora*, Mart., arbre qui, comme je l'ai dit ailleurs, fournit l'un des meilleurs fruits du Brésil méridional.

Ici se présente naturellement une question. Ces hommes sont-ils réellement dans l'indigence, ou ont-ils de la richesse avec toutes les apparences et les habitudes de la pauvreté? Excepté le sel et quelques nègres qui leur rapportent un intérêt raisonnable, ils n'ont, pour ainsi dire, rien à acheter; et, d'un autre côté, ils vendent certainement beaucoup de bestiaux, puisque, après le canton de Rio Grande, cette partie de Minas Geraes est celle qui en fournit le plus à la capitale du Brésil. Il semble donc que les *fazendeiros* de ce pays devraient avoir beaucoup d'argent, et pourtant la manie de thésauriser ne s'accorde guère avec le caractère généralement imprévoyant des Brésiliens de l'intérieur. Il est extrêmement vraisemblable que ces hommes, dont les établissements sont tout nouveaux, ont commencé sans avances, qu'ils ont acheté leurs esclaves et ce qui semble leur propriété à crédit, peut-être même en payant des intérêts fort usuraires, et que, par conséquent, ils sont pauvres, puisqu'ils ne possèdent qu'imparfaitement ce qui paraît leur appartenir (1).

Quoi qu'il en soit, je ne puis m'empêcher de raconter ici un fait dont j'ai été témoin. Dans une des *fazendas* du *julgado* d'Araxá, José Marianno présenta au maître de la maison des bagatelles qu'il avait à vendre. Celui-ci trouva tout extrêmement joli, mais il se récria sur sa misère; à l'entendre, il n'aurait pas eu un *vintem*. Cependant je vis autour de sa maison tant de moutons, de pourceaux et de bêtes à cornes, que je n'eus point, je l'avouerai, la tentation de lui faire l'aumône, et, au moment où j'allais par-

(1) M. d'Eschwege assure, en 1816, que le prix d'un nègre nouveau, acheté 150,000 reis, s'élevait, après quatre ans de crédit, à la somme de 280,000 (*Braz.*, I, 71).

tir, un marchand de bestiaux qui se trouvait là me dit qu'il venait d'acheter dans cette propriété cinquante bœufs à 4,800 reis (30 fr.).

Je reviens au Retiro da Jabuticabeira. Il est situé dans un fond, entre des mornes couverts d'une herbe rase ; et, au-dessous de la chaumière, coule un ruisseau dont les bords sont garnis d'une lisière d'arbres et d'arbrisseaux touffus entremêlés de Palmiers. A une petite distance du *retiro*, le ruisseau se précipite du haut d'un rocher en formant une cascade charmante. Ici l'eau ne tombe point verticalement, mais elle s'écoule par bonds sur une masse de rochers très-irrégulière qui descend obliquement. A droite et à gauche de la cascade, qui peut avoir 50 à 60 pieds de hauteur, sont des arbres, des arbrisseaux, des Fougères et d'autres végétaux. Je récoltai quelques plantes auprès de cette jolie chute d'eau, mais je fus accueilli par des nuées de moucherons qui me couvraient les mains et la figure, lorsque j'étais un instant sans agiter mon mouchoir.

Au delà de Jabuticabeira, le pays est élevé et montagneux. Sur les hauteurs, je trouvai le terrain mêlé de sable et de pierres ; la végétation était moins vigoureuse que dans les fonds, les Graminées moins serrées et moins touffues. Parmi les plantes peu nombreuses qui croissent au milieu d'elles, les plus communes sont le *Smithia* n° 436, la Campanulacée 437 et l'Amarantacée 438 qui caractérisent les *campos* pierreux ou caillouteux.

Toujours une vue très-étendue, mais qui n'offre absolument que d'immenses pâturages, et, dans les fonds, des bouquets de bois. Une profonde solitude, presque point de bestiaux, pas une seule chaumière, quelque loin que les regards puissent s'étendre ; personne dans les chemins.

Depuis Jabuticabeira, j'avais fait 3 lieues dans ce pays désert, lorsque je m'arrêtai au *Retiro de Tras-os-Montes* (le chalet d'au delà des monts), qui dépend d'une *fazenda* assez considérable. Là je trouvai encore quelques chaumières dispersées, et auprès était une *manjola* (1) avec une grange dont les murs étaient remplacés, comme cela a souvent lieu dans ce pays, par de longs bâtons très-rapprochés les uns des autres et retenus en haut et en bas par d'autres bâtons transversaux.

Lorsque j'arrivai, je demandai à une négresse où je pourrais passer la nuit; elle me répondit qu'il n'y avait de place nulle part. Le maître de la maison était absent; j'allai, sans cérémonie, parler à sa femme, malgré l'indiscrétion qu'il y a, dans ce pays, à faire une telle démarche. Dans une chaumière construite comme la grange dont j'ai parlé tout à l'heure, mais plus petite, je trouvai deux femmes jolies et assez bien mises, et je les priai de me donner un abri. Avec un air encore plus impoli et plus dédaigneux qu'embarrassé, l'une d'elles m'envoya à la *manjola*; mais, comme il aurait autant valu me dire de coucher dehors, je fis connaître qui j'étais, je réclamai un gîte dans la grange, et j'allai le prendre presque avant qu'on me l'eût accordé.

Il paraît que la maîtresse de la maison n'était à ce *retiro* qu'en passant et pour faire les honneurs d'une partie de chasse. Peu de temps après arrivèrent les chasseurs pour lesquels la grange avait été réservée. C'étaient des proprié-

---

(1) La *manjola* est la machine, extrêmement simple, à l'aide de laquelle on commence la préparation de la farine de maïs dont on saupoudre les aliments et qu'on appelle *farinha*. On donne le nom de *fubá* à la farine proprement dite, résultat de l'action du moulin sur le maïs (*Voyage dans les provinces de Rio de Janeiro*, etc., I, 106 et 235).

taires aisés du voisinage et tous des blancs, car on en voit dans ce canton beaucoup plus que de mulâtres. Je leur trouvai à peu près les manières qu'avaient, à mon départ de France, les petits bourgeois de campagne de nos départements.

Après avoir quitté le *retiro* dont je viens de parler, je commençai à monter la Serra do Araxá. Je découvrais de tous côtés une vue fort étendue, mais elle n'offrait encore que des pâturages parsemés de *capões*. A mesure que je m'élevais, le terrain devenait plus sablonneux, et je voyais çà et là des espaces assez considérables couverts de pierres. La Serra do Araxá, qui a plusieurs lieues de longueur, n'a pas une hauteur considérable; cependant je fus longtemps avant d'arriver à son sommet, parce qu'il me fallut, auparavant, monter et descendre plusieurs fois. Ce sommet offre une plate-forme où le terrain est pierreux et sablonneux; il y croît çà et là des arbres tortueux et rabougris, et j'y retrouvai quelques-unes des plantes que j'avais déjà recueillies dans la Serra da Canastra, telles que la Radiée n° 380, la Gentianée n° 575, et, dans les endroits pierreux, la Composée frutescente n° 372.

Du côté qui regarde le village d'Araxá, la montagne est très-escarpée. Son flanc, couvert de rochers, présente encore, par intervalles, des arbres tortueux : ce sont principalement le *Kielmeyera speciosa*, Aug. S. Hil., Juss., Camb. (vulgairement *Malva do Campo*), qui alors était chargé de belles fleurs roses et couleur de chair; quelques individus du *Vochysia* n° 356, et la Composée n° 372. Certains endroits sont presque uniquement couverts d'une espèce du beau genre *Vellozia* (*Canela d'ema*), dont les tiges, grosses comme le bras et presque toujours simples, n'ont pas plus de 1 pied à 1 pied et demi de haut et se terminent par un bouquet de feuilles.

On descend la montagne par un chemin pierreux, extrêmement difficile, et, lorsqu'on est au bas, on se trouve dans une plaine ondulée où l'on revoit encore des pâturages et des bouquets de bois. Sur la gauche est une petite forêt qui surpasse tous les *capões* en étendue. C'est là que se trouvent les eaux minérales et fangeuses que les habitants de ce canton font boire à leurs bestiaux pour remplacer le sel.

A peu de distance de la Serra do Araxá, je fis halte à la *fazenda* de *Peripitinga* (1) qui, comme celles de tout ce pays, n'offrait que des maisonnettes éparses au milieu desquelles il était difficile de distinguer l'habitation du maître.

Celui-ci était du nombre des chasseurs que j'avais vus au Retiro de Tras-os-Montes. Je l'avais trouvé plus poli que les autres, et je ne fus pas étonné d'apprendre qu'il était né et avait été élevé dans la *comarca* de Sabará. Il me logea dans sa grange, mais en me faisant beaucoup d'excuses de ne pas avoir un meilleur gîte à m'offrir; et, pendant tout le temps que je restai chez lui, sa complaisance ne se démentit pas un seul instant.

Quoique nous fussions dans l'automne des tropiques, j'éprouvai, en quittant Peripitinga, une chaleur très-forte; depuis longtemps même je n'en avais ressenti une semblable, ce qui vient sans doute de ce que le pays n'est plus aussi élevé. Cependant, quand nous traversions quelque bouquet de bois arrosé par un ruisseau, comme le sont tous

---

(1) *Peripitinga* vient peut-être des mots guaranis *piri*, jonc, et *pitiunga*, qui sent mauvais. — M. d'Eschwege a écrit *Perepetinga*.

ceux de ce pays, nous éprouvions une fraîcheur délicieuse.

Au delà de Peripitinga, le terrain qui s'étend au pied de la Serra do Araxá présente encore quelques inégalités ; mais, à un quart de lieue du village, on ne découvre plus qu'une belle plaine couverte de pâturages et bordée par des *capões*.

C'est dans cette plaine, sur une pente peu sensible, qu'est situé le village d'*Araxá* (*arraial do Araxá*). Avant d'y arriver, on voit çà et là quelques jolies chaumières entourées d'Orangers et de Bananiers. L'aspect du village, dont toutes les maisons, lors de mon voyage, étaient encore nouvelles, la verdure des pâturages, les bouquets de bois dont ils sont parsemés, la beauté ravissante du ciel, cet air de gaîté qu'ont si souvent les pays de plaine, tout cela formait un ensemble charmant.

J'avais une lettre du *capitão mor* de Tamanduá pour le juge ordinaire (*Juiz ordinario*) d'Araxá. J'envoyai José Marianno en avant, pour la remettre à son adresse. Le juge habitait la campagne ; mais la personne qui gardait sa maison dit à mon muletier que nous pouvions nous y établir. Pendant que l'on déchargeait les malles, le juge arriva. C'était un bon et joyeux campagnard, qui me reçut fort bien. Je le priai de me procurer un *tocador*, un mulet, une paire de malles, et il m'assura que je n'aurais pas de peine à être servi. Depuis S. João d'El Rei, de semblables promesses m'avaient été faites partout, et sans doute de bonne foi ; mais on a déjà vu de quelle manière elles s'étaient réalisées.

La découverte du pays où est actuellement Araxá et celle des eaux minérales qui existent dans son voisinage sont dues à des nègres fugitifs, venus de Minas Geraes pour se cacher dans ce désert. Un vieillard qui s'était établi à Araxá, il y avait environ trente ans, à l'époque de mon voyage (1819), me dit qu'il n'y avait trouvé qu'une pauvre chaumière. Bientôt on répandit, dans toute la province des Mines, que ce pays était d'une extrême fertilité, qu'il offrait une immense étendue de terrain sans propriétaire, qu'on y trouvait de vastes pâturages, et qu'on pouvait y élever de nombreux bestiaux, sans faire la dépense de leur donner du sel. Des criminels poursuivis par la justice, des débiteurs insolvables, des cultivateurs dont les terres ne produisaient plus avec la même abondance, d'autres qui n'en possédaient point encore, accoururent en foule. On vit des familles se réunir, pour traverser avec plus de sûreté un pays sans habitants et arriver jusqu'ici. Cependant ceux de ces hommes qui avaient l'habitude du crime s'y livrèrent avec plus de hardiesse encore, quand ils se virent éloignés de toute espèce de surveillance, et, à l'époque où la nouvelle colonie commença à se former, les meurtres y furent très-fréquents. Lors de mon voyage, les premiers habitants étaient morts pour la plupart; des communications beaucoup moins difficiles, un accroissement très-considérable de population avaient diminué les chances d'impunité; mais, si les mœurs se sont adoucies peu à peu, elles sont restées extrêmement grossières.

Quoique les premiers qui s'établirent dans ce pays vinssent de Minas Geraes, ils reconnurent l'autorité du gouvernement de Goyaz. De cette manière, ceux des colons qui étaient poursuivis par la justice se trouvaient avoir changé de province et rendaient leur châtiment plus difficile; et, d'un autre côté, les agriculteurs pouvaient obtenir des *sesmarias* (1) de 3 lieues, telles qu'on les donne dans la province de Goyaz; tandis que, dès lors, on n'en accordait plus que de 1 lieue dans celle de Minas Geraes. Le gouvernement reconnut Araxá comme appartenant à Goyaz ; on fit de ce village le chef-lieu d'une paroisse, et, vers 1811, on l'érigea en *julgado* ou chef-lieu de justice, en y créant des juges ordinaires.

Cependant les habitants honnêtes ne tardèrent pas à sentir les inconvénients qu'il y avait à dépendre d'une province dont les magistrats étaient à environ 140 lieues d'eux; ils réclamèrent la réunion de leur pays à la province des Mines, et elle fut effectuée par une ordonnance (*alvará*) du 4 avril 1816 (2).

Araxá fait actuellement partie de la *comarca* de Paracatú, et dépend entièrement de la province des Mines pour ce qui concerne le militaire et pour l'administration civile. Mais, comme la province de Goyaz est très-pauvre et que les dépenses des provinces, en général, sont uniquement prises sur leurs revenus, on a conservé à celle de Goyaz les impôts qui se lèvent dans les deux *julgados* contigus d'Araxá et de Desemboque (1819).

(1) La *sesmaria* est la quantité de terre que donne l'administration aux particuliers qui en demandent.

(2) D'Eschwege raconte que, vers cette époque, il fut chargé d'une mission dans ce district, et que certaines personnes, afin de satisfaire de petites ambitions et des rivalités de bourgade, tâchèrent de le décider, par des présents, à user de son influence pour faire ériger Araxá en ville, sous le nom de *Villa Viçosa;* mais d'Eschwege rejeta les présents et jugea, dit-il, que des militaires valaient mieux pour maintenir l'ordre dans le pays que les suppôts de la justice (*Bras. Neue Welt*, I, 51).—Araxá a réellement été érigé en ville par un décret du 13 octobre 1831.

La paroisse dont Araxá est le chef-lieu comprend deux succursales, Patrocinio et S. Pedro d'Alcantara (1). Sur 36 lieues de longueur, elle ne contenait pas, en 1819, plus de 4,000 individus. La plus grande partie des habitants de cette paroisse sont des blancs, ce qui ne doit pas surprendre, puisqu'elle est voisine de la *comarca* de S. João d'El Rei, où les blancs sont plus nombreux que dans les autres *comarcas*.

Il est fort vraisemblable que le nom d'Araxá a été donné à ce pays par ces Paulistes (habitants de S. Paul) aventureux, qui jadis parcoururent l'intérieur du Brésil avec tant d'audace, et qu'il vient des mots guaranis *ara echá*, chose qui regarde le jour (2). Je dois dire cependant que les habitants du pays expliquent ce nom d'une manière fort différente, et, toute ridicule que me paraît être leur explication, je vais la rapporter ici. Comme je l'ai dit, ce canton fut découvert par des nègres qui vinrent s'y réfugier de différentes parties de la province des Mines. Ces hommes, devenus audacieux, sortirent de leur désert et allèrent inquiéter les *fazendeiros* les moins éloignés; mais on envoya contre eux des soldats qui en prirent le plus grand nombre. On s'était imaginé qu'il y avait, dans le pays où ils s'étaient retirés, un ruisseau très-riche en or, et, comme ils répondaient à toutes les questions qu'on leur faisait à cet égard : *Ha de se achar* (on le trouvera), on fut frappé de ces paroles répétées sans cesse et mal prononcées, et le nom d'Araxá en est, dit-on, resté au pays.

(1) Piz., *Mem. hist.*, V, 243.
(2) Je suis redevable de cette étymologie, comme de beaucoup d'autres, à un Espagnol-Américain fort versé dans la langue guarani.

Araxá est situé à l'extrémité d'un vaste pâturage, dans une plaine où l'horizon se trouve borné en partie par des bois et en partie par la *Serra de Monte Alto*, qui n'est qu'une continuation de celle d'Araxá et se termine par une plate-forme. Ce village s'étend, par une pente peu sensible, jusque sur les bords d'un ruisseau très-étroit, de l'autre côté duquel sont des collines couvertes de bois et de pâturages.

En 1816, on ne comptait à Araxá que 75 maisons (1). Toutes sont petites, et, lors de mon voyage, il n'y en avait que deux qui ne fussent point bornées au simple rez-de-chaussée. Ces maisons sont couvertes avec des tuiles dont la couleur est très-pâle, et bâties en terre et en bois ou avec des *adobes* (2). Toutes ont un très-petit enclos formé par des murs fort bas et en terre.

On voit à Araxá une place allongée, très-large et régulière; mais les maisons qui ne donnent point sur cette place sont dispersées çà et là, presque sans ordre (1819) (3).

L'église est bâtie vers l'extrémité la plus élevée de la place, et, conformément à l'usage général, elle est placée à une égale distance des deux rangs de maisons. Tout récemment (1819), on a aussi commencé à construire deux chapelles; mais on eût beaucoup mieux fait de rebâtir l'église paroissiale, qui est fort petite et tombe en ruine.

---

(1) Ce chiffre est emprunté à d'Eschwege (voyez *Bras. Neue Welt*, I, 66).

(2) Les *adobes* sont des parallélipipèdes de terre glaise séchés au soleil et qui peuvent avoir environ 1 pied et 1/2 de long sur 4 pouces d'épaisseur (*Voyage dans les provinces de Rio de Janeiro*, etc., I, 119).

(3) Ici je ne suis point d'accord avec d'Eschwege qui dit que l'on voit des rues droites à Araxá.

La multiplicité des églises et des oratoires dans les villes et les villages de la province des Mines n'est due, comme j'ai déjà eu occasion de le dire, qu'à la vanité des confréries. Chacune veut avoir son église particulière et fait des efforts pour qu'elle l'emporte sur celles des confréries rivales (1819).

Pendant les jours ouvrables, la plupart des maisons d'Araxá restent fermées; leurs propriétaires n'y viennent que le dimanche, pour entendre la messe, et passent le reste du temps dans leurs plantations. Ceux qui habitent le village toute la semaine sont des ouvriers, dont quelques-uns ne manquent pas d'habileté, des hommes sans état, quelques marchands et des femmes publiques. Ce que je dis ici, on peut à peu près l'appliquer à tous les villages de la province des Mines.

Comme dans le reste de cette province, le nombre des femmes publiques est ici très-considérable (1). Chaque oisif (*vadio*) a une maîtresse avec laquelle il partage le fruit de ses petites escroqueries, et qui, à son tour, fait vivre son amant du produit de quelques galanteries passagères. On assure cependant qu'il y a ici beaucoup de gens mariés; mais on y respecte peu la fidélité conjugale.

Il s'en faut bien que les habitants d'Araxá aient cette politesse qui distingue ceux de la partie orientale de Minas Geraes. Leurs manières sont, en général, grossières et dédaigneuses. On entrait dans la maison où j'étais logé sans

---

(1) Quoique la liste, publiée par Mattos, des misères trop réelles que ces créatures répandent autour d'elles dans les villages du Sertão ne dépasse pas trois lignes, je ne pourrais la traduire en français sans faire naître un excessif dégoût.

saluer, sans proférer une parole; on me regardait travailler, et l'on s'en allait comme on était venu. Je dois dire cependant que j'ai trouvé à Araxá deux ou trois personnes honnêtes et complaisantes, et je mettrai à leur tête l'ecclésiastique qui enseignait les enfants.

Les habitants d'Araxá ne se sont point encore avisés (1819) de faire eux-mêmes le commerce des bestiaux, branche presque unique d'exportation que leur pays fournisse. Ce sont les marchands de la *comarca* de S. João d'El Rei qui profitent seuls des bénéfices de ce commerce. Ils vont dans les *fazendas*, ils y achètent le bétail, et, à l'époque de mon voyage, ils payaient les bœufs 4,800 reis (30 fr.).

Comme partout ailleurs, on ne plante ici que dans les *capões;* les *campos* sont entièrement réservés pour les troupeaux. Ce pays convient également à tous les genres de culture; mais, quoiqu'il soit réellement très-productif, on exagère beaucoup sa fertilité dans le reste des Mines. Les terres moyennes, plantées en maïs, rendent 200 pour 1; mais, excepté le coton, les produits de la culture ne sauraient avoir aucun débouché, à cause de la distance qu'il y a de cette contrée aux villes et villages un peu considérables. On ne peut guère, non plus, faire marcher des pourceaux vivants d'ici à Rio de Janeiro, et le sel est trop cher pour qu'il y ait de l'avantage à y envoyer du lard.

Les bêtes à cornes forment donc la richesse de ce pays. Comme je l'ai déjà dit, les pâturages sont excellents, et les eaux minérales qui se trouvent dans le voisinage d'Araxá dispensent le cultivateur de donner du sel à ses bestiaux. La multiplication des bêtes à cornes est telle que celui qui ne voudrait point augmenter son troupeau et qui, par exemple, posséderait cent bêtes pourrait, chaque année, en vendre cinquante. Cependant les colons se plaignent beaucoup de plusieurs causes qui mettent obstacle à l'accroissement de leurs troupeaux, la morsure des serpents, la vase épaisse qui borde la plupart des ruisseaux et d'où les animaux ne peuvent plus se retirer lorsqu'ils y enfoncent, surtout enfin ces morts subites qui ont lieu principalement dans la saison de la sécheresse et que l'on attribue à des herbes vénéneuses. Les *fazendeiros* disent aussi que beaucoup de bestiaux leur sont volés par ces hommes oisifs et sans état (*vadios*), si nombreux dans le pays et qui en sont la plaie.

Comme ce district ne compte qu'un petit nombre d'habitants, et que les hommes libres y ont autant de peine qu'ailleurs à se décider à travailler, la main-d'œuvre y est fort chère, malgré l'abondance et le bas prix ordinaire des vivres. Les cultivateurs sont donc dans l'impossibilité d'enclore leurs pâturages et de les diviser, comme cela se pratique dans le canton de Rio Grande. Il en résulte que les bestiaux ne peuvent recevoir les mêmes soins que dans ce canton, et qu'il s'en perd un grand nombre. Enfin, quand le troupeau d'un cultivateur, revenant des eaux minérales, passe sur les terres d'un autre cultivateur, il arrive souvent qu'il s'y mêle quelques-uns des bestiaux de ce dernier, et, malgré la marque qui les distingue, ils ne reviennent pas toujours à leur véritable propriétaire (1).

(1) Aux renseignements que je donne ici sur les bestiaux du canton d'Araxá, j'ajouterai quelques détails qui se trouvent dans le *Brasilien die Neue Welt* de M. d'Eschwege. Cet écrivain dit que les vaches d'Araxá mettent bas depuis le mois d'août jusqu'au mois de janvier; qu'elles ne donnent qu'un lait maigre et peu abondant; qu'on châtre les jeunes taureaux à deux ans et qu'on vend les bœufs à quatre.

Les *fazendas* ont une étendue immense; il n'est pas rare d'en voir de 8 à 10 lieues de longueur. Cependant les cultivateurs, qui, pour la plupart, ne font que commencer leur établissement, ont en général peu d'aisance; on en compte à peine un ou deux qui possèdent mille bêtes à cornes, et celui qui a huit à dix esclaves passe déjà pour riche.

Je ne pouvais guère séjourner à Araxá sans aller voir les eaux minérales auxquelles ce pays est, en grande partie, redevable de sa population. Je partis de très-bonne heure; le froid se faisait sentir assez vivement. Je passai d'abord par un pâturage composé seulement de Graminées et d'autres herbes, et ensuite j'en traversai un second où des arbres rabougris croissent çà et là. Quelques-uns commençaient à perdre leurs feuilles (25 avril); l'espèce de *Pachira* que l'on trouve ordinairement sur les *taboleiros cobertos* et qu'on appelle *Paineira do campo* (*Pachira marginata*, Aug. S. Hil., Juss., Camb.) avait déjà presque entièrement perdu les siennes.

A l'extrémité du pâturage dont je viens de parler, j'entrai dans un bois assez épais. Enfin, après avoir fait, depuis Araxá, environ 1 lieue et demie, par un chemin très-battu, j'arrivai au lieu où sont les eaux minérales et auquel on donne, dans le pays, le nom de *barreiro* (glaisière).

Dans une partie du bois où les arbres serrés et touffus donnent un ombrage épais, on voit un espace d'environ 5 ou 600 pas de circonférence qui est entouré d'un mur d'appui, et n'offre qu'une boue noire et compacte. C'est au milieu de cette boue, dans cinq ou six endroits différents, que s'échappent les sources d'eau minérale.

Elles sont claires, d'une couleur rougeâtre, et elles ont

un goût amer qui, en même temps, rappelle celui des œufs gâtés. L'indication de ce petit nombre de caractères montre assez qu'elles sont sulfureuses, et, par conséquent, elles pourraient être employées pour la guérison de toutes les maladies dans lesquelles on conseille des eaux de cette nature, et, en particulier, des maladies cutanées, si communes au Brésil (1).

Le *barreiro* est une propriété publique. De 10 lieues à la ronde, les *fazendeiros* y amènent, tous les mois, leurs bêtes à cornes, et chacun a son jour indiqué par le juge. On fait entrer les bestiaux le soir dans l'enclos, on les y laisse la nuit; ils boivent tout à leur aise, et on les fait sortir le lendemain. Les bêtes très-maigres refusent quelquefois de boire l'eau du *barreiro*, mais on la leur fait avaler de force. Souvent plusieurs *fazendeiros* confondent leurs troupeaux et les font entrer ensemble dans l'enclos. Une des principales occupations des cultivateurs, dans les pays de *campos*, est de réunir, chaque mois, leurs bestiaux : ils montent à cheval, galopent dans les pâturages, souvent pendant plusieurs jours, et amènent le troupeau à la *fazenda*, soit pour lui donner du sel, soit, comme dans les environs d'Araxà et de *Salitre* ou *Patrocinio*, pour les mener aux eaux minérales.

Tous les animaux ont un goût extraordinaire pour ces eaux désagréables. Jamais je n'avais vu une aussi grande quantité d'oiseaux que dans cet endroit. Des nuées de perroquets et de colombes volaient sur les arbres voisins, en

---

(1) Voyez ce que je dis, dans le chapitre suivant, des eaux minérales de Salitre, qui paraissent avoir les plus grands rapports avec celles d'Araxà.

faisant entendre un ramage confus et étourdissant, et venaient en foule se poser sur la fange du *barreiro*. Les chasseurs se mettent en embuscade derrière les arbres, et d'un seul coup de fusil ils tuent souvent un grand nombre d'oiseaux. Autrefois il venait aussi, dans ce lieu, beaucoup de cerfs, de pécaris et d'autres quadrupèdes ; mais on leur a fait la guerre avec tant d'acharnement, qu'aujourd'hui il n'en paraît presque plus.

Il est une précaution que l'on néglige et qui cependant serait, je crois, nécessaire pour entretenir toujours, dans le *barreiro*, la même abondance d'eau ; ce serait de le faire nettoyer. Les nombreux bestiaux qui s'y promènent sans cesse, délayant la terre dans l'eau, forment ainsi une boue épaisse, et les anciens du pays prétendent qu'ils ont déjà bouché quelques sources (1).

Je passai quelques jours à Araxá, et je n'y fus point trompé dans mes espérances comme à Piumhy et Formiga. Non-seulement je pus acheter un mulet et des malles, mais encore, à mon départ, j'emmenai avec moi un *tocador*. C'était un jeune homme blanc auquel je donnais 3,000 reis (18 fr. 75 c.) par mois. Il s'appelait Marcellino. Ses traits étaient agréables ; il avait une figure ouverte, et je ne lui vis jamais un instant d'humeur. Si on lui avait donné quelques principes, peut-être même s'il eût été seul avec moi, Prégent ou Laruotte, il eût fait un excellent serviteur. Marcellino avait une fort jolie voix, et, plus d'une fois, ses chants charmèrent mes ennuis au milieu des déserts.

Je passai un dimanche à Araxá et je vis les fidèles ras-

---

(1) D'Eschwege dit qu'il existe dans le voisinage des eaux une mine de fer qui pourrait être utilisée (*Bras. Neue Welt*, I, 67, 68).

semblés dans l'église. Là comme ailleurs les femmes étaient accroupies dans la nef, et les hommes plus rapprochés de l'autel. Telle est la puissance de la coutume que, malgré la chaleur qu'il faisait, les hommes et les femmes étaient tous également enveloppés dans de grandes capotes d'étoffe de laine.

CHAPITRE XIII.

VOYAGE D'ARAXÁ A PARACATÚ.

Cachoeirinha. — La rivière de *Quebra-anzol*. — Coup d'œil général sur le pays situé au delà du Quebra-anzol. — La *fazenda de Francisco José de Matos*. — *Serra do Salitre*. — Eaux minérales de *Salitre*. — Pâturages. — *Fazenda de Damaso*. — Produits du pays. — Village de *Patrocinio*. Chiques. — *Fazenda do Arruda*. — *Serra do Dourado*. — *Fazenda do Leandro*. — Les habitations de ce pays situées favorablement. — Sources minérales de la *Serra Negra*. — Pays situé au delà de Leandro. — Hameau de *Campo Alegre*. — Le *bority*. — Pays situé au delà de Campo Alegre. — Le *Rio Paranahyba*. Une belle soirée. — *Moquem*. — L'auteur monte sur le sommet de la Serra do S. Francisco e da Paranahyba. Le *Chapadão*. — La *Serra* et le *Sitio dos Pilões*. Manioc. — L'auteur descend la Serra du côté de l'orient. — *Fazenda do Guarda mór*. — *Sapé*. Peinture de la végétation. — *Fazenda de João Gomes*. Son propriétaire. — Le poste de *Santa Isabel*. — Histoire d'un contrebandier. — *Serra de Paracatú*. — L'auteur arrive à la ville du même nom.

Je quittai Araxá pour me rendre à Paracatú (1). Le premier jour, je ne fis que 2 lieues et demie et je m'arrêtai à une maisonnette appelée *Cachoeirinha* (petite cascade). On m'y logea sous un appentis très-étroit, qui était ouvert par devant, et des animaux de toute espèce vinrent, pendant la nuit, troubler mon sommeil. Le froid contribua beaucoup

(1) Itinéraire approximatif d'Araxá à Paracatú :

aussi à m'empêcher de dormir; nous y étions d'autant plus sensibles, moi et mes gens, que nous passions les journées dans des *campos* où il n'y a pas le moindre ombrage et où la chaleur est excessive.

Le jour suivant, je fis 4 lieues et n'aperçus qu'une *fazenda* et quelques misérables cabanes rapprochées les unes des autres. Je fus étonné de voir, dans ces dernières, une douzaine de jeunes filles couvertes de haillons, quoique blanches et extrêmement jolies.

Le terme de cette journée fut la rivière de *Quebra-anzol* (brise-hameçon) (1), qui prend sa source à la *fazenda* du

D'Araxá à Cachoeirinha, maisonnette.	2 1/2	legoas.
— bords du Quebra-anzol.	4	
— Francisco José de Matos, habitation.	3 1/2	
— Damaso, habitation.	3	
— Patrocinio, village.	2 1/2	
— Arruda, habitation.	3	
— Leandro, habitation.	4	
— Campo Alegre, hameau.	3 1/2	
— bords du Paranahyba.	6	
— Moquem, en plein air.	3	
— Sitio dos Pilões, chaumière.	5	
— Guarda mór, habitation.	2	
— Sapé, maisonnette.	3	
— João Gomez, habitation.	3	
— Guarda de S. Isabel, poste militaire.	5	
— Paracatú, ville.	2	
	55	legoas.

Dans son utile *Itinerario*, M. da Cunha Mattos indique avec détail la distance de Patrocinio au Paranahyba. Nous différons en quelques points; mais je crois que, de longtemps, on ne saura, avec une entière certitude, qui de nous a raison, et il serait possible que nous nous fussions un peu trompés tous les deux.

(1) C'est à tort que Cazal a écrit *Quebra-anzoes* (*Corog.*, I, 350) et Eschwege *Quebre anzol*.

même nom, d'où dépend le Retiro da Jabuticabeira, et se jette dans le *Rio das Velhas* (1). Ici le Quebra-anzol peut avoir la largeur de nos rivières de troisième ou de quatrième ordre, et ses rives présentent, de droite et de gauche, une étroite lisière de bois.

Nous trouvâmes sur le bord de l'eau une pirogue, dont nous nous servîmes pour passer de l'autre côté. Là sont quelques chaumières et une misérable *venda*, qui dépendaient du même propriétaire. On me donna l'hospitalité dans le meilleur local; c'était une chambre tellement petite que mes malles pouvaient à peine y tenir, et dont l'entrée n'était point fermée. Cette fois encore, le froid me priva du sommeil.

Le pays que je parcourus au delà du Quebra-anzol est ondulé, comme celui que j'avais traversé les deux jours précédents, et il offre également une alternative de vastes pâturages et de bouquets de bois.

A partir d'Araxá, on a évité de faire passer le chemin par des bois, pour ne point se donner la peine de faire des percées, et de là il résulte que le voyageur reste toujours exposé à l'ardeur du soleil des tropiques.

Dans un espace de 3 lieues et demie, du Quebra-anzol à la *fazenda* de *Francisco José de Matos*, je ne vis aucune maison, je ne rencontrai personne dans le chemin, j'aperçus à peine une demi-douzaine de bêtes à cornes au milieu des pâturages.

Lorsque, dans les mois d'août et de septembre 1817, je parcourais la partie du Sertão qui s'étend à l'est du S. Fran-

(1) Ce *Rio das Velhas* va grossir le Paranahyba et ne doit point être confondu avec un autre Rio das Velhas, beaucoup plus connu, qui est un des principaux affluents du S. Francisco, du côté de l'orient.

cisco, vers le nord de la province des Mines, les bois et les *campos* étaient dépouillés de verdure, et rien ne me récréait la vue. Il n'en fut pas de même ici ; les ondulations variées du terrain, ces bois d'un vert foncé qui offrent des compartiments de différentes formes au milieu des pâturages, les diverses nuances de verdure que présentent les *campos* suivant l'époque à laquelle on y a mis le feu, l'alternative des pâturages simplement herbeux et de ceux où croissent çà et là des arbres rabougris, tout cela produit un très-bel ensemble. Dans les endroits un peu élevés, on a l'image de l'immensité, et d'une immensité sans monotonie.

En quittant le *Porto do Quebra-anzol,* c'est ainsi qu'on appelle le lieu où l'on passe cette rivière, je traversai d'abord un pâturage uniquement composé d'herbes, puis un immense *taboleiro coberto,* et enfin un second pâturage, qui me conduisit jusqu'à la *fazenda* de Francisco José de Matos, où je fis halte.

J'ai dit ailleurs (1) que l'on appelait *taboleiros cobertos* les collines où des arbres rabougris croissent çà et là au milieu des herbes, et *taboleiros descobertos* celles qui donnent uniquement naissance à des plantes herbacées et à des sous-arbrisseaux. Entre Cachoeirinha et la *fazenda* de Francisco José de Matos, je trouvai les *taboleiros cobertos* un peu moins verts que ceux de Formiga, mais aucun arbre n'y avait encore perdu ses feuilles (26-27 avril). Ici, comme ailleurs, les arbres des *taboleiros* sont tortueux et rabougris ; ils ont 8 à 15 pieds de hauteur, une écorce qui ordinairement se rapproche de celle du liége et souvent des

---

(1) Voyez mon *Voyage dans les provinces de Rio de Janeiro*, etc., II, 99.

feuilles dures et cassantes. Parmi eux, je retrouvais toujours avec abondance une Malpighiée à grandes feuilles cotonneuses, des *Qualea*, des Bignonées et des Légumineuses. Sur les *taboleiros* qui s'étendent au delà des deux rives du Quebra-anzol, je vis aussi beaucoup d'individus du n° 457 *bis*, dont le feuillage rappelle si bien nos peupliers, et un grand nombre de Vochysia n° 356, dont les belles grappes de fleurs jaunes attirent une prodigieuse quantité d'oiseaux-mouches. En quelques endroits, ces arbres sont plus rapprochés; dans d'autres, ils le sont moins : il y a même des pâturages qui offrent une nuance entre les *taboleiros cobertos* et *descobertos*, car on y voit quelques arbres rabougris, mais seulement de loin en loin. Les arbrisseaux et les sous-arbrisseaux qui croissent au milieu des herbes, entre les arbres des *taboleiros cobertos*, sont plus nombreux que ceux qui naissent sur les *taboleiros descobertos*. Comme les plus communs, on peut citer des *Cassia*, des Malpighiées et l'Euphorbiacée n° 479.

La *fazenda* de *Francisco José de Matos* (nom d'homme), où je fis halte après m'être éloigné du Quebra-anzol, est située sur le bord d'un ruisseau, entre des collines assez élevées. Quoique cette *fazenda* ne soit pas des moins considérables, elle ne présente, comme tant d'autres, qu'un amas de maisonnettes disposées sans ordre et parmi lesquelles on distingue à peine l'habitation du maître. On me logea encore dans une cabane sans fenêtre, dont l'entrée ne fermait point; mais, du moins, elle était assez propre.

A peu de distance de Francisco José de Matos se trouve une petite chaîne de montagnes qui porte le nom de *Serra do Salitre*, et ne peut être qu'un contre-fort de la Serra do Francisco e da Paranahyba. Ces montagnes sont pierreuses, très-sèches et couvertes de Graminées, au milieu desquelles on voit de loin en loin quelques arbres rabougris, principalement le *Kielmeyera speciosa*, ASH., J., Camb.; quant aux Graminées, ce sont le *Capim frexa*, le n° 525 et un petit nombre d'autres espèces. Du haut de la Serra, on découvre une vue extrêmement étendue, qui offre encore d'immenses pâturages et des bouquets de bois dispersés çà et là. Si cette petite chaîne porte le nom de *Serra do Salitre*, ce n'est point qu'on y trouve du salpêtre; mais on a imaginé de l'appeler ainsi, parce qu'il existe dans son voisinage des eaux minérales que l'on a crues sans doute imprégnées de cette substance, et qui, comme celle d'Araxà, peuvent remplacer le sel pour les bêtes à cornes.

Après avoir traversé la Serra do Salitre, j'aperçus de grands bois, au milieu desquels je vis une multitude de beaux arbres qui étaient couverts de fleurs roses et produisaient un effet charmant entre les masses de verdure dont ils étaient environnés (probablement des *Chorisia speciosa*).

C'est dans les bois dont je viens de parler et qui, dit-on, peuvent avoir 6 *legoas* de longueur que sont les eaux minérales dites *do Salitre*. Comme celles d'Araxá, elles appartiennent au public; mais on assure qu'elles sont plus abondantes. On ajoute que les sources sont entourées de murs, que l'eau est conduite dans des auges où les bestiaux la boivent, et qu'ils ne peuvent, en aucune manière, boucher les sources comme à Araxá (1).

(1) J'ai avancé ailleurs (*Voyage dans le district des Diamants*, etc., II, 277) que le père Leandro do Sacramento avait fait l'analyse des eaux d'Araxà : ce sont celles de Salitre qu'a analysées ce savant religieux. Eschwege dit que ces dernières lui parurent plus fortes que celles

Dans tous les pâturages que je vis le jour où je traversai la Serra do Salitre (29 avril), l'herbe, aussi mûre que celle de nos prés lorsqu'on les fauche, avait une teinte grisâtre qui fatiguait la vue. On n'y mettait pas le feu, me dit-on, parce que la sécheresse durait cette année-là depuis très-longtemps et que l'herbe n'aurait point repoussé. Au reste, on n'a pas, dans ce canton, d'époque fixe pour brûler les pâturages ; ce sont les besoins du bétail qui, à cet égard, servent de règle au cultivateur.

La *fazenda* de *Damaso* (nom d'homme), où je fis halte, au delà des montagnes de Salitre, a peut-être moins d'apparence que celle où j'avais passé la nuit précédente ; mais

---

d'Araxá ; qu'une odeur de soufre se répand dans leur voisinage ; qu'elles ont un goût de pourri, d'abord un peu sulfureux, ensuite piquant, enfin amer, et que, lorsqu'on les emploie pour se laver les mains, elles les rendent glissantes comme quand on fait usage du savon. Une quantité de 50 livres d'eau de Salitre qu'Eschwege fit évaporer lui procura un peu plus d'une demi-livre d'un sel amer et un peu piquant, et c'est ce sel dont l'analyse, faite par le père Leandro, a été publiée dans le *Brasilien die Neue Welt* (I, 74). Eschwege pense, d'après cette analyse et ce qu'il a lui-même observé sur les lieux, que les eaux minérales de Salitre peuvent être conseillées contre les maladies du foie ; que le sel qu'on en retire serait utile dans diverses fabrications, et que l'on ferait une spéculation excellente en l'extrayant par l'évaporation solaire, pour l'envoyer dans les parties du *Sertão* qui ne possèdent point de *bebedouros* (sources d'eaux minérales), et où le sel commun se paye 6,000 reis (37 fr. 50 c.) le sac de 66 livres. Après avoir pris connaissance de l'analyse du père Leandro, M. Balard, chimiste célèbre, membre de l'Institut, m'a dit que la composition des eaux de Salitre lui paraissait évidemment analogue à celle des eaux sulfureuses d'Europe ; que le sel qu'on pouvait en extraire serait utilement employé dans plusieurs procédés industriels, notamment le blanchissage ; qu'il pouvait être donné au bétail, mais que, pour l'homme, il ne remplacerait point le sel marin. J'ai à peine besoin d'ajouter que ces eaux devraient être conseillées pour la guérison des maladies cutanées.

I.   17

ses bâtiments sont disposés avec un peu plus d'ordre. Le propriétaire me parut être un excellent homme, supérieur à tous les *fazendeiros* que j'avais vus depuis un certain temps.

Il me dit que les terres de son pays conviennent à tous les genres de cultures. Au bout de cinq ans, les *capoeiras* sont déjà en état d'être coupés (1); le *capim gordura* (*Melinis minutiflora*) ne s'empare point des terrains que l'on a mis en culture, et le bois repousse après chaque récolte D'ici on commence déjà à envoyer les productions du sol à Paracatú, éloigné d'environ 40 lieues; le coton seul s'expédie pour Rio de Janeiro. Jusqu'à Barbacena (2), on fait ordinairement voyager cette dernière denrée sur des chars à bœufs, qui portent 80 arrobes, et à Barbacena on charge sur des mulets. La location d'un char, du village de Patrocinio à Barbacena, était de 14 *oitavas* (105 fr.), à l'époque de mon voyage. Le coton, dans les derniers temps, avait valu 600 reis (3 fr. 75 c.), sans être dépouillé de ses semences. Ici encore ce sont les bestiaux qui font la princi-

(1) Un voyageur a écrit qu'on laissait reposer la terre pendant vingt ans, avant d'y jeter de nouvelles semences (Suz., *Souv.*, 262). Il est incontestable que, dans le mauvais système de culture adopté dans le Brésil tropical, on ne saurait donner aux terres un trop long repos (Eschw., *Bras.*, I); mais, pour pouvoir les laisser vingt ans sans rien rapporter, il faudrait que les Brésiliens en eussent encore plus qu'ils n'en possèdent. Dans les parties de la province des Mines qui avoisinent sa capitale, on coupe d'ordinaire, au bout de cinq, six ou sept ans, les bois (*capoeiras*) qui ont remplacé les forêts vierges. Quand ils ont poussé pendant vingt ans, ces bois, alors appelés *capoerões*, ont presque acquis la vigueur des forêts primitives.

(2) Voyez mon *Voyage dans les provinces de Rio de Janeiro*, etc., I, 117. — M. Balbi, dans son excellente *Géographie universelle*, a écrit Barbasinas : j'ai déjà relevé cette erreur, qui appartient à Mawe.

pale richesse du cultivateur. Des marchands viennent les acheter chez les propriétaires, et ils enlèvent même les moutons, qu'ils payent de 2 à 3 *patacas* (4 à 6 fr.).

Au delà de Damaso, je trouvai encore des *taboleiros cobertos* et *descobertos*, d'autres mixtes, et enfin des bouquets de bois dans les enfoncements. Je traversai aussi un petit espace de terrain, dont la végétation me rappela, pour l'aspect, les *carrascos* ou forêts naines de Minas Novas (1); des individus serrés et nombreux du *Bauhinia* (510 *bis*), à tiges étalées, à rameaux ordinairement disposés sur deux rangs, formaient un fourré de 3 à 5 pieds, au milieu duquel s'élevaient çà et là des arbres de moyenne grandeur.

Entre Damaso et Patrocinio, je rencontrai une caravane assez considérable, qui venait de Goyaz et allait à Rio de Janeiro. Elle appartenait à un homme qui faisait ce voyage une fois chaque année, et employait cinq mois pour aller et autant pour revenir. Il prenait à Rio de Janeiro les marchandises destinées pour les négociants de Goyaz, et faisait payer 32,000 reis (200 fr.) la charge d'un mulet. Mais, quand il retournait de Goyaz à la capitale, il emportait pour son compte de la toile de coton et du coton en laine, parce qu'avec des frais aussi considérables les marchands de Goyaz croyaient ne pouvoir trouver aucun avantage à exporter les denrées de leur pays (2).

A 2 lieues et demie de Damaso, je fis halte à Patrocinio (*arraial do Patrocinio* ou *Nossa Senhora do Patrocinio*). Ce

---

(1) Voyez mon *Voyage dans les provinces de Rio de Janeiro*, etc., II, 22.

(2) Voyez ce que je dis, sur les transports de Goyaz à Rio de Janeiro, au chapitre de cet ouvrage intitulé, *Commencement du voyage de la cité de Goyaz à S. Paul. — Le Mato Grosso*, etc.

petit village (1), ordinairement appelé *Salitre*, doit son origine aux eaux minérales qui, comme je l'ai dit, se trouvent dans ses environs ; il n'avait pas, lors de mon voyage, plus d'une douzaine d'années d'existence, et, d'après le nombre de maisons indiquées en 1816 par d'Eschwege, il aurait doublé dans l'espace de trois ans. Il est situé sur la croupe arrondie d'une colline dont les flancs sont couverts de pâturages, et qui est dominée par d'autres collines un peu plus élevées. En 1819, on y comptait une quarantaine de maisons très-petites, bâties en terre et en bois, couvertes en tuiles et sans crépi. Ces maisons, disposées sur deux rangs, forment une place allongée au milieu de laquelle est une petite chapelle construite, comme les maisons elles-mêmes, en bois et en terre. Patrocinio est une succursale d'Araxà et a un desservant. Comme partout ailleurs, les maisons qui composent ce village appartiennent à des *fazendeiros* qui n'y viennent que le dimanche (2). Ceux des habitants de Patrocinio qui y restent habituellement sont quelques ouvriers, deux ou trois petits marchands, des oisifs (*vadios*) et des femmes publiques.

José Marianno était arrivé au village avant moi, et, d'après mes ordres, il était allé demander un gîte au desservant ; mais la maison de cet ecclésiastique s'était trouvée si petite qu'il n'avait pu nous recevoir. Une autre maison que l'on venait de finir et qui n'était pas encore habitée fut indiquée à José Marianno par le commandant, et ce fut là que je

---

(1) M. Pohl donne à Patrocinio le titre de ville. A l'époque où il voyageait (1818), Paracatú seul portait ce titre dans toute la *comarca*. C'est aussi à tort que le même auteur a écrit *Padrocinio*, trompé sans doute par la prononciation de son pays.

(2) M. Gardner a retrouvé le même usage dans le nord du Brésil.

trouvai mes effets. Lorsque j'arrivai au village, José Marianno se hâta de me prévenir que cette maison était remplie de chiques (*bichos do pé*); je n'y restai qu'un instant, et j'eus les pieds couverts de ces insectes. Moi et mes gens nous prîmes le parti de nous établir dehors; pendant que nous travaillions, tous les habitants nous entourèrent, et je les trouvai beaucoup plus grossiers encore que ceux d'Araxà (1). Pour la première fois, depuis Rio de Janeiro, je passai la nuit à la belle étoile, et il est à remarquer que ce fut dans un village.

On a vu que je m'étais éloigné de la grande route de Rio de Janeiro à Goyaz, pour aller voir la source du S. Francisco. J'étais rentré dans cette route avant même d'arriver à Patrocinio, et pourtant, dans un espace de 3 *legoas*, entre ce village et la *Fazenda do Arruda*, je ne rencontrai qu'une seule personne et je ne vis aucune habitation.

Partout l'herbe était presque aussi desséchée que celle du Sertão de Bom Fim et Contendas, dans les mois d'août et de septembre (2); cependant je vis un grand nombre d'individus du *Vochysia* n° 502 dont les grappes verticales et extrêmement nombreuses avaient souvent plus de 2 pieds de longueur.

Pendant cette journée, Laruotte m'avait paru triste, mais je l'avais inutilement questionné pour en savoir la cause. Quand nous fûmes arrivés à la *Fazenda do Arruda* (nom d'homme) (3), où je fis halte, José Marianno lui visita les

(1) Voyez ce que j'ai dit plus haut, page 245, sur les habitants d'Araxà.
(2) Voyez mon *Voyage dans les provinces de Rio de Janeiro*, etc., II.
(3) C'est sans doute cette *fazenda* qui a été désignée par Pohl sous le nom impropre de *Fazenda d'Arrudo Velho*.

pieds et en tira une cinquantaine de chiques. Ces animaux, comme je l'ai dit ailleurs, se trouvent principalement dans les maisons inhabitées et qu'on ne nettoie pas.

La saison des autres insectes était passée depuis longtemps ; je ne trouvais qu'un petit nombre d'espèces à ailes nues.

La Fazenda do Arruda dont je viens de parler est située au pied d'une petite chaîne de montagnes fort peu élevée qui commence, m'a-t-on dit, vers le village de Patrocinio et qu'on appelle *Serra do Dourado* (1). Dans l'espace de

(1) Pohl et Eschwege s'accordent à dire qu'elle s'étend de l'est à l'ouest. Le premier l'appelle *Serra d'Ourada*, et le second *Serra dos Doirados*. Le nom indiqué par Pohl est évidemment inexact ; car le mot *d'Ourada* n'appartient pas à la langue portugaise. — Pohl n'a pas tout vu sans doute, et qui pourrait tout voir ? mais il raconte avec simplicité et bonhomie ce qui a fixé son attention, et il mérite beaucoup de confiance. S'il lui a échappé quelques légères erreurs, cela tient, en grande partie, à ce qu'il ne possédait qu'imparfaitement la langue portugaise. Pour bien connaître le pays où l'on voyage, il est essentiel de comprendre ses habitants, et c'est certainement parce que Mawe et Luccock ne possédaient pas cet avantage qu'ils se sont trompés tant de fois. On a été blessé, à Rio de Janeiro, de la manière dont M. Jacques Arago a parlé du Brésil ; mais cet écrivain appartient à une tout autre catégorie que les deux Anglais dont je viens de citer les noms. Il n'a certainement pas eu la prétention de faire faire des progrès à quelque branche que ce soit de la géographie ou de l'histoire naturelle : homme de beaucoup d'esprit, il aura simplement voulu amuser ses lecteurs ; il a devancé l'époque des *impressions de voyage*. Quant à feu Jaquemont, dont on s'est également plaint au Brésil, on peut jusqu'à un certain point le justifier : ce n'est pas lui qui a publié son voyage. S'il avait eu le bonheur de revoir sa patrie, il aurait senti, mûri par les années et par la réflexion, que, dans un livre publié aux frais des contribuables et *sous les auspices du ministre de l'instruction publique*, il ne pouvait, sans la plus grave inconvenance, publier des morceaux empreints d'un athéisme grossier ; il aurait senti que, s'il est permis de peindre un pays huit fois plus grand que la France, de parler de sa capitale, de sa ma-

1 lieue environ, je la côtoyai à une certaine distance; je m'en rapprochai ensuite, et, après avoir passé un ruisseau assez profond qui porte le nom *Douradinho* (1), je commençai à monter. Au bout de quelques instants, nous eûmes traversé la Serra dans toute sa largeur. Elle est trop peu élevée pour offrir une végétation fort différente de celle de la plaine ; aussi n'y trouvai-je pas une espèce que je ne possédasse déjà.

Depuis la Serra do Dourado jusqu'au hameau de *Campo Alegre*, le pays est montueux. Des endroits les plus élevés, qui sont caillouteux, on découvre une vue immense et toujours une alternative de bois, de *taboleiros cobertos* et de *taboleiros descobertos*, mais, d'ailleurs, on n'aperçoit aucune habitation; dans toute la journée, je ne vis qu'une chaumière qui est située près du Douradinho. L'aspect de la campagne était d'une tristesse extrême; partout l'herbe était desséchée et avait une teinte grisâtre qui affligeait les regards. Un très-petit nombre de plantes étaient en fleur ; je me contenterai de citer la Bignonée n° 506, qui croît abondamment sur plusieurs *taboleiros descobertos*.

A 4 lieues d'Arruda, je fis halte à une pauvre chaumière à laquelle on prétend donner le nom de *fazenda*, *Fazenda do Leandro* (nom d'homme). Un nègre, qui était à la porte de cette chaumière, me permit de faire décharger mes

---

rine, de son cabotage, de son commerce, de ses finances, du chef de son gouvernement, des rapports des provinces avec la métropole, du sort des esclaves, des diverses classes de la société, de la nature des débats parlementaires...., ce n'est pas après une relâche de douze jours.

(1) M. da Cunha Mattos écrit, peut-être avec raison, *Ribeirão dos Douradinhos* ; il parle aussi du *Rio dos Dourados*.

effets dans une petite chambre. Sa maîtresse seule était à la maison et elle ne parut point (1).

Les *fazendas* de ce canton sont assez favorablement situées; elles trouvent un débit facile de leurs produits à Paracatú, où l'on peut arriver en dix jours avec des chars à bœufs, et elles ont pour leurs bestiaux des eaux minérales. A 6 *legoas* de Leandro, il en existe des sources de même nature que celles d'Araxá et de Salitre, dans une petite chaîne de montagnes appelée *Serra Negra* (2). Ces sources appartiennent également au public, et l'eau y est reçue dans des auges où le bétail va la boire.

Au delà de Leandro, le terrain, dans l'espace de 1 lieue, est presque plat. Plus loin, je passai près d'une chaumière que l'on décore du nom de *Fazenda das Minas*, et j'entrai de nouveau dans un pays montueux. Le chemin y est très-beau et suit presque toujours les parties les plus élevées. Là on jouit d'une vue fort étendue; mais on ne découvre encore que de vastes solitudes. La verdure n'avait de fraîcheur que dans les pâturages incendiés depuis peu de temps, et ceux-là étaient extrêmement rares.

Comme le feu consume avec une très-grande rapidité l'herbe des pâturages, il ne brûle point le tronc des arbres dispersés sur les *taboleiros cobertos* et ne fait que les noir-

(1) Voici un exemple que donne d'Eschwege des précautions que prennent les femmes de ce pays pour ne point se faire voir. Ce savant officier fut reçu dans une habitation du canton de Patrocinio par une femme dont le mari était absent, et qui lui donna le moulin pour gîte. On lui fit à souper; mais, comme la maîtresse de la maison ne voulait point se montrer, elle se glissait avec sa fille derrière le moulin et faisait entrer les plats par un trou (*Bras.*, I, 80).

(2) On a vu que, dans la province de Minas, il existe plusieurs montagnes de ce nom.

cir. Il dessèche les feuilles, mais bientôt elles sont remplacées par d'autres.

A 3 lieues et demie de Leandro, je m'arrêtai à une espèce de petit hameau composé de quelques pauvres chaumières éparses çà et là. Auprès de ces cabanes on construisait, à l'époque de mon voyage, une petite chapelle, et l'on prétendait en faire une succursale de la paroisse d'Araxà (1).

Lorsque je passai par *Campo Alegre* (champ joyeux), c'est le nom du hameau, il s'y trouvait un prêtre que les habitants avaient fait venir de Paracatú, et cette circonstance avait attiré un grand nombre de cultivateurs.

Le lendemain, la messe fut célébrée dans la chapelle encore inachevée. Un toit couvert en tuiles s'élevait déjà au-dessus de quelques poteaux. Des feuilles de palmier remplaçaient les murailles; d'autres feuilles jetées sur la terre tenaient lieu de plancher. Il me semblait être au temps où le christianisme jeta ses premiers fondements en Amérique.

J'étais logé à Campo Alegre sous un toit qui s'étendait entre deux chaumières. L'espace qu'il recouvrait était ouvert sur le devant et sur le derrière; du côté de la cour, il était fermé par de longs bâtons. Toute la journée, des femmes passèrent le nez entre ces bâtons pour examiner ce que nous faisions; les hommes venaient causer, personne

(1) En 1824, le hameau de Campo Alegre avait déjà été décoré du nom d'*arraial*, et sa petite chapelle, dédiée à Sainte-Anne, était devenue, comme on l'avait désiré, une succursale de l'église paroissiale d'Araxà. Le nouvel *arraial* se composait alors d'une quarantaine de maisons et portait le nom de *Santa Anna do Pouso Alegre*, auquel on substituait, dans l'usage ordinaire, le sobriquet de *Carabandella*, dû à l'habitude qu'avait un propriétaire du voisinage de parler d'un esprit malin appelé de ce nom (MATTOS, *Itin.*, I, 89).

ne travaillait, et la conversation de ces braves gens offrait si peu d'intérêt qu'ils eussent aussi bien fait de garder le silence.

Je profitai de mon séjour à Campo Alegre pour aller herboriser. Je côtoyai un ruisseau bordé, comme le sont tous ceux de ce pays, d'une lisière étroite d'arbres grêles et serrés, mais je retrouvai les plantes que m'avaient offertes, en 1817, des localités semblables au milieu du désert oriental du S. Francisco : le n° 566 dans les parties boisées; les Gentianées 521, 524, 577 dans les terrains marécageux et couverts d'herbes qui s'étendent, comme cela a lieu ordinairement, derrière la lisière des bois.

Ce fut ici que, pour la première fois depuis le commencement de ce voyage, j'eus le plaisir de revoir le *bority* (*Mauritia vinifera*, Mart.), Palmier à la fois si élégant et si utile (1), ce qui indiquait, si je ne me trompe, que le pays où je me trouvais alors est moins élevé et plus chaud que celui où je venais de voyager.

J'ajouterai que mes gens tuèrent à Campo Alegre deux oiseaux que je ne connaissais point encore, et jusqu'alors Prégent et ensuite José Marianno n'en avaient préparé aucune espèce qui ne fît partie de ma collection du voyage de 1817.

Au delà de Campo Alegre, je parcourus, pendant une

(1) Voyez mon *Voyage dans les provinces de Rio de Janeiro*, etc., II, 343. — Comme je l'ai déjà dit (l. c.), j'avais écrit, dans mes notes, *buriti*, orthographe qu'ont adoptée MM. Martius, Gardner et Kidder; c'est uniquement pour me conformer à celle d'un écrivain du pays, l'abbé Pizarro, que j'ai, peut-être à tort, imprimé *bority*. On prononce comme s'il y avait, en français, *bouriti*; mais on sait que, dans la langue portugaise, le son de l'*o* se confond bien souvent avec celui de l'*u*.

couple de lieues, un pays presque plat. Je traversai ensuite une petite chaîne de montagnes arides et caillouteuses, qui porte le nom de *Serra da Figueireda* (nom de femme), et qui, comme les Serras do Araxá, do Salitre, do Dourado, doit être un contre-fort de la grande Serra do S. Francisco e da Paranahyba. Enfin, jusqu'à ce dernier fleuve, je ne vis plus qu'un terrain montueux.

La campagne avait toujours une teinte grisâtre qui affligeait les regards; la chaleur était excessive, et, à mesure que nous marchions, il s'élevait une poussière rougeâtre qui nous desséchait le gosier et salissait nos vêtements. Aucune maison, aucune trace de culture, point de bestiaux dans les pâturages, aucun voyageur dans les chemins, presque point de fleurs, point de changement notable dans la végétation; toujours les plantes que j'avais recueillies dans le désert oriental du S. Francisco. J'étais désolé de faire pour si peu de chose un voyage si fatigant, et presque tenté de ne point aller jusqu'à Villa Boa.

Après avoir fait 6 *legoas* depuis Campo Alegre, j'arrivai enfin sur la rive gauche du Paranahyba (5 mai). Là il peut avoir la largeur de nos rivières de troisième ou quatrième ordre; son cours est très-lent; une lisière de bois épais le borde des deux côtés, et quelques chaumières sont éparses sur sa rive droite. Nous le passâmes dans une étroite pirogue, et je m'établis sous un *rancho* ouvert de toute part, situé sur le bord même de la rivière. Le Paranahyba est, dit-on, fort abondant en poissons. Les espèces qu'on y pêche sont appelées, dans le pays, *dourado*, *piránha* (1),

(1) Mon *Voyage dans les provinces de Rio de Janeiro*, etc., II, 393, contient des détails sur le dangereux poisson appelé *piránha*. D'après M. Spix, je l'avais rapporté au *Myletes macropomus*, Cuv.; mais il est

curmatán, *pacú*, *paracanjuba* (peut-être mieux *pyracanjuba*), *suruby* (1), *jahú*, *tubarão* (2), *piampara*, *piau*, *mandy*, *traira* et *tamburé*.

Il y avait encore une heure de jour lorsque j'arrivai au Paranahyba; je me mis à mon travail. Un soleil brûlant me dévorait; des nuées de moucherons me couvraient la tête et les mains; chaque mulet qui passait l'eau faisait voler autour de moi des tourbillons de poussière; j'étais au supplice. Avec la nuit, tout changea; alors la lune éclairait les objets dont j'étais entouré; une fraîcheur délicieuse avait remplacé l'ardeur du soleil; un calme profond régnait dans toute la nature; à peine entendait-on le bruit de quelques petites cigales, et la voix agréable de Marcellino ajoutait un charme de plus à ceux de la soirée.

Au delà du Paranahyba (3), je traversai un pays plat, borné de tous côtés par de petites montagnes. Toujours des

---

évident que cette détermination n'est pas exacte et que la *piránha* est le *Serrasalme Piraya* de Cuvier, puisque ce savant a fait sa description du *Serrasalme Piraya* d'après un individu que j'ai moi-même envoyé du Brésil (voyez Mem. Mus., V, 368, 69).

(1) M. Gardner préfère écrire *suribim*. J'ai dit ailleurs (l. c.) combien on est embarrassé pour l'orthographe des noms brésiliens de lieux, d'animaux et de plantes, et quelles raisons me font adopter la manière d'écrire de l'abbé Pizarro.

(2) Le nom de *tubarão* est celui d'un poisson de mer; il a été transporté par les Mineiros à un poisson d'eau douce.

(3) Très-peu de temps après mon voyage, le gouverneur de Goyaz, Manoel Ignacio de Sampaio, qui succéda à Fernando Delgado, dont je parlerai par la suite, fit ouvrir un chemin plus court que celui que j'ai parcouru, mais beaucoup moins intéressant pour l'observateur : ce chemin, qui porte le nom de *Picada do Correio de Goyaz* (percée du courrier de Goyaz), était déjà transitable en 1823, puisque ce fut celui que suivit alors M. le général Raimundo José da Cunha Mattos (*Itinerario*, 1, 93).

campos et des bouquets de bois, toujours la même sécheresse, toujours aussi peu de plantes en fleur.

Je passai devant trois *fazendas* composées chacune de quelques misérables chaumières; mais, voulant gagner du temps, je pris le parti de ne m'arrêter à aucune de ces maisonnettes et de coucher à la belle étoile.

Je fis halte dans un bois, sur le bord d'un ruisseau limpide, au lieu appelé *Moquem* (1). Comme les caravanes ont coutume de s'arrêter en cet endroit, la place où mes malles furent déchargées était assez bien nettoyée. Mes gens suspendirent à de grandes lianes une partie du menu bagage; ils dressèrent pour moi un petit toit qu'ils couvrirent avec des cuirs, puis ils s'étendirent auprès du feu qu'ils avaient allumé. Tandis que j'écrivais mon journal, les rayons de la lune pénétraient à travers les branches d'arbres qui s'étendaient en voûte au-dessus de nos têtes; un profond silence régnait autour de moi et n'était troublé que par le chant de quelques cigales.

Là je me trouvais au pied de la longue Serra do S. Francisco da Paranahyba. Presque aussitôt après avoir quitté Moquem, je commençai à monter, et, ayant suivi une pente douce d'environ une demi-lieue, j'arrivai au sommet de la Serra. Ce sommet présente un vaste plateau qu'on appelle encore *Chapadão* (grand plateau), et qui, comme on l'a vu plus haut (p. 214), a presque 6 *legoas* de longueur, et, m'a-t-on dit, 5 de large.

Il est couvert de pâturages naturels, dont les uns sont

---

(1) Ce nom se retrouve dans d'autres parties du Brésil; il y a à Goyaz un *Rio Moquem* et un petit village appelé de la même manière (Caz., *Corog.*, I, 336, 346). Le mot *moquem* signifie *boucan*, et *moquiar*, *boucaner*.

composés d'herbes et les autres d'herbes et d'arbres rabougris. Dans les endroits un peu bas, on aperçoit des bouquets de bois, et là, pour la seconde fois depuis le commencement de ce voyage, je revis le Palmier du désert, l'utile *bority* (*Mauritia vinifera*, Mart.), aux larges feuilles en éventail.

A l'entrée du Chapadão, le sol n'offre qu'un sable blanc et fin, mélangé d'une faible portion de terre végétale, et j'y trouvai un assez grand nombre de plantes intéressantes, comme cela m'était toujours arrivé dans des terrains semblables. Là je vis une espèce de *Vellozia* (*canela d'Ema*), à feuilles radicales; la Composée n° 547, que j'avais déjà récoltée, comme plusieurs autres du même genre et d'un genre voisin, dans des localités pareilles; enfin les petites Melastomées n°s 549 et 550. Bientôt le terrain changea de nature; il redevint rougeâtre, comme il l'est ordinairement sur les *taboleiros cobertos*, et, dans son ensemble, la végétation ne différa plus de celle des *campos* que j'avais parcourus les jours précédents.

En plusieurs endroits du Chapadão, on découvre une vue fort étendue. D'ailleurs, depuis le point où je commençai à voyager sur ce plateau jusqu'au lieu appelé *Sitio dos Pilões*, éloigné de Moquem de 5 *legoas*, on ne trouve aucune maison. L'eau est rare; cependant il existe quelques petites sources dans les enfoncements.

Pressé par la soif, je m'approchai de l'une d'elles et j'y trouvai deux jeunes mulâtres qui mangeaient de la farine délayée dans l'eau de la fontaine, mets frugal qu'on appelle *jacuba*. Ils m'engagèrent à manger avec eux, accompagnant leur offre de cette aimable politesse si commune chez les habitants de la partie orientale de Minas, mais si rare parmi ceux des déserts que je parcourais alors.

Je fis halte au *Sitio dos Pilões*, misérable chaumière dont l'entrée n'était pas même fermée, qui n'avait point de fenêtre, et où l'on ne voyait d'autres meubles que des *giraos* ou lits rustiques. J'étais logé dans la principale pièce, et je n'avais pas même assez de place pour pouvoir me retourner. Cependant c'était au propriétaire de cette chétive demeure qu'appartenait le Chapadão. Il aurait pu en tirer parti pour élever des bestiaux; mais la cherté du sel ne le lui permettait pas. C'est ici que l'on commence à cultiver le manioc, ami des contrées chaudes. Le maïs, qui, du côté d'Araxá, rend 200 pour 1 dans les terres moyennes (voir plus haut, p. 245), ne produit plus que 150 sur le Chapadão.

La continuation de ce plateau porte le nom de *Serra dos Pilões* (montagnes des pilons) (1). Au delà du *sitio* du même nom (Sitio dos Pilões), je marchai encore, pendant environ trois quarts d'heure, toujours sur le même plateau, ensuite je commençai à descendre, et, après avoir fait une demi-lieue, j'arrivai dans la plaine. Alors j'avais traversé la Serra do S. Francisco e da Paranahyba; je me trouvais au bas du versant oriental de cette chaîne, et je continuai à le longer jusqu'au delà de Paracatú.

La pente qui conduit du Chapadão à la plaine est assez douce; le terrain y est pierreux et présente des *Vellozia*, ainsi que la Composée 547; d'ailleurs je ne trouvai dans ces lieux aucune espèce que je n'eusse pas déjà récoltée, et je n'y vis presque point de fleurs. En descendant du Cha-

---

(1) Ce n'est ni *Serra Spiloens*, ni *Serra de Spiloens*, comme l'a écrit M. Pohl (*Reise*, I, 244-5).

padão, on jouit d'une vue fort étendue et assez agréable. De grands bois, qui étaient encore d'une verdure très-belle, bordent le plateau; au delà sont des pâturages, et l'horizon est borné par de petites montagnes. Le chemin que je suivis, étant arrivé dans la plaine, est parallèle à la grande chaîne. Il traverse des pâturages couverts d'arbres rabougris, d'autant plus nombreux et plus serrés que la terre prend une couleur plus rouge.

La chaleur, ce jour-là (9 mai), pouvait à peine se supporter, le temps étant lourd et couvert, et cependant il ne tomba que quelques gouttes d'eau. A la vérité, nous n'étions point dans la saison des pluies; mais il eût été bien à désirer qu'il survînt quelque averse; car la sécheresse excessive excitait les plaintes de tous les cultivateurs. La récolte du riz et celle du maïs avaient été presque nulles, et les denrées étaient excessivement chères.

Après avoir fait 2 lieues depuis le Sitio dos Pilões, je m'arrêtai à une *fazenda* qui portait le nom de *Guarda mór*. Si on l'appelait ainsi, ce n'est pas qu'elle appartînt alors à un *guarda mór*; mais son premier propriétaire l'avait été, et la plupart des *fazendas* conservent le nom de celui qui en a jeté les fondements. Quoi qu'il en soit, je vis ici plusieurs nègres, et le possesseur actuel paraissait avoir quelque aisance. Cependant sa maison n'était encore qu'une chaumière mal arrangée; car, il faut le dire, le désordre caractérise toutes les habitations qu'on rencontre dispersées dans ces déserts.

On me logea dans une grande pièce où était placée la *manjola*, et, pendant que j'écrivais, on faisait, près de moi, de la farine de maïs (*farinha*). Le bruit criard de la *manjola* m'étourdissait; j'étais aveuglé par la fumée du fourneau, et il fallait, de plus, que je fisse la guerre aux chiens qui venaient ronger le cuir de mes malles.

On jouit, dans ce canton, d'un grand avantage. A 5 *legoas* de Guarda mór, il y a, dans la Serra, des eaux minérales qui, comme celles d'Araxá, de Salitre, de la Serra Negra, remplacent le sel pour les bêtes à cornes.

Au delà de Guarda mór, le chemin traverse un pays très-plat et se prolonge parallèlement à la continuation du Chapadão, ou, si l'on aime mieux, de la Serra do S. Francisco e da Paranahyba, que l'on doit naturellement avoir à sa gauche.

Dans un espace considérable, où le chemin est fort large, les arbres assez élevés se touchaient presque tous par l'extrémité de leurs branches, et entre eux croissait un nombre considérable d'arbrisseaux et de sous-arbrisseaux, ensemble qui produisait un effet très-agréable. D'ailleurs les arbres rabougris qui dominent dans les *campos* me parurent appartenir toujours aux mêmes espèces.

Après une marche de 3 *legoas*, à partir de Guarda mór, je fis halte à *Sapé*, lieu ainsi appelé à cause de la Graminée du même nom qui croît dans son voisinage (*Saccharum Sapé*, Aug. S. Hil.). Dans le même endroit, je revis en grande abondance le *capim gordura*, dont l'odeur résineuse remplissait l'air, et que je n'avais pas rencontré à l'occident de la Serra do S. Francisco e da Paranahyba.

Au delà de Sapé le pays est encore plat. J'avais, à ma gauche, la continuation des montagnes de Pilões, qui, peu à peu, vont en diminuant d'élévation, et à ma droite s'étendaient d'autres petites montagnes.

Le chemin est toujours fort beau et traverse, en serpentant, des pâturages où, suivant la nature du terrain, les arbres et les arbrisseaux sont plus ou moins nombreux. Quoique alors il n'y en eût presque point en fleur et que leur forme générale soit la même, puisqu'à peu près tous sont tortueux et rabougris, cependant ils varient tant dans les détails que leur ensemble produit un effet charmant, surtout lorsqu'ils sont très-rapprochés les uns des autres. A côté de la Légumineuse n° 575, dont les feuilles, finement découpées, atteignent jusqu'à 2 pieds de longueur, sont des Malpighiées et des Apocynées qui ont les leurs parfaitement entières, larges, roides et cassantes. De petits Palmiers contrastent, par la simplicité de leurs formes, avec les rameaux si divisés des arbres voisins, et l'on voit une Apocynée confondre son feuillage lisse et luisant avec les feuilles cotonneuses et blanchâtres d'une Malpighiacée. Les sous-arbrisseaux qui croissent sous ces différents arbres ne sont pas moins variés qu'eux. De petites Malpighiées aux feuilles simples se mêlent à des *Cassia* qui ont les leurs finement découpées, et les folioles extrêmement rapprochées de ces dernières plantes contrastent aussi avec le feuillage également découpé, mais extrêmement lâche, de la Bignonée n° 506. De distance à autre, on voit à droite et à gauche du chemin des endroits bas et marécageux, où l'herbe, très-épaisse, est d'un vert assez gai : là point d'arbres tortueux variés pour le feuillage, absolument aucun contraste ; le seul *bority* se montre dans la partie la plus humide de ces espèces de vallées, tantôt isolé, tantôt par petits groupes ; les jeunes individus n'offrent qu'une touffe de feuilles en éventail, qui sortent de terre portées sur de longs pétioles, les autres s'élèvent comme des colonnes surmontées d'un panache superbe.

A 3 lieues de Sapé, je reçus l'hospitalité dans une *fa-*

zenda qui porte le nom de *João Gomes*. Elle appartenait à un mulâtre, et cependant elle avait un peu plus d'apparence que celles où j'avais fait halte depuis Araxà; on pouvait du moins distinguer la maison du maître des cabanes de ses nègres. Je fus aussi beaucoup plus content de la conversation et des manières du mulâtre que de celles de tant de blancs chez lesquels je m'étais arrêté depuis un mois (V. p. 222). Alors je me rapprochais de Paracatú; le propriétaire de la *fazenda* de João Gomes appartenait à une population plus ancienne; les campagnards que j'avais vus précédemment étaient la lie des diverses *comarcas* de la province de Minas Geraes.

Les *campos* que je traversai, après avoir quitté João Gomes, ont un aspect riant, et offraient encore une très-belle verdure; cependant, il faut l'avouer, quelque jolis que soient les *campos* d'arbres rabougris, on finit par être fatigué de ne jamais voir autre chose. D'ailleurs, dans les 5 mortelles lieues que je fis entre João Gomes et le poste militaire de Santa Isabel, je n'eus pas le plaisir de recueillir une plante que je ne possédasse point encore; je passai même des demi-heures entières sans apercevoir une fleur.

Depuis trois jours, le tonnerre se faisait entendre, il tombait de l'eau tous les jours, et cependant la chaleur était encore insupportable. J'étais néanmoins bien heureux que le temps se fût mis à la pluie, car, auparavant, la température s'élevait toujours davantage.

Entre João Gomes et le poste militaire de Santa Isabel, je passai plusieurs petites rivières qui prennent leur source dans la Serra do S. Francisco e da Paranahyba et vont se jeter, par des intermédiaires, dans le S. Francisco, savoir:

le *Riberão* (torrent), l'*Escuro Grande*, l'*Escuro Pequeno* et enfin le *Santa Isabel*. Les eaux de ce dernier et de l'Escuro Grande sont sujettes à donner des fièvres intermittentes, ce qui vient sans doute de ce que leurs bords sont marécageux.

Auprès du Santa Isabel a été bâtie la maisonnette où l'on a établi un poste de militaires du régiment de cavalerie de Villa Rica : c'est là que je fis halte. Je montrai mes papiers au caporal qui commandait le poste, et j'en fus très-bien accueilli.

Le poste ne se composait que de deux soldats tirés d'un détachement de neuf hommes cantonnés à Paracatú. Ces militaires étaient chargés de faire la visite de tous les ballots venant de Goyaz, afin de s'assurer s'ils ne contenaient pas des diamants et de l'or en poudre. Ils devaient empêcher aussi qu'on ne passât des piastres d'Espagne, sans un coin aux armes de Portugal, que le gouvernement, par une fraude indigne, faisait mettre sur ces monnaies, les portant, après cette formalité, de 780 reis (4 fr. 88 c.), leur valeur réelle, à une valeur fictive de 960 reis (6 fr.).

Le poste de Santa Isabel avait encore une autre destination : on y faisait payer un droit de 375 reis (2 fr. 24 c.) par arrobe, sur toutes les marchandises qui étaient sorties de Goyaz pour être vendues à Minas Geraes. Je n'ai pas besoin de faire sentir combien il est absurde d'exiger des droits sur les productions d'une province lorsqu'elles passent dans une autre ; combien, surtout, il est absurde de mettre des droits de sortie d'un pays comme Goyaz, qui, dans son éloignement seul, trouve déjà tant d'obstacles à l'exportation de ses produits.

Ce fut à Santa Isabel que j'appris la fin des aventures

d'un contrebandier français qui m'avait inspiré quelque intérêt par la force de sa volonté et sa persévérance. Pour ne pas courir le risque de compromettre cet homme, je n'avais rien écrit, dans mon journal, de ce qui le concernait ; je vais ici raconter son histoire aussi fidèlement que me le permettra ma mémoire. Lorsque, au retour de mon voyage dans le district des Diamants, je repassai par Villa do Principe, le curé de cette ville, M. Francisco Rodrigues Ribeiro de Avellar, me demanda si je voulais recevoir la visite d'un de mes compatriotes, qui alors se trouvait dans le pays. Il y avait un an environ que, à l'exception de mon domestique, je n'avais aperçu aucun Français ; j'acceptai avec plaisir l'offre de l'excellent curé. Bientôt je vis paraître, dans ma chambre, un homme vêtu d'une redingote grise, âgé d'une trentaine d'années, mince et très-grand, dont la tête était ronde, la figure rouge et commune. Nous nous mîmes à causer. Cet homme, qui vivait au milieu d'étrangers dont il fallait qu'il se défiât dans tous les instants, fut ravi sans doute de trouver un compatriote avec lequel il pouvait enfin parler sa langue, s'entretenir de son pays, de ses intérêts et de son avenir ; bientôt il se laissa aller à tout l'abandon de la confiance et il me raconta son histoire. Il était né, je crois, à Rodez et y exerçait la profession de boucher, lorsque la destruction du gouvernement impérial l'entraîna à faire de mauvaises affaires. A cette époque, le voyage de l'Anglais Mawe dans l'intérieur du Brésil lui tombe entre les mains, et dès lors il ne rêve plus que diamants et richesses. Persuadé qu'il peut faire fortune au Brésil par la contrebande des diamants, il part pour Marseille et de là il se rend à Lisbonne ; mais c'était à Rio de Janeiro qu'il voulait arriver. Il va trouver le consul de

France à Lisbonne, tâche de l'intéresser, et le supplie de lui indiquer les moyens de passer au Brésil. Le consul l'adresse à un officier portugais qui allait s'embarquer pour Rio de Janeiro sur un bâtiment de guerre. L'officier avait besoin d'un domestique; il prend le Français, ne lui promettant d'autre salaire que son passage; c'était la seule chose que celui-ci désirât. Jamais, me disait-il, homme n'avait été mieux servi que cet officier; j'allais au devant de ses désirs, je les devinais dans ses regards. Le bâtiment arrive heureusement au Brésil. L'officier, sensible aux attentions de son domestique, lui dit alors que, quoiqu'il lui eût seulement promis le passage, il serait charmé de faire quelque chose pour lui. On assure, lui répondit le Français, qu'il y a un peu d'argent à gagner dans le pays des Mines; je serais bien reconnaissant, si vous pouviez me faire avoir un passe-port pour cette province. L'officier connaissait l'intendant général de la police; il sollicite le passe-port et l'obtient. Mon Français part pour Villa Rica; il s'y lie avec un contrebandier anglais établi dans le pays, travaille quelque temps avec lui, puis il le quitte et se rend dans le Serro do Frio. Là il parvient à se faire initier dans tous les mystères de la contrebande des diamants, fait connaissance avec les nègres qui volaient ces précieuses pierres, et pénètre dans le district dont l'entrée était si sévèrement défendue. Les chemins secrets pratiqués dans les lieux les plus difficiles par les anciens *garimpeiros* (1) lui deviennent bientôt familiers, et, lorsque je le vis, il

(1) Les *garimpeiros* étaient des hommes aventureux qui, réunis en troupes, faisaient la contrebande des diamants et se réfugiaient dans les montagnes les plus escarpées (*Voyage dans le district des Diamants*, etc., I, 21).

avait déjà commencé à gagner quelque argent. Quand cet homme eut achevé son récit, je tâchai de le détourner du métier aventureux auquel il se livrait; je lui en représentai tous les dangers, et lui répétai que, si on voulait faire un exemple, ce serait certainement lui, étranger, sans amis, sans protecteurs, que l'on sacrifierait. Mais les diamants pouvaient l'enrichir; il était décidé à courir tous les risques pour parvenir au but qu'il avait poursuivi jusqu'alors, et mes représentations furent inutiles. Je le décidai cependant à écrire à sa famille, à laquelle il s'était promis de ne donner de ses nouvelles que lorsqu'il aurait fait fortune, et il convint qu'il m'apporterait sa lettre le lendemain, pour que je la fisse passer à Rodez. Mais cet homme se repentit sans doute de la confiance qu'il m'avait montrée; il ne revint point, et je fus plus d'un an sans entendre parler de lui. Enfin, lorsque j'étais au poste de Santa Isabel, le caporal me dit que, quelque temps auparavant, il avait arrêté un de mes compatriotes dans le district des Diamants ; je lui fis des questions sur cet homme, et, aux détails qu'il me donna, je ne pus douter que ce ne fût le contrebandier de Rodez. Le caporal sortait lui-même en cachette du district des diamants, par des chemins détournés, lorsqu'il aperçut un homme qui se glissait le long des rochers. Vêtu en bourgeois et se trouvant avec une femme, il ne fit rien pour prendre cet homme; mais, de retour à son poste, il rendit compte à ses camarades de ce qu'il avait vu. Les soldats se mirent en embuscade et ils arrêtèrent le contrebandier, qu'ils reconnurent pour un Français; cependant celui-ci les pria avec tant d'instance de le laisser aller qu'ils y consentirent. Cette leçon ne le guérit pourtant pas de son inconcevable opiniâtreté. Il fut bientôt dénoncé comme étant caché dans une des maisons de l'un des services (1) du district des Diamants. On cerne la maison pendant la nuit, il s'échappe ; on le poursuit, il s'échappe une seconde fois, et il en fut quitte pour la perte de sa bourse, que les soldats se partagèrent et qu'il avait laissée tomber, sans doute pour occuper ceux qui le poursuivaient et pour gagner du temps. Le caporal ajouta à son récit que cet homme s'était retiré dans les environs de Sabarà, et je ne sais ce qu'il sera devenu. Il est fâcheux qu'une si singulière persévérance n'eût pas un plus noble but.

Peu après avoir quitté le poste de Santa Isabel, je commençai à monter sur un morne élevé qu'on nomme *Serra de Paracatú*. Sur le flanc de ce morne et sur son sommet, on jouit d'une vue extrêmement étendue. J'y découvrais toute la plaine que j'avais traversée les jours précédents, et au delà les montagnes qui la bornent. Les bouquets de bois, les pâturages composés seulement de Graminées et ceux où s'élèvent de petits arbres forment, lorsqu'on les voit de loin, des compartiments variés d'un effet très-agréable. En descendant la montagne on aperçoit, à peu de distance, la ville de Paracatú, située sur la droite, au pied de quelques collines.

J'étais porteur d'une lettre de recommandation pour le *sargento mór* Alexandre Pereira e Castro. On m'avait dit qu'il était à sa maison de campagne dont on m'avait mal indiqué le chemin ; mais, après avoir erré longtemps au milieu des pâturages, j'arrivai à l'entrée de Paracatú.

(1) On appelle *services* (*serviços*) les lieux où, pour extraire des diamants, on a établi une troupe (*tropa*), nom que l'on donne à une réunion d'esclaves dirigés par des employés libres (*Voyage dans le district des Diamants*, etc., I, 89).

Là quelqu'un m'apprit que le *sargento mór* se trouvait à la ville ou à un lavage d'or qu'il possédait dans le voisinage. J'envoyai José Marianno pour s'en assurer. Le *sargento mór* n'était point à la ville ; mon messager alla le chercher à son lavage, et je passai deux heures exposé au soleil le plus ardent, sans pouvoir trouver le moindre ombrage. Rarement je fus aussi fatigué que ce jour-là.

CHAPITRE XIV.

PARACATÚ.

Histoire de Paracatú. — Par qui cette ville est aujourd'hui peuplée. — Son administration civile. Le souverain mal obéi par les magistrats. — Population de Paracatú et de la paroisse dont cette ville est le chef-lieu. — Situation de Paracatú. — Les ruisseaux qui l'entourent. Rues ; maisons ; jardins. — Place publique. — Fontaines. — Eglises. — Hôtel de ville. — Tavernes ; boutiques ; commerce. — Exploitation des mines. — Ressources de la ville de Paracatú. — Culture des terres. — Bétail. — Exportations. — Disette. — Portrait du *sargento mór* ALEXANDRE PEREIRA E CASTRO.

Les Paulistes qui allaient à la découverte de nouvelles terres ne traversaient jamais un ruisseau sans éprouver le sable de son lit pour s'assurer qu'il ne contenait pas de l'or. Ceux qui découvrirent Goyaz furent conduits par le hasard au lieu où est aujourd'hui situé Paracatú ; ils trouvèrent de l'or en abondance dans le ruisseau qui porte le nom de *Corrego Rico* et consignèrent ce fait dans leur itinéraire (1).

Longtemps après, cet itinéraire tomba entre les mains de José Rodrigues Froes, qui appartenait à une famille recommandable de S. Paul. Il part seul avec deux esclaves noirs,

---

(1) On raconte même que, pour mieux faire reconnaître l'endroit désigné, ils y avaient réuni deux Palmiers avec une chaîne.

traverse des contrées encore inhabitées, et, en 1744, il arrive enfin au lieu qu'il cherchait avec tant de courage et d'ardeur.

Ayant trouvé certains poissons d'un goût agréable dans le Corrego Rico, il imagina de donner au pays qu'il venait de découvrir le nom de *Pyra-catu* (bon poisson), qu'il emprunta à la langue des Indiens de la côte (*lingoa geral*), fidèle à l'usage généralement adopté par les anciens Paulistes. Les travaux des mineurs ont détruit les poissons qui vivaient dans le Corrego Rico ; le nom de Pyracatú s'est altéré et l'on en a fait Paracatú. Cependant quelques personnes qui ne sont point étrangères à l'histoire du pays conservent encore le nom primitif (1).

Les succès de José Rodrigues Froes surpassèrent ses espérances. Il retira du Corrego Rico une quantité d'or considérable, et il alla porter à Sabará le fruit de ses travaux. Il fut nommé *guarda mór* (2) et on lui accorda la *data* de préférence [*data de preferencia*] (3), qu'il est d'usage de concéder à ceux qui découvrent des mines. Froes retourna à Paracatú avec un grand nombre d'hommes qui voulaient partager les trésors des mines nouvelles ; beaucoup de gens vinrent également de Goyaz : enfin la réputation des richesses du pays fut bientôt telle, que plusieurs Portugais européens traversèrent le désert pour se fixer à Paracatú.

Dans les commencements on tirait, sans aucune peine,

---

(1) Le cachet de la poste porte même le nom de *Piracatú* (1819).

(2) Le *guarda mór* est un magistrat chargé de la distribution des terrains aurifères (*Voyage dans les provinces de Rio de Janeiro*, etc., I, 239).

(3) On entend par *data* l'étendue de terrain aurifère que le *guarda mór* peut donner à chacun.

une grande quantité d'or du Corrego Rico et de quelques ruisseaux voisins, les *Corregos de S. Domingos*, de *S. Antonio* et de *Santa Rita*. Les mineurs de Paracatú achetèrent un grand nombre d'esclaves (1), et en peu de temps s'éleva une ville nouvelle.

Alors on faisait venir à grands frais les vins et les autres marchandises d'Europe à travers le désert ; on dépensait des sommes considérables pour les fêtes d'église ; on eut des musiciens ; on eut un petit théâtre, et les nègres eux-mêmes, dans leurs réjouissances, répandaient, dit-on, de la poudre d'or sur la chevelure de leurs meilleures danseuses (2).

Cependant toute cette opulence ne pouvait être de longue durée. Chacun jouissait de ses richesses, personne ne fonda une fortune durable. La plupart des premiers colons, qui étaient des célibataires, ne songeaient point à l'avenir, et les gens mariés, entraînés par l'exemple des autres, se montrèrent aussi imprévoyants.

Les mines des environs de Paracatú sont loin d'être épuisées, mais peu à peu elles sont devenues d'une exploitation plus difficile. L'amour et la reconnaissance ont fait affranchir un grand nombre d'esclaves (3) ; les autres sont morts, et ils n'ont pu être remplacés. A peine aujourd'hui

---

(1) Le fameux Felisberto Caldeira Brant, qui, sous l'administration de Gomes Freyre, fut le troisième fermier des diamants du Brésil, et qui, accusé de malversations, fut mis en prison à Lisbonne, où il mourut, était, selon Southey (*Hist.*, III, 624), un riche mineur de Paracatú.

(2) Voyez l'introduction à mon *Histoire des plantes les plus remarquables du Brésil et du Paraguay*.

(3) Ceci suffirait pour prouver que l'on a induit en erreur M. Jacques Arago, lorsqu'on lui a dit que les Brésiliens n'affranchissaient point leurs nègres.

(1819) compte-on à Paracatú deux ou trois personnes qui s'occupent en grand de l'extraction de l'or; la population de cette ville a singulièrement diminué, et l'on n'y voit plus qu'un très-petit nombre de blancs qui généralement sont peu riches, et auxquels le climat et l'oisiveté ont fait perdre cet esprit entreprenant dont leurs pères furent animés.

Il existe à Paracatú beaucoup de mulâtres; mais ce sont les nègres libres et créoles qui forment aujourd'hui la majeure partie de la population de cette ville. Leurs femmes filent du coton pour faire de grossiers tissus; quelques hommes ont des métiers, le plus grand nombre va de temps en temps chercher un peu de poudre d'or dans les ruisseaux voisins. Presque tous vivent dans une extrême pauvreté; mais ils ne trouvent point que ce soit acheter trop cher le bonheur de passer la plus grande partie de leur temps à ne rien faire. On peut croire aisément que des hommes sans occupation et sans principes sont enclins à plus d'une sorte de vice. Le vol, qui naît de l'oisiveté et qui la favorise, est un de ceux que l'on reproche le plus aux nègres de Paracatú; très-souvent ils enlèvent des bestiaux aux cultivateurs du voisinage.

Pendant longtemps Paracatú fit partie de la *comarca* de Sabará. Ce fut d'abord un simple village, puis un chef-lieu de justice (*julgado*), et enfin un décret du 20 octobre 1798 en fit une ville sous le nom de *Villa de Paracatú do Principe* (1). Dans l'espace d'environ dix-huit ans, Paracatú resta le chef-lieu d'un *termo* administré par un *juiz de fora*; mais, le 17 mars 1815 (2), on érigea ce *termo* en chef-lieu

(1) Ce nom de *Paracatú do Principe* n'est employé que pour les actes publics; dans l'usage habituel, on dit simplement *Paracatú*.
(2) Cette date et la précédente sont empruntées à Pizarro.

de *comarca*, et, comme je l'ai déjà dit, par un décret du 4 avril 1816, on réunit à la nouvelle *comarca* les justices d'Araxá et de Desemboque. Il fut décidé aussi que Paracatú, ayant un *ouvidor*, n'aurait plus de *juiz de fora*, mais seulement deux juges ordinaires (*juizes ordinarios*) et un juge des orphelins (*juiz dos orfãos*).

A l'époque de mon voyage, il y avait déjà un certain temps que le nouvel *ouvidor* de Paracatú était nommé; mais il n'avait pas encore songé à quitter le lieu de sa résidence. C'était alors un usage général dans le Brésil que les administrateurs ne se rendissent à leur poste que fort longtemps après leur nomination. On a vu des capitaines généraux rester plusieurs années à Rio de Janeiro, avant de partir pour leurs gouvernements, paraître à la cour, et marchander avec le roi sur le prix de leurs services futurs. On connaissait toute la faiblesse du prince et on en profitait.

Quoique détaché de Sabarà, Paracatú continuait, lors de mon voyage, à en dépendre pour ce qui concerne la fonte de l'or (1). A la vérité, l'*ouvidor* de cette dernière ville est aussi intendant de l'or; mais le métal extrait de tout le territoire de Paracatú devait être fondu à Sabará. Il y avait, dans le chef-lieu de la *comarca* nouvelle, deux maisons (*casas de premuta*) où l'on échangeait l'or en poudre contre des billets (*bilhetes de permuta*), et, tous les trois mois, on faisait à l'intendance de l'or (*intendencia d'ouro*) de Sabará

---

(1) Si, de 1822 à 1829, on n'a point créé à Paracatú d'établissement pour la fonte de l'or (*casa da fundição*), M. Walsh s'est trompé quand il a dit que, à la dernière de ces époques, il en existait, à Minas, dans chaque chef-lieu de *comarca* (*Notes*, II, 138).

la remise de celui qui avait été réuni dans les maisons de change (1).

Quant au spirituel, Paracatú est le chef-lieu d'une paroisse qui, autrefois, s'étendait jusqu'à Salgado (2), et qui a été réduite successivement, à mesure que le Sertão s'est peuplé davantage. Aujourd'hui (1819), elle a 30 lieues dans sa plus grande longueur et environ 16 de largeur; mais, dans cet immense territoire, elle ne comprend qu'une population de 7,000 âmes, dont 3,000 dans Paracatú et un rayon d'environ 1 lieue. Ce qui prouve, au reste, combien cette ville a perdu de son importance, depuis que ses mines ont commencé à s'épuiser, c'est que, suivant Pizarro, on y comptait 12,000 habitants en 1766, et alors sa population n'était déjà plus aussi considérable qu'elle l'avait été dans l'origine (3).

Paracatú est situé aux limites d'une plaine, sur la partie la plus basse d'un vaste plateau qui couronne un morne peu élevé et qui s'étend par une pente presque insensible. Ce morne est entouré de quatre ruisseaux, et se rattache, par une sorte d'isthme, à la montagne appelée *Morro da Cruz das Almas* (montagne de la croix des âmes du purgatoire), dont il n'est réellement que la continuation, car il en suit exactement la pente.

Trois des ruisseaux dont je viens de parler prennent leur source dans le Morro da Cruz das Almas, savoir : le *Cor-*

(1) Mon *Voyage dans les provinces de Rio de Janeiro*, etc. (I, 338 et suiv.), contient des renseignements sur les *casas de permuta*, les *bilhetes de permuta*, et tout ce qui a rapport à la circulation et à la fonte de l'or.
(2) On trouvera des détails sur Salgado dans mon *Voyage dans les provinces de Rio de Janeiro*, etc., II, 407.
(3) *Mem. hist.*, VIII, segunda part., 213.

rego Rico (ruisseau riche) (1), le *Corrego dos Macacos* (ruisseau des singes) et celui de *S. Domingos*. Le Corrego Rico, dont j'ai déjà parlé, doit son nom à la grande quantité d'or que les premiers mineurs tirèrent de son lit, et fait à lui seul le tour d'environ la moitié du Morne sur lequel est bâti Paracatú; le Corrego dos Macacos baigne un des côtés du morne et se réunit bientôt au Corrego Rico; celui de S. Domingos ne touche, pour ainsi dire, le morne que par un point (2); enfin le *Corrego Pobre*, autrement dit *Corrego Superbo* ou *do Menino Diabo* (ruisseau pauvre, ruisseau superbe, ruisseau de l'enfant-diable), complète cette espèce de ceinture. Les trois premiers de ces ruisseaux, et principalement le Corrego Rico, ont été le théâtre des travaux des mineurs, et leurs bords, bouleversés de toutes les manières, laissent voir à découvert une terre d'un rouge foncé. Le Corrego Pobre fournissait beaucoup moins d'or que les autres, d'où lui vient son nom. Celui de Superbo, qu'il porte également, lui a été donné parce que, dans le temps des pluies, il devient très-considérable. Voici enfin l'origine du nom de *Menino Diabo*, qu'il a reçu encore: Dans les commencements de Paracatú, il s'éleva une très-grande rivalité entre les jeunes gens qui habitaient le bas de la ville, près de l'église de Ste. Anne, et ceux qui demeuraient dans le haut, auprès de celle du Rosaire. Les uns et les autres allaient se baigner, les soirs, dans le Corrego Pobre, qui devenait le théâtre de leurs querelles, et c'est

---

(1) En écrivant le mot *correrego*, j'ai toujours suivi la véritable orthographe portugaise; mais, à Paracatú comme dans le reste de la province des Mines, on prononce *corgo*.

(2) La source du Corrego de S. Domingo appelée *Olhos d'Agua* (sources) fournit l'eau que l'on boit ordinairement à Paracatú.

là ce qui a fait appeler ce ruisseau Corrego do Menino Diabo (ruisseau de l'enfant-diable).

La ville de Paracatú n'occupe qu'une très-petite partie du plateau sur lequel elle a été bâtie, et s'élève immédiatement au-dessus du Corrego Pobre. Sa forme est allongée; ses rues principales suivent la pente presque insensible du morne. Située sous un beau ciel, dans un pays découvert, à l'extrémité d'une plaine qui est bornée par de petites montagnes, Paracatú ne pouvait manquer d'avoir un air de gaîté étranger à toutes les villes de la partie orientale de Minas Geraes, et sa position acquiert plus de charme encore aux yeux du voyageur par l'ennui qu'il a éprouvé si longtemps avant d'arriver à cette espèce d'oasis.

Les principales rues de Paracatú sont larges, assez régulières et pavées : les maisons qui les bordent n'ont, pour la plupart, que le rez-de-chaussée; elles sont basses, petites, bâties avec des *adobes*, mais blanchies et couvertes en tuiles. Toutes ont des jalousies qui s'avancent un peu obliquement dans la rue, en manière de hotte, s'ouvrent de bas en haut, et sont formées de bâtons croisés et fort rapprochés. Un grand nombre de maisons sont aujourd'hui désertes et mal entretenues. Celles qui sont bâties sur le côté de la ville, au bord du Corrego Rico, sont habitées par des nègres créoles; elles sont très-petites, sans crépi et n'annoncent qu'une extrême indigence.

J'ai dit que, dans toutes les villes et villages de la province des Mines, chaque maison a un petit enclos (*quintal*) où sont plantés principalement des Bananiers et des Orangers. Ces enclos sont plus nombreux peut-être à Paracatú qu'ailleurs, et les groupes d'arbres qui les remplissent produisent un effet très-agréable, lorsqu'on découvre la ville du haut des mornes voisins : d'ailleurs, à quelques exceptions près, on ne voit dans les jardins de Paracatú, comme dans la plupart de ceux des autres villes, que des arbres fruitiers entassés sans aucun ordre; mais, quand l'indolence des habitants ne s'opposerait pas à ce qu'ils soignassent davantage leurs jardins, ils trouveraient, dans la rareté de l'eau et les ravages des fourmis, de grands obstacles à la culture des légumes et des fleurs.

Il n'y a à Paracatú qu'une place publique, dont la forme est à peu près celle d'un triangle et qui termine une des rues principales appelée la Rue droite (*rua direita*).

C'est à l'extrémité de cette place qu'est bâtie l'église de Ste. Anne, la plus ancienne de Paracatú. Outre cette église, qui déjà tombe en ruine, il y en a encore quatre autres, toutes construites en terre. L'église paroissiale, dédiée à S. Antoine, est ornée avec goût; on désirerait seulement qu'elle fût plus éclairée. Après cette dernière, celle du *Rosario*, qui a été bâtie aux frais des esclaves, est la plus grande et la mieux ornée.

Deux fontaines fournissent de l'eau aux habitants de Paracatú; mais elles sont sans aucun ornement.

La *casa da camara* (l'hôtel de ville) est une petite maison carrée, à un étage, et dont le rez-de-chaussée sert de prison, suivant la coutume de la province.

On voit à Paracatú un assez grand nombre de tavernes et plusieurs boutiques assez bien garnies. Peu de marchands commercent directement avec Rio de Janeiro; la plupart font venir de S. João d'El Rei les articles dont ils ont besoin, et envoient, en échange, des cuirs écrus et du coton.

Il a été un temps où, à l'aide d'une sébile (*batea*), on retirait, d'un seul coup, jusqu'à une demi-livre d'or du

Corrego Rico (1), et aujourd'hui les mines de Paracatú sont encore très-riches. A la vérité, lors de mon passage, ce ruisseau ne fournissait pas aux *faiscadores* (2) plus de 1 ou 2 *vintens* (46 14/16 cent.) de poudre d'or dans toute une journée, parce que la saison avait été extrêmement sèche; mais, quand des pluies très-abondantes ont entraîné beaucoup de sable avec elles, ces hommes font souvent des journées de 1,200 reis (7 fr. 50 c.) et davantage. Cependant le manque d'esclaves et de capitaux ne permet pas qu'on se livre actuellement à des travaux très-considérables, et une autre cause, la rareté des eaux, y met encore obstacle. Lorsque les premiers mineurs vinrent s'établir dans ce pays, tous les ruisseaux étaient bordés de bois; ils ont été coupés, et l'eau est devenue beaucoup moins abondante. Tel est, en Amérique comme en Europe, le résultat des déboisements.

Parmi les trois ou quatre personnes qui, lors de mon voyage, s'occupaient en grand de la recherche de l'or dans les environs de Paracatú, je dois citer mon excellent hôte, le *sargento mór* Alexandre Pereira e Castro. Il venait d'ouvrir une mine au-dessus de la ville, dans un terrain dont la superficie avait déjà été effleurée par les anciens mineurs. A une profondeur de 50 *palmos* (11 mètres), il avait trouvé un *cascalho* (3) fort riche, et il en avait retiré un

---

(1) Piz., *Mem. hist.*, VIII, part. segunda, 214.

(2) Les *faiscadores* sont des hommes trop pauvres pour se livrer à de grands travaux et qui vont chercher un peu d'or dans le sable des rivières ou dans le résidu des lavages. Voyez mon *Voyage dans les provinces de Rio de Janeiro*, etc., I, 257.

(3) Les mineurs désignent par ce mot un mélange de cailloux et de sable qui renferme des parcelles d'or (*Voyage dans les provinces de Rio de Janeiro*, etc., I, 245).

or à 23 carats, de la plus belle couleur, tandis que celui qu'on trouve dans le lit des ruisseaux n'est guère qu'à 19 carats. En général, on observe dans ce pays, et peut-être en est-il de même dans toute la province, on observe, dis-je, que l'or est à un titre d'autant plus élevé qu'il a été recueilli à une plus grande profondeur. Le *sargento mór* avait creusé des réservoirs pour conserver les eaux pluviales, et de petits canaux pour conduire celles-ci à sa mine, et il est à croire qu'il aura obtenu quelque succès.

Cependant, il faut le dire, ces efforts isolés ne sauraient amener de bien grands résultats. On ne tirera véritablement parti des mines de Paracatú qu'en formant des sociétés qui réunissent des fonds assez considérables pour subvenir aux dépenses préliminaires. Mais, comme les fortunes sont actuellement ici très-médiocres, de telles sociétés sont peut-être impossibles : d'ailleurs l'apathie, le défaut d'ordre, une méfiance trop souvent justifiée n'ont pas permis, jusqu'à ce jour (1819), que l'esprit d'association pénétrât dans les mœurs des Brésiliens; d'un autre côté, peut-être serait-ce un malheur pour le pays que des étrangers y songeassent, car ils ne manqueraient pas d'emporter dans leur patrie le fruit de leurs travaux.

Le revenu des mines ira sans doute toujours en diminuant; mais la ville de Paracatú trouvera une ressource dans les avantages que lui procure son titre de chef-lieu de *comárca*; elle en trouvera surtout dans les produits de ses alentours et la vente du bétail que nourrissent ses pâturages.

Les terres des environs de Paracatú sont propres à tous les genres de culture. La canne à sucre, le maïs, le riz, les haricots, le manioc y réussissent également bien.

Comme dans les autres parties de la province des Mines, on ensemence deux fois de suite les terrains vierges; il faut, après cela, laisser reposer le sol pendant cinq ans, afin que les taillis prennent assez de force pour pouvoir être brûlés, et, cinq ans plus tard, on les recoupe pour les brûler encore. Lorsqu'on a soin de donner aux terres un repos de cette durée, le *capim gordura* (*Melinis minutiflora*) ne s'en empare point; mais, quand on les affaiblit en ne mettant pas un aussi long intervalle entre deux années de culture, l'ambitieuse Graminée ne tarde point à se montrer.

Autour de Paracatú, on est obligé sans doute de donner du sel aux bestiaux; mais, comme il s'y trouve, à ce qu'il paraît, des terres un peu salpêtrées, la distribution ne se fait que de trois en trois mois. C'est le sel de Pilão Arcado (1) que l'on emploie à cet effet, celui qu'on appelle *sal da terra* (sel du pays). Le sel venant de l'Océan serait trop cher, et il n'y en avait même point à Paracatú, à l'époque de mon passage. Plus près du S. Francisco, il n'est pas nécessaire de faire la même dépense; les terres salpêtrées y sont communes comme à l'est de ce fleuve (2); le bétail s'en repaît avec avidité, et elles suppléent au sel.

Aux environs de Paracatú, on n'incendie les pâturages que vers les mois de juin, juillet et août, c'est-à-dire dans

(1) Ce sel est celui que fournissent, à environ 130 *legoas* de Salgado, les deux côtés du S. Francisco (*Voyage dans les provinces de Rio de Janeiro*, etc., II, 412). Il prend le nom de sel de Pilão Arcado, parce qu'on le recueille aux environs de la ville de ce nom, dans la province de Fernambouc. Si je ne me trompe, à Paracatú et d'autres parties de Minas, on dit, par corruption, *Pilões Arcados*.

(2) Voyez mon *Voyage dans la province de Rio de Janeiro*, etc., II, 317.

la saison de la sécheresse, et le feu n'y prend pas lorsqu'on le met avant cette époque. Cependant les propriétaires qui veulent avoir plus tôt de l'herbe fraîche pour leurs vaches à lait gardent une certaine étendue de pâturages, sans y mettre le feu, pendant toute une année, et ils peuvent les brûler l'année suivante, dès les mois d'avril et de mai.

C'est peu qu'un pays soit fertile, si, comme le midi de la province de Goyaz, il n'a aucun moyen d'exporter ses denrées. Il n'en est pas ainsi de Paracatú. Cette ville n'est éloignée que de 8 *legoas* du *Porto de Beserra*, où la rivière, également appelée *Paracatú*, est navigable. Cette rivière, qui, m'a-t-on dit, prend sa source à 14 *legoas* de la ville de Paracatú, dans la *Serra do Carrapato* (1), se réunit au S. Francisco, et, comme je l'ai dit ailleurs, les bords de ce grand fleuve sont, au delà du Salgado, d'une stérilité extrême (2). Depuis que les habitants des environs de Paracatú s'occupent davantage de leurs terres, ceux des rives du S. Francisco viennent, dans ce pays, chercher du maïs, des haricots, du sucre et de l'eau-de-vie, et apportent en échange le sel de Pilão Arcado. Pendant que j'étais à Paracatú, il s'y trouvait des marchands de *Cayteté* (3), qui tâchaient de rassembler des vivres pour les faire passer dans leur pays.

(1) Cazal dit (*Corog. Braz.*, I, 384) que les principales sources du Paracatú sont le Rio Escuro et le Rio da Prata.
(2) *Voyage dans les provinces de Rio de Janeiro*, etc., II, 412.
(3) Cayteté ou *Villa nova do Principe* est une ville de la *comarca* de *Jacobina*, dans la province de Bahia (Caz., *Corog. Braz.*, II, 137). Cette ville, dit von Martius, offre le même climat et la même végétation que Minas Novas; aussi, depuis une trentaine d'années, s'y est-on livré en grand à la culture du cotonnier. Il y a à Cayteté des marchands qui, chaque année, envoient à Bahia une quantité de coton formant la charge de mille mulets, et ce lieu est devenu le plus riche du *Sertão* de Bahia (*Reise*, II, 597).

Mais cette année-là était peu favorable pour des achats de ce genre ; car la sécheresse qu'il avait fait, comme on l'a vu, pendant les mois où il pleut ordinairement, avait occasionné une disette générale. C'était surtout dans la ville de Paracatú que la famine se faisait sentir. Pendant quelque temps, les denrées avaient été taxées par le juge ; mais, comme personne n'apportait plus rien, ainsi qu'il devait être facile de le prévoir, la taxe avait été levée. Aussitôt qu'il arrivait un chariot chargé de vivres, chacun se précipitait pour avoir sa part, et le magistrat était obligé de déterminer ce que chaque maison devait acheter. Sans lui et sans le *sargento mór*, je serais parti de Paracatú sans aucune provision.

Pendant le séjour que je fis dans cette ville, je fus comblé de politesses par le *sargento mór*, Alexandre Pereira e Castro, qui m'avait abandonné sa maison pour aller s'établir dans le voisinage et me rendit mille petits services. Il était impossible de voir un homme meilleur ; il était actif, quoiqu'il ne fût plus jeune, toujours gai, toujours prêt à obliger, toujours disposé à excuser les autres et à embrasser le parti de la modération. Il aimait son pays par-dessus toutes choses et croyait que, dans le monde entier, il n'y avait rien au-dessus de Paracatú. Ce qu'il aimait cependant plus encore que sa patrie, c'étaient ses mines, mais bien moins à cause de l'argent qu'il en tirait que parce qu'il avait eu la gloire de les ouvrir et d'y faire des ouvrages assez bien entendus.

CHAPITRE XV.

VOYAGE DE PARACATÚ A LA FRONTIÈRE DE GOYAZ.

Vue dont on jouit en quittant Paracatú. — Le *Morro da Cruz das Almas*. — La *Serra dos Monjolos* ; cours de plusieurs rivières. — Hameau de *Monjolos*. — Un canal. Résultat fâcheux de la *capitation* pour les pays aurifères. — *Fazenda* de *Moinho*. — *Fazenda* de *Tapera*. — L'auteur remonte sur le sommet de la Serra do S. Francisco e da Paranahyba. — Description générale du plateau sur lequel il voyage pendant plusieurs jours. — *Fazenda* de *Sobradinho*. Sa propriétaire. — Marais. Plantes qui semblent s'attacher aux pas de l'homme. — *Caveira* ; une nuit passée dehors. — L'auteur entre dans la province de Goyaz.

Pour me rendre de Paracàtú au *Registro dos Arrependidos*, limite de la province de Goyaz, je pouvais choisir entre deux chemins. Le plus nouveau est bordé de quelques habitations, mais, comme il traverse des marais, on n'y voyage commodément que dans le temps de la sécheresse. Je passai par le plus ancien, ignorant peut-être, au moment de mon départ, qu'il y en eût un autre (1).

En quittant Paracatú (22 mai), je traversai la ville dans toute sa longueur, accompagné par mon excellent hôte et par un mulâtre esclave qu'il voulut absolument me donner,

(1) Itinéraire approximatif de la ville de Paracatú aux Arrependidos, frontière de la province de Goyaz :

pour les premiers jours de mon voyage. Nous suivîmes le plateau sur lequel la ville est bâtie, jusqu'à cette espèce d'isthme qui joint ce plateau au Morro da Cruz das Almas (1). Là nous nous arrêtâmes quelques instants à une maisonnette qui dépendait des mines du *sargento mór*, et d'où l'on découvre une très-belle vue. D'un côté, on domine Paracatú dont les maisons et les églises semblent dispersées au milieu de groupes d'Orangers et de Bananiers. Dans une vallée profonde coule le ruisseau de S. Domingos, bordé de deux lisières d'une belle verdure qui décrivent de gracieuses sinuosités; et, sur la rive droite du ruisseau, on voit la petite chapelle de S. Domingos, près de laquelle sont des maisonnettes entourées d'Orangers. D'un autre côté, enfin, on découvre le Morro da Cruz das Almas dont la surface est toute couverte des éclats de pierre détachés par les anciens mineurs, et au milieu desquels croissent quelques plantes éparses, principalement des Goyaviers et des Mélastomées.

Le Morro da Cruz das Almas présente un plateau qui peut avoir 1 lieue de circonférence. C'est de là que les anciens mineurs ont tiré le plus d'or. Je fus étonné de l'étendue de leurs travaux; il n'est pas, dans cet endroit, 1 pouce de terrain qui n'ait été remué ; de tous les côtés, on voit

De Paracatú à Monjolos, hameau.	2 1/2	legoas.
— Moinho, petite habitation.	3 1/2	
— Tapera, habitation.	3	
— Fazenda do Sobradinho.	4 1/2	
— Caveira, bord d'un ruisseau en plein air.	6	
— Arrependidos, douane.	5	
	24 1/2	legoas.

(1) Voyez le chapitre précédent.

des excavations, des monceaux de pierres, des réservoirs creusés pour recueillir les eaux pluviales, des canaux destinés à faciliter leur écoulement; partout l'image du bouleversement et de l'aridité. Au milieu de cette espèce de chaos se voient cependant un assez grand nombre de maisonnettes bâties en pierre et habitées par des nègres créoles qui passent leur vie à ramasser un peu de poudre d'or, soit dans les ruisseaux voisins, pendant la sécheresse, soit sur le plateau, dans la saison des pluies.

Après avoir descendu le Morro da Cruz das Almas, je parcourus, jusqu'à *Monjolos*, un pays montagneux, couvert d'arbres rabougris dispersés parmi des Graminées. Les terrains jadis en culture sont couverts de *capim gordura*.

Avant d'arriver à Monjolos, le lieu où je fis halte, je traversai une partie de la Serra du même nom (*Serra dos Monjolos* (1), vers l'endroit où le *Corrego de Santa Rita* prend sa source, c'est-à-dire à environ 1 lieue et demie de Paracatú. Les Corregos de S. Domingos et de S. Antonio, dont j'ai parlé plus haut, se jettent dans le Santa Rita, et ce dernier réunit ses eaux à celles du *Ribeirão de S. Pedro*, qui commence sur la Serra do S. Francisco e da Paranahyba, près le lieu appelé *Tapera*. Le *S. Pedro* se jette dans le *Rio da Prata* (rivière d'argent); celui-ci dans le *Rio Preto* (rivière noire), navigable pour les pirogues; et enfin ce dernier dans le Paracatú.

Monjolos, le lieu où je fis halte, est une espèce de petit hameau composé de quelques maisonnettes éparses dans un fond, sur le bord d'un ruisseau, et habité par des nègres créoles et libres.

---

(1) Les Monjolos sont une tribu de nègres africains.

Le jour suivant, entre Monjolos et *Moinho,* je suivis une plaine étroite et allongée, bordée d'un côté par la Serra dos Monjolos, et de l'autre par celle de *Capitinga,* qui toutes deux ont peu d'élévation. A 1 lieue de Moinho, le terrain devient plus inégal.

De loin je vis, dans la Serra de Capitinga (1), l'endroit où commence un canal qui, après avoir parcouru un espace d'environ 6 *legoas,* portait autrefois de l'eau à une des mines des environs de Paracatú. Ce canal avait été ouvert, dans le courant du siècle dernier, par une société de mineurs qui ne put en retirer aucun avantage. Comptant sur de grands succès, elle avait fait des avances considérables, mais la loi de la capitation (*capitação*) fut rendue avant qu'elle eût commencé à rentrer dans ses fonds. Cette loi exigeait que l'on payât annuellement 5 *oitavas* d'or (2) par esclave; la société, déjà obérée, ne put résister à une charge aussi énorme ; ses esclaves furent saisis pour le compte du fisc (*fazenda real*), et elle se sépara sans avoir obtenu aucun résultat. Il y avait longtemps, lors de mon voyage, que la capitation avait été supprimée ; mais il paraît que, pendant

---

(1) Dans le chapitre intitulé, Suite *du voyage aux sources du S. Francisco,* etc., j'ai parlé d'une *fazenda* aussi appelée *Capitinga,* et j'ai donné l'étymologie de ce nom.

(2) La valeur intrinsèque d'un *oitava* d'or est 1,500 reis. Déduction faite de 300 reis que l'on retient, dans les intendances et les maisons d'échange (*casas de permuta*), pour le cinquième ou impôt du quint (*quinto*) dû au fisc, il reste 1,200 reis; aussi compte-t-on (année 1816 à 1822), dans la province des Mines, par *oitavas* de 1,200 reis. Comme je crois, pour des raisons qu'il serait trop long et assez inutile de déduire, que, dans le payement de la capitation, l'*oitava* s'évaluait sur le pied de 1,500 reis, l'impôt perçu annuellement sur chaque nègre s'élevait à la somme exorbitante de 7,500 reis ou 46 fr. 87 c.

le peu d'années qu'on l'a maintenue, elle a porté un coup funeste aux pays aurifères.

Dans le courant de la même journée, je traversai trois ruisseaux bordés, à droite et à gauche, d'une lisière de bois, et, près de chacun d'eux, je vis une maisonnette : ce furent les seules que j'aperçus ce jour-là.

Moinho (moulin), où je passai la nuit, est une petite *fazenda* qui appartenait au *sargento mór* Alexandre Pereira e Castro et où l'on m'établit sous le toit qui couvrait la *manjola*.

Avant d'arriver à Paracatú, j'avais éprouvé une chaleur très-forte. Pendant que je restai dans cette ville, et le premier jour de mon voyage, il avait fait encore fort chaud dans le milieu de la journée, mais les soirées étaient délicieuses. La nuit que je passai à Moinho fut froide, ce qui tenait sans doute non-seulement à ce que je m'étais rapproché de la grande chaîne, mais encore à ce que je me trouvais alors dans un fond, sur le bord d'un ruisseau.

Après avoir quitté Moinho, je traversai la plaine dont j'ai parlé plus haut, et ayant monté la Serra dos Monjolos, qui n'est qu'un des contre-forts de la grande chaîne, je suivis, jusqu'à *Tapera* (maison ruinée), un plateau interrompu seulement par quelques inégalités.

A 2 lieues de Moinho, je passai près de la *Fazenda do Carapina* (*fazenda* du charpentier), plus considérable que celles que je voyais depuis longtemps. Elle est située sur le bord du *Riberão de S. Pedro* que j'avais déjà traversé à peu de distance de Moinho.

Je fis halte à la *fazenda* de Tapera, où je fus parfaitement reçu et où l'on m'indiqua les noms et les propriétés de plusieurs espèces de plantes dont on fait usage dans le pays.

Les terres de ce canton sont bonnes et rendent de dix à seize chars de maïs par *alqueire*; elles sont également très-favorables à la culture du manioc et de la canne à sucre.

A Tapera, je me trouvais pour la seconde fois sur le plateau qui couronne la Serra do S. Francisco e da Paranahyba, et je le suivis dans un espace d'environ 16 *legoas*, jusque vers le Registro dos Arrependidos. D'après ce que j'ai dit plus haut, il est évident que le plateau de la Serra dos Monjolos vient se confondre avec celui de la grande chaîne, et je ne saurais même préciser le point où la séparation s'opère.

Je vais jeter sur ce dernier un coup d'œil général, puis je continuerai le récit de mon voyage.

Il peut avoir environ 6 *legoas* de largeur. Dans les lieux les moins élevés, on y voit des bouquets de bois; ailleurs ce sont des pâturages composés seulement de Graminées, et d'autres où, au milieu des herbes, se montrent çà et là des arbres rabougris d'autant plus rapprochés et plus vigoureux que le terrain prend une teinte plus rouge (1). Quelques fonds sont marécageux et couverts d'une herbe épaisse au milieu de laquelle s'élèvent de petits bouquets d'arbres serrés, d'un vert foncé, à tige grêle et rameuse dès la base; ces marais deviennent probablement des espèces de lacs dans la saison des pluies et portent dans le pays le nom de *lagoas*.

D'après les renseignements que j'ai pris, les bois du plateau, comme aussi ceux des environs de Paracatú, ne se dépouillent point entièrement de leurs feuilles, ainsi que cela

(1) Voyez plus haut.

a lieu dans les *catingas* de Minas Novas et celles des bords du S. Francisco.

Le plateau produit le maïs, les haricots et le riz; mais la température y est trop fraîche pour le coton et la canne à sucre. Du côté de Tapera, les terres sont assez bonnes, et l'on peut même cultiver celles dont le *capim gordura* s'est emparé; mais il n'en est pas ainsi du reste du plateau : à peine y a-t-on ensemencé un champ une ou deux fois, que le *capim gordura* le couvre entièrement, et il ne s'élève pas assez pour qu'on puisse le brûler et planter dans ses cendres.

Sur le plateau, on est obligé de donner du sel aux bestiaux; mais, du côté de l'est, à peu de distance de la chaîne, il y a déjà assez de terres salpêtrées pour remplacer cette substance.

Depuis Tapera jusqu'à *Sobradinho*, je vis quelques petites chaumières; mais, après cette dernière *fazenda*, dans un espace de 11 *legoas*, je ne rencontrai qu'une chétive cabane, et cependant ce chemin est un de ceux qui vont de Minas à Goyaz. En plusieurs endroits, on découvre une vue fort étendue, mais on n'aperçoit aucune habitation ni aucune trace de culture.

On m'avait dit que je trouverais, sur ce plateau désert, un grand nombre de bêtes sauvages, mais je n'en vis aucune; je vis également peu d'oiseaux. Depuis longtemps la saison des insectes était passée (1); je ne trouvais que quelques espèces à ailes nues, des punaises, un petit nombre de papillons et de sauterelles. Je n'étais pas beaucoup

---

(1) Le temps des pluies est, dans la partie du Brésil située entre les tropiques, celle où l'on trouve le plus d'insectes.

plus heureux pour les plantes; il n'y en avait alors presque point en fleur.

Le chemin, sur le plateau, n'a souvent que la largeur d'un sentier; mais il est parfaitement égal.

Je vais à présent entrer dans quelques détails.

Entre Tapera et Sobradinho, qui en est éloigné de 4 lieues et demie, quelques mouvements de terrains empêchent, presque toujours, de jouir, sur la droite, d'une vue étendue; mais, à gauche, on découvre une plaine immense.

Ce fut entre les mêmes *fazendas*, à l'endroit appelé *Lagoa Torta* (le lac tortu), dans un de ces fonds marécageux décrits plus haut, que je vis les petites chaumières dont j'ai déjà parlé. D'ailleurs une solitude profonde; quelque loin que la vue puisse s'étendre, on ne découvre ni habitation ni culture, et je ne rencontrai personne dans le chemin. Firmiano et José Marianno prétendirent avoir aperçu l'un un *ema* (l'autruche d'Amérique ou nandu, *rhea americana*), l'autre un chat sauvage; mais je ne vis aucun de ces animaux.

La *fazenda* de Sobradinho (petite maison à un étage), où je fis halte, le jour que je quittai Tapera, est située sur le bord d'un petit bois arrosé par un ruisseau d'une eau limpide. Lorsque j'y demandai l'hospitalité, une femme blanche, jeune encore et assez jolie, se présenta, et me permit de très-bonne grâce de passer la nuit chez elle. Au lieu de prendre la fuite, comme font les femmes de ce pays à la vue d'un étranger, elle causa avec moi et me fit beaucoup de politesses. Elle me parut très-contente de son sort et me raconta avec indignation qu'un voyageur lui avait parlé avec horreur du désert qu'elle habitait. Cette femme n'allait jamais à Paracatú, même à l'époque des grandes fêtes; elle ne connaissait dans le monde que sa maison et son ménage, comment aurait-elle pu ne pas les aimer? Elle et le propriétaire de Tapera avaient même la vanité de prétendre que ce pays n'appartenait pas au *Sertão;* le désert, disaient-ils, ne commence qu'au delà de certaines montagnes qui se trouvent entre cette contrée et le S. Francisco.

La nuit que je passai à Sobradinho fut très-froide; le lendemain, vers les dix ou onze heures du matin, le soleil était brûlant; mais pendant tout le reste de la journée nous eûmes de la fraîcheur.

Au delà de Sobradinho, dans un endroit où les arbres rabougris étaient plus serrés qu'ailleurs, je revis ces bambous nains que j'avais tant de fois observés dans le cours de mon premier voyage; je les avais déjà retrouvés entre le Paranahyba et le lieu appelé Moquem.

Après avoir passé une petite chaumière, celle de *Cypriano*, la seule que j'aperçus dans toute la journée, je vis deux de ces marais dont j'ai déjà parlé; le premier s'appelle *Lagoa dos Porcos* (lac des cochons), et le second *Lagoa Formosa* (le beau lac) (1).

Lorsque Paracatú était plus peuplée et cette route moins solitaire, on voyait une maison sur le bord de chacun de ces marais. Elles ont été abandonnées à cause de la rareté des terrains couverts de bois et susceptibles de culture, et, lors de mon passage, il en existait à peine quelques légers débris. C'est la nature qui avait pris soin de conserver ici

(1) Je n'ai pas besoin de dire qu'il ne faut pas confondre ce marais avec le *Lagoa Formosa*, d'où le Rio Maranhão tire son origine (voyez CAZAL, *Corog.*, I, 323).

les traces les plus durables de la présence de l'homme. Où étaient ces habitations, je retrouvais les plantes qui semblent suivre notre espèce; des Orangers et des Bananiers offraient encore leurs fruits au voyageur, et le *Cucurbita lagenaria* (gourde) serpentait au milieu des Graminées sauvages.

Après avoir fait 6 *legoas* depuis Sobradinho, je m'arrêtai, pour y passer la nuit, dans un petit bois, sur le bord d'un ruisseau, au lieu appelé *Caveira* (crâne). Il y avait eu une maison dans cet endroit; mais, à l'époque de mon voyage, elle était complétement détruite. Mes gens formèrent un abri avec des bâtons enfoncés dans la terre et les cuirs destinés à recouvrir la charge de mes mulets. Sous cette espèce de toit furent placés mes malles et mon lit, et mes domestiques s'étendirent par terre sur des cuirs autour d'un grand feu. J'écrivais mon journal à la lumière d'une bougie; la nature était ensevelie dans une obscurité profonde; le plus grand calme régnait autour de moi; je n'entendais que le murmure du ruisseau et le coassement de quelques petites espèces de batraciens.

A 2 lieues de Caveira est un fond marécageux où des bouquets de bois serrés et des *boritys* (*Mauritia vinifera*, Mart.) s'élèvent au milieu d'une herbe épaisse. Là se trouve une petite source d'eau limpide qui a fait donner à ce lieu le nom d'*Olho d'agoa* (source). On appelle *Chapada de S. Marcos* (plateau de S. Marc) (1) la partie du plateau où

---

(1) Un voyageur qui a parlé des *chapadas* de Minas Novas les indique aussi très-bien comme étant des plateaux (Suz., *Souv.*, 343); mais je dois prévenir les ornithologistes qu'ils chercheraient vainement, sur ces *chapadas*, un oiseau appelé *coupy*. Ces deux syllabes peignent, par l'orthographe française, la prononciation du mot *cupim*, que les Brési-

naît cette petite fontaine, parce qu'elle est un des commencements du Rio de S. Marcos, qui s'écoule sur le versant occidental de la Serra do S. Francisco e da Paranahyba et va se réunir au dernier de ces fleuves.

Après avoir fait environ 5 *legoas* depuis Caveira, je descendis le plateau (1) par une pente d'où j'apercevais déjà la maison du *Registro dos Arrependidos* (douane des repentants). Arrivé dans un fond, je passai sur un pont en bois le *Rio dos Arrependidos*, qui divise la province des Mines de celle de Goyaz, et j'arrivai au *registro*.

liens ont emprunté à la langue des Indiens et qui désigne les termès ou fourmis blanches. Les proéminences en terre, collées contre le tronc des arbres, sans être des nids d'oiseaux, comme l'a cru le voyageur cité, sont bien réellement des habitations de *cupim*. Quand l'arbre est d'une grosseur notable, la proéminence, ainsi que l'a dit le même écrivain, est simplement appliquée contre un côté du tronc; elle fait le tour de celui-ci lorsqu'il n'a qu'une circonférence médiocre. Les fourmis arrivent à leur habitation par un chemin couvert qui commence au pied de l'arbre; ce chemin n'a guère qu'un pouce de large sur quelques pouces de hauteur, et la voûte dont il est abrité est construite en terre, comme l'habitation elle-même.

(1) Un cultivateur du pays avec lequel je fis route sur la Chapada de S. Marcos m'assura que ce plateau ne se termine point à la descente des Arrependidos, mais qu'il se continue jusqu'au village de *Couros*, situé à 12 *legoas* de cette descente, et peut-être même beaucoup plus loin. D'un autre côté, M. Martius dit (*Reise*, II, 570), d'après des renseignements pris auprès des habitants de la province de Goyaz, que le plateau de Couros (*Chapada dos Couros*) s'étend au loin vers le nord : donc on peut considérer comme un fait à peu près certain qu'il n'existe absolument aucune interruption entre la Serra do S. Francisco e da Paranahyba et celle du S. Francisco e do Tocantins. Ceci achève de montrer combien il serait étrange de faire, comme le propose Eschwege, une seule chaîne de la Serra do S. Francisco e da Paranahyba et de la Serra da Corumbá e do Tocantins, tandis que la Serra do S. Francisco e do Tocantins, parfaitement continue avec la première, n'en serait qu'une sorte de contre-fort ou passerait inaperçue (voyez le commencement du chap. XI).

Au point où je descendis le plateau, j'étais à l'extrémité septentrionale de la Serra do S. Francisco e da Paranahyba, que j'avais suivie dans toute sa longueur. Au bas de la chaîne je me retrouvai pour la seconde fois dans le bassin du Paranahyba auquel appartient le Rio dos Arrependidos qui, probablement, se jette dans le S. Bartholomeu.

CHAPITRE XVI.

TABLEAU GÉNÉRAL DE LA PROVINCE DE GOYAZ (1).

§ I. *Histoire.*

Idée générale de l'histoire de Goyaz. — Manoel Correa découvre ce pays. — Il est découvert une seconde fois par Bartholomeu Bueno da Silva. Stratagème employé par cet aventurier.— Le second Bueno, son fils, tâche de retrouver le pays des Indiens Goyás; son expédition réussit mal; il retourne à S. Paul. — Il part une seconde fois et reconnaît le lieu où s'était arrêté son père.— Les Indiens Goyás entièrement détruits. — Une foule d'aventuriers fondent sur le pays de Goyaz. — Cherté des denrées. — La nouvelle colonie livrée à tous les crimes. — Le pays de Goyaz érigé en capitainerie. — L'ordre rétabli par l'exécution des règlements rigoureux du marquis de Pombal. — Décadence. Comparaison du revenu des mines d'or pendant plusieurs années. — État actuel.

Des mines d'or découvertes par quelques hommes audacieux et entreprenants ; un essaim d'aventuriers se précipitant sur des richesses annoncées avec l'exagération de l'espérance et de la cupidité ; une société qui se forme au milieu de tous les crimes, qui s'accoutume à un peu d'ordre sous les rigueurs du despotisme militaire et dont les mœurs ne tardent pas à être adoucies par un climat brûlant et une

---

(1) Comme ce chapitre est fort étendu, je crois devoir le diviser en plusieurs paragraphes.

molle oisiveté ; quelques instants de splendeur et de prodigalité; une triste décadence et des ruines : telle est, en deux mots, l'histoire de la province de Goyaz; telle est à peu près celle de tous les pays aurifères.

Les anciens Paulistes se répandaient dans l'intérieur du Brésil pour faire la chasse aux indigènes. Ceux-ci, réduits en esclavage, formaient une des richesses des habitants de S. Paul, et plus d'une maison puissante possédait, dans cette ville, jusqu'à six cents Indiens (1). Un Pauliste qui s'était ainsi enfoncé dans les déserts pour y faire des esclaves, Manoel Correa, pénétra, avant l'année 1670, jusqu'à une rivière appelée *Rio dos Araes* (2), dans le pays qui forme aujourd'hui la province de Goyaz, et il revint dans sa patrie avec de l'or et des Indiens enchaînés. Correa, en mourant, laissa l'itinéraire des contrées qu'il avait parcourues; mais son ignorance était telle qu'il fut impossible de profiter de ses manuscrits.

Vers l'année 1680, un autre Pauliste, Bartholomeu Bueno da Silva, arriva au lieu où est actuellement situé *Villa Boa*, et qui, alors, était occupé par les pacifiques Indiens de la nation goyá. Les parcelles d'or dont s'ornaient les femmes de ces sauvages trahirent la richesse du pays. Pour en soumettre les habitants, Bueno eut recours au stratagème, en apparence, le plus puéril; il alluma un vase plein d'eau-de-vie devant les Indiens étonnés, et les menaça de brûler de la même façon eux et leurs rivières s'ils osaient lui résister. Les Indiens se soumirent, et Bueno, après avoir laissé quelques plantations dans leur pays, re-

(1) La loi ne permettait de rendre esclaves que les indigènes faits prisonniers dans une guerre légitime; mais cette loi était sans cesse éludée.
(2) Les *Araes* ou *Aracis* étaient une peuplade indienne.

vint à S. Paul avec de l'or et un si grand nombre de captifs que l'on aurait pu en peupler une ville. Les coupables ruses auxquelles cet homme aventureux dut de tels succès lui firent donner par les Goyás le nom d'ANHANGUERA qui signifie vieux diable (1), nom que ses descendants ont conservé jusqu'à nos jours.

L'ardeur avec laquelle les Paulistes se précipitèrent dans la province de Minas Geraes leur fit oublier pendant longtemps les parties plus occidentales du désert. Cependant la découverte des mines de *Cuyabá* rappela celles de Goyaz, et RODRIGO CESAR DE MENEZES, gouverneur de S. Paul, excita ses administrés à retourner dans ce pays, exaltant leur imagination et leur offrant l'appât lointain des plus belles récompenses.

Lorsqu'il avait pénétré chez les Indiens Goyás, Bueno était accompagné d'un fils, âgé de 12 ans, du même nom que lui. Cet enfant avait vieilli, mais il n'avait point perdu le souvenir du voyage de son père, et il alla offrir ses services à Menezes : celui-ci les accepta ; il fournit des secours à Bueno et lui promit que, si son entreprise réussissait, il aurait pour récompense le péage de plusieurs rivières.

(1) C'est là du moins ce que disent les historiens du nom d'*Anhanguera* ; mais il n'est nullement vraisemblable que les Goyás parlassent le guarani, et le mot *Anhanguera* appartient bien certainement à cette langue. Le sobriquet qui est resté aux descendants de Bueno lui avait sans doute été donné par des Indiens de la côte ou par les Paulistes eux-mêmes, qui, comme on sait, parlaient la *lingoa geral*, dialecte du guarani. *Anhang*, en guarani, signifie âme, démon (RUIZ DE MONTOYA, *Tes. leng. guar.*); j'ai entendu un Indien du Paraguay se servir du mot *anhangue*, en parlant du cauchemar ou d'un étouffement ; enfin *ra* est une expression qui indique la ressemblance (l. c.). Anhanguera, au lieu de *vieux diable*, signifierait donc *l'homme semblable au mauvais esprit qui produit le cauchemar*.

A la fin de l'année 1721, le second Bueno part de S. Paul avec son gendre, João Leite da Silva Hortiz, emmenant deux religieux et une suite nombreuse. Après avoir longtemps erré, ces hommes aventureux dépassèrent le but qu'ils voulaient atteindre et rencontrèrent une rivière assez large qui reçut d'eux le nom de *Rio dos Pilões* qu'elle porte encore aujourd'hui (1). Comme cette rivière coule sur un sable aurifère, Leite témoigna le désir de se fixer sur ses bords ; mais Bueno s'y opposa, assurant que ce n'était point là le véritable pays de la nation goyá, et l'on en serait venu aux mains sans les efforts des deux ecclésiastiques qui accompagnaient la troupe.

S'étant remis en route, on passa, sans le savoir, au lieu que l'on cherchait, et l'on arriva sur le bord d'une autre rivière qu'on nomma *Rio da Perdição* (rivière de la perte), pour rappeler sans doute le malheur qu'on avait eu de s'être égaré au milieu des déserts. Cependant l'or que nos aventuriers découvrirent bientôt dans un bras de rivière qu'ils nommèrent *Rio Rico* fit naître parmi eux de nouvelles disputes. On n'a pu retrouver, avec une entière certitude, ce Rio Rico ; mais il est indiqué dans de vieux itinéraires comme renfermant les plus grandes richesses. Bueno voulut s'arrêter en cet endroit, mais Leite s'y opposa à son tour, piqué d'avoir été forcé de céder à son beau-père sur les bords du Rio dos Pilões. On prit les armes, et le sang aurait coulé si les deux prêtres ne fussent intervenus pour la seconde fois.

Obligé de renoncer à son projet d'établissement, Bueno se remit en marche, cherchant toujours les plantations que

---

(1) Je dois dire que Cazal pense que ce sont deux rivières différentes.

son père avait faites dans le pays des Goyás. Enfin, après avoir surmonté des difficultés sans nombre, la troupe arriva sur le bord du *Rio Parannan* (1) et alla même jusqu'à l'endroit où est aujourd'hui le village de S. Felis ; mais les forces et le courage de ces aventuriers étaient épuisés. Dans leur désespoir, ils refusèrent d'entendre la voix de leurs chefs et ils se séparèrent. Les uns, ayant construit des radeaux, s'embarquèrent sur le Rio do Tocantins, et étant arrivés au Pará, ils furent mis en prison ; d'autres tombèrent entre les mains des Indiens, et Bueno, presque seul, rentra à S. Paul au bout de trois années, honteux et fuyant les regards du gouverneur.

Mais celui-ci savait ce qu'on pouvait attendre de la constance et de l'intrépidité de Bueno ; il le décida à entreprendre un second voyage et lui accorda les secours nécessaires. Notre Pauliste se mit en marche l'année 1726, âgé alors de 55 ans, et traversa encore une fois des déserts où il n'y avait point de chemins et où de nombreux torrents s'opposaient sans cesse à ses progrès. Enfin, après plusieurs mois de courses et de fatigues incroyables, il trouva dans un défilé les restes d'un mors de cheval et d'autres débris que des Européens pouvaient seuls y avoir laissés. Il prit la résolution de s'arrêter en cet endroit et envoya à la découverte quelques hommes qui, ayant rencontré deux vieillards de la nation goyá, les conduisirent à leur chef. Celui-ci demanda à ces Indiens s'ils connaissaient le lieu où

---

(1) Par une de ces confusions malheureusement si communes dans son précieux ouvrage, Pizarro a pris (*Mem.*, IX, 148) cette rivière, l'un des affluents du Tocantins, pour le *Paranná*, rivière formée de la réunion du Paranahyba et du Rio Grande, et dont les eaux, unies à celles du Paraguay, aboutissent au Rio de la Pla

des blancs avaient séjourné autrefois; les deux sauvages répondirent à Bueno qu'il en était tout près; ils lui firent faire environ 2 *legoas*, et l'heureux Pauliste reconnut enfin l'endroit où, dans son enfance, il s'était arrêté avec son père. C'est là que l'on voit aujourd'hui le village de Ferreiro, situé à 1 lieue de Villa Boa.

Bueno retourna dans sa patrie avec 8,000 *oitavas* d'or (75,000 fr.), et annonça qu'il avait enfin retrouvé le riche territoire habité par la nation goyá. Le gouverneur de S. Paul le chargea d'administrer ce pays en qualité de *capitão mór regente*; il lui confia le soin de distribuer des *sesmarias* (1) aux nouveaux colons, et renouvela ses anciennes promesses. En même temps on envoya des troupes à Goyaz pour assurer les droits dus sur l'or au trésor royal et établir des péages sur les rivières.

Le nouveau *capitão mór*, de retour dans cette contrée, chercha, par de bons traitements, à se concilier les Indiens et à les empêcher de porter le trouble au milieu de la colonie naissante. Mais ceux-ci sentant bien que tôt ou tard on les réduirait en esclavage, ou qu'on les chasserait de leur pays, firent tous leurs efforts pour éloigner les nouveaux venus. La guerre, ayant commencé, fut fatale aux indigènes. Les malheureux Goyás finirent par être obligés d'abandonner entièrement le pays dont ils étaient les maîtres légitimes; ils disparurent peu à peu, et aujourd'hui il ne reste plus d'eux que leur nom.

Cependant la renommée des richesses de Goyaz y attira bientôt un nombre prodigieux d'aventuriers, et l'on fonda les villages de Barra, Santa Cruz, Meiaponte, Crixá, Nativi-

---

(1) Concessions de terrains aurifères.

dade, etc. Alors on tirait sans peine des quantités d'or considérables des rivières et des ruisseaux, mais on ne songeait point à cultiver la terre. Il fallait que les vivres vinssent de S. Paul à travers le désert, et il n'en arrivait point assez pour la population qui déjà couvrait le pays. Les denrées les plus communes se vendaient à des prix exorbitants. Pour 1 *alqueire* de maïs, on obtenait 6 ou 7 *oitavas* d'or (54 fr. 22 c. ou 65 fr. 59 c.); pour 1 *alqueire* de farine de manioc, 10 *oitavas*, 2 de 1 livre de sucre, et l'on alla jusqu'à donner 80 *oitavas* pour un cochon, et pour une vache 2 livres d'or (1).

En même temps qu'une population nombreuse s'était, comme par magie, répandue dans le pays de Goyaz, les vices les plus affreux s'y étaient précipités avec elle. Des nuées de criminels avaient trouvé dans ces déserts des richesses avec l'impunité, et, au milieu d'une société naissante, où aucune police n'existait encore, ils pouvaient sans crainte continuer de se livrer à tous les débordements. En vain les magistrats eussent élevé la voix pour réprimer de tels désordres; aussi corrompus que ceux qu'ils auraient dû punir, ils en étaient méprisés. Des rixes se renouvelaient sans cesse; aucun homme n'osait rencontrer un autre homme sans porter des armes, et on ne les quittait même pas pour se présenter dans les églises.

Alors Goyaz faisait partie de la province de S. Paul. Le gouvernement sentit enfin que l'autorité des capitaines généraux de cette province se trouvait paralysée par l'éloigne-

(1) L'*alqueire* de Rio de Janeiro équivaut, selon Freycinet, à 40 litres; la livre à 4 hectogrammes 6 décagrammes. — Aujourd'hui l'*alqueire* de Goyaz est plus fort que celui de Minas, qui lui-même l'est plus que celui de la capitale.

ment où ils étaient de leurs administrés, et Goyaz devint une capitainerie. Son premier gouverneur, D. MARCOS DE NORONHA, COMTE DOS ARCOS, s'y installa le 8 de novembre 1749, et il en fixa les limites. Il fit quelque bien, sans doute, mais l'exécution des ordres rigoureux du marquis de Pombal put seule tirer la province de Goyaz de l'état affreux d'anarchie où elle était plongée, et la crainte des châtiments, il est affligeant de le dire, opéra un changement que ni les lois de la morale ni l'intérêt bien entendu de tous n'avaient pu produire depuis tant d'années (1).

Cependant l'époque de la décadence et de la misère allait bientôt suivre celle de la richesse et de la prodigalité.

D. Marcos de Noronha avait fondé deux hôtels destinés à la fonte de l'or (*casas de fundição*); l'un, pour la partie méridionale de la province, à Villa Boa la capitale, et l'autre, pour la partie septentrionale, dans le village de S. Felis.

Le produit de l'impôt du *quint* perçu dans ces deux établissements ne saurait nous donner une idée exacte des quantités d'or qu'a successivement fournies la province de Goyaz; car, dans un pays aussi désert et aussi vaste, une grande partie du revenu des minières échappait facilement aux droits. Mais, en comparant les résultats de l'impôt à différentes époques, nous pourrons du moins savoir, à peu près, combien, dans un temps fort court, l'extraction de l'or a diminué d'importance. En 1753, le quint rendit, à Villa Boa, 169,080 *oitavas* (1,268,100 fr.) (2), et, en 1755, il

---

(1) LUIZ ANTONIO DA SILVA E SOUSA, *Memoria sobre o descobrimento*, etc., *da Capitania de Goyaz.*— CAZ., *Corog. Braz.*, I.— SOUTH., *Hist.*, III, 305, etc. — PIZ., *Mem. hist.*, IX, 144. — MART., *Reise*, II, 586. — LUIZ D'ALINCOURT, *Mem.*, 94. — POHL, *Reise*, I, 325.

(2) Ici je calcule la valeur de l'*oitava* sur le pied de 1,200 reis, parce

rendit 59,569 *oitavas* (446,767 fr.) à S. Felis; en 1805, il n'en produisit plus que 3,300 (24,720 fr.) à S. Felis, et, en 1807, 12,308 (92,310 fr.) à Villa Boa (1); enfin, en 1819, on ne tira en tout guère plus de 36 marcs d'or.

Lors de mon voyage, les minières étaient épuisées ou ne pouvaient être exploitées qu'avec un grand nombre de bras, et l'éloignement de la côte, qui rend les exportations très-coûteuses et presque impossibles, ne permettait pas aux habitants de Goyaz de trouver aussi facilement que les Mineiros une autre source de richesse dans la culture des terres. Ne pouvant payer l'impôt, ils abandonnaient leurs habitations, se retiraient dans les déserts, et ils y perdaient jusqu'aux éléments de la civilisation; les idées religieuses, l'habitude de former des liens légitimes, la connaissance de la monnaie et l'usage du sel. Un pays plus grand que la France s'épuisait en faveur de quelques employés indolents, et les environs mêmes de Villa Boa, cette capitale naguère si riche et si florissante, n'offraient plus que des ruines sans souvenirs (2).

que, à l'époque dont il s'agit, elle avait été fixée à ce taux par D. Marcos de Noronha, comte dos Arcos (Piz., *Mem.*, IX, 161).

(1) South., *Hist. Bras.*, III, 837.

(2) Voyez l'*Introduction* qui précède l'*Histoire des plantes les plus remarquables du Brésil et du Paraguay*, p. xxxiv.

§ II. *Étendue; limites; surface.*

Étendue de la province de Goyaz.—Limites de cette province.—La figure qu'elle représente. — Son élévation. — La Serra do Corumbá et do Tocantins. — Surface du pays qui s'étend au nord de cette chaîne. La Serra do S. Francisco e do Tocantins.

La province de Goyaz est l'une des plus considérables de l'empire brésilien; elle en forme le centre et est éloignée de 2 et 300 *legoas* des ports de mer (1). Pohl dit (2) qu'elle s'étend de 5° 22' lat. sud jusqu'à 22°, et de 40° 3' longit. jusqu'à 51°, et qu'elle a 1,260 milles allemands de circonférence; mais, comme le voisinage des Indiens ennemis n'a pu permettre de fixer partout des limites certaines, je me garderai bien d'indiquer ces chiffres comme parfaitement exacts (3).

Au nord, la province de Goyaz est séparée du Pará par une ligne imaginaire qui s'étendrait depuis le confluent du Tocantins et de l'*Araguaya* jusqu'à la Serra do S. Francisco e do Tocantins; elle a pour limite orientale cette même Serra et celle do S. Francisco e da Paranahyba qui la sépare, celle-ci de Minas Geraes, celle-là de la même pro-

---

(1) Piz., *Mem.*, IX, 153.
(2) Pohl, *Reise*, 316.
(3) Ce qui prouve combien il faut s'en défier, c'est que Cazal, qui est à peu près d'accord avec Pohl sur l'étendue en latitude de la province de Goyaz, ne lui donne pourtant (*Corog.*, I, 319) qu'environ 200 *legoas* de longueur, tandis que Pizarro dit qu'elle a 331 *legoas* du nord au midi, et 226 de l'est à l'ouest. Schœffer lui attribue 12,932 milles carrés géographiques (*Bras.*, 225); da Cunha Mattos, probablement beaucoup mieux instruit, évalue sa surface de 22 à 25,000 lieues carrées portugaises.

vince et, en outre, de Pernambouc, de Piauhy et de Maranhão ; au midi, elle est bornée par le Paranahyba et le Rio Grande, au delà desquels on trouve une petite partie de la province de Minas et celle de S. Paul ; enfin, du côté de l'ouest, elle est séparée de la province de Matogrosso par l'Araguaya, qui, à l'endroit où le traverse le chemin de Villa Boa à Cuyabá, porte aussi le nom de Rio Grande.

Beaucoup moins large de l'est à l'ouest qu'elle n'est longue du nord au sud, fort irrégulière, rétrécie à ses deux extrémités, changeant brusquement de direction et s'avançant vers l'occident un peu au-dessous de ses limites méridionales, la province de Goyaz présente à peu près la forme d'une botte à l'écuyère.

Ce pays doit nécessairement être fort élevé, du moins dans une partie de son étendue, puisqu'il donne naissance, d'un côté, à l'Araguaya et au Tocantins, et, d'un autre côté, aux affluents les plus septentrionaux du Paranahyba ; or l'on sait que les deux premiers de ces fleuves parcourent un espace immense en coulant vers le nord, et que le Paranahyba, qui, au contraire, se dirige vers le sud, contribue à former le Rio de la Plata.

Conformément à la nomenclature que j'ai établie (chap. XI, p. 242), la chaîne qui divise ces eaux s'appellera *Serra do Corumbá e do Tocantins*; elle se rattache à l'extrémité de la Serra do S. Francisco e da Paranahyba, vers le lieu appelé Os Arrependidos, où la route de Minas pénètre dans la province de Goyaz ; elle forme un angle avec cette Serra, se dirige vers l'ouest, s'abaisse en inclinant vers le sud, et forme la limite méridionale du bassin de l'Araguaya et du Tocantins, comme aussi la limite septentrionale de celui du Corumbá. Il ne faut pas croire que cette chaîne présente une suite de pics gigantesques comme la Serra da Caraça, l'Itacolumi, la Serra do Papagayo, dans la province de Minas; elle forme plutôt, avec ses dépendances et ses contre-forts, une sorte de large réseau de petites montagnes et de vastes plateaux séparés par des vallées où coulent des ruisseaux et des rivières. Les Montes Pyreneos et la Serra Dourada, que l'on cite comme les deux sommets les plus élevés, sont bien loin d'être de hautes montagnes. On peut dire, cependant, que la partie méridionale de la province de Goyaz, celle où j'ai voyagé et qui se trouve au sud de la Serra do Corumbá e do Tocantins, est généralement montueuse.

Je n'ai point parcouru le territoire qui s'étend au nord de la même chaîne, et est double à peu près de la partie méridionale; mais on sait que, quoique la Serra do Corumbá e do Tocantins y jette des contre-forts (1), il est généralement assez égal, et que le diviseur des eaux du Tocantins et de l'Araguaya, fleuves qui finissent par se réunir, n'est guère qu'une croupe peu sensible. Sur la grande chaîne qui, après avoir séparé la province de Goyaz de Minas Geraes, se prolonge, au nord, pour séparer cette province de Maranhão, de Piauhy, de Fernambouc, je ne me suis pas avancé au delà de l'extrémité septentrionale de la Serra do S. Francisco e da Paranahyba; s'il faut en croire Cazal (2), la Serra do S. Francisco e do Tocantins qui continue cette dernière est plus élevée qu'elle, pierreuse et dépourvue de verdure.

(1) LUIZ ANTONIO DA SILVA E SOUSA, *Memoria estatistica da provincia de Goyaz*.
(2) *Corog.*, 1, 319.

§ III. *Végétation.*

La partie septentrionale de la province de Goyaz plus aride et plus découverte que la partie méridionale. — Cette dernière bien arrosée. — Elle présente une alternative de bois et de *campos*. — Les *campos* semblables à ceux du désert oriental du S. Francisco. — Un *Vellosia* remarquable dans les plus élevés. — Description des bois. — Marais; le *bority*.

D'après ce que j'ai dit plus haut, il est facile de concevoir que la portion de la province de Goyaz qui s'étend au nord de la Serra do Corumbá e do Tocantins doit être moins arrosée, plus aride, plus découverte que la partie méridionale.

Celle-ci, qui a l'avantage de posséder des eaux aussi abondantes et aussi bonnes que le centre de la province de Minas, présente une alternative de bouquets de bois et de *campos*, les uns uniquement couverts de plantes herbacées (*taboleiros descobertos*), les autres parsemés d'arbres tortueux et rabougris, à écorce subéreuse, aux feuilles souvent dures et cassantes (*taboleiros cobertos*). L'aspect de ces derniers *campos* est celui des pâturages de même nature que j'avais traversés, en 1817, dans le désert oriental du S. Francisco (1), et qui se retrouvent dans la *comarca* de Paracatú; les plantes ligneuses éparses au milieu des herbes appartiennent aux mêmes espèces, à Goyaz et à Minas. Quelques-uns des *campos* les plus élevés de la première de

(1) Voyez mon *Tableau géographique de la végétation primitive dans la province de Minas Geraes* (*Nouvelles annales des voyages*, III).

ces deux provinces diffèrent cependant beaucoup de ceux de Minas par la présence d'une Monocotylédone ligneuse, haute de plusieurs pieds, extrêmement pittoresque, qui tantôt se montre seule au milieu des Graminées et des autres herbes, et tantôt se mêle aux arbres tortueux et rabougris. C'est un *Vellosia* qui, entièrement couvert d'écailles, se bifurque plusieurs fois; dont la tige, excessivement roide, est partout d'une égale grosseur; dont les rameaux, aussi roides que la tige, se terminent par une touffe lâche de feuilles linéaires et pendantes; dont les fleurs d'un bleu pâle, aussi grandes que nos lis, sortent du milieu des touffes de feuilles qui semblent les protéger.

Les bois ne sont point également répartis entre les divers cantons que j'ai parcourus. Dans la partie la plus orientale, celle qui avoisine Santa Luzia, S. Antonio dos Montes Claros, etc., et est très-élevée, ils sont bien moins communs que dans le pays de Minas; la partie occidentale et beaucoup plus basse, que l'on traverse avant d'arriver au Rio Claro, en se rapprochant de la frontière de la province de Matogrosso, est au contraire fort boisée. C'est surtout dans les fonds, sur le bord des rivières, la pente des mornes, dans les terrains meubles que l'on trouve des bois. Chaque bouquet (*capão*) (1) a généralement peu d'étendue; mais il existe, entre Meiaponte et Villa Boa, une forêt appelée *Mato Grosso* (le grand bois), qui a 9 *legoas* de l'est à l'ouest et dont les limites, du côté du nord et du côté du sud, ne sont pas encore bien connues (2).

(1) Le mot *capão*, comme je l'ai dit ailleurs, a pour étymologie un mot indien qui signifie *île*.

(2) Selon Cazal, le Mato Grosso s'étendrait, dans sa plus grande longueur, du Rio das Almas jusqu'au centre du pays des Coyapós (*Corog.*,

Les bois que j'ai traversés dans la province de Goyaz, sans perdre entièrement leurs feuilles pendant la sécheresse, comme les *catingas* de Minas Novas (1), ne ressemblent point aux forêts vierges de Rio de Janeiro ni même à celles de Minas Geraes, et n'en ont nullement la majesté; cependant on peut aussi y admirer de très-beaux arbres. Ceux-ci, il est vrai, sont écartés les uns des autres, mais les intervalles qu'ils laissent entre eux sont remplis par de grands arbrisseaux qui se pressent, confondent leurs branches et sous lesquels on trouve de la fraîcheur et un ombrage délicieux. Ici de petits bambous aux tiges grêles et légères, ailleurs diverses sortes de Palmiers jettent de la variété dans les masses de verdure qui les entourent; souvent de grandes lianes enlacent toutes ces plantes, et sans cesse le voyageur est récréé par des accidents de végétation, des différences de forme et de feuillage auxquels l'Européen n'est point accoutumé (2).

I, 319). Pizarro dit d'une manière générale (*Mem. hist.*, IX, 215) que cette forêt est extrêmement étendue du côté du nord, et qu'on ne lui connaît pas de fin du côté du midi. Je crois avoir ouï dire qu'elle se rattache à celles de l'Amérique espagnole. Si ces diverses assertions ont quelque chose de vrai, je n'aurais pas dû donner, comme je l'ai fait (*Aperçu d'un voyage dans l'intérieur du Brésil*, dans les *Mémoires du Muséum d'histoire naturelle*, vol. IX), 9 lieues au Mato Grosso, dans sa plus grande longueur.

(1) *Voyage dans les provinces de Rio de Janeiro et de Minas Geraes*, II, 98.

(2) On voit, d'après tout ce qui précède, qu'on a trompé l'abbé Cazal lorsqu'on lui a assuré que presque toute la surface de Goyaz était couverte de *catingas* (*Corog.*, I, 319). Je dois d'autant plus relever cette erreur qu'elle a été répétée par les écrivains qui sont venus après l'estimable auteur de la *Corografia Brazilica*. Je suis bien loin de dire qu'il n'y a ni véritables *catingas*, ni *carrasqueinos* dans la vaste province de Goyaz; mais il n'en existe pas dans la partie que j'ai visitée.

Lors même que l'herbe des *campos* est entièrement desséchée par l'ardeur du soleil, on trouve toujours, dans les fonds marécageux, la plus belle verdure et souvent quelques fleurs. Là, aussi bien que dans les marais du *Sertão* de Minas, s'élève majestueusement l'élégant *bority* (*Mauritia vinifera*, Mart.) dont l'imposante immobilité est si bien en harmonie avec le calme du désert (1).

§ IV. *Climat; salubrité.*

L'année partagée en deux saisons. — État de l'atmosphère du 27 mai au 5 septembre. — Les maladies les plus communes.

Comme dans l'intérieur de la province des Mines, l'année se partage à Goyaz en deux saisons parfaitement distinctes; celle des pluies qui commence en septembre, celle de la sécheresse qui commence en avril.

J'ai passé un peu plus de trois mois à parcourir le midi de cette province, depuis le 27 de mai jusqu'au 5 de septembre; dans tout cet intervalle, il ne tomba pas une seule goutte d'eau; le thermomètre marquait, généralement, à 3 heures du soir, de 20 à 26 degrés R., et, au lever du soleil, il variait de 3 degrés à 11 degrés et demi. A peu près jusqu'au 22 du mois d'août, le ciel resta sans nuages et du plus bel azur; la sécheresse était extrême, l'herbe des champs était brûlée; dans le cours de la journée, une chaleur excessive se faisait sentir, mais, sur le soir, une brise délicieuse venait rafraîchir l'atmosphère. Vers le 10 du

(1) J'ai décrit ce beau Palmier dans ma *première relation*, vol. II, 343.

mois d'août, lorsque j'étais encore près du village de Meiaponte (par 15° 30'), la brise commença à se faire sentir pendant toute la durée du jour, et l'on m'assura, dans le pays, que le même vent soufflait, chaque année, à peu près depuis la fin de juillet jusqu'à la saison des pluies. Le 22 du mois d'août, tandis que je parcourais les environs du village de Santa Cruz, situé par 17° 54', le ciel perdit le brillant éclat que j'avais admiré tant de fois; alors il offrait à peu près ces teintes qu'il a en France au commencement d'une belle matinée d'automne; à la vérité, on ne voyait point de nuages, mais l'atmosphère était chargée de vapeurs qui dérobaient la vue des objets éloignés : si, vers midi, le temps s'éclaircissait un peu, bientôt se formait un nouveau brouillard, et, depuis quatre heures jusqu'à la fin du jour, le disque du soleil, d'un rouge foncé, pouvait être regardé fixement. Suivant les habitants du pays, ce changement atmosphérique devait être considéré comme le précurseur des pluies; cependant elles ne commencèrent qu'un mois plus tard, lorsque je n'étais plus dans la province de Goyaz.

Les maladies les plus communes dans la partie méridionale de cette province sont la syphilis, l'hydropisie et l'espèce d'éléphantiasis que les Brésiliens appellent *morfea* (1). Cependant, malgré les longues et excessives sécheresses dont j'ai parlé et les interminables pluies qui leur succèdent pour faire place à d'autres sécheresses, ce pays ne saurait être considéré comme insalubre, et il le deviendra moins encore lorsque par des travaux on aura assaini les lieux marécageux.

(1) Voyez mon *Voyage dans les provinces de Rio de Janeiro*, etc., vol. I, 185, et II, 370.

§ V. *Population.*

Difficultés d'avoir des renseignements exacts sur la population de Goyaz. — Chiffres indiqués par divers écrivains ; celui qui a été communiqué à l'auteur. — Résultats de ces chiffres. — Causes qui s'opposèrent, pendant un certain temps, à un accroissement de population. — Les choses reprennent leur cours naturel. — Comparaison du chiffre de la population de Goyaz avec celui de la population de Minas, d'Espirito Santo, et ensuite de la France. — Moins d'augmentation dans le nombre des blancs que dans celui des noirs et des mulâtres libres. — Du nombre des esclaves. — Rapport numérique des deux sexes. — Nombre des Indiens. — Renouvellement de la chasse aux indigènes.

On n'est point d'accord sur la population qui s'est répandue sur le territoire de cette vaste province, et l'on sent, en effet, combien un recensement exact serait difficile à faire dans un pays aussi désert et aussi peu civilisé. Quelques écrivains ont compris les Indiens dans le chiffre qu'ils ont publié ; mais c'est seulement au hasard qu'on a pu indiquer le nombre des indigènes, car une partie d'entre eux n'est point soumise à l'autorité brésilienne.

Suivant Luiz Antonio da Silva e Sousa, la population de la province de Goyaz s'élevait, en 1804, à 50,135 individus, dont 7,273 blancs, 11,417 nègres esclaves et 7,868 négresses également privées de la liberté. Le journal brésilien *O patriota* admet, pour les années 1808 et 1809, 50,365 individus sur lesquels il compte 6,950 blancs et 20,027 esclaves (1). A peine quelques années plus tard,

---

(1) Pohl, *Reise*, 1374. — L'auteur allemand, à quelques lignes de l'endroit où il cite le chiffre de 50,365, indique 54,560 ; mais il est évident que ce dernier nombre est erroné, car ce n'est pas celui qui résulte

Pizarro, s'appuyant sur des documents officiels, faisait monter la population de Goyaz à 53,422 âmes (1). En 1819, lorsque j'étais dans le pays, on la portait à 80,000 individus sur lesquels il y avait, disait-on, environ 8,000 blancs et 27,000 esclaves. Enfin, d'après le projet de constitution proposé le 30 août 1823, le major Schæffer l'indique comme s'élevant à 150,000 âmes (2).

Si tous ces chiffres étaient également exacts, la population de Goyaz, qui n'aurait augmenté que de 230 individus de 1804 à 1809, se serait accrue à peu près des 4 septièmes de 1809 à 1819, et ensuite de près de moitié, de 1819 à 1823 : de tels accroissements sont évidemment impossibles ; donc on peut soupçonner, d'un côté, que, en 1804 et 1809, la crainte du rétablissement de la capitation aura fait faire aux propriétaires recensés des déclarations inférieures à la vérité ; d'un autre côté, il faut nécessairement croire que le nombre indiqué par Schæffer a été singulièrement grossi, soit par des motifs politiques, soit par une vanité puérile ; enfin il est vraisemblable que, dans l'évaluation qui m'a été communiquée, lors de mon

---

de l'addition des sommes partielles dont on le forme : d'ailleurs c'est sur 50,365 et non sur 54,560 que le même écrivain établit la comparaison qu'il fait des chiffres du *Patriota* avec ceux des états de L. A. da Silva e Sousa pour 1804. Il y a encore plus de négligence dans l'indication du nombre de feux emprunté aux deux auteurs ; ainsi il n'est personne qui ne sente que, pour 50,135 individus, il ne pouvait y avoir 21,870 maisons. Les détails des états empruntés par Pohl à L. A. da Silva e Sousa et au *Patriota* sont aussi trop peu précis pour que j'aie pu en faire usage.

(1) *Mem. hist.*, IX, 182. On voit, par cette citation exacte, qu'on a induit M. Martius en erreur, quand on lui a dit que Pizarro faisait monter à 37,250 âmes la population de Goyaz.

(2) *Bras.*, 235.

voyage, on a porté beaucoup trop haut le nombre des esclaves, peut-être pour ne pas tomber dans le défaut des évaluations plus anciennes qui, sans doute, étaient trop faibles.

Un état de population dont je n'ai pas encore parlé et qui semble mériter plus de confiance que tous les autres, parce qu'il est plus conforme à la nature des choses, est celui qu'a publié, pour l'année 1824, M. da Cunha Mattos, ancien gouverneur militaire de la province (*governador das armas*); je le traduis ici d'autant plus volontiers qu'il se rapporte à une époque extrêmement rapprochée de celle de mon voyage, et que, de 1819 à 1824, il est impossible qu'il y ait eu aucun changement notable.

Individus (1) blancs du sexe masculin, mariés.	1,745	
— du sexe masculin, non mariés.	3,646 } 5,391	
— du sexe féminin, mariés.	1,519	
— du sexe féminin, non mariés.	3,625 } 5,144	} 10,535
Hommes de couleur descendants d'affranchis (*ingenuos*), mariés.	4,242	
— non mariés.	12,324 } 16,566	
Femmes de couleur descendantes d'affranchis (*ingenuas*), mariées.	4,486	
— non mariées.	13,953 } 18,439	} 35,005
Hommes de couleur affranchis, mariés.	550	
— non mariés.	989 } 1,539	
Femmes de couleur affranchies, mariées.	544	
— non mariées.	897 } 1,441	} 2,980
Indiens catéchisés.	304	
Indiennes catéchisées.	319 } 623	
Esclaves du sexe masculin.	7,329	
— féminin.	6,046 } 13,375	
INDIVIDUS répartis en 12,119 feux.		62,518

(1) Le texte original, qui porte partout *homens* et *mulheres* (hommes, femmes), m'avait fait croire un instant que les enfants n'étaient pas compris dans cet état de population ; mais j'ai été détrompé par son titre ainsi conçu : *Em o anno de 1824 existião os Fogos e Almas que se seguem.* Il est évident, ce me semble, que le mot *Almas* (âmes) comprend tous les individus de notre espèce, quels que soient leur sexe et leur *âge*.

Le nombre total indiqué ici n'offre pas une augmentation de beaucoup plus de 1 cinquième sur le chiffre de l'année 1804; mais Pohl était si loin de croire à un accroissement dans la population de Goyaz, qu'il cite le dernier chiffre comme s'étant encore reproduit en 1819 (1). Il est incontestable qu'il y eut un moment où la population de la province qui nous occupe dut nécessairement subir une diminution sensible, celui où les minières commencèrent à s'épuiser. Une foule de blancs, des Européens surtout, étaient venus dans le pays pour s'y enrichir ; ils se retirèrent aussitôt qu'ils ne purent remplir ce but, et ne furent point remplacés ; d'autres furent surpris par la mort avant d'avoir pu retourner dans leur patrie, mais, conservant toujours l'espérance de la revoir, ils n'avaient point formé d'établissement fixe, ne s'étaient pas mariés et ne laissèrent personne après eux. La diminution fut plus sensible encore parmi les noirs. Vers le milieu du siècle dernier, il y eut à Goyaz jusqu'à 34,500 esclaves employés à l'extraction de l'or (2); mais on ne faisait point venir de négresses dans la même proportion, parce que le service des mines ne convient pas aux femmes; les hommes mouraient donc, pour la plupart, sans postérité, et souvent après avoir hâté la fin de leur existence par un libertinage énervant. Lorsque en-

(1) *Reise*, I, 317, 372.
(2) On connaît ce chiffre par le montant de l'impôt appelé *capitation* (*capitação*) dont j'ai parlé ailleurs, et qui a été supprimé il y a déjà longtemps (voyez MART., *Reise*, II, 587). Suivant M. da Cunha Mattos, il y aurait eu jadis plus de cent mille esclaves employés à l'exploitation des minières de Goyaz (*Itin.*, II, 312) ; mais ce nombre est tellement considérable qu'il est difficile de le considérer autrement que comme une sorte de figure destinée à faire ressortir toute l'importance des anciens travaux des mineurs goyanais.

suite arriva l'époque de la décadence et de la misère, où ne fit presque plus d'achats, et les états de Luiz Antonio da Silva e Sousa, cités plus haut, montrent que, dans l'espace d'un demi-siècle, le nombre des esclaves du sexe masculin avait diminué des deux tiers.

Cependant il s'était formé une population permanente composée de blancs que diverses circonstances avaient attachés au pays, et d'un nombre bien plus considérable de métis qui n'avaient jamais pu songer à en sortir; les émigrations eurent un terme et les choses prirent à peu près leur cours naturel. Si l'habitude du concubinage, que les premiers colons avaient fait passer dans les mœurs, nuit aux progrès de la population, ils sont, d'un autre côté, favorisés par un climat généralement salubre et par la fécondité des femmes, qui ne peut pas être, à Goyaz, moins grande que dans les Mines. Sur la vaste paroisse de Santa Luzia, on ne comptait annuellement, à l'époque de mon voyage, que quarante décès sur cent et tant de naissances (1). Toutes les parties de la province de Goyaz ne participent pas, sans doute, aux avantages dont jouissait la paroisse de Santa Luzia, celui d'une incontestable salubrité, celui plus grand encore d'être dirigée par un pasteur vertueux dont les discours et les exemples excitaient les colons au travail et qui faisait tous ses efforts pour les amener à ne contracter que des unions légitimes; cependant il serait

---

(1) Je crois que les chiffres indiqués ici méritent toute la confiance que l'on peut accorder aux états de population faits au Brésil, et peut-être en méritent-ils plus que la plupart d'entre eux; mais je dois ajouter que M. d'Eschwege donne de très-bonnes raisons pour faire penser que, dans ces états, le nombre des décès reste généralement au-dessous de la vérité.

absolument impossible d'admettre que, à l'époque même où S. Luzia éprouvait dans sa population un accroissement aussi notable, il y eût diminution dans celle de toutes les autres.

Quoi qu'il en soit, malgré l'extrême incertitude où nous sommes relativement au nombre exact des habitants de la province de Goyaz, il est clair que, proportion gardée, cette province est infiniment moins peuplée que les provinces de Minas Geraes et d'Espirito Santo, qui pourtant le sont si peu par rapport à l'Europe (1); il est clair encore que, sur une surface qui n'est certainement pas moindre que celle de la France, il n'y avait pas, en 1819, la quatre cent vingt-cinquième partie de la population de notre pays, ou bien, si l'on aime mieux, dans une étendue où, terme moyen, il y a, en France, 425 individus, il y en aurait à peine eu un seul à Goyaz. Je base cette comparaison sur le chiffre certainement très-exagéré de 80,000 qui m'a été communiqué, comme je l'ai dit, dans le cours de mon voyage; que serait-ce si je l'établissais sur celui de 62,518, indiqué par da Cunha Mattos!

Les détails de l'état de population publié par cet auteur, quoiqu'ils ne soient point parfaitement complets, pourront cependant nous fournir quelques résultats assez importants.

1° Le nombre des blancs ne formait, en 1824, que le sixième environ de la population totale de la province de Goyaz, tandis que, dans celle des Mines, il y avait, vers la même époque, presque un quart de blancs, différence qui

---

(1) Voyez, pour la population de Minas Geraes et d'Espirito Santo, ce que j'ai écrit dans le *Voyage dans les provinces de Rio de Janeiro*, etc., vol. 1, 80, et dans le *Voyage dans le district des Diamants*, vol. 1, 183.

s'explique par la facilité de communications de Minas avec la côte et l'éloignement beaucoup moindre de ce dernier pays.

2° La comparaison des chiffres admis par Mattos avec ceux des années 1804 et 1809 montrerait que les progrès de la population se sont fait beaucoup moins sentir parmi les blancs que chez les noirs et les mulâtres libres, ce qui tendrait à prouver, comme tout me porte à le croire, que le climat de l'Amérique tropicale convient mieux aux hommes de couleur qu'à la race caucasique.

3° Le chiffre des esclaves pour 1824, comparé avec celui de 1809, indiquerait une diminution qui n'irait pas à moins de la moitié ; mais cette diminution n'a rien qui doive surprendre. Il y avait déjà longtemps, à l'époque de mon voyage, qu'on n'amenait plus, comme autrefois, des convois de nègres africains dans la province de Goyaz ; il ne pouvait même plus en venir, car il aurait fallu que, après avoir payé ces hommes au comptant, à Bahia ou à Rio de Janeiro, les négociants les revendissent à des termes très-éloignés et s'exposassent à ne jamais rentrer dans leurs fonds. Si, par hasard, il arrivait à Goyaz quelques nègres de la côte d'Afrique, c'étaient des individus isolés, achetés par des personnes que leurs affaires avaient attirées à Rio de Janeiro. Il n'y avait plus guère, dans le pays, que des esclaves créoles, noirs ou mulâtres, nés pour la plupart d'unions passagères et illégitimes. Jusqu'alors, les Brésiliens, en général, avaient malheureusement peu songé à marier leurs esclaves, et comment y auraient pensé les Goyanais qui, eux-mêmes, vivaient dans le concubinage !

Si les chiffres publiés par da Cunha Mattos, pour 1824, nous ont fourni quelques données utiles, ils m'en laissent désirer d'autres encore : ainsi ils ne nous apprennent rien sur le rapport numérique des deux sexes aux différents âges de la vie. Je sais cependant que, à l'époque de mon voyage, le nombre des jeunes gens était infiniment moindre sur la paroisse de Santa Luzia, à Villa Boa et dans tous les villages du midi de la province, que celui des jeunes filles, ce que confirme, au reste, le tableau spécial que Pohl a donné pour l'année 1812 de la population de Santa Luzia (*Reise*, I, 280).

La province de Goyaz était une de celles où, à l'époque de mon voyage, il y avait encore le plus d'Indiens ; la population portugaise qui s'était jetée sur cette province n'avait jamais été assez forte pour les faire disparaître tous. A grands frais, on en avait réuni un certain nombre dans des *aldeas*; les autres vivaient entièrement sauvages dans les bois et les lieux les plus déserts. D'après les lois portugaises, tous devaient être libres comme les blancs eux-mêmes ; mais, depuis peu d'années, un décret barbare, rendu sous le ministère du comte de Linhares, avait fait renouveler à Goyaz les anciennes chasses aux Indiens. Ce décret permettait de réduire en esclavage, pour dix ans, ceux de ces infortunés qui seraient pris les armes à la main. On prétendit alors que tous ceux qu'on saisissait étaient armés, et réellement ces hommes le sont presque toujours, parce que leurs armes seules assurent leur subsistance. De ce qu'on pouvait les rendre esclaves, on avait conclu que l'on pouvait les vendre, et il s'était établi un commerce d'Indiens entre la province de Goyaz et celle du Pará. FERNANDO DELGADO FREIRE DE CASTILHO, qui gouvernait Goyaz à l'époque de mon voyage, s'était entendu avec le gouverneur du Pará, afin d'arrêter, autant qu'il était possible, ce commerce également odieux et illégal. Il avait aussi écrit au ministère pour l'engager à rapporter le décret du comte de Linhares; mais le gouvernement central s'inquiétait peu des Indiens de Goyaz et n'avait fait aucune réponse (1).

§ VI. *Administration générale.*

La province de Goyaz divisée en deux *comarcas.*— Capitaines généraux; leur autorité. — Le gouvernement central étranger à ce qui se passait dans les provinces. Un exemple de son ignorance.

Pendant longtemps, la province de Goyaz n'eut tout entière qu'un *ouvidor*, et, par conséquent, ne forma qu'une *comarca* qui comprenait plusieurs justices (*julgados*) (2).

---

(1) Je n'ai pas cru devoir citer dans ce paragraphe les chiffres beaucoup trop vagues indiqués par Antonio Rodriguez Veloso de Oliveira, dans les *Annaes Fluminenses,* pour la population de Goyaz, et, par une raison semblable, je n'ai fait non plus aucune mention de ceux qui ont été admis par notre savant marin, M. de Freycinet (*Voyage de l'Uranie*). Dans un livre imprimé en 1845 (*Sketches of residence in Brazil*, I, 350), M. Kidder porte à 97,592 individus la population de Goyaz. Si ce chiffre était exact pour 1845, et que celui que j'ai indiqué pour 1819 le fût également, il en résulterait qu'il y a eu, pendant un quart de siècle, une augmentation de près d'un quart dans la population de cette province; mais M. Kidder ne dit pas à quelle année se rapporte son indication; il ajoute même, et sans doute avec beaucoup de raison, que les rapports ministériels et provinciaux n'ont d'autres fondements que des conjectures et les états vagues de certaines paroisses.

(2) Avant la révolution qui a changé le gouvernement du Brésil, cet empire était partagé en provinces de premier rang ou capitaineries (*capitanias*) et en provinces de second ordre (*provincias*). Les premières se divisaient, pour la plupart, en *comarcas*, où résidait un *ouvidor*, magistrat qui était à la fois juge et administrateur. Les *termos* étaient les divisions des *comarcas.* Les *julgados* représentaient ces divisions dans

On sentit enfin qu'un homme seul était incapable de maintenir le bon ordre dans un pays aussi vaste, de rendre à tous les habitants la justice en seconde instance, et de surveiller les juges ordinaires qui, choisis parmi les colons eux-mêmes et participant à leurs vices, étaient souvent les premiers à violer les lois. Le gouvernement rendit donc, en 1809, un décret par lequel la province fut divisée en deux *comarcas* : celle du sud (*comarca do sul*), qui comprend (1819) les six justices de *Villa Boa, Crixá, Pilar, Meiaponte, Santa Luzia et Santa Cruz*; celle du nord (*comarca do norte*), formée des huit justices de *Porto Real, Natividade, Conceiçao, Arraias, S. Felis, Cavalcante, Flores et Trahiras* (1). Le chef-lieu de la première est *Villa Boa*, capitale de toute la province : celui de la seconde était originairement *S. João das duas Barras*, situé au confluent de l'Araguaya et du Tocantins ; mais, comme les barques arrivaient difficilement jusqu'à cet endroit, il fut décrété, en 1814, qu'une ville nouvelle serait fondée au lieu appelé *S. João da Palma*, et qu'elle deviendrait la résidence de l'*ouvidor* de la *comarca*.

La principale autorité de la province ou, pour parler d'une manière plus exacte, la capitainerie de Goyaz était, comme à Minas, à S. Paul et ailleurs, le gouverneur ou capitaine général (*capitão general*).

Sous le système colonial, les capitaines généraux jouis-

les pays les moins peuplés et n'avaient jamais, pour magistrats, que des *juges ordinaires* (*juizes ordinariós*), élus par le peuple, tandis qu'il pouvait y avoir à la tête d'un *termo* ou un *juiz de fora*, nommé et payé par le roi, ou deux *juizes ordinarios* (voyez *Voyage dans les provinces de Rio de Janeiro*, etc., I, 359 et suiv.; II, 408).

(1) En 1832, les choses n'avaient pas encore changé; plus tard, la province de Goyaz a été divisée en 4 *comarcas*.

saient de l'autorité la plus absolue ; mais, lorsque Jean VI eut fixé sa cour à Rio de Janeiro, leur despotisme connut enfin des bornes L'opprimé pouvait aller se jeter aux pieds de son souverain, et les gouverneurs n'auraient plus osé entreprendre rien de très-important sans en référer aux ministres. Mais il arrivait trop souvent, ou qu'on ne leur répondait pas, soit par ignorance, soit par une nonchalance coupable, ou qu'on leur donnait des ordres qui n'étaient point en harmonie avec les besoins du pays et ses ressources.

Un des plus grands malheurs qu'éprouvèrent les Brésiliens, après l'arrivée de leur roi au milieu d'eux, fut d'être gouvernés par des hommes qui ne connaissaient nullement l'Amérique. Parmi les ministres qu'eut Jean VI, à Rio de Janeiro, il se trouva des hommes éclairés, mais c'était en Portugal qu'ils s'étaient formés aux affaires ; ils n'avaient vu du Brésil que la capitale, et ils voulurent appliquer des idées qui ne convenaient qu'à l'Europe à un pays qui diffère entièrement de l'Europe. Ils se trompèrent également sur les personnes et sur les choses : ils crurent le pays riche et il est pauvre ; ils crurent ses habitants stupides, et ils sont intelligents et susceptibles de tout apprendre.

Pendant mon séjour à Villa Boa, le capitaine général de Goyaz me cita un exemple très-récent de l'ignorance des ministres. Les offices publics, tels que ceux de greffiers des *ouvidores*, de tabellions, etc., se mettaient, à Goyaz comme à Minas (1), tous les trois ans, à l'enchère, et, en cas de voyage ou de maladie, les titulaires étaient remplacés par des adjudants (*adjudantes*) qui, pendant longtemps, n'eu-

(1) *Voyage dans les provinces de Rio de Janeiro*, etc., I, 363.

rent besoin que de la confirmation du capitaine général pour exercer leur emploi. Tout nouvellement, le ministère avait prétendu changer cet état de choses, et il avait fait rendre un décret portant qu'à l'avenir le choix des adjudants serait directement confirmé par le roi. Ce décret avait, sans doute, pour but de centraliser davantage le pouvoir et de diminuer l'autorité des capitaines généraux; mais on n'avait nullement songé à la distance qu'il y a de la capitale à Goyaz ou à Matogrosso. Il est évident que la confirmation royale sera souvent arrivée dans ces provinces, longtemps après que l'office pour lequel on l'avait demandée sera retourné à son titulaire, et que, dans l'intervalle, une foule de gens auront pu mourir, privées des moyens de faire leur testament.

§ VII. *Finances.*

Comment est composée l'administration des finances. — Des diverses sortes d'impôts. — Chiffres qui montrent avec quelle rapidité la province de Goyaz a perdu sa première splendeur. — Recettes et dépenses également arriérées. — Goyaz obligé d'abandonner à Matogrosso une partie de ses revenus. — Différence entre la comparaison des produits du quint pendant plusieurs années et celle des revenus des droits d'entrée. Les droits d'entrée indiquent à peu près la valeur des importations; le quint n'indique point le véritable résultat du produit des minières. Hôtels pour la fonte de l'or. Contrebande. Erreur dans laquelle était tombé le gouverneur Fernando Delgado.

Les finances de la province de Goyaz sont (1819), comme celles de Minas, de S. Paul, etc., administrées par une junte du trésor royal (*junta da fazenda real*) dont la composition a été souvent modifiée (1) et dont le gouverneur est le président. On ne compte pas moins de onze à douze employés chargés, sous son inspection, de mettre les écritures en règle; et cependant, à l'époque de mon voyage, la tenue des livres était fort arriérée.

Je vais indiquer les divers impôts que les habitants avaient à payer en 1819 (2). C'étaient

1° Un droit sur les marchandises qui entrent dans la province (*entradas*);

2° La dîme des productions du sol (*dizimos*), qui, par un arrangement conclu jadis entre le clergé et le gouvernement, avait passé entre les mains de ce dernier (3);

3° Le passage des rivières affermé par l'administration (*passagens dos rios*);

4° La ferme des offices (*arremataçao dos officios*);

5° Un droit sur la vente de la viande fraîche (*carnes verdes*);

6° Droits de vente sur les immeubles (*decimas, sellos e sizas*);

7° Le quint (*quinto*), c'est-à-dire le cinquième que l'on prélève sur l'or en poudre avant de le mettre en lingot (4);

8° Un droit destiné au payement des instituteurs (*collectas*);

(1) Il ne faut pas s'étonner, par conséquent, que Cazal porte le nombre des membres de cette junte à cinq, et que Pohl en compte six. — M. da Cunha Mattos dit que, la *junta da fazenda* ayant été supprimée, on créa, de 1826 à 1836, un inspecteur de la trésorerie (*inspector da thesouraria*) (*Itin.*, II, 339).

(2) POHL, *Reise*, I.

(3) Voyez mon *Voyage dans les provinces de Rio de Janeiro*, etc., I, 169; II, 256.

(4) *Voyage dans les provinces de Rio de Janeiro*, etc., I, 338.

9° Un droit mis sur les boutiques au profit de la banque de Rio de Janeiro.

Quelques chiffres empruntés au docteur Pohl (1) montreront avec quelle promptitude ce pays, si riche pendant quelques années, a perdu sa splendeur première, à mesure que l'or est devenu moins commun ou plus difficile à extraire. Avant 1738, les entrées produisaient, tous les trois ans, 8 arrobes d'or; de 1762 à 1765, elles rendirent 40,400,000 reis (252,500 f.); de 1765 à 1774, 96,760,762 reis (604,754 f. 70 c.); de 1774 à 1782, 26,529,000 reis (165,806 f. 25 c.); de 1782 à 1788, 22,624,000 reis (141,400 f.); enfin, dans ces derniers temps, elles n'ont plus produit que 14,000,000 de reis (87,500 f.).

Je tiens du greffier de la junte du trésor royal (*escrivão da junta da fazenda real*) que les dépenses de la province s'élevaient, annuellement, à plus de 50 *contos* de reis (312,500 f.) Ce magistrat convenait que le trésor était fort endetté, et il ajoutait qu'un grand nombre de créances ne seraient jamais payées. Il disait aussi que la recette n'était pas moins arriérée que la dépense, ce qui prouve combien il y avait peu d'argent dans le pays; et cependant cette province, si pauvre, était obligée d'abandonner une partie de ses revenus à celle de Matogrosso, qui la limite, et était encore plus pauvre qu'elle (2).

Comme on l'a déjà vu (p. 315), la comparaison des produits

---

(1) *Reise*, I, 354.

(2) Ce fut en 1758 que l'on commença à obliger la province de Goyaz de payer à celle de Matogrosso une subvention, qui fut d'abord de 512 marcs d'or pris sur l'impôt du quint. En 1779, on réduisit cette subvention à 300 marcs; puis, en 1781, on y ajouta 20 *contos* de reis. En 1786, l'augmentation fut supprimée, et on en revint aux 300 marcs;

du quint, de 1740 à 1820, nous fournit, aussi bien que celle des revenus des droits d'entrée pendant le même temps, une preuve frappante de la rapidité avec laquelle la province de Goyaz est tombée en décadence. Mais ici se présente une différence sensible. Le chiffre du produit des entrées indique réellement la quantité de marchandises que le pays a reçue à telle ou telle époque, parce que ces marchandises, qui, ayant un volume plus ou moins considérable, ne peuvent arriver qu'à dos de mulets et par caravanes, ne supporteraient pas les frais qu'il faudrait faire pour les introduire en contrebande ; mais, comme on va le voir, il n'en est pas de même de la poudre d'or.

Lorsque sous le gouvernement de D. Marcos de Noronha, comte dos Arcos, la capitation fut abolie et remplacée par le quint, on fonda, en 1750 (1), deux hôtels pour la fonte de l'or (*casas de fundiçao*), l'un, dit du sud (*do sul*), à Villa Boa, l'autre, du nord (*do norte*), à S. Felis. Ce dernier, après avoir été d'abord transporté à Cavalcante, fut supprimé en 1807, à cause des dépenses qu'il nécessitait, et, depuis cette époque, il n'y en eut plus qu'un, celui de Villa Boa (2). Comme la province de Goyaz est immense et ne saurait être gardée que sur un très-petit nombre de points, il est évidemment très-facile d'y faire la contrebande de l'or en poudre, et il n'y a qu'un scrupule de conscience qui puisse

mais, comme le quint avait fini par ne plus produire cette quantité d'or, on prit le parti, après l'arrivée du roi au Brésil, d'appliquer aux dépenses de Matogrosso le montant des droits perçus, à Goyaz, sur les biens immeubles (*decimas, sellos e sizas*) (Piz., *Mem. hist.*, IX, 136).

(1) Piz., *Mem. hist.*, IX, 226.

(2) J'ai donné ailleurs de très-longs détails sur la manière dont on fond l'or dans les *casas de fundiçao* (voyez mon *Voyage dans les provinces de Rio de Janeiro*, etc., I).

encore engager quelques personnes à se soumettre à l'impôt. Depuis la suppression de l'établissement qu'il avait formé pour la fonte à S. Felis, le gouvernement a été presque entièrement frustré du quint de l'or fourni par les minières de la Comarca do Norte. Les mineurs de cette *comarca* sont, en effet, excités à faire la contrebande, non-seulement par les bénéfices qu'elle leur procure, mais encore par la crainte des frais et des lenteurs qu'entraînerait le long voyage de chez eux à Villa Boa.

En 1818 ou 1819, le fisc reçut de la Comarca do Norte de l'argent monnayé, et non de l'or en poudre, en payement de la dîme et des autres impôts : le gouverneur Fernando Delgado en conclut que cette province faisait un commerce considérable avec le Pará, province limitrophe et maritime où, jusqu'alors, les Goyanais avaient pénétré difficilement; mais des personnes bien instruites assuraient que cet argent était tout simplement le résultat des échanges frauduleux que les habitants du nord faisaient de leur or en poudre avec les négociants de Bahia (1).

(1) Je ne sais en quel état sont aujourd'hui les finances de Goyaz; mais, pendant les premières années qui suivirent celle où je voyageais dans ce pays, elles se détériorèrent encore. En 1823, les revenus ne s'élevèrent qu'à 21,000,500 reis, tandis que les dépenses montèrent à 53,080,325. Pour couvrir le déficit, on imagina de frapper une quantité énorme de monnaie de cuivre, à laquelle on donna une valeur imaginaire fort exagérée. « L'homme le plus ignorant, dit da Cunha Mattos, aurait compris qu'il était d'une mauvaise administration de répandre toute cette monnaie; mais on n'avait pas d'autre moyen de faire face aux dépenses (*Itin.*, II, 317) » C'est une bien triste nécessité que celle de recourir à un remède qui, en définitive, augmente encore le mal. Le gouvernement de Goyaz a toujours sacrifié l'avenir au présent; mais, en agissant ainsi, on finit par n'avoir plus rien à sacrifier.

§ VIII. *Résultats de la dîme.*

Les produits du quint et les revenus de la dîme ont diminué dans la même proportion. — La dîme, impôt très-onéreux. — On la perçoit en valeurs métalliques. — Les décimateurs ruinent les colons. — Ceux-ci, expropriés, fuient dans les déserts et perdent jusqu'aux éléments de la civilisation. — Ce que fait le fisc dans les cantons où personne ne veut affermer la dîme. — La culture restreinte par cet impôt.

Si l'on ne savait quelle est la position géographique de Goyaz et combien les transports sont difficiles dans l'intérieur de l'Amérique, on pourrait s'imaginer que les Goyanais, ne tirant plus rien de leurs minières, ont dirigé tous leurs efforts vers l'agriculture, et que les revenus de la dîme ont augmenté à mesure que ceux du quint allaient en diminuant. Mais il n'en a pas été ainsi; les produits de l'un et de l'autre impôt se sont amoindris à peu près dans la même proportion. La dîme, qui a fait tant de mal à la province de Minas (1), a été bien plus funeste encore à celle de Goyaz. Dans un pays où les produits de la terre trouvent un débit facile, le dixième du revenu serait un impôt léger; mais cette province n'a, pour ainsi dire, aucun commerce, ses exportations sont insignifiantes, et en beaucoup d'endroits il serait impossible de rien vendre.

Si le gouvernement percevait les dîmes en nature, cet impôt n'aurait aucun inconvénient; mais, comme il ne pourrait rien faire du maïs ou du manioc qu'on lui livrerait, il exige des valeurs métalliques; et comment en four-

---

(1) Voyez mon *Voyage dans les provinces de Rio de Janeiro*, etc., I, 204; II, 449.

niraient des hommes qui ne peuvent se défaire de leurs denrées ?

La dîme, levée en argent, serait déjà, pour la plupart des Goyanais, une charge exorbitante; elle devient tout à fait ruineuse par le mode de perception qui, comme on va le voir, permet à celui qui reçoit l'impôt de l'élever à peu près à sa guise.

Comme dans les Mines, la dîme s'afferme ici tous les trois ans. Le décimateur (*dizimeiro*), au commencement de ces trois années, se présente (1819), avec un expert, chez le colon; il estime le revenu de la terre beaucoup au-dessus de sa valeur véritable, et il exige du cultivateur qu'il signe l'engagement de payer, pendant trois ans, le dixième de la somme évaluée. A la vérité, la loi donne au propriétaire le droit de choisir un homme qui fasse l'évaluation des produits du sol conjointement avec celui qui a la confiance du décimateur; mais celui-ci est presque toujours un homme riche, soutenu par de nombreux amis; il se présente chez le cultivateur qui vit dans l'isolement et la pauvreté, loin de la ville ou des villages, qui n'a aucune connaissance des affaires, aucun protecteur, aucun appui. La seule vue du décimateur répand l'épouvante dans la famille, et, dans la crainte de plus grands maux, on se soumet à toutes ses exigences; on gagne ainsi un peu de temps. Cependant la triste époque des payements arrive; le propriétaire, n'ayant rien vendu, ne saurait satisfaire son créancier; on saisit le peu qu'il possède, et il quitte sa maison, qui bientôt tombe en ruines (1).

(1) José de Almeida de Vasconcellos de Soveral e Carvalho, qui prit le gouvernement de Goyaz en 1772, s'était déjà vu forcé, dit Pizarro, de réprimer les violences inouïes des *dizimeiros*, qui ne tendaient à rien

Les habitants de cette contrée n'ont même pas la ressource qui s'offre toujours aux Mineiros mécontents de leur sort, celle de changer de place, avec l'espoir d'un avenir meilleur. Ces derniers, moins pauvres, sont en état de supporter les frais d'un déplacement, et, en allant plus loin, ils trouvent des terres neuves dont ils peuvent vendre les produits. Ceux qui se sont retirés à Minas Novas s'enrichissent par la culture du coton. Les colons d'Araxà et de Desemboque (*v.* plus haut, p. 245) vendent leurs bestiaux à des marchands qui viennent les chercher jusque chez eux; enfin les planteurs de Pomba transportent facilement leurs denrées jusqu'à Rio de Janeiro. Il n'en est pas de même des cultivateurs goyanais; en revenant sur leurs pas, ils trouveraient les meilleurs points déjà occupés; en allant plus loin, ils empireraient leur sort, puisqu'ils auraient encore plus de peine à placer leurs denrées. Ne communiquant point les uns avec les autres, éloignés des chefs-lieux de paroisse où ils pourraient s'entretenir encore dans quelques idées de morale et de religion, s'abandonnant de plus en plus à cette apathie à laquelle les invite la chaleur du climat, vivant de leur chasse, d'un peu de laitage, à peine vêtus, se livrant à l'inceste faute de trouver d'autres femmes que celles qui les entourent, les malheureux campagnards goyanais finiront par apprendre à se passer même de ce strict nécessaire dont la recherche rattache encore les hommes à la vie civilisée, et, si l'état de choses actuel ne

moins qu'à ruiner la province. Dans un mémoire soumis à la secrétairerie d'État, le *desembargador* Antonio Luiz de Souza Leal montra, ajoute le même auteur, que la décadence de Goyaz était due aux excès et à la cupidité des décimateurs et des autres fermiers de l'impôt qui, dans ce pays comme dans les autres provinces, s'enrichissent rapidement aux dépens du peuple et excitent les plus justes plaintes.

s'améliore pas (1819), cette population, issue des Portugais, tombera nécessairement dans une barbarie à peu près semblable à celle des Indiens eux-mêmes.

Il y a, en beaucoup d'endroits, si peu d'argent à espérer des colons que personne ne se présente pour affermer la dîme et les autres impôts. Dans ce cas, la junte du trésor royal (*junta da fazenda real*) les fait recouvrer par des administrateurs qui font ce service sans aucune rétribution. Ainsi il ne serait pas absolument impossible qu'après avoir accablé le cultivateur de vexations, après avoir détruit plus d'habitations que n'eût fait une armée ennemie, le fisc fût entièrement obligé de renoncer à prélever l'impôt.

Outre les maux dont j'ai tout à l'heure esquissé le tableau, la nécessité de payer la dîme en valeurs métalliques entraîne encore avec elle un inconvénient excessivement grave, celui de restreindre la culture, que l'on devrait encourager comme le seul moyen de sauver ce pays. Le colon est certain qu'on exigera la dîme de toutes ses récoltes; mais il s'en faut qu'il le soit également de vendre tout ce qu'il peut recueillir : il se borne donc à cultiver autant qu'il est strictement nécessaire pour sa famille et un débit bien assuré. Il résulte de là que, si, par hasard, un étranger se présente dans le pays, il a souvent de la peine à se procurer, même à des prix élevés, les denrées les plus nécessaires à la vie, et que, dans une mauvaise année comme celle où je voyageais, l'agriculteur, qui n'a songé qu'à ses besoins ordinaires et ne possède point d'argent, est réduit à endurer la faim; et cela se passe dans une contrée où partout il y a des terres excellentes et sans maître, qui nourrirait sans peine 20 millions d'habitants et n'en contient que 60 à 80,000!

§ IX. *Clergé; instruction publique.*

Le bien que pourrait faire le clergé goyanais.— Bon exemple donné par João Teixeira Alvarez, curé de Santa Luzia.— Les ecclésiastiques goyanais, seuls hommes de la province qui possèdent quelques connaissances, d'ailleurs en dehors de toutes les règles. — Histoire de l'Église de Goyaz. — Écoles.

En rappelant les colons autour des villages, en les instruisant de leurs devoirs, en ranimant dans leurs âmes des sentiments religieux qui ne sont qu'assoupis, en les engageant à contracter des unions légitimes et à fuir l'oisiveté, en leur enseignant des procédés de culture moins barbares que ceux qu'ils suivent, en leur montrant que certaines denrées peuvent être exportées de leur pays avec quelque avantage, le clergé goyanais parviendrait à affaiblir la fâcheuse influence d'une administration ignorante et dévastatrice. Telle était la conduite que tenait, lors de mon voyage, le pasteur respectable (1) d'une des paroisses, beaucoup trop étendues, dont se compose la province de Goyaz; mais, malheureusement, son exemple n'était suivi peut-être par aucun de ses confrères.

« Je vais signaler, ai-je dit ailleurs, des abus dont le
« chrétien aura à gémir; mais il est une idée élevée qui
« doit lui servir de consolation. Comment ne serait-il pas
« soutenu par un pouvoir supérieur le vaisseau qui, na-
« viguant sur une mer orageuse, sous la conduite de pi-

---

(1) M. João Teixeira Alvarez, curé de Santa Luzia, dont je parlerai plus tard.

« lotes négligents ou malhabiles, résiste pourtant aux
« plus affreuses tempêtes ? Les torts des ministres de la
« religion n'appartiennent point à elle, et il est utile de
« faire connaître ce qui est, parce que la publicité oblige
« le coupable à rougir, et qu'elle excite l'homme de bien
« à chercher un remède aux abus. »

Les ecclésiastiques sont, il est vrai, les seuls hommes de cette province qui possèdent quelques connaissances ; d'ailleurs on peut dire qu'ils vivent en dehors de toutes les règles, négligeant l'instruction des fidèles, s'abandonnant à l'oisiveté ou faisant le commerce, pratiquant la simonie, donnant l'exemple du concubinage ; enfin ne connaissant guère d'autre devoir que celui de dire une messe basse tous les dimanches et de confesser les fidèles au temps de Pâques, moyennant la rétribution de 300 reis (1 fr. 87 c.) qu'on leur accorde ici comme à Minas (1).

Les prêtres qui, les premiers, vinrent à Goyaz n'avaient sous les yeux que des vices ; il était difficile qu'ils ne cédassent pas au torrent du mauvais exemple, éloignés qu'ils étaient de leurs supérieurs et n'ayant sur la terre personne pour les guider et les reprendre. La discipline, déjà si négligée dans tout le reste du Brésil, le fut entièrement à Goyaz, et le clergé finit, en quelque sorte, par oublier qu'il appartenait à la communion chrétienne.

Pendant de longues années, le territoire de la province de Goyaz dépendit des évêchés de Rio de Janeiro et du Pará, c'est-à-dire que les évêques n'auraient pu arriver dans ce pays qu'après plusieurs mois d'un voyage extrê-

(1) Voyez le chapitre VIII, intitulé *De la religion et du clergé*, dans mon *Voyage dans les provinces de Rio de Janeiro*, etc., vol. I.

mement pénible à travers les déserts, ou, pour parler d'une manière plus exacte, Goyaz était sans évêque. En 1746, la partie du pays qui dépendait de l'évêché de Rio de Janeiro, et, plus tard, la province tout entière, fut érigée en prélature ; mais le premier prélat ne fut nommé qu'en 1782 (1). Depuis cette époque jusqu'en 1822, Goyaz n'avait encore vu aucun de ses prélats ; tous, par la fatalité la plus étrange, étaient morts ou avant de partir pour leur résidence ou pendant le voyage, et le dernier nommé languissait, malade, à Rio de Janeiro (2).

À l'époque où la province de Goyaz était encore dans un

(1) Les prélats de Goyaz ne devaient porter que la soutane noire : il leur était interdit de conférer le sacrement de l'ordre ; mais, d'ailleurs, ils pouvaient exercer toutes les autres fonctions épiscopales. On peut voir le texte même de la bulle de création dans les *Memorias historicas* de Pizarro, vol. IX, 243.

(2) Voici comment s'exprime, sur le clergé de Goyaz, monsegnor Pizarro, qui était revêtu des dignités ecclésiastiques les plus importantes et qui se montre toujours catholique aussi zélé que sincère : « Comme « le territoire qui forme aujourd'hui la prélature de Goyaz était jadis « réparti entre l'évêché de Rio de Janeiro, dont le chef-lieu en est éloi- « gné de 313 *legoas*, et celui du Pará distant de 280, il est aisé de croire « que le clergé de cette prélature observait peu la discipline, qu'il n'étu- « diait point la morale, et que, vivant dans un pays où n'étaient jamais « venus ses premiers pasteurs et où, par conséquent, il jouissait d'une « liberté entière, il était loin d'avoir conservé des mœurs irréprochables. « Les prêtres de Goyaz sont ignorants, le peuple l'est bien davantage « encore ; et de là vient que toutes sortes d'abus se sont introduits dans « ce pays, qu'on y est imbu d'absurdes préjugés, que l'on s'y livre au « sacrilége et à la superstition, enfin que les lois de l'Église et celles de « l'État y sont violées sans aucune retenue (*Mem. hist.*, IX, 258). » — J'ajouterai ici, pour compléter l'histoire de l'Église de Goyaz, qu'une bulle de Léon XII, approuvée par l'assemblée législative du Brésil, le 3 de novembre 1827, a élevé la prélature de Goyaz au rang des évêchés (ABREU E LIMA, *Synopsis*, 345).

état prospère, on n'avait pas négligé l'instruction de la jeunesse : on avait créé à Villa Boa une chaire de philosophie et de morale, une de rhétorique, une troisième de grammaire latine; enfin on y avait placé un maître d'enseignement primaire. Vers le commencement de ce siècle, le comte de Palma, gouverneur de la province, eut l'idée de faire des économies ; il comprit dans sa réforme plusieurs des professeurs, et, à l'époque de mon voyage, il n'y avait plus, pour toute la province, qu'un professeur de grammaire à Meiaponte, un autre à Villa Boa, et un maître d'école dans chacun des principaux villages (1).

§ X. *Forces militaires.*

Garde nationale. Compagnie de dragons. *Pedestres.* — Solde des dragons. A quoi on les emploie. Confiance méritée que l'on a en eux. — A quoi on emploie les *pedestres*. Leur solde.

A Goyaz comme dans les autres provinces du Brésil, la garde nationale ou milice (*milicia*) a été régulièrement organisée (2); d'ailleurs une seule compagnie de dragons de

---

(1) POHL, *Reise*, I, 357.— M. Kidder, qui était au Brésil en 1839, dit, d'après les rapports des présidents de la province de Goyaz (*Sketches*, II, 329), que le nombre des écoles primaires s'élève, dans cette province, à 60 pour les garçons, 2 pour les filles, et qu'il y existe 5 à 6 écoles d'un ordre plus élevé.—Au moment de livrer ce chapitre à l'impression, je lis, dans le rapport du ministre de l'intérieur de l'empire du Brésil à l'assemblée législative de 1846, qu'alors les écoles primaires de la province de Goyaz étaient fréquentées par 1,137 garçons et 129 filles, et que les trois professeurs de latin établis dans la province avaient ensemble 67 élèves. (Voyez le chapitre de ce livre intitulé, *La cité de Goyaz.*)

(2) On trouvera, sur la milice, des détails fort étendus dans mon

70 hommes, non compris les officiers, et une de *pedestres* de 80 hommes, composent toute la force militaire de cette vaste province (1819).

C'est l'administration qui fournit aux dragons leurs chevaux et leur équipement : elle les oblige de pourvoir à leur nourriture ; mais elle leur accorde une solde de 6 *vintens* d'or par jour (1 fr. 40 c.), leur donne de la farine et nourrit leurs chevaux. Pour qu'ils puissent entretenir et renouveler leurs uniformes, on retient, chaque jour, 2 *vintens* (46 centimes) sur leur solde, et tous les deux ans on leur remet le montant des retenues accumulées.

Une partie de ces hommes reste à Villa Boa, la capitale ; les autres sont détachés dans les différents postes disséminés sur la frontière de la province. C'est aux soldats du régiment de dragons qu'il appartient de maintenir le bon ordre, d'empêcher la contrebande, de faire payer les droits d'entrée ; enfin ce sont eux qui transportent à la capitale les sommes reçues, pour les impositions, dans les diverses parties de la province.

Voyage dans les provinces de Rio de Janeiro, etc., I, 375 ; II, 122, 145. — D'après ce qui a été dit au docteur Pohl, la milice de Goyaz s'élevait, en 1818, à 10,360 hommes, y compris 2,160 *ordenanças*, milice inférieure composée de mulâtres, et 900 *henriques*, autre milice composée de nègres libres. Il est évident que ce chiffre, comme le remarque le même écrivain, n'est point en harmonie avec celui qu'il a adopté pour la population générale ; il le serait davantage avec celui que j'ai admis comme approximatif (voyez le chapitre précédent). — J'ajouterai que, par une loi du 18 août 1831, le nouveau gouvernement a détruit les *milicias* et les *ordenanças*, pour les réorganiser sous le nom de *guarda nacional* ; mais cette loi, dit M. le général José Inacio Abreu e Lima, a été tellement altérée par une infinité de décrets émanés tant de l'autorité centrale que des administrations provinciales, qu'on ferait un gros volume des modifications qu'elle a subies (*Synopsis da historia do Brazil*, 356, imprimé en 1845).

Un dragon chargé de valeurs très-considérables traverse, souvent seul, une grande étendue de pays, et il est sans exemple qu'aucun ait jamais été attaqué par des voleurs ou ait abusé de la confiance qu'on avait mise en lui. Ces soldats, presque tous blancs, appartiennent, en général, à des familles qui possèdent quelque chose ; quoique aussi inférieurs à ceux du régiment de Minas (1) que Goyaz l'est à cette dernière province, ils sont beaucoup plus considérés que nos soldats européens ou ceux de Rio de Janeiro, et ils méritent effectivement de l'être davantage. Et cependant la solde de ces hommes si recommandables et si utiles était, lors de mon voyage, arriérée de plusieurs années, tandis que des employés oisifs s'enrichissaient aux dépens et du trésor royal et des infortunés cultivateurs!

Quant aux *pedestres* (*piétons*) qui complètent la force militaire de Goyaz, ce sont des hommes de couleur marchant à pied et formant une troupe d'un ordre inférieur. On les répartit avec les dragons dans les différents postes ; ils veillent, avec eux, au maintien de la tranquillité publique et sont chargés de porter les ordres de l'administration. Ils reçoivent pour solde 3 *vintens* d'or par jour (69 centimes), et, de plus, on leur donne de la farine ; mais ils sont tenus de pourvoir à leur entretien et à leur nourriture (2).

---

(1) Voyez mon *Voyage dans les provinces de Rio de Janeiro*, etc., I, 380.

(2) Depuis la révolution qui a assuré l'indépendance du Brésil, l'organisation des forces militaires de Goyaz a subi diverses modifications. En 1825, la troupe de ligne se composait d'une compagnie de cavalerie de 83 hommes et d'une d'infanterie de 80. Ces troupes et la milice étaient sous les ordres d'un gouverneur militaire (*governador das armas*) qui avait deux aides de camp ; l'employé qu'on appelait secrétaire militaire (*secretario militar*) était, à ce qu'il paraît, chargé de la partie admi-

§ XI. *Extraction de l'or.*

Modes d'extraction autrefois en usage à Goyaz. — Mode actuel. Journée du mineur. — On ne doit pas renoncer à exploiter les minières. — Il faudrait les concéder à des compagnies. — Obstacles qui s'opposeraient à la formation de celles-ci. — Moyens d'en triompher.

Après avoir parlé des principales branches de l'administration dans la province de Goyaz, je dirai quelque chose des ressources qui lui restent encore, l'extraction de l'or et la culture des terres.

Il paraît que, même à l'époque où le sol prodiguait aux mineurs goyanais, peu soucieux de l'avenir, des richesses presque fabuleuses, ils n'exploitèrent presque aucune mine à ciel ouvert (*talho aberto*), et encore moins par galeries (*mineração de mina*). Ils ne connaissaient guère que l'exploitation du lit des rivières ou de leurs bords (*lavras de veyo de rio*), et celle des terrains en pente qui s'étendent du pied des montagnes vers les cours d'eau (*lavras de gupiara*) (1); mais, si leurs modes d'extraction étaient peu variés, du moins pouvaient-ils, employant des troupes considérables de nègres, combiner les travaux de ces hommes

nistrative. De 1826 à 1836, ces diverses places furent supprimées; on ne conserva pas même celle de chirurgien militaire, et les forces de la province furent réduites à presque rien (DA CUNHA MATTOS, *Itin.*, II, 317, 339). 163 hommes ne pouvaient ni défendre la province, ni même y maintenir la police : en les licenciant, on aura retranché une dépense à peu près inutile.

(1) Voyez ce que j'ai dit sur le travail des mines d'or du Brésil, *Voyage dans les provinces de Rio de Janeiro*, etc., I, 242.

d'une manière régulière. Actuellement (1819) il n'en saurait être ainsi.

Les habitants les plus aisés de la capitale elle-même ne possèdent qu'un petit nombre de nègres ; quand ils les emploient à l'extraction de l'or, c'est toujours isolément, et probablement il en est ainsi dans toute la partie méridionale de la province (1). Un particulier de Villa Boa envoie son nègre chercher de l'or dans le lit du Rio Vermelho, qui traverse la ville ; l'esclave est obligé d'apporter à son maître 900 reis (5 fr. 62 c.) à la fin de la semaine : tout ce qu'il retire de plus est à lui, et il est obligé de se nourrir. Mais on sent qu'il peut y avoir des temps où l'extraction devient impossible ou moins fructueuse : Pizarro n'estime la semaine du nègre mineur, terme moyen, qu'à 600 reis (3 fr. 75 c.), dont il faut encore déduire la nourriture et les autres dépenses indispensables, et il est à ma connaissance que les hommes qui vont chercher de l'or dans le ruisseau de S. Luzia, au village du même nom, ne font pas des journées de plus de 4 *vintens* (93 12/16 centimes) dans la saison des pluies, et de 1 seul *vintem* (23 7/16 centimes) dans celle de la sécheresse. Tel est le triste état où se trouve réduit, dans la province de Goyaz, le travail, jadis si productif, de l'extraction de l'or.

On a demandé si ce ne serait pas un avantage, pour le pays, de renoncer entièrement à ce genre de travail. L'or est une richesse ; par conséquent, il y aurait de l'extrava-

(1) A l'époque de mon voyage, il fallait pourtant excepter les mines du village d'*Annicuns*, qui étaient exploitées, depuis plusieurs années, par une compagnie, et qui, après avoir d'abord fourni d'énormes quantités d'or, commençaient à rendre beaucoup moins. Annicuns est situé à 12 *legoas* de Villa Boa.

gance à vouloir le laisser à jamais enfoui dans la terre : il faudrait donc seulement remédier aux inconvénients actuels de l'extraction. Ils résultent de l'ignorance des mineurs, qui, dans l'opération du lavage, laissent échapper une grande quantité d'or; de leur pauvreté, qui ne leur permet pas d'entreprendre des travaux considérables; de leur cupidité, qui leur fait souvent tout sacrifier à des espérances chimériques; enfin de la facilité avec laquelle ils dépensent des valeurs qu'ils devraient considérer comme un fonds et non comme un revenu (1).

Le gouvernement n'est pas assez riche pour exploiter les mines d'or à son propre compte; il doit donc les abandonner aux particuliers. Pour obvier aux inconvénients que j'ai exposés tout à l'heure, il n'y aurait pas d'autre moyen, ce me semble, que d'établir des compagnies sous l'inspection d'hommes choisis par le gouvernement, et de défendre entièrement l'extraction de l'or aux particuliers isolés. Les compagnies réunissant des capitaux considérables pourraient entreprendre des travaux importants. Il est impossible de forcer une multitude d'hommes isolés à suivre les règles de l'art; on peut y obliger des compagnies. Un particulier confiera quelques fonds à une société; mais il ne risquera jamais sa fortune tout entière dans des opérations qu'il ne peut diriger lui-même : ainsi personne ne se ruinerait plus dans l'exploitation des minières. Comme, enfin, les compagnies ne payent leurs dividendes qu'à des époques éloignées, le mineur serait moins tenté de manger ses fonds en détail. A la vérité, le gouvernement a

---

(1) Pour de plus grands détails sur cette fâcheuse erreur, voyez mon *Voyage dans les provinces de Rio de Janeiro*, etc., I, 190.

adopté (1817), pour la province de Minas, un plan d'exploitation par compagnies, et il paraît qu'il s'est présenté peu d'actionnaires ; mais il n'en pouvait être autrement, puisque, d'ailleurs, on laisse, à Minas, chacun libre de travailler comme bon lui semble. Cette liberté ne pourrait être enlevée aux habitants de Minas sans violer le droit sacré de propriété ; car plusieurs d'entre eux exploitent des terrains aurifères qu'ils ont achetés comme tels, et où ils ont commencé des travaux dont l'interruption causerait leur ruine. Mais il n'en est pas de même de la province de Goyaz : on n'y cherche de l'or que dans le lit des rivières; chacun travaille où bon lui semble, et le gouvernement peut considérer les terrains aurifères comme lui appartenant encore.

Les plus grands obstacles que l'on rencontrerait dans l'établissement et la consolidation des compagnies seraient l'antipathie des Brésiliens pour les associations, le despotisme des autorités locales, la difficulté de mettre à la tête des travaux des hommes véritablement éclairés. Il est bien évident que l'on ne pourrait tout d'un coup triompher de ces obstacles ; il faudrait s'y préparer de longue main, et, pour y parvenir, il serait indispensable de créer une école de mineurs. A une certaine époque, le gouvernement du Brésil a fait venir, à grands frais, des artistes européens pour établir à Rio de Janeiro une école de peinture, de gravure, etc.; ils n'ont pas eu un seul élève. Plus récemment, il a envoyé en France une nuée de jeunes gens, en leur disant vaguement : Instruisez-vous ; ils se sont amusés. Le Maranhão a payé, à Paris, la pension d'un agriculteur ; Minas, de deux arpenteurs, etc. Toutes ces dépenses n'ont abouti à rien ou à bien peu de chose, parce qu'elles étaient mal combinées ou n'avaient qu'un but ridicule : en formant, à l'aide de professeurs européens, une école de mineurs, soit dans une des provinces aurifères, soit à Paris ou en Allemagne, en mettant les places au concours et casernant les jeunes mineurs comme le sont les élèves de notre école polytechnique, on serait bientôt amplement dédommagé des frais que l'on aurait été forcé de faire. Bientôt on aurait des hommes capables d'exploiter régulièrement les minières les plus difficiles; leur savoir et leur intelligence imposeraient aux autorités locales; inspirant de la confiance aux capitalistes, ils rendraient plus facile l'établissement des compagnies qu'ils seraient chargés de diriger ou de surveiller, et de nouvelles sources de richesses s'ouvriraient pour la province de Goyaz, aujourd'hui si pauvre et si malheureuse.

Cette province ne restera pas toujours inconnue comme elle l'est aujourd'hui, et, si le gouvernement ne prend quelques mesures pour assurer aux nationaux la possession de leurs richesses, des étrangers viendront les exploiter; ils amèneront avec eux des machines et des esclaves, et les Goyanais, tristes témoins des succès d'autrui, verront leur or sortir de chez eux pour aller, à Londres, augmenter la fortune de quelques capitalistes (1).

(1) On sait ce qui est arrivé à Minas Geraes pour plusieurs des principales mines du pays.

§ XII. *Culture des terres.*

Le système d'agriculture adopté à Goyaz et celui qui l'a été à Minas, etc. — Fertilité du terrain. — Les plantes qu'on y cultive. Bétail, chevaux, moutons, pourceaux. — Denrées qui ne peuvent être exportées et trouvent à peine quelque débit dans le pays même. — Celles que l'on peut exporter. Le sucre, le tabac, le blé, le coton. — Plantes dont les produits représentent, sous un petit volume, des valeurs considérables et qui seraient cultivées avec avantage. Le thé, l'indigotier, le mûrier, la vigne. — Augmentation facile du nombre des bêtes à cornes, des chevaux, des pourceaux, des brebis. — Moyens que le gouvernement devrait prendre pour encourager l'agriculture, favoriser la multiplication des troupeaux et décider les colons à renoncer à leurs habitudes destructrices. — Nécessité de conserver les bois. — Encouragements qu'il faudrait accorder à l'exploitation des mines de fer.

Recherchons à présent quel parti les habitants de Goyaz ou, pour mieux dire, ceux de la *comarca* du sud, la seule que j'aie parcourue, peuvent tirer de la culture de leurs terres.

Le système d'agriculture en usage à Goyaz est celui qui, malheureusement, a été adopté dans presque tout le Brésil. On brûle les bois et on sème dans leurs cendres ; après quelques récoltes, on laisse repousser de nouveaux bois, que l'on coupe à leur tour ; on continue ainsi jusqu'à ce que la terre ne produise plus que des herbes, et alors on l'abandonne (1). Ici, comme dans les environs de Villa do Principe (2), le *capim gordura* (*Melinis minutiflora*) finit

(1) Voyez, sur l'agriculture des Brésiliens, mon *Voyage dans les provinces de Rio de Janeiro*, etc., I, 191.
(2) L. c., I, 194.

par s'emparer des terrains qui ont été longtemps en culture, et il en chasse entièrement les autres végétaux.

Il est bien évident que toutes les terres d'une province aussi grande que Goyaz ne sauraient être d'une égale fécondité ; mais, sans parler de la *comarca* du nord, où je n'ai point voyagé, il est incontestable que, dans celle du midi, il existe des terrains d'une qualité excellente : je puis citer pour exemple ceux du Mato Grosso, où le maïs rapporte 200 pour 1, et les haricots de 40 à 50. Suivant les localités, cette même *comarca* produit, avec plus ou moins d'abondance, le maïs, le manioc, le riz, le sucre, le coton, le café (1), le tabac, les haricots et d'autres légumes. Le froment réussit très-bien dans les endroits élevés, tels que *Santa Luzia*. La vigne, comme à Sabará et ailleurs (2), produit deux fois l'année, lorsqu'on a soin de la couper après la première cueillette qui se fait en février. Enfin les pâturages naturels, qui couvrent une immense partie de la province, peuvent nourrir d'innombrables troupeaux de bêtes à cornes, de moutons, de chevaux, et certains cantons montagneux sont très-favorables à l'éducation des pourceaux.

Mais, pour qu'un pays soit véritablement riche, il ne lui suffit pas d'être fertile ; il faut encore qu'il puisse offrir des objets d'échange pour obtenir ce qu'il ne possède pas. La distance énorme de Goyaz aux grandes villes et aux ports de mer ne permet point aux colons d'exporter des

---

(1) La culture du caféier, dans la province de Goyaz, est très-nouvelle (1819) : il y réussit à merveille et produit des grains d'un très-bon goût.

(2) *Voyage dans les provinces de Rio de Janeiro*, etc. — *Voyage dans le district des Diamants*, etc.

produits qui, sous un volume considérable, ont une faible valeur; il y a plus, le maïs ou le manioc, le riz, les haricots, le café ne sauraient trouver de débit dans le pays même, car ils croissent à peu près partout; les Goyanais, étant généralement des agriculteurs, peuvent tous les recueillir également, et il n'existe chez eux d'autre ville que la capitale, dont la population ne s'élève pas au delà de 9 à 10,000 âmes : il est donc évident que, à part même les considérations qui naissent du mode actuel de percevoir la dîme, chacun ne doit guère cultiver les diverses plantes que je viens d'énumérer, plus qu'il n'est nécessaire aux besoins de sa famille.

La culture de la canne à sucre promet plus d'avantages, car des hommes encore un peu aisés peuvent seuls s'y livrer; par conséquent, ils trouvent, dans le pays même, le débit de leur sucre et de leur tafia (*cachaça*), et, d'ailleurs, ces produits sortent aussi de la province, car les habitants de Santa Luzia les échangent à S. Rumão, dans la province de Minas (1), contre le sel de Pilão Arcado, nécessaire pour le bétail. Le tabac, qui ne réussit bien que dans certaines localités, Meiaponte, par exemple, peut aussi être cultivé avec quelque profit. A Santa Luzia et à Meiaponte, lieux fort élevés dont le climat n'est pas extrêmement chaud, on recueille du blé avec lequel on fait, à Villa Boa, du pain excellent; jusqu'ici cette culture ne paraît pas avoir eu beaucoup d'im-

(1) Comme je l'ai dit ailleurs (*Voyage dans les provinces de Rio*, etc., II, 428), le village de S. Rumão est situé sur la rive gauche du S. Francisco. Des barques et des pirogues chargées de sel remontent le fleuve depuis les salines de Bahia et de Pernambouc jusqu'à S. Rumão, et des caravanes y prennent cette denrée pour la répandre dans les provinces de Minas et de Goyaz. S. Luzia est le village de cette dernière province le plus voisin de celui de S. Rumão, et, par conséquent, le mieux placé pour faire quelque commerce avec ses habitants.

portance, mais il est vraisemblable que, si les habitants s'y livraient davantage, ils trouveraient facilement des débouchés à Paracatú et sur les bords du Rio S. Francisco, où l'extrême chaleur ne permet guère de semer le froment.

Jusque vers 1811, on cultiva à peine assez de coton pour subvenir aux besoins du pays ; mais, à cette époque, on commença à faire quelques exportations : les muletiers chargés par les négociants de Goyaz d'aller prendre des marchandises à Rio de Janeiro furent d'abord les seuls qui, pour ne pas voyager à vide, emportaient de la province, pour leur propre compte, de la toile de coton et du coton en laine. Cependant les cotons de l'intérieur du Brésil ne tardèrent pas à être recherchés par les Européens ; on reconnut que celui de Meiaponte, de Corumbá, et probablement d'autres cantons, était d'une qualité excellente ; le commandant de Meiaponte, Joaquim Alves de Oliveira, en fit avec succès des envois à Bahia et à Rio de Janeiro ; son exemple fut suivi par d'autres personnes, et, si les exportations ont pu continuer, quelque aisance n'aura pas tardé à se répandre dans cette partie de la *comarca* du sud.

Le peu que je viens de dire montre que l'habitant de Goyaz ne doit pas désespérer de sa position, quand même il se bornerait à ses cultures accoutumées. Et pourquoi ne chercherait-il pas à sortir de sa routine ? pourquoi ne demanderait-il pas à la terre des produits qui, nouveaux pour le pays, représentent, sous un petit volume, des valeurs plus importantes encore que le tabac, le sucre et le coton ? Le thé a réussi à Rio de Janeiro ; il se plairait sans doute dans les cantons élevés de la province de Goyaz, et, si la manière de cultiver cette plante n'était pas susceptible d'être modifiée et mise en rapport avec la faible population de la province, on trouverait dans l'indigo une ressource du même genre, bien plus certaine encore. L'indigotier croît naturellement à Goyaz et pourrait être avantageusement cultivé, comme il l'a été jadis, dans d'autres parties du Brésil (1). Il est vraisemblable que, dans les cantons montagneux, tels que *Santa Luzia, Corumbá, S. Antonio dos Montes Claros* et tout le voisinage des monts appelés *Pyreneos,* on parviendrait à cultiver le mûrier et qu'on y élèverait des vers à soie. Rio de Janeiro expédie à Villa Boa des vins d'Europe, et probablement la province de Goyaz pourrait en recueillir sur son propre sol et les expédier à la capitale (2) : quelques personnes ont essayé de faire du vin avec le raisin délicieux du temps de la sécheresse et du vinaigre avec celui des pluies; elles ont obtenu d'assez heureux succès, et il est à croire que l'on réussira mieux encore lorsqu'on aura acquis plus d'expérience dans cette fabrication, et que, plantant davantage, on travaillera en grand. La vigne, il est vrai, trouve un ennemi redoutable dans la grande fourmi, qui, fort commune, dé-

---

(1) Vers le milieu du siècle dernier, la fabrication de l'indigo, favorisée par le vice-roi, marquis de Lavradio, eut un grand succès dans la province de Rio de Janeiro, principalement le voisinage du cap Frio; mais il paraît que les falsifications des planteurs dégoûtèrent de l'indigo du Brésil les négociants étrangers (*Voyage dans le district des Diamants*, I, 355), et l'on fut obligé de renoncer à la culture de l'indigotier.

(2) Une forte chaleur ne nuit point à la vigne; mais, dans les lieux où, comme à Rio de Janeiro, une température très-élevée est accompagnée d'une grande humidité, le raisin n'atteint point une parfaite maturité. Telle est la cause de la supériorité remarquable du *raisin de la sécheresse* (*uva da seca*), dans les provinces de l'intérieur, sur celui qu'on recueille à l'époque des pluies.

pouille en peu d'instants les treilles de leurs feuilles (1) : mais chaque genre de culture a ses ennemis ; il faut que l'agriculteur ait assez de courage pour lutter contre eux et qu'il tâche d'en triompher.

La *comarca* du nord, qui possède d'immenses pâturages et est plus rapprochée de la côte que celle du sud, fait, chaque année, partir pour Bahia des troupeaux considérables de bêtes à cornes. Celle du sud, quoique moins avantageusement située, envoie aussi des bestiaux hors de la province, et pourrait probablement en fournir davantage, si elle profitait mieux de ses riches herbages. A la vérité, lorsque j'étais au nord de la *comarca* du sud, sur la paroisse de Santa Luzia, où il existe de vastes pâturages naturels, les habitants se plaignaient de ne pouvoir se défaire de leur bétail qu'en le conduisant à Bambuhy ou à Formiga, éloignés d'environ 130 et 146 *legoas* (2) et, par conséquent, de ne retirer que des bénéfices insignifiants. Mais, comme je l'ai dit ailleurs, les marchands de S. João d'El Rei vont, chaque année, à Araxá, acheter les bestiaux des colons ; d'un autre côté, pendant que je voyageais entre *Bom Fim* et *Santa Cruz*, les villages les plus méridionaux de la province de Goyaz, je rencontrai des hommes d'Araxá qui parcouraient le pays, en échangeant diverses marchandises contre des bêtes à cornes qu'ils devaient emmener chez eux pour les engraisser dans leurs pâ-

---

(1) *Atta cephalotes*, Fab., ou peut-être quelques espèces voisines. Voyez mon *Voyage dans le district des Diamants*, etc., II, 160.

(2) Ne m'étant pas rendu directement de Formiga à S. Luzia, je ne puis indiquer que d'une manière très-approximative la distance d'un de ces villages à l'autre. Da Cunha Mattos, qui a passé par Formiga et par Bambuhy, dit qu'il y a entre ces deux endroits 16 *legoas* et demie.

turages, jusqu'à ce que leurs voisins vinssent les y chercher. Pourquoi les deux villages que je viens de citer, Bom Fim et Santa Cruz, qui ne peuvent pas être à beaucoup plus de 41 et 56 *legoas* de Santa Luzia et 18 et 26 de Meiaponte, ne deviendraient-ils pas des lieux d'entrepôt pour le bétail du nord de la *comarca*? Pourquoi le gouvernement ne chercherait-il pas à y établir des espèces de foires? pourquoi enfin ne se formerait-il pas entre S. João d'El Rei, d'un côté, Santa Luzia, Meiaponte, etc., de l'autre, une sorte d'échelle dont Araxá, Bom Fim ou Santa Cruz seraient les échelons, et au moyen de laquelle les cultivateurs s'épargneraient des voyages excessivement longs, tandis que le bétail aurait des points de repos qui l'empêcheraient de maigrir et de perdre de sa valeur?

Les pourceaux, dont le lard est, pour les Brésiliens, ce que sont chez nous le beurre ou l'huile, peuvent être élevés avec succès dans les parties hautes de la *comarca* du sud. Tout cette *comarca* serait probablement favorable à l'élève des chevaux ; enfin, dans les cantons les plus montagneux, les brebis multiplient facilement et n'exigent, pour ainsi dire, aucun soin ; leur laine est, à la vérité, commune, mais elle peut servir à fabriquer des chapeaux et des couvertures dont on obtiendrait facilement le débit, non-seulement dans l'intérieur de la province, mais à Paracatú et sur les bords du Rio de S. Francisco (1).

Mais de simples conseils, des exhortations, peut-être même quelques bons exemples ne suffiront probablement jamais pour arracher les cultivateurs goyanais à la pro-

(1) On verra plus tard que le curé de Santa Luzia n'avait aucune peine à se défaire des chapeaux de laine qui se fabriquaient dans sa maison.

fonde apathie où ils sont plongés. Il faudrait que l'administration, qui a tant contribué à les amener à ce triste état, les aidât à en sortir, en les stimulant par un puissant intérêt; il faudrait qu'elle sût faire quelques sacrifices momentanés, pour en retirer de grands avantages dans l'avenir. Tout cultivateur qui exporterait une certaine quantité de coton, qui élèverait un certain nombre de bêtes à cornes, de cochons, de chevaux, qui cultiverait une étendue de terre déterminée, en indigo, en thé, en froment, qui ferait du vin ou du vinaigre, qui élèverait des vers à soie, etc., devrait être exempt d'une partie ou de la totalité de la dîme. et, pour que les pauvres profitassent de ce règlement comme les riches, pour que l'amélioration devînt générale, il faudrait que la portion de terre ensemencée en froment, par exemple, fût proportionnée au nombre de bras qu'aurait à sa disposition chaque père de famille.

Il ne suffirait pas d'encourager les cultures les plus profitables, il serait au moins aussi important d'attaquer le système destructeur qu'ont adopté, pour l'exploitation de leurs terres, les colons goyanais, comme ceux de S. Paul, de Minas, etc., triste système qui ne permet pas de planter ailleurs que dans les bois, et qui amène la prompte destruction des plus belles forêts. Sur la paroisse de Santa Luzia, où jamais les bois n'ont été fort communs, une population excessivement faible suffisait, lors de mon voyage, pour les rendre, chaque jour, plus rares. Le curé de cette paroisse avait déjà montré aux cultivateurs le parti que l'on peut tirer de la charrue : que le gouvernement récompense ceux qui, dans toute la province, suivront cet exemple; alors on utilisera mieux les *campos* et les terrains dont le *capim gordura* s'est emparé, et l'on conservera les bois pour la construction, la menuiserie, les besoins des ménages.

On a encore un motif bien puissant pour ne point les détruire : la province de Goyaz possède des mines de fer ; il faut ménager soigneusement le seul combustible à l'aide duquel on puisse les exploiter. Actuellement on chercherait en vain une seule forge dans toute la *comarca* du sud (1819) ; il ne s'y consomme pas un clou, pas un fer de cheval qui ne soit venu, à dos de mulet, de Rio de Janeiro, après plusieurs mois de voyage, à travers les déserts. Mais il est impossible qu'un tel état de choses ne change pas : l'homme dissipe souvent sans prévoyance les trésors qui lui ont été prodigués ; il n'est pas dans sa nature de les dédaigner toujours. L'expérience a montré que les hauts fourneaux ne conviennent point à l'intérieur du Brésil ; mais, avec les plus faibles capitaux, on pourrait établir à Goyaz des fourneaux à la catalane. C'est ici que l'intervention du gouvernement serait encore d'un grand secours ; qu'il promette des avantages pécuniaires ou simplement des décorations à ceux qui, les premiers, feront construire des usines pour fondre le fer, si peu importantes qu'elles soient (1), et bientôt la province se verra affranchie d'un tribut que, pauvre comme elle est, elle paye pourtant, chaque année, aux fabricants européens (1819) (2).

(1) Plusieurs planteurs de Minas ont fait construire dans leurs maisons de petits fourneaux où ils ne fondent le fer que pour leur usage (*Voyage dans les provinces de Rio de Janeiro*, etc., I, 290).

(2) D'après ce qu'a écrit M. da Cunha Mattos pour l'année 1823 à 1826, et ce qu'a vu plus récemment M. Gardner (1840) dans une partie de la *comarca* du nord, il est évident que l'agriculture est bien loin d'avoir fait des progrès dans la province de Goyaz depuis que j'en suis sorti. Les choses n'ont point changé ; l'apathie des cultivateurs est tou-

§ XIII. *Valeurs représentatives.*

Comme la province de Goyaz n'exporte qu'une très-faible quantité de marchandises, elle ne reçoit point de numéraire, et la seule valeur représentative qui y circule est la poudre d'or (1). Il y a si peu de monnaie dans ce pays que, parmi les gens du commun, personne ne sait compter par reis, comme on fait en Portugal et dans le reste du Brésil ; tous comptent par *vintens d'ouro, oitavas, demi-oitavas, quarts d'oitava, cruzadas d'ouro, patacas d'ouro, demi-patacas* (2), qui sont les poids employés dans le pesage de l'or.

L'emploi de la poudre d'or, comme monnaie, a un inconvénient immense, c'est que tout le monde peut la falsifier en un instant, même les nègres, même les plus petits enfants ; aussi a-t-on dit que, pour faire de l'argent, il suffit, à Goyaz, de gratter la muraille (*basta raspar a parede*).

Tentée d'abord par la mauvaise foi des acheteurs, la fal-

---

jours la même, et il ne paraît pas que le gouvernement provincial, occupé d'abord à se constituer et probablement ensuite à déjouer des intrigues toujours renaissantes, ait pu beaucoup songer aux grands intérêts du pays. Les éléments d'une immense prospérité existent, et il est bien rare qu'un trésor reste toujours enfoui ; ne désespérons pas de l'avenir.

(1) La circulation de l'or en poudre fut aussi admise autrefois dans la province de Minas ; mais, à l'arrivée du roi Jean VI au Brésil, on la prohiba entièrement (voyez mon *Voyage dans les provinces de Rio de Janeiro*, etc., I, 341).

(2) Le *vintem* d'or équivaut, comme j'ai déjà eu occasion de le dire, à $37\frac{1}{2}$ reis ($23\frac{7}{16}$ centimes); l'*oitava* à 1,200 reis (7 fr. 50 c.), la demi-pataque d'or à 300 reis, la cruzade d'or à 750 reis.

sification a été favorisée peu à peu par la rivalité qui existe entre les marchands et la nécessité où ils sont de vendre. L'or qui circule aujourd'hui (1819) dans la capitale de la province est tellement mêlé de sable, de poussière et de ce fer en poudre au milieu duquel on le trouve dans les ruisseaux (*esmeril*), que sa couleur semble noirâtre et qu'il perd, à la fonte, de 15 à 25 pour 100. L'administration du fisc (*fazenda real*) n'a pas peu contribué à encourager l'altération par son exemple; car, tandis qu'elle n'admet dans ses coffres (1819) que de l'or parfaitement pur, il n'en sort que de l'or altéré : il paraît certain que cette indigne friponnerie appartenait uniquement à l'un des employés; mais, quel qu'en fût l'auteur, elle devait nécessairement avoir l'influence la plus fâcheuse sur la prospérité du commerce et la morale publique. Quoi qu'il en soit, à mesure que l'altération augmente, les marchands proportionnent leurs prix à la perte, et, lors de mon voyage, tous accordaient une remise de 12 pour 100 pour le plus petit objet, lorsqu'on le payait en numéraire. Quand les valeurs qui circulent sont arrivées au même degré d'altération, il est bien clair qu'il n'y a plus de bénéfice pour personne ; donc celle-ci fera toujours des progrès, jusqu'à ce qu'enfin la grandeur du mal oblige à y apporter le seul remède convenable peut-être, qui serait la défense absolue de recevoir l'or en poudre comme monnaie courante. Il est évident que l'introduction de billets, qu'on pourrait, comme à Minas (1), se procurer en échange de très-petites quantités de poudre d'or, aurait beaucoup moins d'inconvénients que la circulation de cette dernière; car il serait im-

---

(1) *Voyage dans les provinces de Rio de Janeiro*, etc., I, 341.

possible de falsifier ces billets avec autant de facilité que l'or en poudre. L'altération n'a pas été tout à fait aussi sensible dans la campagne ou les villages qu'à Villa Boa, parce que peu de personnes ont à y recevoir quelque chose du fisc, que les marchands y sont moins nombreux, qu'il y a entre eux moins de concurrence et qu'ils peuvent être plus difficiles sur les valeurs qu'on leur apporte.

Mais, pour faire rejeter l'admission de l'or en poudre comme monnaie courante, on trouverait, indépendamment de l'altération, des motifs bien suffisants dans la facilité avec laquelle il se perd, dans la nécessité d'avoir toujours avec soi des balances, la fraude que l'on peut faire sur les poids, le temps que l'on consume dans l'opération du pesage; enfin le préjudice notable qui résulte, pour le payeur, de la division d'une quantité quelconque de poudre d'or en quantités plus petites (1).

§ XIV. *Moyens de communication.*

La province de Goyaz traversée par des routes. — Les quatre principales. — Navigation intérieure. — Celle du sud. — Celle du nord.

La distance énorme de la province de Goyaz aux ports de mer est, sans doute, la principale source de ses misères; mais, du moins, on a ouvert des routes qui permettent aux habitants de ne pas rester sans communications

---

(1) A l'époque de mon voyage, l'altération des valeurs représentatives appartenait à tout le monde : en faisant frapper, comme je l'ai dit (page 341), une énorme quantité de monnaie de cuivre d'une valeur exagérée, le gouvernement provincial a pris à son compte le monopole de cette altération.

avec la côte et de pénétrer dans les parties les plus reculées de l'intérieur. Sans parler d'une foule de chemins de moindre importance, il part (1819) de Villa Boa quatre routes principales : l'une, que j'ai déjà fait connaître et qui, se dirigeant vers l'est, puis vers le sud, conduit à Paracatú, et de là dans toutes les parties de Minas et à Rio de Janeiro; la seconde, qui s'étend vers l'ouest et va à la province de Matogrosso; la troisième, par laquelle on se rend à S. Paul, dans la direction du sud-sud-est; la quatrième enfin, qui mène à tous les villages de la *comarca* du nord. Ces routes, comme la plupart de celles du Brésil, ont été tracées sans aucun art, et ensuite à peu près abandonnées aux caprices des saisons et aux pieds des mulets; cependant, telles qu'elles sont, elles paraissent suffire aux besoins actuels de la province.

Mais la nature elle-même semble avoir ménagé à la province de Goyaz des moyens de communication qui n'attendent qu'une population plus nombreuse pour faire fleurir son commerce et pour lui permettre d'envoyer ses produits aux deux extrémités du Brésil. La Serra da Paranahyba e do Tocantins, divisant les eaux du nord de celles du sud, est le point intermédiaire entre deux des navigations intérieures les plus gigantesques qu'il y ait au monde. S'embarquant sur le *Rio dos Bois*, au village d'*Annicuns*, situé à 12 *legoas* environ ouest-sud-ouest de la capitale, se dirigeant vers le sud et passant successivement sur le *Rio Turvo*, sur le Paranahyba (1) et sur le Paranná, on finira par

(1) M. Raimundo José da Cunha Mattos, à qui l'on doit, sur cette navigation, des détails du plus haut intérêt (*Itin.*, II, 191), pense que le Corumbá, apportant, dans sa réunion avec le Paranahyba, un volume d'eau plus considérable que ce dernier, doit conserver son nom jusqu'à

arriver au Rio de la Plata, ou bien, remontant le Tieté, on parviendra jusque vers la capitale de la province de S. Paul. Cette navigation est, sans doute, extrêmement difficile aujourd'hui, à cause des catadupes que l'on rencontre, de la rapidité de certains courants, des hostilités que les Indiens exercent contre les blancs ; mais, vers 1816, des hommes d'un courage remarquable, João Caetano da Silva et José Pinto da Fonseca, ont déjà su triompher de ces obstacles, et le premier est parvenu, par le Tieté, jusqu'à la paroisse de Persicaba, dans la province de S. Paul (1). Les indigènes disparaîtront de ces contrées, actuellement si

ce qu'il se confonde avec le Rio Grande. Des questions de ce genre ont déjà été, si je ne me trompe, agitées par les géographes; il me semble que c'est à l'usage qu'il appartient de les trancher.

(1) Ce que raconte da Cunha Mattos de cette expédition servira à éclaircir ce qu'ont écrit sur José Pinto MM. Spix et Martius (*Reise*, I, 313). Il ne faut pas croire, au reste, que cet homme et son chef, João Caetano da Silva, soient les premiers qui aient tenté de se rendre à S. Paul par les rivières. Dès l'année 1808, ajoute Mattos, Estanislao da Silveira Guttieres s'embarqua sur le Rio dos Bois, avec le projet de remonter le Tieté. Bientôt il fut abandonné par quatre de ses hommes qui ne purent supporter les fatigues du voyage. Entraîné par la violence des courants, il se précipita, pendant la nuit, au milieu de la fameuse catadupe de Guaira, et sa pirogue fut mise en pièces. Alors il construisit un radeau; mais celui-ci, emporté par les eaux rapides du Paranná, alla se briser contre un rocher, et quatre hommes de l'expédition se noyèrent. Estanislao et les deux compagnons qui lui restaient se réfugièrent dans les forêts désertes qui couvrent la rive gauche du Paranná, et, n'ayant aucun moyen de pêcher ni de chasser, ils se nourrirent pendant longtemps d'herbe, de racines et de quelques fruits sauvages. La santé d'Estanislao ne put résister à tant de misères ; se laissant aller au désespoir, il s'assit au pied d'un arbre et fut abandonné presque mourant par ses compagnons. Après avoir enduré d'incroyables souffrances et traversé des déserts où aucun homme n'avait pénétré avant eux, ces hommes arrivèrent enfin à Curitiba, vers l'extrémité sud de la province de S. Paul. Un d'eux s'était marié dans la ville de Jundiahy et vivait encore en 1817.

sauvages, comme ils ont disparu ailleurs (1), et l'art finira par aplanir les difficultés qu'oppose la nature. Au reste, si cette navigation ne peut être encore utilisée, celle du nord est déjà praticable depuis un certain nombre d'années, et, lorsqu'on a de la persévérance, qu'on sait braver les fatigues et le danger, on peut, en s'embarquant à *Porto do Rio Grande*, situé à 37 *legoas* de Villa Boa, arriver, dans toutes les saisons, à la cité du Pará, après un voyage d'environ 420 *legoas* sur l'Araguaya et le Tocantins (2). On pourrait même, dans le temps des pluies, commencer sa navigation sur le Rio Vermelho, à une demi-lieue de la capitale de la province.

(1) Dans sa périlleuse navigation, dit Mattos (l. c.), « João Caetano « da Silva traversa, sans trouver la plus chétive cabane, une étendue « de 108 *legoas* et demie, sur une terre que possédait autrefois la nom- « breuse nation des Coyapós ; tout avait été détruit, au milieu du siècle « dernier, par les aventuriers João de Godoy et Antonio Pires de Campos « Bueno. Qu'aurait dit Las Casas s'il eût, à cette époque, traversé la «.partie méridionale de la province de Goyaz? Eu égard à la différence « du nombre d'hommes chez les deux peuples, les massacres par les- « quels se signalèrent les Espagnols dans les îles d'Haïti et de Cuba, au « Mexique et au Pérou, ne furent rien, si on les compare avec la bou- « cherie générale que firent des Indiens-Coyapós dans les déserts de « Goyaz, les Godoy et les Bueno, ces cruels dévastateurs paulistes. »

(2) Ce chiffre, emprunté à da Cunha Mattos, est bien inférieur à celui qu'on trouve dans Pizarro, et qui ne s'élève pas à moins de 720 *legoas*. Je crois qu'en ceci on doit accorder plus de confiance au premier de ces auteurs, qui a été dans le pays même et paraît avoir mis tous ses soins à connaître la vérité. Il est fort à regretter que mon ami M. Burchell, qui s'est rendu, par les rivières, de la cité de Goyaz au Pará, n'ait point publié la relation de son voyage ; ce qu'il a écrit sur le cap de Bonne-Espérance est une garantie de la science et de l'intérêt qu'il aurait su y répandre. Espérons beaucoup de M. de Castelnau, qui a aussi navigué sur les fleuves de Goyaz et dont tout Paris connaît déjà les immenses collections.

§ XV. *Mœurs.*

Les hommes de l'intérieur nés avec d'heureuses dispositions, mais inégalement favorisés par les circonstances. — Les Goyanais moins polis et moins hospitaliers que les Mineiros. — Leur intelligence. — Leur ignorance en matière de religion. — Ce que sont, chez eux, les enfants, les jeunes gens et les hommes faits. — Le concubinage extrêmement commun ; quelles en sont les causes. — Les bonnes qualités du Goyanais.— Les causes des meurtres.— Le vol fort rare.— Moyens de réformer les mœurs des habitants de Goyaz. — Vœux de l'auteur.

J'ai tâché de donner une idée de la province de Goyaz, de ses misères et de ses ressources ; j'ai même déjà indiqué quelques-uns des traits du caractère de ses habitants ; j'en ajouterai ici quelques autres encore, afin de rendre ce tableau moins incomplet.

Les hommes de l'intérieur naissent généralement avec des dispositions heureuses ; mais les circonstances ne les ont pas également favorisés.

La province de Minas Geraes est placée à peu près sous les mêmes influences que celle de Goyaz, et elle a commencé comme elle ; mais, si les premiers Mineiros furent des hommes grossiers comme les premiers Goyanais, les richesses qu'ils acquirent et qu'ils conservèrent assez longtemps leur procurèrent les moyens de donner de l'éducation à leurs enfants : peu à peu la politesse s'est communiquée aux hommes les moins riches, et elle est devenue presque générale. La province de Goyaz n'a point passé par les mêmes périodes ; une décadence complète y a succédé brusquement à l'époque de la richesse et de la splendeur ; l'excessive chaleur du climat a fait perdre aux habitants leur rudesse primitive : on ne peut pas dire même qu'ils soient grossiers, mais, à l'exception des *fazendeiros* aisés, qui sont peu nombreux, ils n'ont acquis aucune politesse. Le dernier Mineiro sait causer, et le fait souvent avec esprit et amabilité : les colons goyanais gardent un silence stupide ; ils ont un air d'indolence, une sorte de niaiserie qui les fait reconnaître sans aucune peine. A Minas, j'étais accueilli partout avec hospitalité ; les hommes les plus pauvres semblaient me voir avec plaisir et m'engageaient à partager leur repas : à Goyaz, on m'indiquait nonchalamment le triste réduit qui devait m'abriter, et, excepté ceux à qui j'étais recommandé, personne ne m'offrait la moindre chose.

Malgré tout ce qui précède, il ne faudrait point s'imaginer que ces hommes sont dépourvus d'intelligence. On trouve à Villa Boa des ouvriers extrêmement habiles qui imitent avec une grande perfection ce qu'on leur montre, et qui pourtant n'ont point eu de maîtres. Mais, comme j'ai déjà eu occasion de le dire, les Goyanais n'ont, en général, aucune occasion de cultiver leurs facultés intellectuelles et leur aptitude pour l'industrie ; ils vivent isolés, dans l'indigence, et, si quelque chose doit étonner, c'est que plusieurs d'entre eux ne soient pas tombés dans un état plus voisin encore de celui des sauvages.

Je crois que les Goyanais, comme les Mineiros, deviendraient facilement religieux, si on les instruisait des vérités du christianisme et qu'on leur fît goûter ses ineffables consolations ; mais ils restent sans guide, on les laisse croupir dans une honteuse ignorance, et ils remplacent la religion par des superstitions absurdes. Comme la plupart des autres Brésiliens de l'intérieur, ils croient aux sorciers, aux revenants, aux loups-garous, aux démons familiers dont ils racontent mille extravagances; ils portent au cou des amulettes et des préservatifs, et, quand ils sont malades, ils ont recours à des remèdes sympathiques et à des paroles.

Élevés dans cette absence presque totale de sentiments religieux, abandonnés, pour ainsi dire, à leurs instincts ou n'ayant sous les yeux que de mauvais exemples, les enfants se livrent, dès l'âge le plus tendre, à des plaisirs énervants; on ne les voit point jouer entre eux, ils sont sans gaîté comme sans innocence (1). La jeunesse est plus triste encore et ne connaît que des jouissances impures ; enfin la plupart des hommes faits ont en partage l'engourdissement, l'ennui, le goût de l'eau-de-vie de sucre.

On verra, par la suite, combien les unions légitimes sont rares dans la capitale de la province : on se marie un peu davantage dans les campagnes ; cependant le concubinage y est aussi très-commun. Il ne faut pas s'en prendre seulement au goût du libertinage et à l'entraînement du mauvais exemple ; beaucoup de gens se trouvent réellement dans l'impossibilité absolue de se marier. En effet, on ne peut contracter d'alliance légitime sans l'approbation du *vigario da vara* (2), qui ne l'accorde qu'au prix de 10, 15 et même 18 *oitavas* (75 fr., — 112 fr. 50, — 135 fr.). La plupart des cultivateurs, dont l'indigence est extrême, ne peuvent payer une somme aussi forte et passent leur vie dans le désordre. C'est ainsi que des membres du clergé, qui, s'ils

(1) Ce portrait convient malheureusement à bien d'autres enfants brésiliens qu'à ceux de Goyaz.

(2) J'ai fait connaître ailleurs les fonctions fort étranges du magistrat ecclésiastique appelé *vigario da vara* (voyez mon *Voyage dans les provinces de Rio de Janeiro*, etc., I, 176).

étaient vraiment chrétiens, devraient encourager les unions légitimes, y mettent des obstacles par leur cupidité.

Au milieu des défauts qu'il doit à de fâcheuses circonstances et à une administration coupable, le peuple de Goyaz m'a paru bon et montre habituellement des mœurs douces. A la vérité, des passions exaltées, la jalousie, le désir de la vengeance, le portent assez facilement au meurtre; mais il n'est peut-être jamais arrivé que l'on ait assassiné quelqu'un dans le but de le dépouiller.

Dans ce pays, comme à Minas, on ne paye point ses dettes; il s'en faut qu'une parfaite délicatesse préside toujours aux transactions, et l'habitude de faire la contrebande de l'or ou des diamants, celle de falsifier l'or en poudre doivent nécessairement encore entretenir la mauvaise foi. Mais il est sans exemple qu'on soit jamais entré dans une maison pour la piller, et cependant il y en a qui restent, pour ainsi dire, toujours ouvertes; on ne dévalise point les voyageurs sur les chemins, et mille fois mes effets ont été entourés de gens de toutes les classes sans que jamais la moindre chose ait été détournée.

Il en est des Goyanais comme de leur sol : presque partout il ne donne naissance aujourd'hui qu'à des plantes stériles; la culture et quelques soins intelligents suffiraient pour lui faire produire d'abondantes récoltes. L'administration a conduit à une véritable dégradation les malheureux colons de la province de Goyaz; il est temps qu'elle fasse des efforts pour les rendre à la dignité d'hommes et de chrétiens; d'heureux germes existent encore chez eux, il ne faut que les féconder. J'ai montré combien il serait facile de faire fleurir l'agriculture dans ce pays et d'en tirer des produits qui puissent être exportés avec avantage; que l'on fasse quelques efforts pour atteindre ce but, que l'on change entièrement le mode de percevoir l'impôt, enfin que le colon ait un grand intérêt à cultiver, il sortira de l'apathie où l'a plongé l'extrême difficulté, je dirai presque, l'impossibilité d'améliorer son sort. A mesure que l'agriculture commencera à fleurir et que l'on recueillera des produits susceptibles d'être exportés, la nécessité d'admettre l'or en poudre comme monnaie deviendra moindre, on pourra en restreindre, puis en défendre entièrement la circulation; alors la falsification des valeurs représentatives ne sera plus une habitude universelle, et peu à peu la bonne foi pourra renaître. Que les unions légitimes soient honorées, que l'on admette seulement des hommes mariés dans les emplois publics, qu'on supprime l'impôt aussi immoral qu'exorbitant prélevé sur les mariages par le *vigario da vara*, le concubinage deviendra moins commun, la population augmentera (1), et elle ne sera plus embarrassée de cette foule d'enfants qui, dès l'instant de leur naissance, n'ont sous les yeux que de mauvais exemples, qu'un caprice de leur père peut plonger dans la misère, qui ne connaissent ni les liens de la famille ni ceux de la société, et qui, dans un pays où tant de ressources existent, passent leur vie à mendier. Il serait nécessaire encore de diviser les paroisses, de mettre un terme à la simonie, d'exiger des pasteurs qu'ils fissent des instructions tous les dimanches et qu'ils catéchisassent les enfants; mais, il est triste de le dire, il y a bien peu à espérer du clergé goyanais

(1) La continence publique est naturellement jointe à la propagation de l'espèce..... Qui pourrait se taire contre le célibat qu'a formé le libertinage, celui où les deux sexes... fuient une union qui doit les rendre meilleurs, pour vivre dans celle qui les rend toujours pires (MONTESQUIEU, *Esprit des lois*, liv. XXIII, chap. II et XXI) ?

pour la régénération du peuple qu'il devrait être jaloux de tirer de son abrutissement. J'ai été témoin de l'heureuse influence qu'exerça sur les habitants de Goyaz un prêtre étranger (1) qui, en leur donnant d'utiles conseils sur la manière de cultiver leurs terres, les édifia, quelques instants, par ses sages exhortations et par l'exemple de ses vertus. Qu'on repousse des préjugés absurdes de nationalité et des préjugés philosophiques qui, aujourd'hui méprisés en Europe, mais nouveaux chez les Brésiliens, passent encore parmi eux pour de la force d'esprit (2); que l'on fasse venir à Goyaz quelques ecclésiastiques étrangers, afin de rappeler ce peuple à lui-même et de le rendre à la dignité d'hommes; qu'on renouvelle de temps en temps ces missionnaires, pour qu'ils ne se laissent point amollir par la cha-

(1) Le P. Joseph, dont je parlerai bientôt.
(2) Dans un ouvrage imprimé en 1845, M. Kidder, après avoir dit qu'il se fait souvent, à Rio de Janeiro, des ventes de livres, gémit de ce que les écrits délétères, c'est ainsi qu'il s'exprime, des prétendus philosophes français se trouvent toujours en grand nombre dans ces bibliothèques et ne manquent jamais d'obtenir des acheteurs. On envoie dans les colonies les modes de l'an passé, et elles y sont prises pour celles du jour; c'est ainsi que les écrivains français de l'autre siècle excitent aujourd'hui, dans les villes du Brésil, cet enthousiasme qu'ils inspirèrent, de leur vivant, à une génération licencieuse dont ils caressaient l'immortalité. Les habitants de l'Amérique du Sud ne savent point encore que, chez nous, croyants et incrédules ont réduit à leur véritable valeur les livres des sophistes contemporains de Louis XV; ils ne savent pas que la science moderne a fait justice de toute cette érudition de mauvais aloi, qui fut jadis un moyen facile de succès et dont on se servait comme d'une arme pour attaquer ce qu'il y a de plus respectable. Au reste, de nobles pages, que j'ai lues avec bonheur dans l'excellent recueil intitulé *Minerva Brasiliense* (Rio de Janeiro, 1843-45), prouvent suffisamment que, parmi les Brésiliens, des esprits élevés connaissent la vérité tout entière et savent dignement lui rendre hommage.

I.

leur du climat et entraîner par les mauvais exemples; qu'on établisse un séminaire pour former les jeunes prêtres à la science et aux bonnes mœurs (1); enfin que l'on confie les enfants à ces hommes dévoués qui, depuis qu'un génie puissant les rappela sur le sol de la France, ont rendu tant de services au fils du pauvre, l'on verra le peuple goyanais se relever, acquérir des vertus et prendre place dans la société civilisée..... Et moi, si j'apprenais que ma faible voix a pu être entendue, que quelques-uns des conseils que je donne ici avec timidité ont porté leur fruit, je ne regretterais plus d'avoir passé dans des déserts, au milieu de privations toujours renaissantes, loin de ma famille et de ma patrie, les plus beaux jours de mon existence ; je ne pleurerais plus la perte de ma santé; je pourrais me dire : J'ai payé la dette de l'hospitalité, et mon passage sur la terre n'a pas été inutile.

(1) Je traiterai ailleurs ce point important, sur lequel a déjà beaucoup insisté *Monsenhor* Pizarro dans son précieux ouvrage. — Au moment de livrer ce qui précède à l'impression, je lis, dans le rapport fait à l'assemblée législative générale du Brésil, le 7 mai 1846, par le ministre de la justice, M. José Joaquim Torres, les paroles suivantes, que je suis heureux de pouvoir encore ajouter ici : « ... Le manque d'ecclésiastiques « doués des qualités nécessaires pour remplir leur ministère sacré est, « à mes yeux, la principale source du mal ; pour y remédier, il me paraît « convenable d'établir des séminaires dotés de fonds suffisants, où puis- « sent être élevés, dès leur jeune âge, ceux qui veulent se consacrer au « sacerdoce. Je ne puis m'empêcher d'insister sur ce point et de le re- « commander à toute votre attention (*Annuario*, 1846, 123). » Je vois avec grand plaisir, dans le même rapport, que le gouvernement brésilien a appelé de Rome 33 missionnaires pour les répandre en diverses provinces. Celle de Goyaz n'est malheureusement pas comprise dans le nombre.

FIN DU TOME PREMIER.

TABLE DES CHAPITRES

CONTENUS

DANS LE TOME PREMIER.

CHAPITRE PREMIER.
Voyage de Rio de Janeiro à Ubá. 1

CHAPITRE II.
Le chemin du Rio Preto. — La ville de Valença et les Coroados. . 22

CHAPITRE III.
Entrée de la province de Minas Geraes par le Rio Preto. — Le village de ce nom. — La Serra Negra. 46

CHAPITRE IV.
Les campos. — Tableau général du canton de Rio Grande. 58

CHAPITRE V.
Voyage dans le canton de Rio Grande. 83

CHAPITRE VI.
Séjour à S. João d'El Rei. 95

CHAPITRE VII.
Tableau général du pays élevé et désert compris entre S. João d'El Rei et la Serra da Canastra. 118

CHAPITRE VIII.
Commencement du voyage de S. João d'El Rei aux sources du S. Francisco. — Les villages de Conceição et d'Oliveira. — La ville de Tamanduá. 129

CHAPITRE IX.
Suite du voyage de S. João d'El Rei à la source du S. Francisco. — Les villages de Formiga et de Piumhy. 153

CHAPITRE X.

La Serra da Canastra et la cascade appelée Cachoeira da Casca d'Anta, source du Rio de S. Francisco. 179

CHAPITRE XI.

Coup d'œil général sur la comarca de Paracatú. 204

CHAPITRE XII.

Araxá et ses eaux minérales. 232

CHAPITRE XIII.

Voyage d'Araxá à Paracatú. 251

CHAPITRE XIV.

Paracatú.. 282

CHAPITRE XV.

Voyage de Paracatú à la frontière de Goyaz. 296

CHAPITRE XVI.

Tableau général de la province de Goyaz.

§ Ier. Histoire. 308
§ II. Étendue ; limites ; surface. 317
§ III. Végétation. 320
§ IV. Climat ; salubrité. 323
§ V. Population.. 325
§ VI. Administration générale. 334
§ VII. Finances.. 337
§ VIII. Résultats de la dîme. 342
§ IX. Clergé ; instruction publique. 346
§ X. Forces militaires. 349
§ XI. Extraction de l'or. 352
§ XII. Culture des terres.. 357
§ XII. Valeurs représentatives. 366
§ XIV. Moyens de communication. 368
§ XV. Mœurs.. 372

FIN DE LA TABLE DES CHAPITRES DU TOME PREMIER.

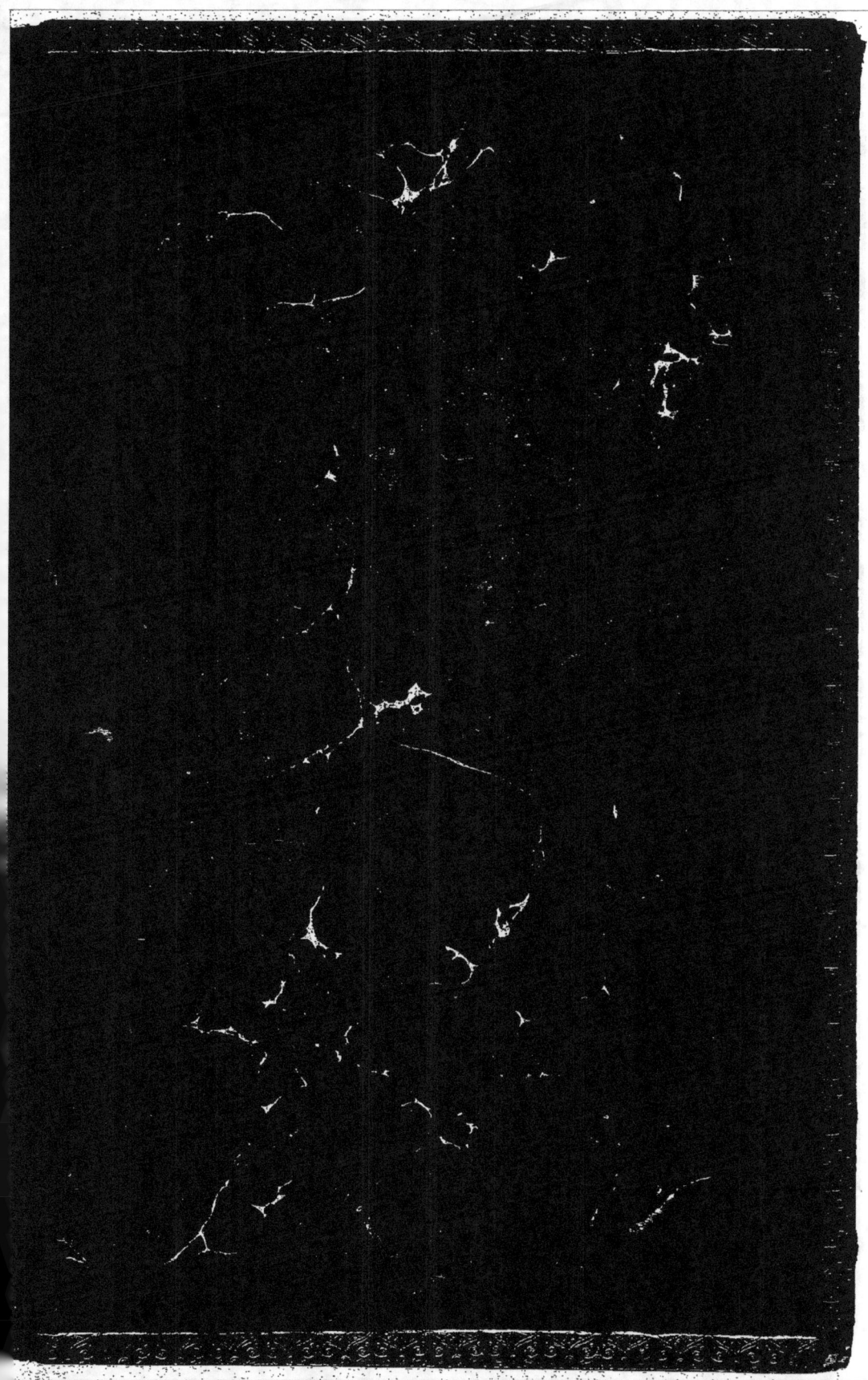

www.ingramcontent.com/pod-product-compliance
Lightning Source LLC
Chambersburg PA
CBHW071905230426
43671CB00010B/1488